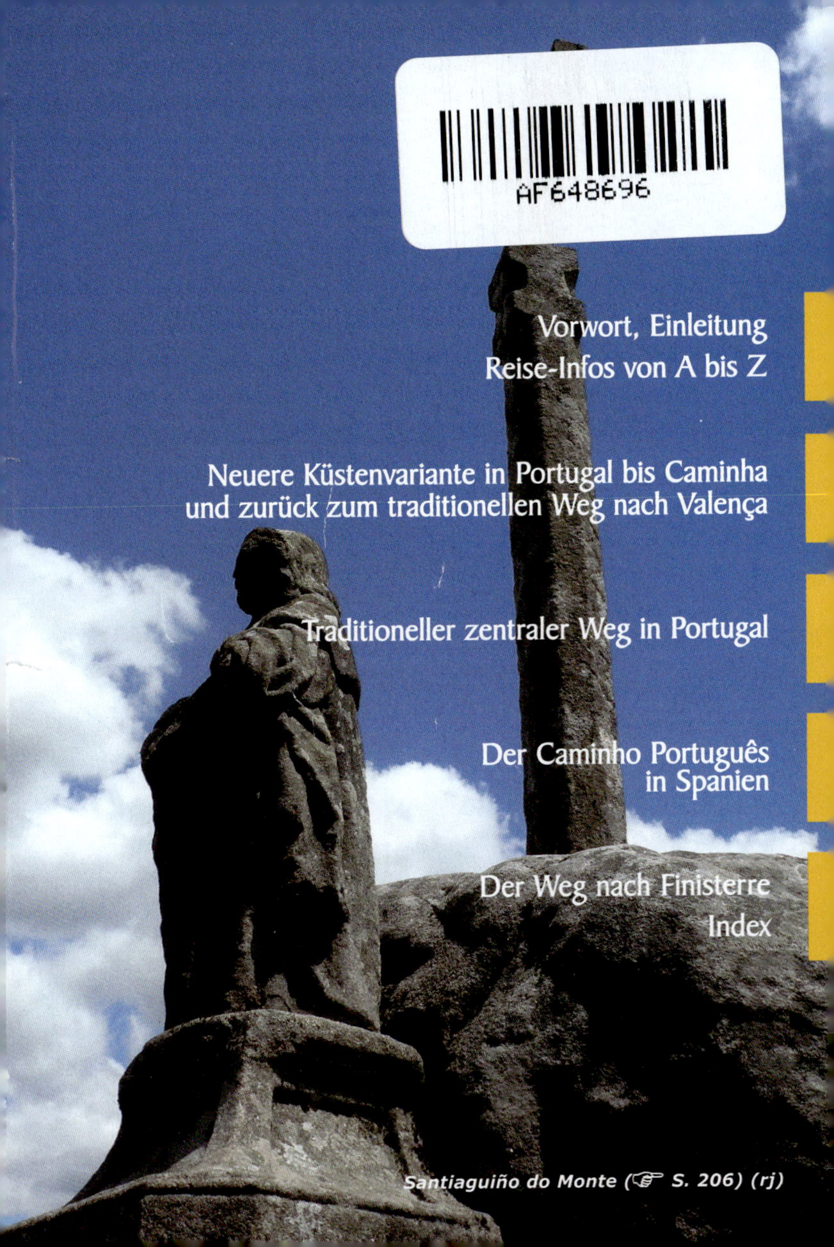

Santiaguiño do Monte (☞ S. 206) (rj)

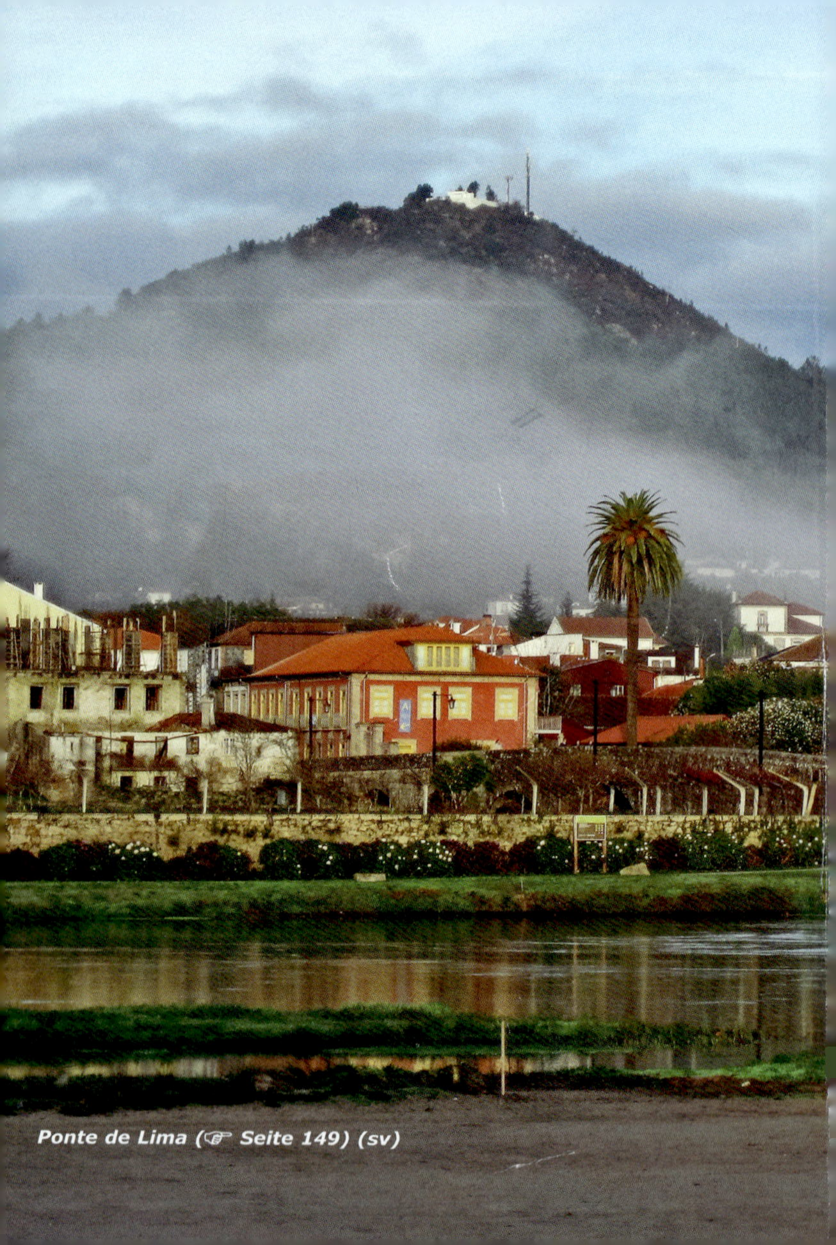

Ponte de Lima (☞ Seite 149) (sv)

Band 185

OutdoorHandbuch

Raimund Joos

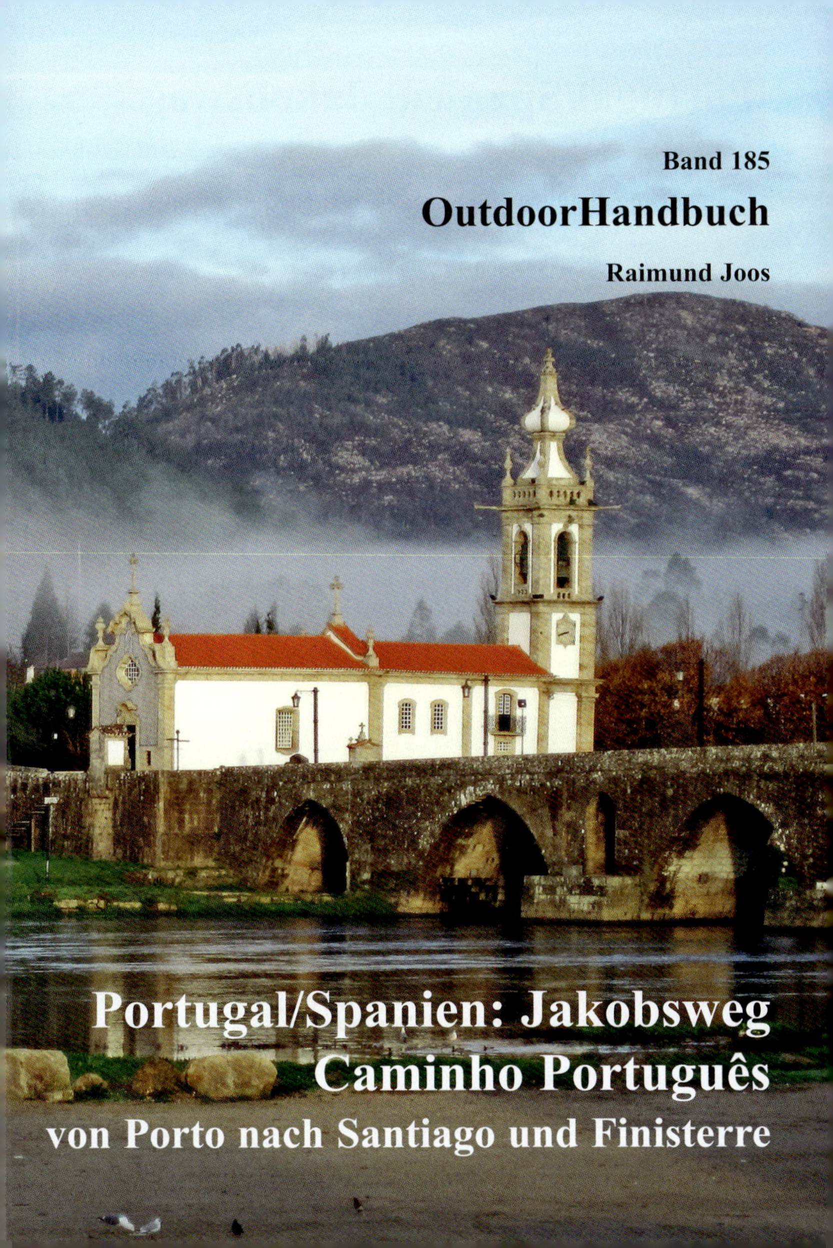

Portugal/Spanien: Jakobsweg Caminho Português

von Porto nach Santiago und Finisterre

Portugal/Spanien: Jakobsweg

Dieses OutdoorHandbuch wurde konzipiert und redaktionell erstellt von der:

Conrad Stein Verlag GmbH
Kiefernstr. 6, 59514 Welver
023 84/96 39 12
info@conrad-stein-verlag.de
www.conrad-stein-verlag.de
www.facebook.com/outdoorverlag
www.instagram.com/outdoorverlag

Druckprodukt mit finanziellem Klimabeitrag
ClimatePartner.com/53106-2502-1006

Als Outdoor-Verlag sind uns der Schutz und die Erhaltung der Natur seit jeher ein besonderes Anliegen. Auch in Sachen Klimaschutz haben wir eine Vorreiterrolle inne: Wir sind der einzige Buchverlag in Deutschland, der bereits seit 2008 seine Bücher konsequent klimaneutral in Deutschland produzieren und transportieren lässt. Dabei wird nicht nur klimaneutral, sondern auch nachhaltig, d. h. so umweltschonend wie möglich produziert, z. B. durch die Auswahl von umweltfreundlichen Materialien. Die bei der Produktion der Bücher entstandenen CO_2-Emissionen werden durch die Unterstützung von zertifizierten Klimaschutzprojekten ausgeglichen. Jedes Buch wird daher mit dem Logo „klimaneutral“ und einer ClimatePartner-Zertifikatsnummer versehen. Mithilfe dieser Nummer können Sie unter www.climatepartner.com Informationen zu der eingesparten CO_2-Menge und dem Projekt finden, das mit der Abgabe gefördert wird.

Das Engagement des Conrad Stein Verlags wurde im Rahmen des Projekts „Klimaneutraler Buchverlag“ mit dem Westenergie Klimaschutzpreis 2022 ausgezeichnet.

OutdoorHandbuch Band 185

ISBN 978-3-86686-525-9 18., überarbeitete Auflage 2025

Text: Raimund Joos
Fotos: Raimund Joos (rj), Rita Nitz (rn), Stefan Vossemer (sv), Rainer Köfferlein (rk), Silvia Schubert (ss), Ingeborg Käthner (ik), Jose Flores (jf), Mareen Schwarz (ms), Christian Stadler (cs), Selman Gür (sg) und Martin Gilde (mg)
Karten: Heide Schwinn und Manuela Dastig
Lektorat: Ricarda Kuschma und Anna-Lena Ebner
Layout: Manuela Dastig

Gesamtherstellung: AZ Druck und Datentechnik GmbH, Kempten

Dieses OutdoorHandbuch hat 256 Seiten mit 53 farbigen Abbildungen sowie 43 farbigen Karten im Maßstab 1:100.000, 49 farbigen Höhenprofilen, 10 farbigen Stadtplänen und einer farbigen, ausklappbaren Übersichtskarte.

Autor und Verlag freuen sich über Ihr Feedback. Schreiben Sie Ihre Tipps und Verbesserungen an info@conrad-stein-verlag.de oder nutzen Sie unsere Social-Media-Kanäle. Bitte nennen Sie dabei Titel, Auflage und Seitennummer.

Dieses Buch ist im Buchhandel und in Ausrüstungsläden erhältlich und kann im Internet oder direkt beim Verlag bestellt werden.

Titelfoto: Pilgerin an einem Kornspeicher in Pontesampaio (rk)

Inhalt

☺ Eine **Übersichtskarte** des Weges, **Autorenprofil** sowie eine Liste aller verwendeten **Symbole** in diesem Buch finden Sie auf den vorderen und hinteren Umschlagseiten bzw. -klappen.

Vorwort

Innerhalb von nur wenigen Jahren hat sich der Caminho Português mit Abstand zum zweitbeliebtesten Jakobsweg der Iberischen Halbinsel nach dem Camino Francés entwickelt – und das nicht ohne Grund, denn der abwechslungsreiche Weg führt Sie entlang des Meeres, durch reizvolle Dörfchen, kühle Wälder, liebliche Weinlauben, Meeresbuchten und zu bedeutenden Sehenswürdigkeiten. Auf dem Weg begegnet man so nicht nur der Geschichte der Pilgerreise nach Santiago, sondern gemäß der Legende sogar den Spuren des Wirkens des Apostels Jakobus selbst. Wer Portugal und Galicien mit ihren freundlichen Menschen einmal fern von touristischem Rummel und überfüllteren Pilgerwegen kennenlernen will, ist hier genau auf dem richtigen Weg. Zunächst war diese Route vor allem bei den Einheimischen Spaniens und Portugals ein Insidertipp. Seit der Weg ab der berühmten Stadt Porto markiert wurde und es sehr günstige Flugverbindungen nach Porto und Santiago gibt, hat der Weg rasant an Beliebtheit unter Pilgerbegeisterten aus dem Ausland gewonnen - und das besonders bei Pilgerinnen. Wegen seiner leicht begehbaren und gut markierten Wegführung ist dieser Jakobsweg auch für Anfänger und Lustwandler sehr zu empfehlen.

Die Informationen zu dem hier vorliegenden ersten deutschsprachigen Wanderführer zum Caminho Português wurden erstmals im August 2005 vor Ort gesammelt und seither jährlich telefonisch und/oder vor Ort aktualisiert. Im Jahr 2011 wurde der Hauptweg entlang der Küste zusätzlich beschrieben. Seit 2015 befindet sich auch die Beschreibung der neueren Küstenvariante im Buch. Da besonders der Weg entlang der Küste noch einem starken Wandel unterliegt, bin ich jeder Pilgerfreundin und jedem Pilgerfreund für die Mitteilung seiner Beobachtungen auf dem Weg sowie für Anregungen und Kritik zum Buch dankbar. Ich werde diese bei meinem nächsten Besuch vor Ort überprüfen und dann gegebenenfalls Änderungen in den kommenden Auflagen vornehmen.

Wichtige Updates und eingegangene Änderungsvorschläge können auf der Homepage des Verlags 💻 www.conrad-stein-verlag.de (☞ S. 32) eingesehen werden. Schauen Sie mal rein und sehen Sie, wie sich der Weg vielleicht schon in kurzer Zeit gewandelt hat.

Für Ihren Weg durch Portugal und Spanien wünsche ich Ihnen „um bom caminho“ bzw. „bon camino“!

Ihr Raimund Joos

Einleitung

Der Caminho Português bezeichnete ursprünglich die nördliche Route des Jakobswegs, die aus Portugal kommend über Tui, Redondela, Pontevedra und Padrón nach Santiago de Compostela verläuft. Nachdem in jüngster Zeit auch ein Teil des umfangreichen historisch überlieferten Wegenetzes innerhalb Portugals wiederbelebt wurde, steht der Name heute mehr oder weniger als Sammelbegriff für verschiedene überlieferte Jakobswege, die in Portugal ihren Anfang nehmen. Das vorliegende OutdoorHandbuch beschreibt die seit Jahren gut ausgebaute, im Norden Portugals verlaufende Route des Caminho Central und den 2014 markierten Weg entlang der Küste bis Caminha. Die beiden Varianten beginnen in Porto und treffen an der spanischen Grenze wieder zusammen. Von Porto bis Santiago sind es je nach Route zwischen 241,1 und 261,7 km, wovon 118,8 km in Spanien (Galicien) verlaufen.

Geschichte und Gegenwart der Pilgerreise nach Santiago

Der frommen Überlieferung zufolge missionierte der Apostel Jakobus der Ältere Teile der Iberischen Halbinsel. Nach seinem Märtyrertod wurde sein Leichnam der Legende nach mit einem Schiff zum heutigen Padrón überführt und trat von dort die Reise ins Landesinnere an. Dort, wo sich heute Santiago de Compostela befindet, fand er schließlich seine letzte Ruhe.

Auf der zu Anfang des 8. Jahrhunderts zu weiten Teilen von Arabern (Mauren) besetzten Iberischen Halbinsel entstand das Königreich Asturien, das sich allmählich nach Süden ausdehnte. Im heutigen Santiago de Compostela wurde im Jahr 811 das angebliche Grab des Apostels Jakobus wiederentdeckt, der in Spanien den Namen Santiago erhielt. Die Präsenz des Apostelgrabes unterstrich den Machtanspruch der katholischen Kirche auf das Einflussgebiet der Iberischen Halbinsel. Im Jahre 844 erhob der Legende nach der Jesusjünger Jakobus bei einer Schlacht in der Nähe von Logroño selbst als „Maurentöter" das Schwert gegen die Mauren und führte so die christlichen Truppen zum blutigen Sieg. Hierauf begann angeblich eine Pilgerbewegung zum Jakobusgrab, die über die Jahre hinweg verschiedenste Form und Umfang annahm, aber nie ganz versiegte. Zu Land und Wasser entstand im Laufe der Zeit ein Wegenetz zum Grab des Apostels, das die unterschiedlichsten Teile des christlichen Europas miteinander verband.

Seit Mitte der 90er-Jahre des vorigen Jahrhunderts erlebt die Pilgerreise nach Santiago eine erstaunliche Renaissance. Ausgehend von dem auch heute noch mit Abstand bekanntesten, im Norden Spaniens verlaufenden Camino Francés wurden mit zunehmender Pilgerzahl und Kommerzialisierung verschiedene weitere historisch überlieferte Jakobswege in Spanien, Frankreich, der Schweiz, Österreich, Portugal und Deutschland wiederbelebt. Der Zuspruch, den der Jakobsweg heute über alle politischen und weltanschaulichen Grenzen hinweg findet, steht sinnbildlich für das Wiedererwachen eines breiten spirituellen Interesses und den Wunsch nach einem friedlichen Miteinander der Kulturen. Wenngleich heute nicht mehr davon ausgegangen werden kann, dass bei den meisten Jakobspilgern christliche Motive eine große Rolle spielen, so nehmen die Tradition und der Glaube der inzwischen in verschiedener Hinsicht durch die Geschichte geläuterten katholischen Kirche immer noch eine wahrnehmbare Rolle in der Gegenwart des Pilgeralltages ein.

Die „wahre" Geschichte des Jakobsweges kann wahrscheinlich in keinem Buch und schon gar nicht in einem praktischen Wegführer erschöpfend beschrieben werden. Festzuhalten bleibt aber an dieser Stelle, dass die Geschichte des Weges genauso wie dessen Gegenwart immer auch von den Licht- und gleichsam den Schattenseiten des menschlichen Handelns geprägt wurde. In der Geschichte des Weges führen daher genauso wie heute nicht allein gute Motive, sondern in gleicher Weise unselige Verquickungen von Gewalt, Zwang, Kommerz und Religion die Feder bzw. den Fuß (☞ Motive der Pilgerreise). Es besteht demnach weder Grund zu einer sentimentalen Verherrlichung der Vergangenheit oder der Gegenwart des Weges, noch wird es andererseits gelingen, seinen (heiligen) manchmal fast süchtig machenden Zauber zu ergründen, zu erklären oder zu leugnen.

☺ Nun sind Sie selbst (bald) auf dem Jakobsweg unterwegs. Werden Sie also zu einem kleinen Teil seiner Geschichte und Zukunft und machen Sie ihn zu einem Teil Ihrer Lebensgeschichte. 🕮 Einige persönliche Geschichten von den Jakobswegen, die Sie als Einstimmung auf den Weg etwas inspirieren könnten, habe ich in meinem bereits beim Verlag vergriffenen Büchlein „Pilgergeschichten von den Jakobswegen" niedergeschrieben. Seit dem ersten Lockdown in der Coronakrise Anfang 2020 habe ich diese als kostenloses PDF unter 💻 www.camino-de-santiago.de/pilgergeschichten.pdf für Sie online gestellt.

Zur Geschichte des Caminho Português

Auf der in Portugal verlaufenden Route des Jakobsweges finden sich gemäß der frommen Legende zahlreiche Zeugnisse des Lebens und Wirkens des Apostels Jakobus, nach dem der Weg benannt ist. Die Geschichte beginnt mit der Landung des Jesusjüngers an der Küste Galiciens. Eine kleine Jakobusstatue auf einer Anhöhe am Rande des heutigen **Padrón** erinnert an die erste Predigt des Apostels auf der Iberischen Halbinsel. Weiter berichten verschiedene Geschichtsschreiber davon, dass Jakobus in Tui, also genau dort, wo der Jakobsweg heute die spanisch-portugiesische Grenze überschreitet, gepredigt und seinen Jünger San Epitacio zum ersten Prälaten in Tui ernannt haben soll. Der Kreis schließt sich schließlich wieder in Padrón, wo der Leichnam des ermordeten Apostels nach dessen Überführung über das Meer an Land getragen wurde und von dort aus seinen Weg nach Santiago nahm (☞ auch S. 207).

Wenngleich der hier beschriebene Caminho Português heute noch nicht ganz die Bekanntheit des Camino Francés erreicht hat, kann der Weg mit einer ebenso reichhaltigen Pilgertradition und den entsprechenden Zeugnissen aufwarten wie dieser.

Erste Wurzeln der Geschichte des Weges gehen bereits auf vorchristliche Zeit zurück. Ähnlich wie bei der Vía de la Plata und dem Camino Francés verläuft die Streckenführung nicht selten auf den historischen Routen alter Römerstraßen, die allerdings abgesehen von einigen heute noch sichtbaren Meilensteinen am Weg kaum mehr erkennbar sind. Hier nimmt besonders die unter Augustus im 1. Jahrhundert unserer Zeitrechnung gebaute Via Romana XIX eine maßgebliche Rolle ein. Mit Beginn der Pilgerreise ans Grab des heiligen Jakobus im 10. Jahrhundert wurden die Wege schon früh als Pilgerwege genutzt. Doch erst mit Erreichen der Unabhängigkeit Portugals erlangte die Pilgerreise nach Santiago gegen Mitte des 12. Jahrhunderts zunehmend an Bedeutung. Seither pilgerten Gläubige aus allen Teilen des Landes nach Santiago. Sie folgten hierbei auch dem Beispiel von Heiligen, Königen, Adligen und der hohen Geistlichkeit wie z. B. Emanuel dem Glücklichen und der heiligen Königin Isabella von Portugal. Durch die Dynamik des Jakobuskultes entstanden entlang des Weges zahlreiche Brücken, Herbergen und Kirchen, in denen die üblichen Pilgersymbole noch heute von der Pilgertradition zeugen. Auch als die Verehrung des heiligen Jakobus im Süden Portugals später wieder abflachte, blieb sie im Norden des Landes stets lebendig, wenngleich sie an Umfang verlor.

Einen zweiten Frühling erlebte die Pilgertradition in Portugal erst wieder seit dem heiligen Jahr 1999, als der bereits in weiten Teilen markierte und mit ersten Herbergen ausgestattete Weg erstmals wieder mehr als 1.000 Pilgerinnen und Pilger nach Santiago führte. Bis 2019 wuchsen die Pilgerzahlen auf dem traditionellen zentralen Weg dann rapide auf über 72.000 an und der Weg erfreute sich besonders unter deutschen Pilgerbegeisterten großer Beliebtheit.

Die Zeit der Coronakrise hat der Caminho Português dank der besonders niedrigen Infektionszahlen und somit selteneren Lockdowns in Nordportugal und Galicien erstaunlich gut überstanden. Der Teil des Weges in Portugal war im Grunde nie ganz „geschlossen" und führte bald wieder die ersten Pilgersüchtigen nach Santiago. Als die Grenze nach Spanien zeitweise geschlossen war, wurden die beiden Varianten in Portugal schlicht als Rundweg mit Start und Ziel in Porto genutzt. Und so war im Jahr 2022 laut *media control* dieser Pilgerführer der zweitmeistverkaufte Sport- und Aktivreiseführer Deutschlands und damit zum wiederholten Mal der meistverkaufte Pilgerführer in deutscher Sprache.

Im selben Jahr wurden die bisherigen Pilgerzahlen offenbar bei Weitem übertroffen, sodass zusammen mit der neueren Küstenvariante erstmals weit über 100.000 Pilgerinnen und Pilger über die verschiedenen Varianten nach Santiago pilgerten.

Der Caminho Português heute

Der Caminho Português ist heute gemäß den Statistiken des Pilgerbüros in Santiago noch vor dem Camino del Norte und der Vía de la Plata der beliebteste Jakobsweg nach dem Camino Francés. Einige nehmen bereits ab **Lissabon** den seit 2010 weitgehend markierten, aber anfangs wenig idyllischen Weg über die Landstraße nach **Santarém** und von dort aus weiter zum berühmten Marienwallfahrtsort **Fátima**, der jedoch nicht der historisch überlieferten Route des Jakobsweges folgt.

Die häufiger gewählte Route bis nach **Coimbra** und weiter nach Porto verfügt inzwischen ebenfalls über Markierungen. Auf dem gesamten Weg zwischen Lissabon und Porto waren bis 2024 Pilgerherbergen, auf die die Auswahlkriterien auf S. 41 zutreffen, noch recht dünn gesät und auch die Schönheit des Weges entzückt auf weiten Strecken nicht wirklich. Dieser Wegabschnitt fand daher bis heute nicht ganz ohne Grund nur wenig Zuspruch. Zugunsten einer ausführlichen Beschreibung des dann folgenden Weges wurde deshalb auch in dieser Auflage auf eine Beschreibung der Strecke ab Lissabon verzichtet.

Ab **Porto**, von wo heute eine stattliche Zahl an Pilgerinnen und Pilgern startet, kann der Verlauf des direkten Weges als sicher und ausgesprochen gut markiert bezeichnet werden. Auch gibt es inzwischen ein sehr gutes Netz von Unterkünften, das sich aus günstigen Herbergen und Pensionen zusammensetzt.

Seit 2011 bietet sich bis **Rates** auch eine meist sehr schöne und bereits zum Teil markierte Variante entlang der Küste, an der schon genügend günstige Unterkünfte zu finden sind, an. Im weiteren Verlauf des Weges bis nach Ponte de Lima kann man im Prinzip zwischen zwei Routen wählen. Die erste, etwas längere Route führt über die im Stadtkern durchaus sehenswerte Stadt **Braga**.

Nicht zuletzt die Tatsache, dass der Weg durch deren Vorstädte nicht nur unattraktiv ist, sondern zum Teil auch gefährliche Wegstrecken enthält, hatte zur Folge, dass dieser Weg sich nie richtig durchsetzte, und führte zu dem Entschluss, in diesem Buch nur die zweite Route über **Barcelos** zu beschreiben. Der kürzeste Weg von Porto bis Tui gleich nach der spanischen Grenze beträgt insgesamt 124,4 km. Über den hier empfohlenen ersten Teil der Küstenvariante sind es dagegen 133,4 km. Wer der Küste weiter bis nach Caminha folgt, ist 144,5 km unterwegs. Ab dem Eintritt des Weges in den spanischen Bundesstaat Galicien ist der Weg mit wenigen Ausnahmen gut gekennzeichnet. Man findet eine sehr gute Versorgung mit Pilgerherbergen, die allerdings bei den jetzt zunehmenden Pilgerzahlen auch notwendig ist, da die meisten erst hier ihren Weg beginnen. Lediglich auf den letzten 50 km des Weges vor Santiago können die Herbergen zu bestimmten Stoßzeiten wie z. B. im Hochsommer und an den Wochenenden gelegentlich etwas überlaufen sein. Der galicische Teil des Weges ist insgesamt 118,8 km lang.

Der hier beschriebene **traditionelle zentrale Weg** verläuft meist über kleinere Landstraßen, Feldwege und Pfade, die durch die für die küstennahe Region typische Landschaft führen. In dieser folgen in raschem Wechsel Felder, Wälder und kleine, zum Teil sehr reizvolle Dörfer und auch Buchten aufeinander. Man trifft unterwegs aber auch auf kürzere einsame Wegstrecken und Anhöhen, die jedoch körperlich nicht sehr fordernd sind. Den höchsten Punkt der Reise hat man auf dem 410 m hoch gelegenen Pass der Portela Grande erreicht, der einen Tagesmarsch von der spanischen Grenze entfernt liegt. Auch das galicische Hügelland stellt sich auf dieser Route nicht sehr anstrengend dar. Ausgesprochen unerfreulich sind lediglich die ersten Kilometer, die auf dem direkten Weg nach Rates aus der Stadt Porto herausführen, weshalb hier für die ersten ein bis zwei Tage der Weg entlang der Küste empfohlen wird. Abgesehen von Porto, Pontevedra und Santiago selbst durchqueren Sie neben einem dichten Netz kleiner Dörfer nur kleinere, übersichtliche Städte. Insgesamt führt Sie der Weg durch weit mehr als 100 Dörfer und Städte, die einen großen Teil des Reizes des Weges ausmachen.

Wie auf allen Jakobswegen finden sich an verschiedensten Orten Zeugnisse, die auf die Tradition dieses Pilgerweges hinweisen. Das historisch und spirituell bedeutendste Zentrum stellt hier, abgesehen von Santiago, wohl der Ort Padrón dar. Vereinzelt treffen Sie aber auch auf Zeugnisse der vorchristlichen Geschichte des Weges als Römerweg. Die Mehrheit der Pilgerbegeisterten stammt aus Spanien und beginnt ihre Pilgerreise in der Regel im Juli und August an der spanischen Grenze. Sehr stark vertreten sind auch Menschen aus Portugal, die naturgemäß auch in ihrem Heimatland starten. Danach folgen dann die Pilgerinnen und Pilger aus Deutschland, Italien, Frankreich und England, bei denen Porto als der beliebteste Ausgangspunkt der Pilgerreise gilt. Zu Recht erfreut sich der Weg seit Jahren eines ansteigenden Zuspruchs. Er ist nicht einmal halb so stark besucht wie der Hauptweg und kann dennoch mit einer bereits sehr guten Infrastruktur, was Wegführung und Herbergen angeht, aufwarten. Wer Portugal und Galicien von ihrer ursprünglichen, vom Tourismus noch weitgehend unverdorbenen Seite kennenlernen will, ist hier auf dem richtigen Weg.

Der relativ einfache und gut markierte Wegverlauf sowie die kurzen Entfernungen zwischen den Dörfern machen ihn auch zu einem idealen Weg für **„Pilgeranfänger“.** Nehmen Sie sich Zeit für die in jeder Hinsicht sehenswerten Städte am Weg, an deren Spitze wohl Porto, die geheime Kulturhauptstadt Portugals, steht.

Seit 2014 wird der Ausbau einer durchaus interessanten **neueren Küstenroute** betrieben, die dem traditionellen Weg bereits in vielerlei Hinsicht nicht mehr nachsteht und 2024 wohl ca. 75.000 Jakobsweginfizierte Richtung Santiago führte. Nähere allgemeine Informationen zu dieser Variante im Vergleich zum traditionellen Weg finden Sie auf S. 56 und 69.

Tipps zur Planung des Weges

Das bis 2024 voll erschlossene und daher hier beschriebene Teilstück des Caminho Português ist je nach Route „nur“ 241,3 km bzw. 261,2 km lang. Aber auch wenn Sie einen längeren Urlaub auf dem Jakobsweg planen, muss dies nicht unbedingt ein Nachteil sein.

Der Weg lässt sich, wenn Sie zügig durchlaufen, in ca. 10 bis 11 Tagen bewältigen. Wer mehr Zeit zur Verfügung hat, kann sich in Ruhe der Besichtigung der am Weg liegenden Sehenswürdigkeiten widmen. Längere Aufenthalte in Porto und in Santiago sind nahezu ein Muss, wenn Sie diese Städte noch nicht oder nur flüchtig kennen. Aber auch andere Orte laden zum längeren Verweilen ein.

Sollten Sie den Wunsch haben, eine längere Wegstrecke zurückzulegen, so empfehle ich Ihnen, von Santiago aus den 89,4 km langen Weg zum Kap Finisterre und dann evtl. noch weitere 27,9 km nach Muxía anzuschließen. Die Wanderung dorthin nimmt ca. 3 bis 6 Tage in Anspruch. Auch hier bietet sich ein längerer Aufenthalt an. Sollte seit Veröffentlichung längere Zeit vergangen sein, ist es evtl. möglich, dass inzwischen auch der **Weg südlich von Porto** besser erschlossen wurde. Halten Sie sich hierzu mithilfe der unter der Rubrik ☞ „Informationen“ erwähnten Updates auf S. 32 auf dem Laufenden und schauen Sie, ob eventuell inzwischen eine neue, überarbeitete Auflage dieses Buches erschienen ist.

Wenn Sie entgegen meiner allgemeinen Empfehlung mit dem Gedanken spielen, **die Küstenvariante weiter bis durch Vigo** zu laufen oder andere im Buch aus Platzgründen nicht genau aufgeführte, **weniger empfehlenswerte Nebenwege** zu wählen, dann verpassen Sie es bitte nicht, rechtzeitig das kostenlose PDF hierfür auszudrucken. Weitere Infos und Links finden Sie auf den S. 100, 108 und 229.

Gründe für die Pilgerschaft

Zur Zeit der Entstehung des Jakobuskultes im Mittelalter pilgerte man der schriftlichen Überlieferung zufolge vorrangig aus im engsten Sinne religiösen Gründen. Pilgerinnen und Pilger aus allen Regionen Europas nahmen den oft Monate dauernden, beschwerlichen und nicht selten lebensgefährlichen Weg nach Santiago als sichtbares Zeichen der Verehrung des heiligen Apostels Jakobus und der Treue zum christlichen Glauben auf sich. Sie erhofften sich dadurch im Gegenzug die Vergebung von Sünden oder die Heilung einer Krankheit. Auch die Beschreibungen von Pilgerreisen zum Zwecke einer Dank- oder Bittwallfahrt sind überliefert. Nicht alle waren freiwillig auf dem Jakobsweg unterwegs. In der Literatur finden sich Hinweise, wonach Sündern und Straffälligen die Reise nach Santiago zur Sühne ihrer Schuld auferlegt wurde. Ob neben diesen offiziellen, im engsten Sinne frommen Motiven auch Abenteuerlust sowie kulturelle oder touristische Interessen eine Rolle spielten, lässt sich heute nicht mit Gewissheit feststellen.

Beim Lesen mancher Pilgerberichte kommt jedoch die Vermutung auf, dass neben frommen Motiven auch damals schon ähnliche Gründe eine Rolle gespielt haben könnten wie heute.

Gemäß der Pilgerstatistik des unter der Leitung der katholischen Kirche stehenden Pilgerbüros in Santiago sind bei den meisten auch heutzutage noch religiöse Motive für die Pilgerreise nach Santiago ausschlaggebend. Die repräsentative Gültigkeit dieser Statistik darf allerdings angezweifelt werden, da nicht religiös motivierte Pilgerbegeisterte, die dies bei ihrer Ankunft im Pilgerbüro auch so angeben, ein etwas abgeändertes Pilgerzeugnis (☞ S. 20) erhalten. Dies ist aber auch bei nicht religiös motivierten Pilgern meist weniger beliebt und so werden sehr oft entgegen der tatsächlichen Motivation auch religiöse Gründe angeführt. Bei näherer Betrachtung der Pilgerszene entsteht zumindest auf den zweiten Blick der Eindruck, dass bei der Motivation vieler auch heute noch im weitesten Sinne nicht unbedingt religiöse, aber doch spirituelle Gründe eine wesentliche Rolle spielen (... wenngleich die Gefahr besteht, dass diese mit der Zeit langsam immer mehr in den Hintergrund treten). Die Form der spirituellen Motivation hat sich mit der Zeit natürlich grundsätzlich gewandelt. Religiöser Zwang und Höllenangst spielen heute wohl nur noch in bedauerlichen Einzelfällen eine Rolle. Auch steht wohl für die wenigsten, die sich auf den Weg machen, (zumindest zu Anfang ihrer Pilgerreise) die Verehrung des Apostels Jakobus oder eine traditionelle Wundergläubigkeit im Vordergrund.

Insgesamt ist bei jüngeren Jakobsweginfizierten und solchen, die aus eher säkular geprägten Ländern stammen, zu vermuten, dass hier eher eine allgemein von dem Wunsch nach Selbstfindung geprägte Suche nach Sinn und Orientierung auch heute noch Bewegrund für eine Pilgerreise sein kann. Über diese im weiteren Sinne spirituellen Motive hinaus spielen meist noch zahlreiche weitere gute Gründe eine Rolle.

Bei den meisten Menschen, die Sie auf dem Weg treffen, findet sich wohl eine sehr vielseitige Mischung aus Motiven wie z. B. dem Interesse an der portugiesischen und spanischen Kultur und Küche, dem Wunsch nach sportlicher Betätigung sowie der Freude am intensiven und offenen Kontakt mit Gleichgesinnten aus den verschiedensten Kulturen, Altersgruppen und sozialen Schichten. Nicht unwesentlich ist sehr oft auch der Wunsch nach einer kostengünstigen Gestaltung der Urlaubszeit oder aber nach einem bewusst gewählten, einfachen Lebensstil, der im Kontrast zu dem vom Konsum übersättigten Alltagsleben steht. Für einige Pilgerfreundinnen und Pilgerfreunde (und übrigens auch für den Schreiber dieses Buches) bedeutet Pilgern eine besondere, ganzheitliche Lebensweise, die sich auf einzigartige Weise zu so etwas wie einer Komposition oder einem Gesamtkunstwerk aus all den eben genannten Motiven zusammenfügt. Jakobspilger begreifen Pilgern oft als eine Lebensphilosophie oder Weltanschauung, die ihr Erleben, Denken und Handeln bestimmt und sie ähnlich einem Süchtigen immer wieder zurück nach Hause auf den Weg ruft.

Es überrascht nicht, dass es auf dem Weg aufgrund verschiedenster Motivationen auch zu Konflikten kommt, z. B. zwischen Rad- und Fußpilgern sowie zwischen „Buspilgern" und (selbst ernannten) „echten Pilgern".

☺ **Begegnen Sie dem Weg mit Dankbarkeit und so offen wie möglich**, so verpassen Sie nicht die Chance, alle seine „verborgenen Schätze zu heben"! Öffnen Sie dazu alle fünf Sinne und auch das, was in der dichterischen und religiösen Sprache so schön mit „Herz" und „Seele" umschrieben wird. Ärgern Sie sich nicht darüber, wenn Sie Mitmenschen begegnen, die nicht (vordergründig) aus dem gleichen Grund wie Sie dem dennoch selben Weg folgen, sondern versuchen Sie deren Andersartigkeit als eine persönliche Chance für sich zu begreifen und ihr mit echtem Interesse zu begegnen. So können Sie lernen, diese zu verstehen, und letztlich werden dann auch Sie und Ihre Anliegen echtes Verständnis und Interesse bei Ihrem Gegenüber finden.

📖 Wenn Sie den Weg bewusster als ein im weitesten Sinne spirituelles Erlebnis erfahren wollen, kann Ihnen dabei mein folgendes Buch helfen: Warum der Schuh beim Gehen w e i t e r wird. Der spirituelle Jakobsweg-Coach, R. Joos (152 Seiten, 11 x 17,5 cm, Tyrolia 2015, € 9,95)

Die Jakobusmuschel

Die Muschel weist den Weg (rn)

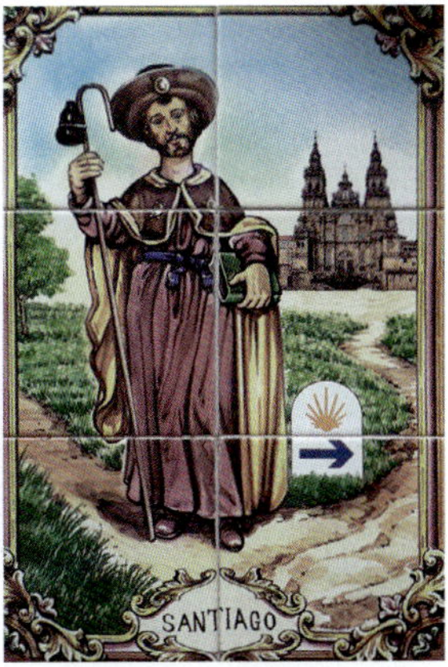

Seit dem Mittelalter gilt die Jakobsmuschel als das Symbol für den Jakobusweg. Die Entstehung dieser Tradition ist nicht klar. Die Legende berichtet, dass einst ein junger Adliger, der von dem heiligen Jakobus vor dem Ertrinken gerettet wurde, völlig mit Muscheln bedeckt aus dem Wasser stieg. Seither gilt die Muschel als Schutzzeichen des heiligen Jakobus und somit auch als Erkennungszeichen für Pilger, das früher auf dem Pilgerhut und heute häufig am Rucksack getragen wird.

Andere Deutungen gehen schlichtweg davon aus, dass die beeindruckten Pilger die Muschel von ihrem abschließenden Besuch des Meeres als Souvenir und Beweis für ihre Reise ans Ende der Welt nach Hause mitgebracht haben. Eine schöne und einleuchtende Symbolik stellen die Linien der Muschel dar, die gleich den verschiedenen Jakobswegen auf einen Punkt – Santiago – zulaufen. Wenngleich man sich die Pilgermuschel heute natürlich auch über verschiedene Internetshops bequem per Mausklick ins Haus holen kann, folgen viele immer noch bewusst der Pilgertradition, diese selbst vom Jakobsweg mitzubringen.

Der Pilgerausweis – der *Credencial*

Der Pilgerpass (spanisch *credencial de peregrino*) blickt auf eine ähnlich lange Tradition wie die Jakobsmuschel zurück. Er gilt von jeher als offizieller Ausweis für den Jakobsweg und wurde früher meist von der heimatlichen Kirchenobrigkeit ausgestellt. Wer für seine (manchmal unter Zwang) abgeleistete Pilgerreise eine offizielle Bestätigung benötigte, ließ sich in diesem Dokument an verschiedenen Orten seine Ankunft schriftlich bestätigen und erhielt in Santiago nach Vorlage des Dokuments schließlich sein offizielles Zeugnis für die Pilgerschaft, die Compostela.

Auch heute nimmt der Pilgerausweis noch die eben genannte Funktion ein. Wer in öffentlichen und kirchlichen Herbergen übernachten will oder eventuell eine Vergünstigung in Pensionen oder Jugendherbergen aushandeln möchte, wird auch heute noch um Vorlage des Pilgerausweises gebeten. Auch wird Ihnen mittels eines Stempels im Credencial Ihre Ankunft an den verschiedenen Orten bestätigt. Dies erledigt man normalerweise in den Herbergen, es kann aber auch in Kirchen, Bars und allen offiziellen Ämtern geschehen. Manche Jakobsweg-begeisterte gehen einer regelrechten Sammelleidenschaft bezüglich der verschiedenen Stempel (spanisch *sello*) nach, die in der spanischen Sprache bezeichnenderweise den gleichen Namen wie „Briefmarke" führen.

Pilgerausweis nach 2.500 km (rj)

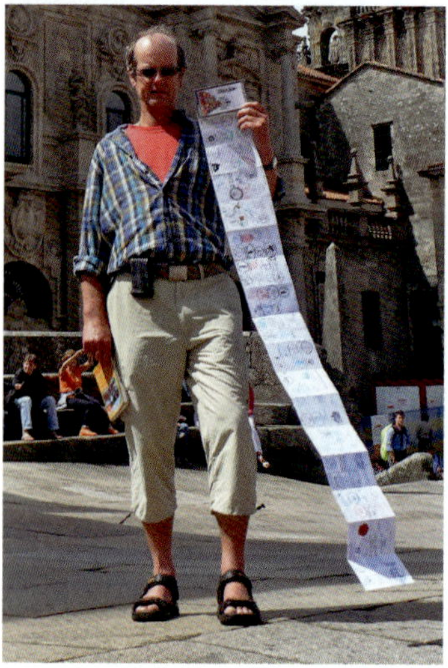

In jüngster Zeit unternahm das nicht unumstrittene Pilgerbüro von Santiago (S. 215) den Versuch, den Pilgerausweis, den es selbst in Produktion gegeben hat, als den einzig gültigen durchzusetzen. (Auf dessen Rückseite findet sich übrigens gelegentlich auch schon mal Werbung für „Kooperationspartner" aus der Wirtschaft.) Sämtliche Jakobusgesellschaften und Herbergen sollten so (zum Teil gegen ihren Willen) quasi zu Verkaufsagenturen dieses Monopolproduktes funktionalisiert werden. Der findige, Gewinn versprechende Versuch schlug allerdings aufgrund zahlreicher Proteste letztlich fehl und so gibt es heute (entgegen der Behauptungen verschiedener Verkäufer dieses angeblich „offiziellen" Pilgerausweises) zum Glück wieder eine umso buntere Vielzahl gültiger Pilgerausweise.

Wie Sie im Text des Buches z. B. in den Beschreibungen der Pilgerherbergen anhand des Symbols **P** erkennen können, finden sich auf dem Caminho Português inzwischen durchaus ausreichend Stellen, an denen Sie verschiedene Pilgerausweise kostenlos, gegen eine Spende oder zum Preis von € 1 bis 3 bekommen können. Dies gilt besonders für die Orte, an denen die meisten ihren Weg beginnen – also Porto und Tui. Hier können Sie eigentlich in fast jeder Pilgerherberge einen Pilgerausweis bekommen.

Was die Auswahl des Anbieters Ihres Pilgerausweises angeht, können Sie auch als verantwortlicher Verbraucher handeln: Der Verkauf des Pilgerausweises stellt nämlich für die Jakobusgesellschaften entlang des Caminho Português und ebenso in Deutschland, Österreich und der Schweiz eine wichtige Einnahmequelle dar, mit der ihr Engagement im Sinne der Pilgercommunity finanziert wird. Und aus eben diesem Grund gibt es seit 2019 einen hübschen eigenen und vollgültigen Pilgerausweis der portugiesischen Jakobusgesellschaft. Es spielt also durchaus eine Rolle, von wem der Pilgerausweis produziert und verkauft wurde – und ebenso auch, ob Sie über den geforderten Mindestpreis hinaus einen höheren Betrag als Spende entbehren können, um so die (Spenden-)Herbergen und oder Jakobusgesellschaften etwas zu unterstützen.

Wollen Sie Ihren Pilgerausweis dagegen vorab über das Internet bei einem kommerziellen Anbieter bestellen, so werden Sie da übrigens vermutlich nicht weniger tief in die Tasche greifen müssen als bei den Jakobusgesellschaften. Das günstigste Angebot fand ich für ab € 10,10 einschließlich des Versands unter 💻 www.pilginoshop.com.

Wenn Sie sich entschließen, die Onlinebestellung des Pilgerausweises lobenswerterweise zum Anlass zu nehmen, eine heimatliche Jakobusgesellschaft (☞ S.32) zu unterstützen, so sollten Sie bedenken, dass sich dies wohl nur dann finanziell für die Jakobusgesellschaft lohnt, wenn der Kauf- bzw. Spendenbetrag entsprechend hoch ausfällt. Die Beschaffung und die Verkaufs- und Versandlogistik sind nämlich für die Jakobusgesellschaften selbst mit Kosten von kaum unter € 5 bis 6 verbunden. Leider waren die deutschsprachigen Jakobusgesellschaften mit wenigen Ausnahmen (z. B. Passau, Augsburg, Tirol) ganz im Gegensatz zu vielen Jakobusgesellschaften im Ausland bisher nicht übermäßig mit Kreativität gesegnet, wenn es darum ging, günstiger selbst produzierte Pilgerausweise unbürokratisch direkt in Kirchen und Herbergen entlang des heimatlichen Jakobsweges zu vertreiben. So fließt ein Teil der Verkaufs- bzw. Spendeneinnahmen (noch) in die m. E. teilweise etwas suboptimalen Beschaffungs- und Vertriebsstrategien und nebenbei wird dabei auch noch das nicht unumstrittene Pilgerbüro von Santiago finanziell unterstützt.

☺ Als praktischer und günstiger Regenschutz für Ihren Pilgerausweis ist eine einfache, umgeschlagene Din-A4-Klarsichtfolie (Prospekthülle) zu empfehlen.

Die Compostela – historisches Souvenir, qualifiziertes Pilgerzeugnis oder schädlicher touristischer Promotion-Gag?

ⓘ **Bevorstehende Änderungen zum Erwerb der Compostela?** Zum Redaktionsschluss dieser Ausgabe deutete sich an, dass die Richtlinien zur Vergabe der Compostela nach zahlreichen Kritiken evtl. doch geändert werden könnten. Halten Sie sich bitte anhand der Veröffentlichungen des Pilgerbüros 💻 oficinadelperegrino.com/en/ und der auf S. 32 beschriebenen Updates auf dem Laufenden.

Bisher aktueller Text: Wer anhand von zwei Stempeln pro Tag in seinem Pilgerausweis nachweisen kann, dass er zumindest 100 km zu Fuß oder 200 km mit dem Rad auf den letzten Kilometern vor Santiago einen der offiziell durch die katholische Kirche anerkannten Jakobswege gepilgert ist, bekommt gegen eine Spende von € 2 bis 3 im Pilgerbüro von Santiago die sogenannte Compostela ausgehändigt. Die inzwischen weitgehend digitalisierte Prozedur hierzu, in der Sie sich übrigens auch dazu bekennen müssen, unter anderem auch aus religiösen Gründen (☞ S. 15) gepilgert zu sein, finden Sie auf Seite 215 näher beschrieben.

Wenn Sie allerdings glauben, Sie folgen hierbei einer althergebrachten Pilgertradition, irren Sie wohl gewaltig und gehen vielmehr einer durchaus finanziell einträglichen, oder wie man es nimmt, hemmungslos schädlichen Promotionsaktion der lokalen Tourismuslobby Galiciens und auch der offenbar genauso geschäftstüchtigen örtlichen katholischen Kirche auf den Leim. Die tatsächliche Tradition war nämlich zur Entstehung der Compostela die, dass wohl eher jeder, der die Kathedrale in Santiago besucht hat, dort als schlichtes Souvenir ein solches Zeugnis ausgehändigt bekommen hat, und zwar egal, ob er oder sie dafür nur einen fröhlichen Sonntagsausflug nach Santiago gemacht hatte oder aber von weit her mit einem Schiff, zu Fuß oder mit einer gut gepolsterten Pferdekutsche angereist war.

Die heute als selbstverständlich betrachtete Bedingung, dass man sich zur Erlangung eines solchen „Pilgerzeugnisses" einem überprüfbaren körperlichen Leistungstest unterziehen muss (dem eine große Zahl älterer und behinderter Menschen mit Sicherheit nicht gewachsen ist), stammt erst aus der neueren Zeit und ein Verweis auf die gelaufenen 100 km vor Santiago wurde erst 2014 nachträglich stillschweigend in den bestehenden Text hineingemogelt, als es zu ersten kritischen Diskussionen über dieses zweifelhafte Papier kam.

In den vergangenen Jahren erging sich die katholische Kirche von Santiago – vertreten durch ihr dazu autorisiertes Pilgerbüro – darin, die Pilgerinnen und Pilger zunehmend strenger und engmaschiger auf ihre nachweislich erbrachte Pilgerleistung hin zu überprüfen. Schließlich erweiterte sie ihre Leistungszertifizierung – allein deshalb, weil sie angeblich von Pilgerseite drängend darum gebeten wurde – um das sogenannte **Certificado de Distancia**, in dem sich Pilger (☺ mit versteckten Selbstzweifeln oder aber latentem Selbstdarstellungsdrang?) für € 3 kirchenamtlich bescheinigen lassen können, wie viele Kilometer sie in welcher Zeit gelaufen sind.

In den letzten Jahren geriet die wie oben beschrieben inzwischen zweckentfremdete Compostela, die unter Neupilgern gewöhnlich immer noch häufig als „Must-have" gilt, in Insiderkreisen zunehmend in die Kritik. In dem „Jakobusbrief" der Deutschen St. Jakobus-Gesellschaft e. V. vom Herbst 2022 vermutete man dann sogar bereits, es sei wohl nicht davon auszugehen, dass die derzeit praktizierte Kilometerregel zur Erlangung der Compostela noch lange Bestand haben werde. Die größte deutsche Jakobusgesellschaft folgt hier (nach einigem Zögern) mit ihrem kritischen Kommentar einer inzwischen recht stattlichen Zahl erklärter Gegner der aktuellen Praxis der Vergabe dieses Pilgerzeugnisses. Zu den gewichtigsten Kritikern gehören hierbei z. B. die internationale Pilgerbruderschaft (FICS), die Camino Francés Federation, die Regionalregierung von Castilla y Léon und zahlreiche weitere private und öffentliche sowie auch kirchennahe Personen und Einrichtungen.

Auch ich teile in meinen Büchern schon seit geraumer Zeit eine solche kritische Haltung, bin aber dennoch weiter wenig optimistisch, dass sich hier in absehbarer Zeit Wesentliches ändern wird, da massive finanzielle Interessen dem entgegenstehen. Zu einem sind die katholische Kirche und das Pilgerbüro von Santiago ja wohl weiter sorgsam darauf bedacht, durch den Verkauf von Pilgerausweisen (☞ S. 18) und verschiedenen Pilgerzeugnissen Kasse zu machen. Zum anderen fördert das so initiierte Massenrennen leistungsbereiter Pilgermassen auf den letzten 100 km vor Santiago auf geschickt nie da gewesene Weise den Tourismuskommerz innerhalb der galicischen Grenzen und so ergießt sich alljährlich immer wieder ein Geldsegen aus entsprechenden Steuereinnahmen in die Staatskasse Galiciens.

Da stört es die (Un-)Verantwortlichen in Kirche und Politik auch weiterhin wohl nur wenig, dass durch einen solchen eher sportlichen Leistungswettbewerb mit dem Siegerpreis in Form eines letztlich historisch verfälschten Pilgerzeugnisses die Tradition des Pilgerns als eine eigentlich vorrangig spirituelle Praxis genauso hemmungslos pervertiert wird wie auch die Kernbotschaft des christlichen Glaubens. Letzterer ergreift ja eher besondere Partei für die Armen und Schwachen und setzt dabei dem Denken in gewohnter Manier einer besinnungslosen Leistungsgesellschaft der Starken und Fitten vielmehr ja ganz bewusst eine Rückbesinnung auf Demut, Rücksicht und Selbstbescheidenheit entgegen.

Und dass die Natur und heimische Kultur am Wegrand und damit auch der Jakobsweg selbst droht, infolge dieser verhängnisvollen Regel auf den letzten 100 km vor Santiago vor lauter Pilgerkommerz vor die Hunde zu gehen, ist wohl auch nur ein mit Bedauern hinzunehmender Kollateralschaden, so lang der Rubel ja wie gewohnt noch immer reichlich rollt.

Der derzeit im Umlauf befindliche Vorschlag, die „Pflichtstrecke" für so ein qualifiziertes Pilgerzeugnis von 100 km auf 200 oder 300 km zu verlängern, ist in dieser Diskussion m. E. kaum zielführend, da dies wohl eher dazu führen wird, das gleiche Problem auch noch auf die Strecke vor den letzten 100 km auszuweiten und dabei kaum zu einer Rückbesinnung auf die inneren Werte des Pilgerns führen wird. Denn diese können ja sicher nicht an der Länge der gelaufenen Kilometer gemessen werden, sondern bleiben immer ein tief persönliches Erlebnis jedes Einzelnen.

Als aufgeklärter Pilger oder als selbstbewusste Pilgerin könnten Sie aber zum Glück allen bisher regelmäßig im Sande verlaufenen Reformen dieses immer offensichtlicheren Übels zum Trotz bereits vorgreifen und für sich und andere ein kleines Zeichen setzen, indem Sie schlicht und einfach auf ein solch zweifelhaftes Pilgerzeugnis und die damit verbundene Unterstützung von dessen Profiteuren verzichten.

☺ Fragen Sie sich doch, bevor Sie sich auf den Weg zum Pilgerbüro machen, selbst, ob Sie Ihre Zeit in Santiago wirklich damit verbringen wollen, sich von einer kirchlichen Stelle auf Ihre erbrachte Pilgerleistung hin prüfen zu lassen, um daraufhin ein Papier zu erhalten, in dem letztlich nichts anderes bestätigt wird als das, was Sie eigentlich auch ohne eine solche Prozedur wissen könnten – nämlich, dass Sie den Jakobsweg gepilgert und in Santiago angekommen sind.

Abgesehen davon: Als Souvenir und Andenken an Ihren ganz persönlichen Jakobsweg ist erfahrungsgemäß z. B. Ihr täglich gestempelter Pilgerausweis wohl noch besser geeignet als ein solches Papier. Und wenn Sie darüber hinaus wirklich so etwas wie ein offizielles „Zeugnis", das Ihren Namen trägt, als Souvenir mit nach Hause nehmen wollen, können Sie bei den Franziskanern von Santiago gegen eine freiwillige Spende für die Obdachlosen in Santiago das sogenannte Zeugnis **„Memorandum"** bekommen. Dieses wird ganz im Sinne der wahrhaft alten christlichen Tradition der ursprünglichen Compostela nämlich bewusst für alle (auch behinderte und alte Menschen, die keine 100 km laufen können) ohne vorherige Leistungsprüfung ausgestellt. Sie bekommen dieses – noch zu 100 % auf analogem Wege - in der Kirche der Franziskaner (☞ Nr. 9 im Stadtplan von Santiago, S. 219, ▯ täglich 10:00 bis 12:30 und 17:00 bis 19:30).

In **Finisterre und Muxía** angekommen können Sie Ihre Zeugnissammlung übrigens noch um je ein weiteres Exemplar vervollständigen (☞ S. 229 und 249).

Der Pilgerstab

Ähnlich wie die Jakobsmuschel gilt auch der Pilgerstab als ein Erkennungszeichen der Pilger. Sein Ursprung ist jedoch rein praktischer Art. Er diente unterwegs als Hilfe bei der Überquerung von Bächen und anderen schwierigen Wegpassagen und bewies seinen Nutzen darüber hinaus bei der tatkräftigen Verteidigung gegen Hunde und wilde Tiere. Auch heute kann er durchaus noch von Nutzen sein.

Reise-Infos von A bis Z

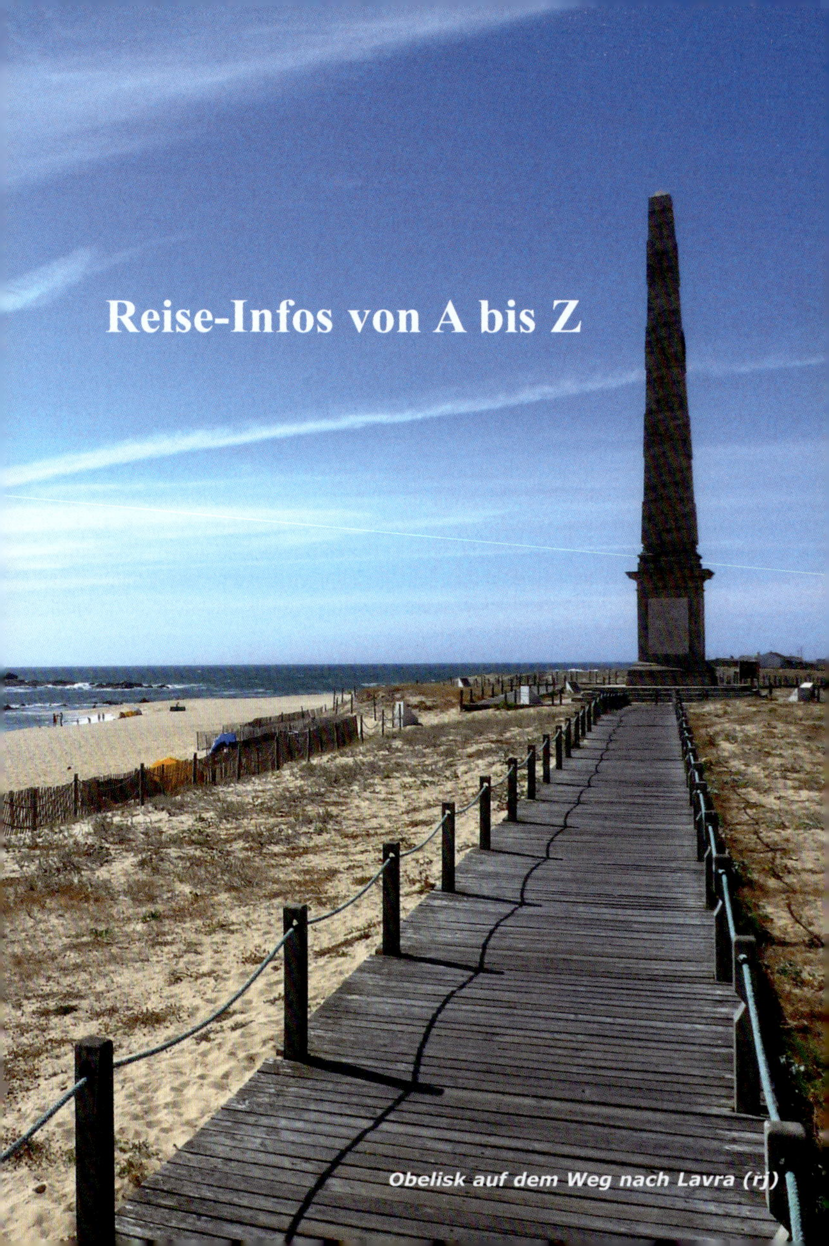

Obelisk auf dem Weg nach Lavra (rj)

An- und Abreise (klimafreundlich)

Vermutlich werden Sie als Pilgerin oder Pilger mit ökologischem Bewusstsein darum bemüht sein, die Natur, die Sie auf dem Jakobsweg genießen wollen, auch so gut es geht zu schützen, sonst versinken die schönen hier beschriebenen Küstenvarianten dank der Klimaerwärmung nämlich eventuell irgendwann mal zu weiten Teilen im Meer und Sie können Ihren zu Recht erbosten Enkelkindern nur noch davon erzählen ...

Kurz vorab zusammengefasst ist die Anreise mit Bus und Bahn natürlich wesentlich klimafreundlicher, kommt aber wohl aufgrund der zeit- und nervenraubenden Länge der Fahrtstrecke von meist weit über 2.000 km nur für wenige infrage. Aber auch mit einem Flugzeug können Sie unter Umständen halbwegs klimaverträglich anreisen. Um Ihnen eine persönliche Entscheidung zu erleichtern, folgen hier einige Infos zu den verschiedenen Reisemöglichkeiten.

Ökologisch relativ verträglich ist die Anfahrt mit dem Fernbus. Die Preise der verschiedenen Anbieter schwanken je nach Jahreszeit, Buchungsfrist und Rabatt. Eine Fahrt von Frankfurt nach Porto ist so z. B. schon für ca. € 100 für die einfache und ca. € 180 für die Strecke hin und zurück zu haben. Das Martyrium der Reise in den nicht immer sehr geräumigen Bussen dauert mindestens 32 Std. und ist daher wohl leider nicht für alle Erholungssuchende akzeptabel. Die Preise sind auch hier sehr flexibel.

Ebenso klimafreundlich, aber leider auch ähnlich zeitaufwändig und vermutlich die teuerste Methode, an den Start zu kommen, ist eine Zugreise nach Portugal. Auch die Vorplanung der Zugverbindungen, die notwendig ist, da zum Teil reserviert werden muss, kann kompliziert werden und eine genaue Darstellung der verschiedenen Möglichkeiten würde den Rahmen dieses Buches sprengen. Hilfreich kann z. B. die Seite www.rome2rio.com sein.

Reisen Sie – wie wohl die meisten – mit einem Flugzeug zu Ihrem Jakobsweg nach Portugal an, so malträtieren Sie unsere schöne Erdatmosphäre natürlich mit dem Vielfachen an CO_2-Gasen als bei einer Anreise mit Bus und/oder Bahn. Sie sind auf diesem Weg aber sicher am schnellsten, bequemstem und meist auch am billigsten unterwegs. Wenn Sie sich deshalb also doch entschließen, mit einem Flug anzureisen, wäre es im Sinn des Weltklimas angeraten, möglichst Direktflüge zu wählen und zumindest Inlandsflüge (Zubringerflüge) durch Bahn- oder Busreisen zu ersetzen. Ihr durch den Flug gut gefülltes „CO_2-Sündenkonto" sollten Sie besser nicht (nur) durch die von den Fluggesellschaften angebotenen CO_2-Kompensationsprojekte auszugleichen versuchen, da deren Wirksamkeit oft keiner seriösen Prüfung standhält. Vertrauenerweckender sind z. B. die Projekte des mehrmaligen CO_2-Kompensationsanbieter-Testsiegers www.atmosfair.de, der Ihnen z. B. für € 12 bis 18 eine halbwegs taugliche Absolution für einen Direktflug aus Deutschland, Österreich oder der Schweiz nach Porto erteilt. Glücklicherweise ist eine direkte Anreise nach Porto und dann auch wieder zurück in die Heimat im Falle des Caminho Português meist auch recht günstig möglich. Wenn Sie frühzeitig buchen, wartet **Ryanair** z. B. mit den günstigsten Flügen zwischen einigen deutschen Flughäfen und Porto und Santiago auf. Auf den Homepages der Abflughäfen finden sich einige Links zu Airportbussen. **Easy Jet** und die spanischen Fluglinien **Iberia** und **Vueling** sowie weitere Fluglinien fliegen ebenfalls zwischen Deutschland, Spanien und Portugal.

Auch die Seiten 💻 www.rome2rio.com und 💻 de.omio.com können Ihnen übrigens wertvolle Anregungen zur Planung der Reise bieten, wenngleich diese Suchmaschinen längst nicht alle Bus- und Zugverbindungen „kennen" und auch keine Verbindung von Ryanair vermitteln.

Um vom Flugplatz Portos in die Innenstadt zu gelangen, bietet sich vorzugsweise die S-Bahn an. Die Fahrt kostet € 2,25 (plus einmalig € 0,60 für die Magnetkarte der Fahrbetriebe). Die S-Bahn fährt alle 20 Min. in 30 Min. z. B. zur Haltestelle „Trindade", die 300 m nördlich des Rathauses liegt (☞ Stadtplan S. 53). Die Busse 601 und 602 fahren bis Mitternacht dagegen in ca. 40 Min. bis zur Endstation „Cordoaria", die in der Nähe des Buchladens Lello liegt (☞ Punkt 13 im Stadtplan). Ab Mitternacht fährt dann noch die Buslinie 3M stündlich in ca. 30 Min. für € 2,50 bis ins Stadtzentrum.

☺ Bedenken Sie bei Ihrer Anreise, dass in Portugal die Uhr im Vergleich zu Deutschland und Spanien eine Stunde nachgeht.

Wenn Sie innerhalb Spaniens oder Portugals weiterreisen wollen, sind Busse meist die günstigere und oft auch die schnellere Alternative. Es werden viele günstige Direktverbindungen zwischen z. T. auch kleineren Städten angeboten. Wollen Sie z. B. den Bus von Lissabon nach Porto nehmen, starten Sie z. B, in Lissabon bei der Station „Oriente" und fahren mit Unternehmen wie FlixBus, Renex oder Red Expresso insgesamt 3 Std. 30 Min. für je nach Service und Angebot ca. € 10 bis 21 nach Porto. Die Anreise mit dem Zug ist nicht wesentlich schneller, aber meist etwas teurer.

Sollten Sie eine Reise mit Umsteigen planen, so gestaltet sich dies aufgrund der verschiedenen, wenig miteinander kooperierenden Einzelanbieter nicht immer einfach. Kompetente Hilfe finden Sie an den Informationen in den Busbahnhöfen. Auch die Touristeninfo, das Busunternehmen ALSA-Eurolines (💻 www.alsa.es) und die Portale 💻 www.rome2rio.com und 💻 de.omio.com sind hier zu empfehlen.

Sind Sie dann auf dem Weg unterwegs, werden Sie eventuell auch einmal in die Verlegenheit (bzw. Versuchung) kommen, öffentliche Verkehrsmittel benutzen zu müssen. Beachten Sie bei der Planung: Nicht überall, wo sich eine 🚌 offizielle Bushaltestelle befindet, halten auch wirklich des Öfteren Busse. Kleine Orte sind häufig schlecht angebunden und bieten nur wenige Verbindungen. Die im Buch eingezeichneten Haltestellen bieten somit nur eine grobe Orientierung. Entlang des Küstenweges verkehrt eine meist recht 🚂 gemächliche Regionalbahn und in den Städten finden Sie Anschluss zu den 🚆 S-Bahnen und überregionalen Zügen.

Ausrüstung

Eine erfahrene Pilgerin oder einen erfahrenen Pilger erkennt man an seinem leichten Rucksack. Täglich einen schweren Rucksack über den Weg zu schleppen ist weder notwendig noch eine sportliche Heldentat und macht auf keinen Fall Spaß. Allgemein geht man davon aus, dass ein Wanderrucksack einschließlich Proviant nicht mehr als 10 % des eigenen Körpergewichtes wiegen darf. Bei Strecken, die über eine Woche in Anspruch nehmen, kann man noch 1 bis 2 kg dazuzählen. Für eine 80 kg schwere Person sind also allerhöchstens 10 kg angemessen, wobei auch schon 8 bis 9 kg voll ausreichen. Darum ist es ratsam – und dies ist wörtlich gemeint –, beim Packen des Rucksacks die Waage zu Rate zu ziehen, mit der Sie jedes einzelne Teil, das Sie mitnehmen wollen, auf sein Gewicht hin prüfen.

Wenn Sie nicht mehr mitnehmen, als in der nachfolgenden Packliste aufgeführt ist, können Sie das genannte Gewicht sicher einhalten. Die Liste ist meinem kleinen allgemeinen Pilgerratgeber „Pilgern auf den Jakobswegen" entnommen, in dem Sie auch eine ausführliche Beschreibung der verschiedenen Einzelposten finden.

Transport und Schlafen

- ☐ bequemer, verstellbarer Rucksack mit Hüftgurt
- ☐ Regenschutz für Rucksack oder ca. 4 knisterarme Tüten
- ☐ Schlafsack (je nach Jahreszeit möglichst leicht) (☞ Decken S. 40)
- ☐ Diebstahlsichere Geldtasche

Bekleidung

- ☐ leichte, eingelaufene Wanderschuhe, am besten mit Sporteinlagen
- ☐ leichte (Wander-)Sandalen oder Laufschuhe
- ☐ 2 Paar eingelaufene Wandersocken, 1 Paar leichte Freizeitsocken
- ☐ 3 bequeme Unterhosen
- ☐ 2 bis 3 T-Shirts (nicht weiß – wird nie wieder sauber)
- ☐ lange, leichte Wanderhose
- ☐ kurze, bequeme Hose
- ☐ leichter, aber warmer Pulli oder Jacke aus Fleece
- ☐ leichte Windjacke bzw. Anorak
- ☐ einfache leichte Regenjacke oder Regenponcho evtl. Regenhose oder Gamaschen
- ☐ Hut, am besten Sonnenhut mit breiter Krempe, evtl. wasserdicht
- ☐ evtl. zwei Teile sehr leichte Freizeitbekleidung
- ☐ evtl. sehr leichter Baumwollpulli (Rolli) oder langes (Funktions-)Unterhemd
- ☐ evtl. lange Mikrofaser-Unterhose bzw. Leggings und/oder Sport-BH
- ☐ evtl. Badehose bzw. Badeanzug

Körperpflege

- ☐ Sonnenschutzcreme mit hohem Lichtschutzfaktor
- ☐ Zahnbürste und Zahnpastakonzentrat oder ½ Zahnpastatube

- ☐ ½ Seife für Körper-, Haar- und Kleiderwäsche
- ☐ 1 bis 2 Einwegrasierer aus Plastik bzw. Damenbinden o. Ä.
- ☐ ½ Rolle WC-Papier
- ☐ kleines Handtuch, am besten aus Mikrofaser

Medikamente

- ☐ ½ oder 1 breites Rollenpflaster Hansaplast oder Leukoplast
- ☐ ½ oder 1 Packung Blasenpflaster, z. B. Compeed
- ☐ 2 bis 3 Wundpflaster
- ☐ ½ Tube Hautcreme gegen Entzündung (z. B. bei Wundreiben)
- ☐ ½ Tube Hirschtalgcreme (Prophylaxe gegen Wundreiben)
- ☐ wenige Milliliter Desinfektionsmittel (z. B. 6 ml Kodan)
- ☐ eine sehr kleine Schere (Nagelschere)
- ☐ Akutpillenset (je 2 bis 3 Tabletten bzw. Dosen gegen Durchfall, Elektrolyteverlust, Schmerzen, Erkältung, Fieber)
- ☐ persönliches Pillenset (Medikamente, z. B. gegen Magensäure, Allergieschock oder Bluthochdruck, evtl. Kondome oder die Pille usw.)
- ☐ evtl. 1 kleine bzw. ½ Tube Voltaren oder Diclofenac

Sonstiges

- ☐ ultraleichte Taschenlampe mit LED oder eine kleine Stirnleuchte
- ☐ Nähnadel mit je 1 m Näh- und Bindfaden, Sicherheitsnadeln
- ☐ Kugelschreiber
- ☐ evtl. Jakobsmuschel
- ☐ evtl. Sonnenbrille oder staubdichte Gletscherbrille
- ☐ evtl. Brille oder Kontaktlinsen, deren Pflegemittel sowie Ersatz
- ☐ evtl. Ohropax
- ☐ evtl. 2 m Wäscheleine
- ☐ evtl. kleines Tagebuch (Din-A5-Heft oder kleiner)
- ☐ evtl. Wanderstab, Pilgerstab oder Teleskopstöcke
- ☐ evtl. Digitalkamera
- ☐ evtl. Handy bzw. Smartphone und Ladegerät (☞ S. 39)

Papiere

- ☐ Flugtickets
- ☐ Personalausweis
- ☐ diesen Pilgerführer (mit Updates ☞ S. 32)
- ☐ Adressenliste von Freunden, Hausarzt und Hausbank
- ☐ Papiere bzw. Karte für Auslandskrankenversicherung
- ☐ Girocard (EC-Karte) und evtl. Kreditkarte
- ☐ evtl. Pilgerausweis (☞ S. 18)
- ☐ evtl. weitere wichtige persönliche Daten (Impfungen) und Adressen
- ☐ evtl. einige doppelseitig kopierte Seiten mit Literatur oder einen leichten E-Book-Reader

Ernährung

- ☐ leichte Trinkflasche(n) für 0,75 bis 1 Liter
- ☐ etwas leicht verdauliche, kalorienreiche Nahrung (z. B. 3 bis 4 Bananen)
- ☐ Messer und Gabel aus Aluminium oder mit Plastikgriff
- ☐ evtl. einige Mineral- und Vitamintabletten

Grundsätzlich gilt:

Nur so viel kaufen, wie Sie unmittelbar aufbrauchen. Größere Packungen vermeiden, mit anderen Pilgerinnen und Pilgern teilen oder anstelle einer Spende in der Pilgerherberge lassen. Keinen falschen Stolz zeigen und sich in Engpässen helfen lassen und helfen. Andenken erst in Santiago kaufen. Leichten Schlafsack mitnehmen und notfalls in Kleidern schlafen. Unnötige Dinge heimschicken oder verschenken.

Wanderschuhe

Ihre Wanderschuhe sollten ein gutes Profil haben und zum Schutz gegen Umknicken über die Knöchel reichen. Vorm Kauf sollten Sie anprobiert werden (keine Fernkäufe). Am besten kaufen Sie die Schuhe eine halbe Nummer größer, da die Füße vom Laufen in den ersten Tagen etwas anschwellen.

Orthopädische Schaleneinlagen sind zu empfehlen, um einen geraden Gang zu garantieren. Vergessen Sie nicht, neue Schuhe vor der Pilgerreise gut einzulaufen. Da der Weg entlang der Küste, wie Sie im Einzelnen in der Wegbeschreibung lesen können, nur sehr selten uneben und bergig verläuft, ist es eine Überlegung wert, größere Teile dieses Weges in leichten (Wander-)Sandalen oder Laufschuhen zu gehen, die ja laut der hier empfohlenen Packliste ohnehin zu Ihrer Ausrüstung gehören sollten. Allerdings werden Sie spätestens in Spanien öfters auf die Wanderschuhe umsteigen, und wenn Sie sich bis dort schon an diese gewöhnt haben, ist das sicher von Vorteil.

🚲 Wer mit dem Rad pilgern möchte, finden unter der Rubrik ☞ Radpilgern weitere Tipps zum Packen der Satteltaschen.

Einkaufen

Spanien und Portugal sind moderne Industrieländer der Europäischen Union, in denen es alles zu kaufen gibt, was Sie zum Leben brauchen. Auch was die Qualität und die Hygiene der Produkte angeht, müssen Sie sich keine Sorgen machen.

Die Preise der Waren gestalten sich naturgemäß je nach Angebot und Qualität verschieden. Sie können aber davon ausgehen, dass diese in Spanien und Portugal etwas unter dem deutschen Niveau liegen. Für einige Luxusartikel wie Sonnencreme, Vitamintabletten und Sportbekleidung gilt dies allerdings nicht immer. Außer den in der ☞ Packliste aufgeführten Gegenstände brauchen Sie also nichts in Richtung Santiago zu schleppen. Wenngleich Sie der Weg durch zahlreiche Dörfer führt, in denen es auch kleinere und größere Läden gibt, ist es zu empfehlen, bei der jeweiligen Tagesetappe richtig vorzuplanen, da einige Geschäfte abseits vom Weg liegen oder an den Wochenenden und (besonders in Spanien) über Mittag geschlossen bleiben.

Erste Hilfe

Sie sollten ein kleines Paket zur Notfallversorgung mit sich führen. Abgesehen von besonderen persönlichen (ärztlich verordneten) Medikamenten macht es keinen Sinn, Ihre gesamte Hausapotheke einzufliegen, da Sie auf dem Jakobsweg auf zahlreiche, oft auch sonntags geöffnete Apotheken treffen werden. Die Preise für Medikamente sind zudem erstaunlich niedrig. Auch finden Sie vor Ort immer wieder Gesundheitszentren und das Rote Kreuz. Bei Letzterem sollten Sie allerdings besser darauf achten, dass ernstere Probleme nicht von gutmeinenden Freiwilligen, sondern von einem Arzt (spanisch *médico*, portugiesisch *medico*) behandelt werden (☞ Medizinische Versorgung).

☺ Genauso wichtig wie die Erste Hilfe ist eine Vorsorge, die die häufigsten Wanderprobleme vermeidet. Dem Wundlaufen zwischen den Beinen können Sie durch das Einreiben mit Hirschtalg vorbeugen.

Blasen, die mit Abstand der häufigste Grund für ein unfreiwilliges Abbrechen des Weges sind, verhindern Sie, indem Sie gut eingelaufene Schuhe und Socken ohne Nähte tragen. Sollten Sie eine Druckstelle spüren, halten Sie sofort an und kleben diese mit Leukoplast ab.

Sollte sich bereits eine Blase gebildet haben, so können Sie diese – die Experten streiten sich hier – in Ruhe lassen und hoffen, dass sie sich nicht entzündet, mit Rollenpflaster oder einem speziellen Blasenpflaster (Compeed) überkleben, aufstechen und desinfizieren oder versuchen, mit anderen Schuhen weiterzulaufen. Gönnen Sie sich bei Fußproblemen im Zweifelsfall besser ein oder zwei Tage Pause, bevor Sie später den Weg ganz abbrechen müssen.

Essen und Trinken

In einigen Pilgerherbergen finden Sie, wie jeweils im Text beschrieben, kleine Küchen, die allerdings nicht immer ausreichend mit Koch- und Essgeschirr ausgestattet sind. Es ist unter Pilgern von jeher gute Sitte, spontan gemeinsam zu kochen, zu essen und zu feiern. Da auch in Portugal und besonders in Spanien die Preise in den Restaurants in den letzten Jahren deutlich gestiegen sind, spricht nichts dagegen, diese schöne und zugleich geldsparende Pilgertradition auch weiter fleißig zu pflegen.

In **Portugal** finden Sie, wenn Sie etwas danach suchen, einfache Restaurants und Bars, in denen Sie erstaunlich günstig speisen können. Ein Gericht mit einfacher Beilage bekommen Sie an einigen Orten ab € 8 und zusammen mit Wein, Brot und Nachtisch, die Sie in Portugal normalerweise extra bezahlen müssen,

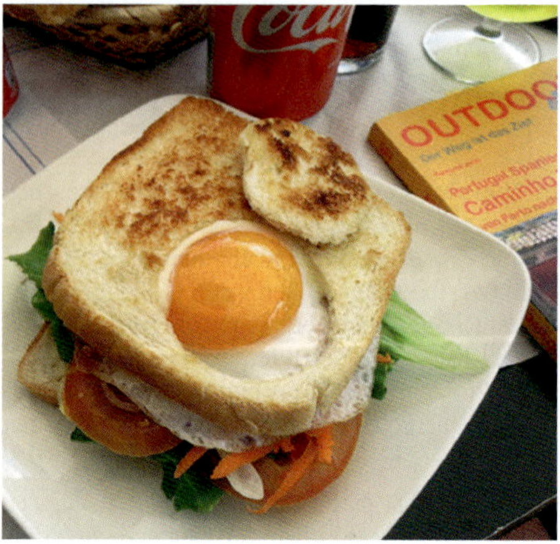

Die kleinen kulinarischen Pilgerfreuden (in O Porriño) (ms)

wird man auch mit einem ausgewachsenen Pilgerhunger gelegentlich schon ab ca. € 10 satt. Achten Sie auf die besonders preiswerten Tagesgerichte, die oft werktags, seltener auch am Wochenende angeboten werden. In Portugal ist es oft üblich, eine Portion für zwei Personen zu bestellen. Die halbe Portion („1/2 dose"), die dann ihrer Menge nach eigentlich für eine Person bestimmt ist, ist dann gelegentlich nicht ganz so günstig. Fragen Sie also im Zweifelsfall nach, ob die Portion für eine oder zwei Personen bestimmt ist. Preiswert können Sie in Portugal auch Fisch essen.

Als Vegetarier werden Sie leider nur sehr wenige attraktive Angebote finden und meistens wird man Ihnen irrtümlicherweise Fischspeisen anbieten.

Neben den in diesem Buch empfohlenen günstigen und folglich einfachen Speiselokalen finden Sie, natürlich auch insbesondere in den Städten, eine Reihe an exklusiven Lokalitäten, in denen Ihnen kostspieligere regionale Spezialitäten aufgetischt werden. Das Abendessen wird in der Regel frühestens um 19:00, meist aber erst ab 20:00 serviert.

In **Spanien** sind die Herbergen öfter mit guten Küchen ausgestattet. In den Restaurants ist es allgemein üblich, keine Gerichte, sondern Tagesmenüs (*menú del día*) zu bestellen, die normalerweise zwei Gänge, Brot, Wein und einen Nachtisch enthalten. Der Preis hierfür beginnt bei einfachen Lokalen bei € 10. Normalerweise werden Sie aber € 12 bis 15 bezahlen müssen. Die Portionen sind für diesen Preis meist reichlich und gut und das Ambiente der Lokale lädt zu einem gemütlichen Abend ein.

Neben den hier empfohlenen einfachen Lokalitäten finden Sie natürlich auch in Spanien eine reiche Auswahl an Restaurants der gehobenen Preisklasse. Das Abendessen wird selten vor 19:00 serviert.

Etappen, Etappenlänge, Gesamtkilometer und Höhenprofil

Wenn Sie nicht vermehrt in Hotels und Pensionen übernachten wollen, wird ein großer Teil der Tagesetappen von den Pilgerherbergen vorgegeben. Die hier aufgeführten **einzelnen Etappen** beschreiben daher mit wenigen Ausnahmen den Weg zwischen den Orten mit Pilgerherbergen. Bei allen Etappen der hier empfohlenen Wegführung handelt es sich um Strecken bis 25 km. Es ist ratsam, die Tagesetappen so zu planen, dass am Zielort evtl. noch Zeit für Besichtigungen bleibt.

Als **Gesamtlänge der Etappe** wird die Strecke gerechnet, die vermutlich die meisten Leser dieses Buches auf der jeweiligen Einzeletappe wählen werden. In der Regel ist diese Strecke auch identisch mit der im Buch empfohlenen Wegführung. Diese Wegführung ist also *nicht* in allen Fällen identisch mit dem offiziellen Weg und somit auch nicht mit der offiziell propagierten Etappenlänge. Nähere Informationen zu den jeweiligen Streckenangaben finden Sie auch im einleitenden Teil verschiedener Etappen.

Die noch fehlenden Kilometer bis Santiago über die im Buch empfohlene Wegführung können Sie aus dem Inhaltsverzeichnis auf S. 6 bis 8 entnehmen. Die Distanz vom Endpunkt der jeweiligen Etappe bis nach Santiago finden Sie dabei stets in der gelb unterlegten Spalte hinter der Längenangabe der jeweiligen Etappe.

In den **Höhenprofilen und Karten** ist die jeweils empfohlene bzw. üblichste Streckenführung, über die sich somit auch die Gesamtstrecke der Etappe und der fehlenden Kilometer bis Santiago berechnet, als **durchgezogene rote Linie** gekennzeichnet. Weitere mögliche Wegführungen werden als gestrichelte rote Linie dargestellt und zusätzlich mit Kleinbuchstaben gekennzeichnet. Zwei Ausnahme bilden hier die beste Wegführung vom Küstenweg zurück zum traditionellen Weg (Karte 4) und die beste Wegführung des insgesamt wenig zu empfehlenden zentralen traditionellen Weges bis Rates (Karten 1-4), die zur Hervorhebung ebenfalls als rot durchgezogene Linie dargestellt werden.

In den Karten, Kartenausschnitten und Höhenprofilen sind die verschiedenen **Etappenpunkte** (d. h. Endpunkte der Etappen und auch Zwischenetappen) durch einen roten Punkt gekennzeichnet.

Geld

Je nachdem wo Sie übernachten und essen gehen, können Sie auf diesem Weg mit täglichen Ausgaben von € 25 bis 35 rechnen. Nehmen Sie aus Vorsorge vor Diebstählen nur so viel Bargeld mit, wie Sie für die ersten Tage brauchen! Am einfachsten ist es, mit der Girocard (EC-Karte) mit dem Maestro-Symbol Geld abzuheben, denn jede Kleinstadt bietet mindestens einen Geldautomaten.

Heben Sie nicht zu kleine Beträge ab und informieren Sie sich bei Ihrer Hausbank über deren Vertragspartner im Ausland, wo Sie evtl. günstiger Geld abheben können, denn das Abheben im Ausland kostet je nach Bank zwischen € 1,25 und € 6.

Für den Fall des Diebstahls Ihrer Girocard oder anderer Komplikationen sollten Sie die Telefonnummer der Heimatbank dabeihaben.

Information

Updates und Facebook-Gruppen

Der Caminho Português ist in einem schnellen Wandel begriffen, deshalb wird ein Teil der hier beschriebenen Informationen bereits in einiger Zeit überholt sein. Der Conrad Stein Verlag veröffentlicht auf seiner Homepage 💻 www.conrad-stein-verlag.de Updates zu diesem Buch, die direkt von mir oder von Lesern stammen. Schauen Sie doch vor der Abreise, oder wenn sich auf dem Weg die Möglichkeit bietet, auf die Verlagshomepage. Unter dem Punkt „Updates" finden Sie alle wichtigen Informationen. Der QR-Code führt Sie direkt dorthin. Dort können Sie auch erfahren, ob bereits eine weitere aktuellere Auflage erschienen ist.

Was die Qualität der Information und den Umgangston in Internetforen angeht, so sind auch in Pilgerkreisen auf den betreffenden Plattformen von Social Media natürlich genauso viele Dummschwätzer unterwegs wie sonst überall auch. Und natürlich finden sich auch einige Jakobswegforen, die bei näherem Hinsehen auch die wirtschaftlichen Interessen der Betreiber selbst verfolgen. Die 2018 gegründete offene **Facebook-Gruppe** „Jakobsweg – Caminho Portugues", bekommt dabei in Pilgerkreisen mit Abstand den größten Zuspruch und wird hier empfohlen, da sie kompetent von einem pilgererfahrenen professionellen Journalisten geführt wird. Sie erreichen diese (vorbei an ähnlich lautenden Gruppen) am sichersten über den Link 💻 www.facebook.com/groups/portugiesischerJakobsweg.

Ebenfalls zu empfehlen ist das wesentlich ältere, gut moderierte **klassische Internetforum** 💻 www.daspilgerforum.de, in dem Sie neben Informationen für Anfänger und zu anderen Jakobswegen auch eine Sparte zum Caminho Português finden.

Allgemeine Informationen zum Pilgern

Grundsätzliche Informationen zu allen allgemeinen Fragen zum Pilgern finden Sie in meinem kleinen Ratgeber „Pilgern auf den Jakobswegen": Pilgere ich alleine oder in einer Gruppe? Mit dem Rad oder zu Fuß? Wie bereite ich mich mental, praktisch und sportlich vor? Gesundheit, Ernährung, Hygiene, psychische Probleme, das Leben in den Herbergen, weiterführende Literatur und Adressen.

📖 Pilgern auf den Jakobswegen, Conrad Stein Verlag, OutdoorHandbuch, Basiswissen für draußen, Band 197, ISBN 978-3-86686-394-1, € 12,90 (☞ S. 163)

Jakobusgesellschaften in Ⓓ, Ⓐ und (CH)

Eine komplette Liste der Jakobusgesellschaften finden Sie unter folgender Adresse: 💻 www.jakobus-info.de. Bei folgenden Gesellschaften können Sie auch den auf S. 18 näher beschriebenen Pilgerausweis bestellen. Die angegebenen Preise beziehen sich auf jeweils einen Pilgerausweis einschließlich Inlandsversand. Was nähere Informationen angeht, verweise ich aus Platzgründen auf die jeweiligen Internetseiten. Einige der unten aufgeführten Pilgergesellschaften schicken ihren zahlenden Mitgliedern auf Anfrage kostenlose Pilgerausweise zum persönlichen Gebrauch zu.

(D) Stiftung Haus St. Jakobus, Schwäbische Jakobusgesellschaft, Kapellenberg 58-60, 89610 **Oberdischingen,** ☏ 073 05/91 95 75, 💻 www.haus-st-jakobus.de, **P** Pilgerausweise gegen Spende in frei wählbarer Höhe

♦ Santiago-Freunde Köln, c/o N. Wallrath, Knapsackstraße 2, 50354 **Hürth**, ☏ 022 33/87 54 88, 💻 www.santiagofreunde.de, **P** Pilgerausweis gegen Spende

♦ JakobsFreunde Passau e. V., Drosselweg 4, 94036 **Passau**, 📱 01 71/932 95 24, 💻 www.jakobsfreunde.de, **P** Pilgerausweise aus lobenswerter Eigenproduktion für € 6,80

♦ Jakobusgemeinschaft Rohrdorf e. V., z. H. Hans Maier, Dieselstr. 4, 84453 **Mühldorf am Inn**, 💻 www.jakobusgemeinschaft.de, **P** Pilgerausweis mit extra viel Platz aus lobenswerter Eigenproduktion für € 7

♦ Fränkische St.-Jakobusgesellschaft Würzburg e. V., Petrinistraße 33a, 97080 **Würzburg**, ☏ 09 31/250 88 50, 💻 www.jakobus-franken.de, **P** Pilgerausweis für € 7,65

♦ Freundeskreis der Jakobuspilger, Busdorfmauer 33, 33098 **Paderborn**, ☏ 052 51/506 86 77 oder 147 47 94, 💻 www.jakobusfreunde-paderborn.com, **P** Pilgerausweis im Casa Paderborn und online für € 9,60

♦ Deutsche St. Jakobusgesellschaft e. V., Tempelhofer Straße 21, 52068 **Aachen**, ☏ 02 41/510 00 62, 💻 www.deutsche-jakobus-gesellschaft.de, **P** Pilgerausweis gegen eine erbetene Spende in Höhe von € 10

(A) Jakobsgemeinschaft Tirol, Domplatz 6, A-6020 **Innsbruck**, ☏ 05 12/58 39 02, ✉ jakobsgemeinschaft.tirol@dibk.at, 💻 dibk.at/jakobsgemeinschaft, **P** Pilgerausweise aus lobenswerter Eigenproduktion gegen Spende

♦ Jakobusgesellschaft Salzburg, Tegetthoffstraße 11, 5071 **Wals-Siezenheim**, ☏ und FAX 06 62/85 53 65, 💻 www.jakobusgemeinschaft.at, **P** Pilgerausweise für (wohl leidlich kostendeckende) € 5

(CH) Schweizerischen Vereinigung der Freunde des Jakobsweges, Dorfstraße 4, 3856 **Brienzwiler**, ✉ sekretariat@viajacobi4.ch, 💻 www.viajacobi4.ch, **P** Pilgerausweise für ca. CHF 10

Klima und Reisezeit

Am ganzen Weg herrscht ein warmes, aber gelegentlich feuchtes Klima vor. Abgesehen von den Sommermonaten müssen Sie sich auf Regenschauer einrichten. Die Tagestemperatur liegt in Porto im Jahresdurchschnitt um 19,2 °C. Die Niederschlagsmenge beträgt pro Jahr 1.150 mm. In Galicien, der regenreichsten Region Spaniens, beträgt die Tagesdurchschnittstemperatur zwischen 17 und 19 °C. Die jährliche Niederschlagsmenge liegt hier bei ca. 1.400 mm. Diese Statistiken sagen jedoch noch nicht viel über die Bedingungen während der einzelnen Jahreszeiten aus. Allgemein ist der Weg von **März bis Oktober** gut begehbar.

Bis Mitte April ist es aber nicht selten etwas feucht und frisch. Der Mai ist der ideale Reisemonat, da die Temperaturen und Niederschläge stimmen und zudem das Land in Blüte steht. Auch der etwas wärmere Juni ist m. E. zu empfehlen. Im

Juli und August gibt es wenig Niederschläge (20 bis 25 mm) und Temperaturen, die zur Mittagszeit nicht selten die 35-°C-Marke überschreiten. Zu dieser Zeit sind besonders ab der spanischen Grenze dann die Pilgerzahlen recht hoch und entlang der Küsten ist die Landschaft dann durch zahlreiche Badegäste gekennzeichnet, was dort natürlich folglich auch zu einer Bettenknappheit führt. Aus rein klimatischer Sicht ist es im Prinzip möglich, den Weg auch zu dieser Zeit zu gehen, denn man findet vielerorts Bars und schattige Plätze für eine längere Mittagsrast.

Auf der Küstenetappe sorgt zudem das Meer oft für etwas Abkühlung. Der Monat September kann wieder besonders empfohlen werden und auch im Oktober ist der Weg noch gut begehbar, obwohl man hier dann besonders in Galicien den typischen Nieselregen zu erwarten hat. Die meisten Herbergen sind auf diesem Weg nach eigenen Angaben das ganze Jahr über geöffnet und nicht wenige Pilgerjunkies berichten, auch zu dieser Zeit ohne größere Probleme untergekommen zu sein. Ich würde aber dennoch empfehlen, von November bis Februar 1 bis 2 Tage vorher anzurufen, damit der Gastgeber sich und seine Heizung auf Ihren Besuch einstellen kann.

Landkarten, GPS und Pilger-Apps

Da der Weg inzwischen gut markiert wurde, sind Karten nicht notwendig. GPS-Fans können sich die Tracks zum Weg meist kostenlos von den Internetseiten verschiedener Anbieter auf ein GPS-Gerät oder in kostenlose Apps herunterladen. Für manchen sind auch verschiedene Pilger-Apps hilfreich, von denen sich einige auch teilweise durch die Provisionen der in der App verlinkten Buchungsportale finanzieren. (Eine kritische Bewertung Letzterer finden Sie auf Seite 43.) Das finanzielle Gesamtkonzept solcher Apps ist damit folglich u. a. auch an dieser (primären) Einkommensquelle ausgerichtet, was wohl nicht ohne Konsequenzen für die darin enthaltene Präsentation (Werbung) der kooperationswilligen Unterkünfte bleibt.

Ob Sie sich vor diesem Hintergrund nun (allein) auf derartige Informationsquellen verlassen wollen oder eben nicht, ist die eine Frage. Die andere Frage ist aber hier auch ganz grundsätzlich, ob Sie es für persönlich passend empfinden, sich auch noch während Ihres Urlaubs im Grünen regelmäßig digital zu engagieren (lesen hierzu zum Thema Smartphone auf Seite 39).

Medizinische Versorgung

Gesetzlich Versicherte können ihre im Krankheitsfall entstehenden Kosten im europäischen Ausland abrechnen, meist ohne finanzielle Vorleistungen zu erbringen. Dies gilt allerdings nur für eine Behandlung in öffentlichen Einrichtungen und bei Kassenärzten, die akut notwendig ist und auch in Deutschland von den Kassen übernommen wird. Die Versicherungskarte wird Ihnen bei Anruf von der Krankenkasse kostenlos zugeschickt. Dennoch ist es zu empfehlen, für die Dauer des Aufenthaltes eine Auslandsreise-Krankenversicherung abzuschließen. Sie können dies oft für einen sehr geringen Betrag bei Ihrer Bank oder Versicherung erledigen.

Bei privat Versicherten gestaltet sich die Leistungserstattung nach den jeweiligen Richtlinien der Kasse unterschiedlich und gewöhnlich muss Vorauszahlung geleistet werden. Nehmen Sie daher vor Ihrer Abreise Kontakt mit Ihrer Kasse auf und lassen Sie sich über die jeweilig geltenden Bedingungen unterrichten. Auch hier empfiehlt sich oft der Abschluss einer Auslandsreise-Krankenversicherung.

In **Portugal** können Sie einen Arzt (*medico*) oder eine Notaufnahme eines Krankenhauses (*hospital*) aufsuchen. In kleineren Ortschaften ist oftmals kein Arzt ansässig. Hier finden Sie in einem Gesundheitszentrum (*centro de saude*) oder bei der Feuerwehr (*bombeiros*) einfache Hilfe.

In **Spanien** werden Sie im Normalfall in einem öffentlichen Gesundheitszentrum (*centro de salud* oder *centro médico*) in unkomplizierter Weise von Ihren typischen Pilgerleiden befreit. In Notfällen können Sie es in größeren Städten auch mit der Abteilung *urgencia* eines Krankenhauses (*hospital*) versuchen.

Notruf

Portugal: Die allgemeine Notrufnummer lautet 112. Es wurde zusätzlich eine spezielle Notrufnummer für Touristen eingerichtet, bei der man Ihnen auch auf Deutsch oder zumindest auf Englisch weiterhelfen kann: ☎ 222 081 833.

Für **Spanien** gilt das Gleiche. Die allgemeine Notrufnummer lautet 112. Hier spricht man auch mehrere Sprachen oder man kann Sie weiterleiten.

Post

Heute finden Sie in Spanien und Portugal in jedem größeren Dorf eine Poststelle. Sie können innerhalb von Europa mit drei bis fünf Tagen bis zur Zustellung rechnen. In **Portugal** zahlen Sie für einen Brief bzw. eine Karte ins europäische Ausland mit einem Gewicht bis 20 g € 1,05. Der Versand von Päckchen bis 1 kg schlägt mit ab € 8,70 zu Buche. Wenn Sie z. B. bis zu 2 kg Ihres Gepäcks nach Hause schicken wollen, müssen Sie das Nichtbefolgen der Ratschläge zum Packen des Rucksackes mit mindestens € 14,80 büßen, bei Versand per Einschreiben sogar mit € 18,60.

In **Spanien** wird ein Brief ins europäische Ausland mit € 1,70 frankiert. Für ein Paket bis 1 kg Gewicht zahlen Sie € 13,35 und bis 2 kg müssen Sie mit € 21,25 rechnen. Auf jeden Fall ist es zu empfehlen, wertvolle Gegenstände per Einschreiben zu verschicken, was je nach Gewicht ca. € 4 bis 5 mehr kostet.

Casa Ivar bietet in Santiago für € 15 bis 35 je nach Größe einen Gepäcklagerservice für bis zu 90 Tage an, 💻 www.casaivar.com. ☎ +34 625 176 571.

Radpilgern

Zunächst zur Wegführung: Der Caminho Português ist mit dem Rad denkbar einfach zu bewältigen und wer öfter auf die Straße ausweicht, könnte den Weg wohl auch gut mit einem stabil gebauten Tourenrad befahren. Für die in diesem OutdoorHandbuch beschriebene Route, auf der man seinen Drahtesel zwar ab und zu ein Stück schieben muss, aber nur selten an unpassierbare Passagen kommt, empfehle ich ein Mountainbike, das allerdings nicht teuer sein muss. (Ich fuhr den Weg bei meiner ersten Recherche mit einem sehr einfachen Mountainbike, das ich für € 120 in Porto erworben hatte.)

An den wenigen Stellen, an denen der Weg per Rad schwer oder überhaupt nicht passierbar ist, wird dies im Text beschrieben und eine Alternative aufgezeigt. Auch in Galicien, wo die anderen Jakobswege für die Radpilgerinnen und Radpilger oft eine besondere Herausforderung bedeuten, stellt sich der Weg auf dieser Route relativ einfach dar.

Was das Packproblem angeht, empfehlen sich natürlich Satteltaschen. Darüber hinaus sollten Sie einen kleinen, gut anliegenden Rucksack mitnehmen. Zum einen, weil Sie so das Gewicht besser verteilen können, zum anderen haben Sie dann die Möglichkeit, wichtige und teure Sachen immer bei sich zu tragen. Auch wenn Sie mit dem Rad pilgern, sollten Sie das Gewicht der Satteltaschen so stark wie möglich vermindern. Ein Rad, das schwer beladen oder bei dem das Gewicht nicht gut verteilt ist, kann, besonders wenn es bergab geht, unkontrollierbar werden. Ziehen Sie zum Reduzieren des Gewichts abgesehen von der Bekleidung die ☞ Packliste zu Rate.

Neben einer speziellen Radfahrbekleidung ist es auf jeden Fall notwendig, Ersatzschläuche sowie ein Reparaturset für Ihre Fahrradkette mitzunehmen. Was das Werkzeug angeht, sollten Sie sich Zeit nehmen, darüber nachzudenken, was an Ihrem Rad wirklich innerhalb von wenigen Hundert Kilometern kaputtgehen kann und welches Werkzeug Sie dann sofort benötigen. Sie werden feststellen, dass es nicht viel ist. Auch gibt es unterwegs einige Werkstätten, die jeweils im Text gekennzeichnet (🔧) sind.

Die An- und Abreise mit dem Zug ist für Radfans kaum zu empfehlen, weil man in französischen und spanischen Zügen Fahrräder nicht immer ohne Probleme mitnehmen darf. In internationalen Bussen und somit auch bei Bussen, die zwischen Portugal und Spanien verkehren, können Räder gelegentlich mitgenommen werden, wenn diese entsprechend verpackt werden und genug Platz ist.

Mit dem Flugzeug ist der Transport eher unproblematisch, wenn das Fahrrad gut verpackt ist; es kann lediglich Probleme wegen Übergepäck geben. Bei Ryanair muss ein Fahrrad vorher angemeldet und extra aufgegeben werden, was pro Flugstrecke ca. € 50 kostet.

In Überlandbussen können Fahrräder in der Regel mitgenommen werden, manchmal mit vorheriger Anmeldung. Oft müssen sie aber vorher verpackt und zum Teil demontiert werden. Erkundigen Sie sich also auf jeden Fall beim Kauf der Fahrkarte, wie die Bedingungen sind.

Wer sich nicht mit dem Transport des Rades abmühen will, der zudem finanziell kräftig zu Buche schlägt, hat in den großen Städten auch die Möglichkeit, sich ein Rad zu leihen, muss aber dann auch für den Rücktransport aufkommen, was nicht einfach ist, wenn man bedenkt, dass man in den internationalen Bussen keine Räder transportieren darf. Die billigste Methode kann unter Umständen die sein, sich vor Ort ein billiges gebrauchtes Rad zu kaufen und es später wieder zu verkaufen.

Hierzu bedarf es aber etwas Zeit und ausreichender Sprach- und Sachkenntnisse. Natürlich gibt es auch die Möglichkeit, sein Rad von speziellen Unternehmen vorab nach Portugal verschicken zu lassen, was allerdings bei einzelnen Rädern recht kostspielig ist.

Sprache

Wer in der Lage ist, einige „Brocken" der Landessprache zu sprechen, zeigt dem Gastgeberland, dass er seine Kultur respektiert und wertschätzt. Er wird vielleicht überrascht sein, wie viele Menschen in Spanien und Portugal dann ihrerseits bereit sind, einige Worte ihres Schulenglisch zu sprechen oder ein überraschend gutes Deutsch aus ihrer Gastarbeiterzeit an den Tag zu legen.

In **Portugal** spricht man Portugiesisch. Sollten Sie einige Brocken Spanisch sprechen, so können Sie notfalls hiervon Gebrauch machen. Man wird Sie verstehen, aber die Antwort wird oft eine portugiesische sein. Treffen Sie auf junge Portugiesen, versuchen Sie es besser mit Englisch. Sie werden ebenso wie auch bei den Betreibern der Herbergen meist zumindest ein wenig Erfolg haben. Sollten Sie des Französischen mächtig sein, so können Sie es hiermit insbesondere bei älteren, gebildet wirkenden Portugiesen versuchen.

In jeder Sprache verständlich: Muschelsymbol als Wegmarkierung (sv)

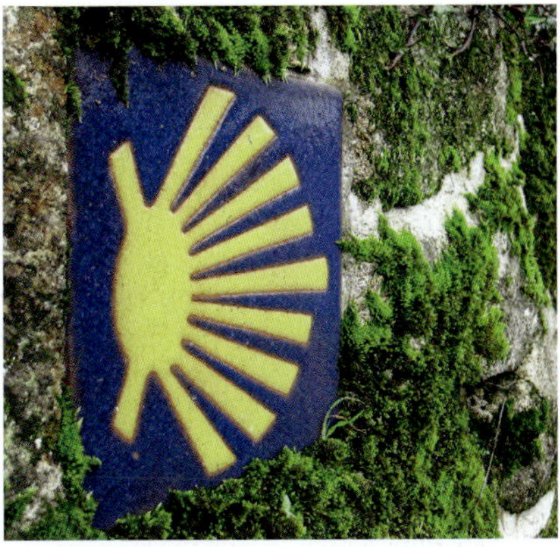

In **Spanien** spricht man neben dem Schriftspanisch vielerorts starke Dialekte so z. B. auch in Galicien. Passanten, die Fremdsprachen wie z. B. Englisch beherrschen, finden Sie seltener als in Portugal und dann meistens unter den jüngeren. Da man Ihnen aber wohl ansieht, dass Sie auf dem Jakobsweg unterwegs sind, und es dort allgemein bekannt ist, was derartige „Jakobswegverrückte" (*locos del camino*) wie Sie für gewöhnlich wünschen, werden Sie auch hier kaum Probleme haben, sich in den wichtigsten Dingen verständlich zu machen.

Auch die meisten Herbergsbetreiber verstehen heute in der Regel die „wichtigsten Brocken" Englisch, die z. B. für eine Reservierung oder das Einchecken notwendig sind.

Redewendungen

portugiesisch	spanisch	deutsch
bom dia	buenos días	guten Tag (bis mittags)
boa tarde	buenas tardes	guten Tag (ab mittags)
boa noite	buenas noches	guten Abend, gute Nacht
olá	hola	hallo
adeus	adíos	auf Wiedersehen
até logo	hasta luego	bis später, auf Wiedersehen
um bom caminho	buen camino	guten Weg
obrigado/a	gracias	danke
por favor	por favor	bitte
desculpe	perdón	Entschuldigung
Onde está/Onde é …?	Dónde está ..?	Wo ist …?
Onde há …?	Dónde hay …?	Wo gibt es …?

Diese Wörter können Ihnen nützlich sein

portugiesisch	spanisch	deutsch
peregrina	peregrina	Pilgerin
peregrino	peregrino	Pilger
caminho	camino	Weg
Caminho de Santiago	Camino de Santiago	Jakobsweg
direita/esquerda	derecha/izquierda	rechts/links
rua	calle	Straße
via romana	calzada romana	Römerstraße
fonte (fonte de agua)	fuente	Quelle, Brunnen
igreja	iglesia	Kirche
restaurante	restaurante	Restaurant
hospedaria	hospedaria	Herberge
albergue	albergue (de peregrinos)	(Pilger-)Herberge
acampamento	base de acampada	Zeltlager
dona/dono da hospedaria	hospitalera/hospitalero	Herbergsmutter/-vater
manta	manta	Decke
saco cama	saco de dormir	Schlafsack
mochila	mochila	Rucksack
bolha no pé	ampolla	Fußblase

centro de saude	centro de salud	Gesundheitszentrum
Cruz Vermelha	Cruz Roja	Rotes Kreuz
aeroporto	aeropuerto	Flughafen
terminal de autocarros	estación de autobuses	Busbahnhof
estação de comboio	estación de tren	Bahnhof
comboio	tren	Zug

Telefonieren, Internet und Handyabstinenz

In Spanien und Portugal ist das Handynetz mindestens genauso gut ausgebaut wie im deutschen Sprachraum und in der Regel findet sich so früher oder später auch eine Netzabdeckung auf dem Weg. Wer aber auf dem Jakobsweg bewusst auf das Smartphone verzichten will, findet an verschiedenen Stellen wie z. B. Bars gelegentlich noch die guten alten Münzfernsprecher, wo man zu durchaus bezahlbaren Preisen telefonieren und sich oft auch (über Billigvorwahlnummern) zurückrufen lassen kann. Und für den wirklichen Notfall finden sich entlang des Weges mehr als genug hilfsbereite Smartphonebenutzer.

Die Vorwahl für das Ausland ist in beiden Ländern gleich. Sie lautet für (D) 00 49, für (A) 00 43 und für (CH) 00 41.

Portugal führt die Landesvorwahl 00 351. Die Festnetzanschlüsse beginnen mit den verschiedensten Zahlenkombinationen. Die eventuell teureren Handynummern beginnen immer mit der Ziffer 9.

Spanien erreichen Sie über die Landesvorwahl 00 34. Festnetznummern beginnen fast immer mit der Ziffer 9 oder 8. Sie müssen hierbei, auch wenn Sie sich im gleichen Ort befinden, immer die Ortsvorwahl vorwählen. Handynummern beginnen immer mit der Ziffer 6.

Heute ist das **Internet** (leider) in vielen Herbergen zu finden. Der **C** Computer mit Internetanschluss kann gelegentlich gegen eine Gebühr, Spende oder umsonst benutzt werden. Sehr oft ist dagegen die Nutzung von @ WLAN möglich, das in Spanien und Portugal unter dem Begriff Wi-Fi bekannt ist. Die Benutzung ist hier eigentlich immer kostenlos.

Bedenken Sie aber, dass gerade ein uneingeschränkt zugängliches WLAN die Pilgeratmosphäre in den Herbergen oft sehr zum Negativen prägt, da dann deutlich weniger Kommunikation zwischen den Pilgern stattfindet. Überlegen Sie sich gut, ob Sie während der Zeit des Jakobsweges nicht einmal bewusst auf Ihr **Handy** oder zumindest Ihr **Smartphone** verzichten wollen. Nicht schlecht ist auch die Möglichkeit, das Smartphone mit dem Flugmodus zum Schweigen zu bringen. So können Sie in einem mutigen Selbstversuch testen, ob Sie noch ohne Ihren digitalen Datenschnuller bzw. Internet leben können oder bereits schon etwas süchtig nach diesen sind. Der Jakobsweg bietet ja eigentlich die ideale Gelegenheit, etwas Verzicht zu üben und mal wieder den Unterschied zwischen einer virtuellen digitalen und realen analogen Existenz zu erleben und zu genießen.

Unterkunft

Die typische Pilgerunterkunft sind **Pilgerherbergen**. Diese sind in diesem Buch mit gekennzeichnet.

Die erste explizit als solche ausgewiesene öffentliche Pilgerherberge im portugiesischen Teil des Weges wurde erst im heiligen Jahr 2004 in Rates eröffnet. Weitere öffentliche Herbergen folgten später. Darüber hinaus finden sich auf dem Weg seit ca. 2010 die ersten privaten Herbergen, deren Zahl jedes Jahr kontinuierlich steigt. Bereits im heiligen Jahr 1999 wurde in Redondela die erste moderne Pilgerherberge im spanischen Teil des Caminho Português eröffnet. Seither folgten weitere und längst kann auf diesem Teil des Weges von einer flächendeckenden Versorgung mit Pilgerherbergen gesprochen werden.

Auf dem Caminho Português finden sich zum einen eine Reihe an **öffentlichen und kirchlichen Herbergen**, die es, was deren Lage und Qualität angeht, auch gelegentlich mit den gleich näher beschriebenen privaten Herbergen aufnehmen können. Allerdings finden Sie in einigen von diesen und besonders in denen Galiciens keine **Decken** und auch die Heizung wird dort zur kalten Jahreszeit nicht immer sehr beherzt aufgedreht. Sie müssen somit also auf einen geeigneten eigenen Schlafsack zurückgreifen. In öffentlichen Herbergen der Kirchen und Gemeinden dürfen Sie in der Regel nur übernachten, wenn Sie einen Pilgerpass besitzen und den gesamten Weg vom letzten Übernachtungsort gelaufen sind. Sie können nur eine Nacht bleiben, wenn Sie krank sind, eventuell etwas länger. In der Regel besteht nicht die Möglichkeit, zu reservieren. Die Plätze werden bei Ankunft der Gäste vergeben. Öffentliche Pilgerherbergen kassieren in der Regel € 8 bis 15 für eine Übernachtung. Kirchliche Herbergen erbitten manchmal einen freiwilligen Beitrag (in diesem Buch kurz mit „Spende" beschrieben), der fair an der eigenen Zahlkraft und der erhaltenen Leistung bemessen werden sollte. Einige der öffentlichen Herbergen werden dagegen ebenso wie auch Jugendherbergen in privater Pacht geführt und sind somit dann auch klar gewinnorientiert. Ein genauer Vergleich mit den umliegenden privaten Herbergen ist dann besonders bei den höherpreisigen Angeboten zu empfehlen, da das Preis-Leistungs-Verhältnis dann nicht immer das beste ist.

Regeln und Ausstattung: Im Allgemeinen öffnen die Herbergen ihre Türen für die neuen Gäste am späten Mittag, einige aber auch schon vormittags. Pilgerherbergen schließen nachts in der Regel zwischen 22:00 und 24:00. Einige von Freiwilligen betriebene Herbergen aber auch früher. Morgens müssen die Gäste die Herberge in der Regel bis spätestens 9:00 verlassen haben.

Die meisten Herbergen des Caminho Português sind das ganze Jahr über in Betrieb. Manche Herbergen werden von Freiwilligen, den sogenannten *hospitaleros voluntarios* geführt oder unterstützt, die selbst Jakobswegerfahrung haben. Oft können Sie unter ihnen ausgesprochen interessante Persönlichkeiten kennenlernen.

In einigen Pilgerherbergen gibt es einfache Kochgelegenheiten oder Küchen, in denen Essen zubereitet werden kann und wo oft Geschirr und einfache Hilfsmittel wie Salz, Gewürze usw. zu finden sind. In den galicischen Küchen treffen Sie nicht immer Geschirr an. Oft besteht in Herbergen auch die Möglichkeit, gemeinsam zu essen. In privaten Pilgerherbergen wird nicht selten ein Menü oder gemeinsames Abendessen angeboten. In einigen anderen Herbergen kocht man gelegentlich unter Anleitung der Hospitaleros gemeinsam.

Hunde finden in den Herbergen auch nach vielem Bitten nur sehr selten Zutritt und werden auch in Pensionen und Hotels nur selten wirklich herzlich empfangen!

Aus zwei wesentlichen Gründen konnten hier nicht alle auffindbaren Unterkünfte entlang des Weges ausführlich beschrieben werden und so habe ich schon seit jeher einen **flexiblen Preisdeckel für Unterkünfte** eingeführt, die hier im Buch kurz erwähnt oder ausführlich beschrieben werden.

Zum einen ist es wie auch bei einem Rucksack, den man mit auf den Weg nimmt, schlicht aus Platz- und Gewichtsgründen nicht möglich, alle evtl. doch unter besonderen Umständen irgendwie relevanten Informationen in dieses Buch zu packen. Um diesen Pilgerführer für Sie tragbar und übersichtlich zu gestalten, habe ich die vielen Daten und Nachrichten deshalb bewusst auf die wesentlichsten Informationen kondensiert, welche erfahrungsgemäß die Großzahl der Pilgerinnen und Pilger m. E. wirklich am dringendsten bedarf.

Ein weiterer – sicher nicht unumstrittener – Grund für diesen Preisdeckel ist der, dass, wenngleich auch der gediegene, luxuriösere und als „Pilgertourismus" verschriene Stil des Pilgerns durchaus gerechtfertigt erscheint, mit diesem Buch auch weiter ein eher bewusst etwas an Bescheidenheit orientierter Stil des Pilgerns geschützt und gefördert werden soll.

Es mag schon sein, dass es in der normalen Konkurrenzgesellschaft heute einfach selbstverständlich geworden ist, dass der Wettbewerber mit dem dickeren Geldbeutel seinen finanziell unterlegenen Mitbewerber von dessen Platz verdrängt oder eben gleich ganz aus dem Rennen kickt. Was das Miteinander auf einem Pilgerweg angeht, vertrete ich aber weiter die altmodische Auffassung, dass so eine Denke hier nicht akzeptabel ist.

Wenn Ihnen als Normalverdiener aus Deutschland, Österreich oder der Schweiz € 20 für eine Übernachtung (evtl. mit einfachem Frühstück) im Vergleich zu dem, was Sie in Ihrer Heimat dafür zahlen müssen, durchaus verkraftbar erscheint, dann verwundert das sicher nicht. Ich empfehle Ihnen, sich dann aber einmal in die Situation eines Pilgerfreundes aus Spanien oder Portugal zu versetzen, der im Durchschnitt in der Regel nur über gut ein Drittel oder die Hälfte des Verdienstes eines Arbeitnehmers hierzulande verfügt. Dieser kann sich dann bald nur noch 100 km oder gar keine Pilgerreise mehr auf dem heimatlichen Jakobsweg leisten, da es sich die örtlichen Herbergen erlauben können, „dank ihrer großzügiger denkenden Gäste aus dem Ausland" die Preise langsam, aber sicher und deutlich über die Inflationsrate hinaus anzuheben. Und da hilft dann dem bescheidenen Pilgerfreund auch die freudige Botschaft nicht sehr viel weiter, dass die angebotenen All-inclusive-rundum-sorgenfrei-Service-Pakete evtl. sogar ein gutes Preis-Leistungs-Verhältnis bieten, wenn er sich den Preis dafür eben einfach nicht leisten kann!

Es ist m. E. keineswegs etwas dagegen einzuwenden, wenn Unterkünfte, die sich selbst werbeträchtig als „Pilgerherberge" anpreisen, über das Angebot einer einfachen Übernachtung hinaus den zahlungskräftigeren Gästen umfangreiche Frühstücksbuffets, Pilgermenüs, Ganzkörpermassagen oder gar das komplette Vergoldung ihres Pilgerstabes anbieten. Wo aber dann kein Raum mehr für solche Gäste bleibt, die eben wie einst auch traditionelle Pilger nur ein einfaches, bezahlbares Bett für ihr müdes Haupt suchen und ansonsten bewusst oder zwangsläufig auf eine günstige Selbstversorgung zurückgreifen, wird m. E. nicht nur der Ethos des Selbstverständnisses einer Pilgerherberge verraten, der Weg als solches verliert durch eine solche Entsolidarisierung früher oder später auch seine kulturelle und spirituelle Essenz und mutiert im Grunde zu einem hippen Egotrip für übersatte Wohlstandsbürger in deren Identitätskrise.

In diesem Buch wurden deshalb bis Redaktionsschluss nur die bekannt gewordenen **„Pilgerherbergen"** (oder auch kurz: „Herbergen") aufgenommen, die nicht weiter als 500 m vom Weg entfernt liegen und zuverlässig und regelmäßig mindestens 8 Schlafplätze zum Preis von höchstens € 16 pro Person anbieten. Zur Hochsaison können es im Zeitraum von 2 oder 3 Monate etwas mehr sein. Pilgerherbergen, die bis zu € 19 verlangen, werden nur in besonderen Ausnahmefällen aufgenommen, so z. B., wenn im Übernachtungspreis aus zwingenden organisatorischen Gründen noch weitere zusätzliche, unentbehrliche, kostengünstige Leistungen (wie z. B. ein einfaches, allgemein bereitgestelltes Frühstück oder eine regionale Kurtaxe) inbegriffen sind.

Höherpreisige Angebote werden (zwangläufig nur) dann in einem meist besonders kompakten Format beschrieben, wenn nicht genug andere günstigere Unterkünfte in der näheren Umgebung zu finden sind. Mir drängt sich da übrigens in der Gesamtschau aller von mir verfassten Pilgerführer für Portugal und Spanien der starke Verdacht auf, dass die Preise für Übernachtungen neben verschiedenen anderen Faktoren wie Immobilienpreisen und einer (unnötig?) teuren Ausstattung der Herberge in erster Linie dort besonders hoch ausfallen, wo auf dem Weg eine **Bettenknappheit** herrscht und die Fußpilger krass ausgedrückt somit quasi erpressbar sind. Es entsteht so bei einigen Unterkünften der Verdacht, dass sich deren Betreiber dann dort wohl eher über eine Gewinninflation ihres Unternehmens freuen dürfen, während sie sich lautstark über eine angeblich landesweit galoppierende Inflation beklagen.

Schon seit Beginn der Wiederentdeckung des Caminho Português spielen günstige **Pensionen, Campingplätze und Hostals,** d. h. Unterkünfte mit abschließbaren Einzel- und Doppelzimmern, eine tragende Rolle. Zum einen, weil das eben beschrieben Herbergsnetz an wenigen Stellen Löcher aufweist bzw. zu manchen Stoßzeiten die Plätze hier nicht ausreichen. Zum anderen können aber manchmal auch Krankheit, starkes Schnarchen oder die intensive Pflege einer Partnerschaft eine Übernachtung in einem solchen privateren Rahmen unumgänglich machen. Was die Auswahl dieser beschriebenen Unterkünfte angeht, gelten dabei aber im Prinzip die gleichen Grundsätze wie auch für die eben erwähnten Pilgerherbergen, also zunächst ein niedriger Übernachtungspreis und die räumliche und ideelle Nähe zum Jakobsweg. Lesen Sie hierzu auch meine Ausführungen „Zur Herbergslage in Porto und auf dem folgenden Weg: „Pilgerherberge“ oder eben nicht“ auf ☞ S. 48.

Die zunehmenden Pilgerzahlen haben in den letzten Jahren leider dazu geführt, dass entlang des Weges immer seltener günstige Einzelzimmer (EZ) zu finden sind. Bei den meisten Einzelzimmern handelt es sich nämlich eigentlich um Doppelzimmer (DZ), die nur dann als günstigere Einzelzimmer vergeben werden (können), wenn nicht zu erwarten ist, dass sie auch als Doppelzimmer benötigt werden. Denjenigen, die über die in diesem Pilgerführer genannten Tipps hinaus noch eine größere Auswahl an Pensionen und Hotels suchen, empfehle ich ebenfalls die bereits genannte Seite 💻 www.gronze.com. Internetaffine Pilger finden hier auch die genauen Links zu der Darstellung der jeweiligen Pension unter 💻 www.booking.com, worüber Sie die Pensionen entlang des Weges auch buchen können.

Eine **Reservierung von Betten** ist grundsätzlich nur in privaten Herbergen sowie in den Jugendherbergen, Hotels, Pensionen und auf Campingplätzen möglich. Im Winter ist eine Reservierung aber grundsätzlich zu empfehlen, da dann erfahrungsgemäß einige Herbergen entgegen ihrer Ankündigung spontan schließen. Öffentliche Herbergen lassen dagegen ebenso wie auch kirchliche Herbergen prinzipiell keine Reservierung zu.

Die Auffassung, dass eine Buchung über **Buchungsportale** „umsonst“ sei, ist nur sehr oberflächlich betrachtet richtig. In der Regel zahlen die Herbergen z. B. bei einem Übernachtungspreis von € 13 rund € 2 an das Portal. Die zunehmende Zahl an Onlinebuchungen hat so zu einer wesentlichen Preissteigerung auf dem Weg geführt. Wer darauf verzichtet, „schenkt“ somit dem Herbergsbetreiber oder nachfolgenden Pilgern bares Geld. Einige Herbergen unterscheiden vollkommen zu Recht noch bzw. wieder zwischen Direktpreisen und Buchungsportalpreisen. Achten Sie bei den wo auch immer veröffentlichten Preisen also darauf, ob es sich hier um Direktpreise oder Portalpreise handelt und fragen Sie im Zweifelsfall bei der telefonischen Buchung oder bei Ankunft noch einmal konkret nach. So können auch auf dem Jakobsweg durch ein kritisches Verbraucherverhalten preistreibende Datenkraken wie Buchungsportale in Zukunft hoffentlich ein wenig in Zaum gehalten werden. **In diesem Outdoorführer werden soweit vorhanden und bekannt die Direktpreise veröffentlicht.**

Die in den Darstellungen der Herbergen **gebräuchlichen Symbole** (**T** @ **C** EZ / DZ) werden ebenso wie alle anderen verwendeten Zeichen in der Legende auf der hinteren Umschlagsinnenseite beschrieben. Sollten im Text für die Waschmaschine und den **T** Wäschetrockner keine Preise angegeben sein, so ist mit dem üblichen Preisrahmen von € 3 bis 4 zu rechnen. Der Gebrauch des @ WLANs ist dagegen in der Regel kostenlos. Neuerdings bieten einige Herbergen auch **P** Pilgerausweise zum Kauf an.

Wegmarkierungen und Ortsnamen

Der Weg ist bis auf einige Ausnahmen gut oder sehr gut mit gelben Pfeilen oder Jakobsmuscheln gekennzeichnet. Auf dem traditionellen Weg im Landesinneren von Portugal finden Sie vereinzelt Steinquader (Monolithen), die unter einer Jakobsmuschel die noch zu laufende Kilometerzahl nach Santiago zeigen. In Galicien sind diese dann regelmäßig zu finden. Da sich die Wegführung aber immer wieder ändert, zeigen diese nicht immer die exakte Distanzen an – so zumindest meine Messung.

Etwas verwirrend sind zuweilen die Ortsnamen entlang des Weges. Gelegentlich trägt ein und derselbe Ort z. B. einen offiziellen und einen eher im regionalen Sprachgebrauch üblichen Namen. Auch die Unterscheidung zwischen Orts- und Gemeindenamen ist nicht immer einfach. Und letztlich sind die Orte oft in einer Weise „zusammengewachsen", die es kaum noch erlaubt, einen Übergang zwischen diesen wahrzunehmen. Um die Verwirrung nicht noch größer zu machen, orientiert sich dieses Buch daher bei der Namensgebung vorzugsweise an den Ortsschildern, die Sie auf dem Weg zu Gesicht bekommen werden und die Ihnen noch am ehesten eine Orientierung bieten können.

Neuere Küstenvariante in Portugal bis Caminha und zurück zum traditionellen Weg nach Valença

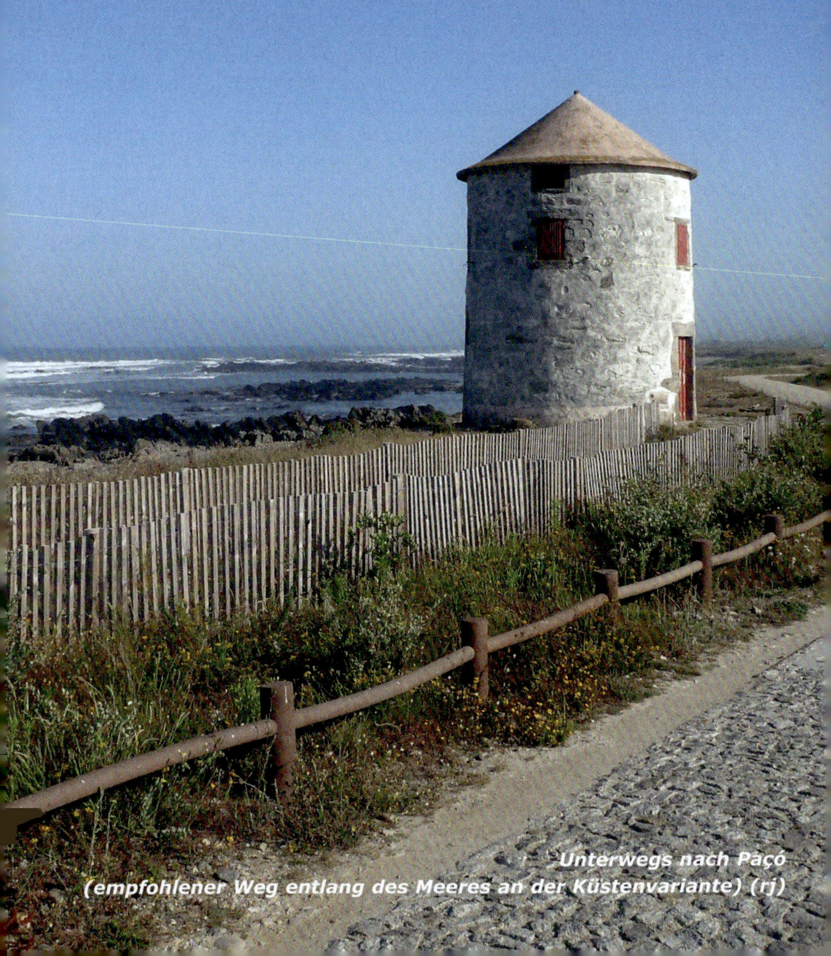

Unterwegs nach Paçó (empfohlener Weg entlang des Meeres an der Küstenvariante) (rj)

Portugal ... und seine lieben Menschen

Das knapp 92.300 km² große Land im Westen der Iberischen Halbinsel zählt 10,3 Mio. Einwohner. Der Teil Portugals, den Sie auf Ihrem Weg nach Santiago durchqueren, präsentiert sich grün und hier und da bergig. Er zählt zumindest in der ersten Hälfte des Weges zu den dichter besiedelten Regionen des Landes. Portugal gehört auch heute leider noch zu den ärmsten Ländern Europas. Bei den Regionen, die Sie nun kennenlernen, werden Sie aber weniger diesen Eindruck gewinnen, da der Norden des Landes schon immer zu den reicheren Regionen zählte. Sprache und Kultur Portugals sind nur zum Teil mit der des benachbarten Spaniens zu vergleichen. Es besteht eine gewachsene Verbindung zu Großbritannien und Übersee, die die Mentalität der Menschen prägt.

Der Landesname und auch die Kultur Portugals stehen in engem Zusammenhang mit der Geschichte der heimlichen Kulturhauptstadt Porto, wo Ihre Reise beginnt (☞ Porto). Das Land lebt von verschiedenen Wirtschaftszweigen, von denen der Tourismus und nach wie vor Fischerei und Landwirtschaft bedeutende Rollen spielen. Aber sehen Sie selbst – auf dem Jakobsweg haben Sie die Möglichkeit, das Land ohne die übliche, für den Tourismus errichtete Fassade kennenzulernen.

Der größte Schatz, den Portugal zu bieten hat, sind seine lieben Menschen, die sich durch ihre sprichwörtliche **portugiesische Gastfreundlichkeit** auszeichnen. Zahlreiche Pilgerinnen und Pilger bestätigen, dass sie nirgends sonst auf der Welt eine derartige, gelegentlich fast schon beschämend aufopferungsvolle Gastfreundschaft erlebt haben wie in Portugal. Der Historiker und Pilgerfreund Jose Flores aus Póvoa de Varzim, der mich auf einer meiner Recherchereisen geduldig unterstützte und begleitete, beantwortete meine Frage, warum gerade in Portugal ein solches Entgegenkommen gegenüber Fremden weit verbreitet sei, mit einem Hinweis auf ein weiteres typisch portugiesisches Phänomen: das tief in der portugiesischen Seele verwurzelte Gefühl der „**Saudade**". Wie alle Gefühle hat auch dieses die Eigenart, dass es nur von dem wirklich verstanden werden kann, der es selbst erlebt. Die im deutschen Wortschatz vorhandenen Ausdrücke „Sehnsucht", „Melancholie", „Traurigkeit" oder „Wehmut" beschreiben diese Gemütslage nur ungenügend. Suchen Sie die Begegnung mit den Menschen dieses Landes und Sie werden in den Augen Ihres Gegenübers mehr lesen können als in diesen Zeilen ... Wie mir Jose erklärte, sei in Portugal wohl deshalb so viel Gastfreundschaft anzutreffen, weil die Menschen dieses Landes durch die eben beschriebene „Saudade" mit Fremden in besonders mitfühlender Weise verbunden sind. Zitat Jose: „Wenn doch schon ich diese Melancholie in mir fühle, diese Sehnsucht, dieses Gefühl, etwas verloren zu haben, das das Herz zerteilt, wie viel mehr muss dann ein Fremder dieses Gefühl spüren ... und da kann ich ihn doch nicht allein damit lassen!?"

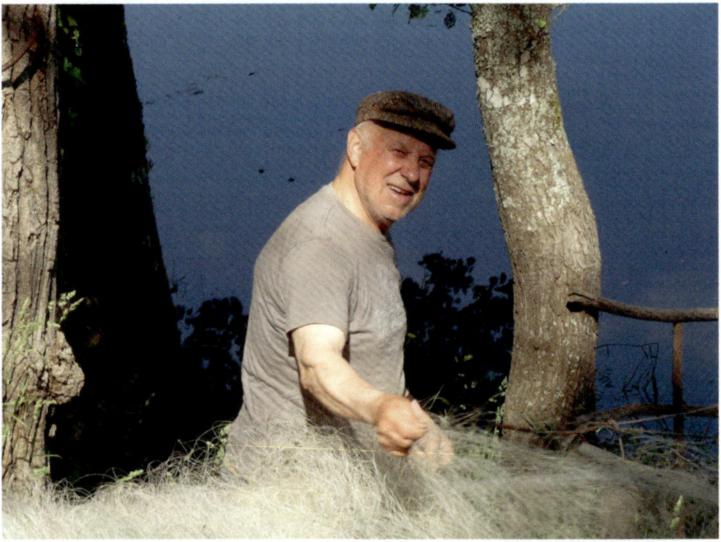

Fischer in Baixo am Grenzfluss Minho an der Küstenvariante (rj)

Filip, der geduldige Rezeptionist der Pension Pensão duas Nações in Porto, der einmal Kunst studierte, erklärte mir dagegen: „Saudade kann auch ein schönes Gefühl sein, denn wenn ich der vielen schönen Momente, lieben Menschen und bedeutungsvollen Orte gedenke, die ich nicht (mehr) habe, so habe ich sie doch in meiner Erinnerung behalten und kann mich so daran freuen ... Ich glaube, dass die Leute bei uns so freundlich sind, weil wir eben noch nicht so viel haben wie andere Länder. Und dann sieht man eben noch den Menschen und schätzt noch seinen Wert, was dann auch besonders die Fremden zu spüren bekommen ..."

... sprach's und verbrachte dann ca. 15 Minuten damit, mir eine Liste seiner Lieblingstitel des „**Fado**" auf die Rückseite des Stadtplanes zu schreiben, auf dem er mir zuvor den Weg zu fast allen Musikläden der Stadt eingezeichnet hatte.

Wie das Gefühl der Saudade ist auch die Musik des Fado nur schwer zu beschreiben. Vielleicht trifft die Beschreibung einer Musikrichtung zwischen Moderne und Tradition, ähnlich dem französischen Chanson. Eine Musik von feinfühligen Liedermachern, die es verstehen, eben dieses Gefühl der Saudade in Wort und Melodie zum Ausdruck zu bringen. Nehmen Sie doch eine CD als Souvenir mit nach Hause (... aus Gewichtsgründen natürlich ohne die Plastikhülle versteht sich).

Fazit: Natürlich gibt es Ausnahmen und der zunehmende Tourismus stellt sicher auch in gewisser Weise einen Stresstest dar, dem nicht jeder auf Dauer standhält. Aber dennoch: Genau diese Gastfreundschaft dieser lieben Menschen Portugals ist das, was den Caminho Português prägt und was schon so viele Pilgerbegeisterte so zu schätzen gelernt haben. Dieses warme Gefühl, fern der Heimat nicht verloren zu sein, weil man Sie hier, ohne Sie zu kennen, als Freundin oder als Freund und nicht als Fremdling erkennt.

Es ist kein Wunder, dass ein Volk mit einer solch rücksichtsvollen Seele auch weiter kaum zu den Gewinnern einer immer erbarmungsloseren Weltwirtschaftspolitik zählt. Wenn es Ihnen also ein Anliegen ist, dass dieser Schatz der portugiesischen Gastfreundschaft noch etwas länger überlebt, dann nähren Sie diese vielerorts leider selten gewordene Tugend mit Ihrem Dank und lassen Sie Ihr Gegenüber doch bitte wissen, welch unbezahlbares Geschenk Sie durch seine mitfühlende Achtsamkeit erhalten haben.

P.S.: Verpassen Sie bitte nicht, auf S. 50 bis 51 auch die Ausführungen zu den zahlreichen angenehmen kulinarischen Seiten Nordportugals zu lesen.

Porto ⇧ 80 m, 375.000 Ew.

Da es in Porto wirklich viel zu sehen gibt, empfehle ich den Besuch einer der **Touristeninfos**. Die Touristeninfo für ganz Nordportugal finden Sie im Flughafen. Die Hauptstelle der städtischen Touristeninfo ist neben dem Bahnhof S. Bento. Nahe der Kathedrale befindet sich z. B. eine weitere. ☏ 223 326 751

☺ **Tipps zur Anreise nach Porto finden Sie auf S. 24**

ⓘ Die Stadt Porto geht in ihrem frühesten Ursprung auf eine Siedlung der späten Bronzezeit zurück. Diese wurde später unter dem Namen Cale (deutsch: *die Schöne*) von den Römern zur Stadt ausgebaut und erhielt dann den Namen Portus Cale. Von 715 bis 997 n. Chr. wurde das heutige Porto von den Mauren beherrscht. 1130 startete hier der erste portugiesische König Alfonso Henrique einen Kreuzzug. Im Mittelalter wandelte sich der Name von Portus Cale in Portucale, der bald zunehmend auch den nördlichen Teil des Landes bezeichnete. Die Verkürzung Porto beschrieb nun die zweitwichtigste Stadt des Landes, die sich mit Stolz als Namensgeber des gesamten Landes bezeichnen kann. Heute ist Porto eine der wichtigsten, wenn nicht die wichtigste Wirtschaftsregion des Landes. Die weltoffene, anglophil geprägte Handelsstadt besitzt ein reizvolles Stadtzentrum, das im Jahre 1996 zum Weltkulturerbe erklärt wurde. 2001 war die Stadt europäische Kulturhauptstadt.

Zur Herbergslage in Porto und auf dem folgenden Weg: „Pilgerherberge“ oder eben nicht?

In Porto finden sich von jeher über die ganze Stadt verteilt zahlreiche **Hotels** und **Pensionen.** In den letzten Jahren wurden darüber hinaus auch viele **kleine Hostals,** die der Art nach Pilgerherbergen ähneln, errichtet. Es würde den Rahmen dieses Buches leider sprengen, nur einen Bruchteil der hier gebotenen Möglichkeiten näher zu beschreiben. (Da die meisten Pilger die erste Übernachtungsmöglichkeit nach der Anreise ohnehin vorab buchen, verweise ich für Porto ausnahmsweise auf die üblichen Buchungsportale.)

Hier aber einige grundsätzliche Infos und Überlegungen zur Orientierung: In der Nebensaison können Sie in Porto schon ab € 12 ein Bett in Schlafsälen eines wie eben genannten einfachen Hostals finden. Für EZ und DZ in einer einfachen Pension zahlen Sie dann evtl. sogar weniger als € 30. In der Hochsaison, wie z. B. im August, dürfen Sie dagegen gelegentlich von Glück reden, wenn Sie nach der langen Anreise Ihr müdes Haupt für den doppelten Preis auf ein sauberes Kissen legen können.

Der Umstand, dass die einzige kommerzielle Unterkunft, die sich vor Ort explizit **Pilgerherberge** nennt – nämlich die gleich näher beschriebene, eher abgelegene *Albergue de Peregrinos do Porto* – heute regelmäßig über dem Angebot normaler touristischer Unterkünfte liegt, scheint bezeichnend für die Entwicklung an einigen Orten auf diesem und weiteren Jakobswegen: Die Beliebtheit des Pilgerns und damit der Pilgerherbergen hat in den letzten Jahren stark zugenommen und somit können die Pilgerherbergen und auch einige Jugendherbergen ihre Betten heute wesentlich teurer verkaufen als noch vor einigen Jahren. Die Bezeichnung „Pilgerherberge" erscheint dann gelegentlich wohl eher die Funktion eines gewinnbringenden Werbelabels zu verwirklichen als die ernste Absicht zu verfolgen, ihrer besonderen auf Seite 40 angedeuteten Verantwortung gegenüber möglichst ALLEN Pilgern gerecht zu werden. Da überzeugt dann auch die m. E. etwas seltsame Zusicherung mancher kommerzieller „Pilgerherbergen" nicht, ausschließlich (gut zahlende) Pilger aufzunehmen. Oder würden Sie sich umgekehrt über den Empfang einer Unterkunft freuen, bei der Ihnen noch an der Türschwelle verkündet wird, dass hier nur Touristen, aber keine Pilger willkommen seien, da letztere den Betrieb in irgendeiner Weise stören oder den Touristen die Betten „wegnehmen" könnten? Sicher haben viele sogenannte Pilgerherbergen (hoffentlich noch) eine besonders wertvolle Atmosphäre – aber könnte Pilgern nicht auch bedeuten, eine besondere Weltoffenheit zu üben und eben nicht darum bemüht sein, sich in einer besonders rosaroten Urlaubslaune in seiner Pilger-Bubble von der normalen Welt abzugrenzen?!

Die **kirchliche Herberge Senhora da Hora** befindet sich 1,4 km westlich des direkten Weges nach Rates. Da die Herberge ca.1,5 km von dem direkten und ca. 4 km vom Küstenweg entfernt liegt und der Fußweg dorthin auch wenig attraktiv erscheint, reisen Sie evtl. besser mit der S-Bahn an. Fahren Sie mit der S-Bahn bis zur Haltestelle „Senhora de Hora", die von allen Linien, ausgenommen der gelben, angefahren wird. Von der Innenstadt kommend gehen Sie nach dem Verlassen der S-Bahn nach rechts. (Vom Flughafen kommend überqueren Sie dagegen die Gleise.) Sie betreten die breite Rua Vasco Santana, gehen immer weiter geradeaus und erreichen nach 450 m links den Eingang der Herberge.

Der Hospitalero erklärt Ihnen gern den Weg von der Herberge zum Jakobsweg. Die nette, einfache, gepflegte und meist wenig besuchte Herberge bietet 20 Plätze in einem Schlafsaal, Küche, einfachen Aufenthaltsraum und ☺ einen schönen Garten mit Liegewiese, Laube, Grill, Bambus für einen selbst gemachten Pilgerstab und Gemüse, **T**. Die Herberge wird vom Pilgerfreund Abel betreut, der gelegentlich gemeinsam mit seinen Gästen kocht. Eine Reservierung ist möglich und wenn genug Platz ist, kann man hier auch mehrere Nächte und auch zur An- und Abreise übernachten. **P** € 2, @. ☏ 960 227 134, täglich regulär ca. 14:30 bis 22:00, aber nach telefonischer Absprache fast immer, wer wirklich knapp bei Kasse ist, gibt, was er kann, ansonsten ca. € 12 bis 14

Weitere Unterkünfte vor Ort: Wie eben unter „Zur Herbergslage in Porto und auf dem folgenden Weg. „Pilgerherberge" oder eben nicht?" beschrieben finden sich heute zahlreiche besonders zur Nebensaison empfehlenswerte **Hotels, Pensionen und kleine Hostals**, sodass die inzwischen deutlich im Preis gestiegene private „Pilger"-Herberge **Albergue de Peregrinos do Porto** für € 18 p. P. und Nacht nicht mehr zu jeder Zeit vorbehaltlos empfohlen werden kann. Lage: abgelegen, 250 m von der S-Bahn-Station „Carolina Michaelis" entfernt in der R. do Barão de Forrester 954, am wenig empfehlenswerten Weg durch die Stadt (☞ S. 124). Gepflegt, 50 Plätze in Schlafsälen mit 4 bis 12 Plätzen, Küche, Kaffeeautomaten und begrünter Hof, verschiedene **P** Pilgerausweise ab € 2 (**T** @, ☏ 962 150 991)

Die weltbekannte Spezialität Portos ist der Likörwein, der bei uns unter dem Namen **Portwein** bekannt wurde. In verschiedenen Weinkellern, Bars und Spezialläden können Sie ihn in verschiedenen Qualitätsklassen und Jahrgängen probieren und kaufen. Portwein ist ein geschützter Markenname. Er wird aus einer besonderen Traubenart gekeltert, die in der nahen Region des Flusses Douro gedeiht. Bei der Herstellung des Weines wird die natürliche Vergärung des Traubenzuckers zu Alkohol durch eine Zugabe von Weinbrand gestoppt, wodurch er seinen besonderen Alkoholgehalt und seine Süße erhält. Auch die Verwendung von verschiedenen Holzarten bei der Herstellung der Lagerfässer sowie die Lagerzeit wirken sich maßgeblich auf den Geschmack aus. Portwein bietet Ihnen eine Durchschlagskraft von 19 bis 22 Vol.-% Alkohol und könnte Sie nach dem Genuss größerer Mengen aufgrund seines Zuckergehalts später mit den bekannten Nebenwirkungen abstrafen.

Einen geringeren Alkoholgehalt (8,5 bis 11,5 Vol.-%) und gleichsam auch Bekanntheitsgrad hat der in Nordportugal angebaute, gekelterte und gerne getrunkene **Vinho Verde**. Was nun aber nicht bedeuten soll, dass nicht auch dieser oft gefährlich günstig angebotene Wein, in der entsprechenden Qualität und/oder Menge getrunken, einen bleibenden Eindruck bei Ihnen hinterlassen könnte. „Vinho Verde" ist bereits seit 1908 als Marke geschützt und bedeutet wörtlich übersetzt eigentlich „grüner Wein", was sich aber nicht auf seine Farbe, sondern auf sein Alter bezieht. „Grün" bedeutet hier also so viel wie „jung", was Sie auch an der leicht prickelnden Kohlensäure feststellen werden, die während des noch nicht ganz abgeschlossenen Gärvorgangs entsteht. Am häufigsten wird der Vinho Verde als Weißwein getrunken, er ist aber auch als Rot- und Roséwein zu haben.

Sollten Sie in Porto nach einer regionalen Spezialität fragen, so wird man Ihnen **Francesinha** oder **Tripas** empfehlen. Ersteres ist ein Auflauf aus Fleisch, Wurst, Speck und Backteig, der mit Käse überbacken und mit einer scharfen Soße übergossen wird – also weder ein Gericht für Vegetarier noch für Kalorienbewusste. Es schmeckt so, wie es sich anhört. Das Gericht ist ursprünglich aus einem Sandwich entstanden und heißt übersetzt so viel wie „kleine Französin", was eventuell auch einen erotischen Hintergrund haben könnte. „Tripas" ist ein typischer Eintopf, den Sie nur dann bestellen sollten, wenn Ihnen Pansen schmeckt. Kabeljau (Dorsch), aus dem auch der Stockfisch hergestellt wird, heißt in Portugal **Bacalhau** und wird, wie überall im Land, natürlich auch hier sehr gern gegessen.

In Porto finden Sie eine große Anzahl an Restaurants, die aber in den letzten Jahren immer touristischer und somit auch kostspieliger wurden und umso seltener eine landesübliche Atmosphäre und die entsprechenden günstigen Preise bieten. Es ist mir deshalb nicht mehr möglich, Ihnen eine eindeutige Empfehlung für ein Lokal abzugeben, das ein in jeder Hinsicht überragendes Preis-Leistungs-Verhältnis bietet. Hier werden zwei günstige, etwas einfachere und abgelegenere Adressen genannt.

Im unteren (östlichen) Teil der **Rua Dr. Ricardo Jorge**, die nordwestlich des Rathauses verläuft, finden sich zahlreiche einfache, günstige Kantinen, in denen das „normale Volk" gerne zu einem guten Preis-Leistungs-Verhältnis sein Mittag- und Abendessen einnimmt, und

Blick auf Porto (rj)

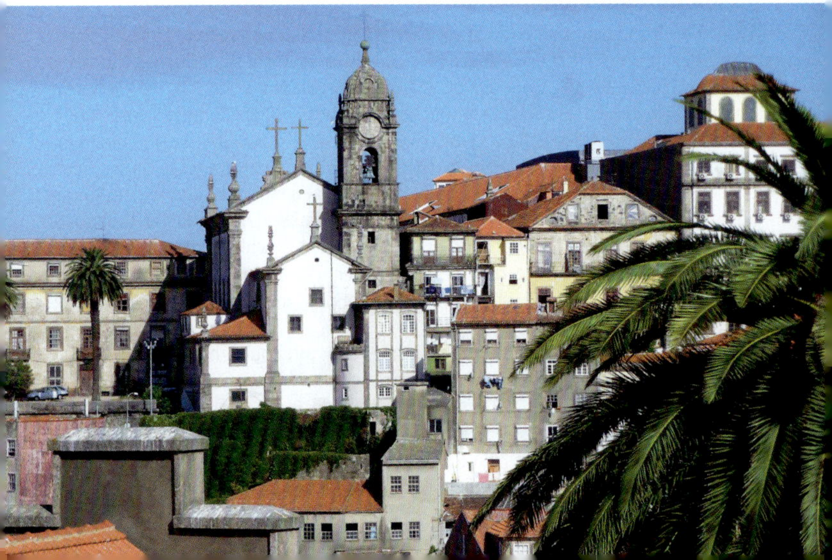

auch ein günstiger Supermarkt. Die beliebteste Adresse dort ist wohl das Café Snack Almada. Hier bekommen Sie einfache Speisen ab ca. € 6,50 und gefährlich günstigen Wein. Eine originelle und nicht zu teure Möglichkeit stellt auch der **Markt do Bolháo ❽** (☞ Rundgang durch die Stadt) dar.

☺ **Porto**, das von manchen als Kulturhauptstadt Portugals bezeichnet wird, bietet so viel Sehenswertes, dass es sich wirklich lohnt, hier vor Beginn der Pilgerreise mindestens einen vollen Tag zu verbringen. Sie haben die Möglichkeit, die Stadt mit dem Touristenbus kennenzulernen. Ich würde Ihnen aber empfehlen, dies zu Fuß, und zwar in Ihren Wanderschuhen, zu tun. Sie finden so Gelegenheit, sich für die nächsten Tage einzulaufen und späteren Fußproblemen vorzubeugen.

Im folgenden Teil finden Sie die Beschreibung zweier Fußtouren mit einigen kurzen Infos zu den am Weg liegenden Sehenswürdigkeiten. Die erste Tour ist für den Vor- oder Nachmittag zu empfehlen, die zweite für den Abend. Die Touristeninfo der Stadt vergibt übrigens kostenlose englisch- und gelegentlich auch deutschsprachige Broschüren und Stadtpläne, die Ihnen weitere Informationen bieten.

Achtung Diebe! An den touristischen Highlights wie z. B. der Kathedrale und der bekannten Eisenbahnbrücke sind Taschendiebe und nicht weniger einfallsreiche Taschendiebinnen unterwegs, die z. B. mittels einer Unterschriftensammlung Ihre Nähe suchen. Auch in Hotels und Pensionen ist zu einer gewissen Vorsicht zu raten.

Der Rundgang durch die Stadt (☞ S. 53 violett gepunktete Linie im Stadtplan) beginnt an der Kapelle **Almas ❼** in der Rua de Santa Catarina (Mo bis Fr 7:30 bis 18:00, Sa und So 7:30 bis 12:30 und 18:30 bis 19:30), wo Sie einige schöne Kachelbilder, die sogenannten *azulejos*, besichtigen können. Unter anderem ist hier der Tod des heiligen Franziskus dargestellt. Kachelbilder sind eine typische Tradition dieser Region, die im 18. Jh. begründet wurde und noch bis heute fortlebt. Gegenüber dem Hauptausgang der eben genannten Kirche finden Sie auf der anderen Straßenseite in der Rua Fernandes Tomás den **Markt do Bolháo ❽** (Mo bis Fr 8:00 bis 20:00, Sa 8:00 bis 18:00, So geschlossen). Hier werden in landestypischer Atmosphäre die verschiedensten Waren angepriesen. ✕ Außerdem gibt es einige einfache, aber originelle Kantinen, in denen man zu erschwinglichen Preisen speisen kann.

Nachdem Sie den Markt bis zur anderen Seite durchquert haben, führt Sie der Weg vom Ausgang des Marktes links den Berg hinauf, ca. 150 m zurück zur Rua de Santa Catarina und hier wieder nach rechts. Nach ca. 200 m stoßen Sie kurz vor der Straße Rua de Passos Manuel auf das **Café Majestic ❾**. Sie genießen hier eventuell nach einigen Minuten in einer Warteschlange bei einem kleinen Kaffee ab € 5 das urtypische Flair dieses Kaffeehauses. Es wurde im Jahr 1921

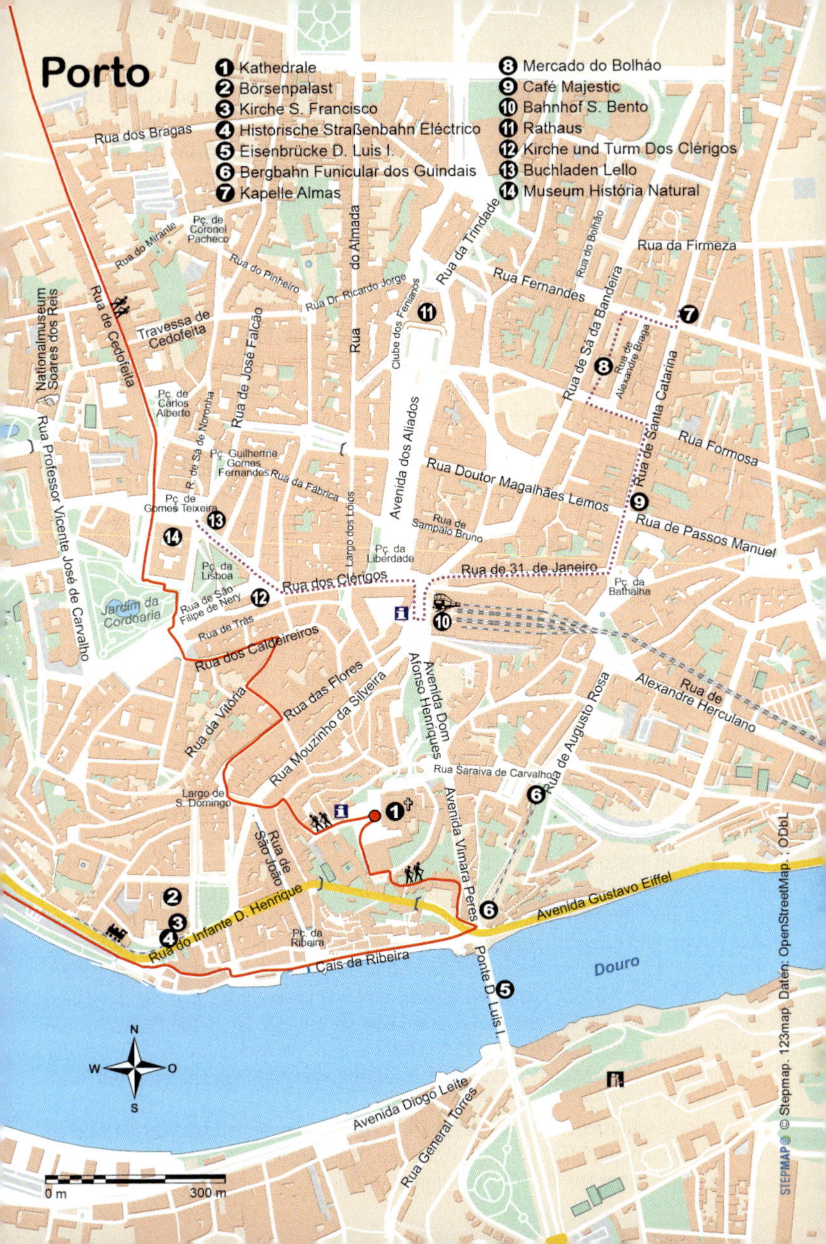
Porto
1 Kathedrale
2 Börsenpalast
3 Kirche S. Francisco
4 Historische Straßenbahn Eléctrico
5 Eisenbrücke D. Luis I.
6 Bergbahn Funicular dos Guindais
7 Kapelle Almas
8 Mercado do Bolhão
9 Café Majestic
10 Bahnhof S. Bento
11 Rathaus
12 Kirche und Turm Dos Clérigos
13 Buchladen Lello
14 Museum História Natural
Rua dos Bragas
Pç. de Coronel Pacheco
Rua do Mirante
Rua do Pinheiro
Rua Dr. Ricardo Jorge
Rua do Almada
Rua da Trindade
Rua do Bolhão
Rua da Firmeza
Rua Fernandes
Clube dos Fenianos
Rua de Sá da Bandeira
Rua de Alexandre Braga
Rua de Santa Catarina
Rua de Cedofeita
Travessa de Cedofeita
Nationalmuseum Soares dos Reis
Rua de José Falcão
Pç. de Carlos Alberto
R. de Sá de Noronha
Pç. Guilherme Gomes Fernandes
Rua da Fábrica
Largo dos Lóios
Avenida dos Aliados
Rua Doutor Magalhães Lemos
Rua Formosa
Rua de Passos Manuel
Rua Professor Vicente José de Carvalho
Pç. de Gomes Teixeira
Rua de Sampaio Bruno
Pç. da Liberdade
Rua de 31. de Janeiro
Pç. da Bathalha
Pç. de Lisboa
Rua dos Clérigos
Jardim da Cordoaria
Rua de São Filipe de Nery
Rua de Trás
Rua dos Caldeireiros
Rua de Alexandre Herculano
Rua da Vitória
Rua das Flores
Rua Mouzinho da Silveira
Avenida Dom Afonso Henriques
Rua de Augusto Rosa
Rua Saraiva de Carvalho
Largo de S. Domingo
Rua de São João
Avenida Vimara Peres
Avenida Gustavo Eiffel
Rua do Infante D. Henrique
Pç. da Ribeira
Cais da Ribeira
Ponte D. Luis I.
Douro
N
W
O
S
Avenida Diogo Leite
Rua General Torres
0 m
300 m
STEPMAP © Stepmap. 123map. Daten: OpenStreetMap. ODbL

errichtet und hat seinen Stil bis heute bewahrt. Das Frühstücksbuffet des Hauses mit Räucherlachs, Vino Verde (☞ S. 50) und vielem mehr wird Ihnen hier bis 13:00 für schlappe € 45 p. P. serviert (wobei Sie es dann vermutlich am selben Tag nur noch schwerlich in die nächste Herberge schaffen werden).

Nach dem Café gehen Sie in gleicher Richtung auf der Rua de Santa Catarina weiter, bis Sie nach 150 m auf die Plaza Batalha stoßen.

Rechts geht es nun bergab und vor sich sehen Sie bereits eine Kirche mit Turm, die Igreja e Torre dos Clérigos, auf die Sie nun zugehen. Aber noch bevor Sie diese erreichen, machen Sie nach 300 m unten am Ende der abschüssigen Straße, auf der sich auch die historische Straßenbahn **Eléctrico** den Berg hinaufmüht, einen Abstecher in den Bahnhof **S. Bento ❿**, der nun links neben Ihnen liegt (hier befindet sich auch die ℹ Touristeninfo). Ebenfalls links sehen Sie die Kathedrale, wo viele ihren Jakobsweg beginnen. Die Eingangshalle des Bahnhofs wurde mit 20.000 Motivkacheln ausgestattet. Die Kacheln stammen aus dem frühen 20. Jh. und stellen Szenen aus der Geschichte des Transportwesens und der Geschichte Portugals dar. Sie verlassen den Bahnhof wieder durch den Haupteingang und gehen weiter in Richtung **Igreja e Torre dos Clérigos**. Auf dem Weg dahin passieren Sie nach 90 m den Praça da Liberdade und die sich anschließende Avenida dos Aliados mit ihren barocken Prunkbauten, an deren Ende sich das **Rathaus ⓫** befindet.

Es geht weiter 200 m bergauf. Oben erreichen Sie die weithin sichtbare Kirche mit Turm **Dos Clérigos ⓬** Die Kirche wurde zwischen 1732 und 1773 im Barockstil erbaut und gehörte einst zu einem Priesterseminar. Besonders sehenswert ist der 75 m hohe Turm (🕘 täglich 9:00 bis 19:00, letzter Einlass 18:30, Turm und Museum € 8). Wenn Sie als kleines Training für die kommenden Tage die 225 Stufen emporsteigen, passieren Sie im dritten Stock ein Glockenspiel mit 49 Glocken. Im obersten Stockwerk befindet sich eine kleine Terrasse, von wo aus Sie einen weiten Blick über die Stadt genießen können. Der Turm ist einer der höchsten historischen Türme Portugals und hat sich neben der Kathedrale zum Wahrzeichen von Porto entwickelt. Den Eingang erreichen Sie, wenn Sie die Treppen, die sich vor dem Eingang befinden, hochsteigen und dann rechts weitergehen.

Nach dem Besuch des Torre Dos Clérigos kehren Sie zurück zur Treppe vor der Kirche und steigen diese wieder hinab. Der Weg führt Sie links hinauf in die Rua das Carmelitas. Sie laufen an zwei Straßen vorbei, die nach rechts abgehen. Wenn Sie nach 150 m fast oben angekommen sind, befindet sich rechter Hand etwas versteckt der Buchladen **Livraria Lello ⓭** mit der Nr. 144. Dieser wurde 1906 eröffnet und gilt als einer der schönste und inzwischen auch als einer der überlaufensten Buchläden der Welt (€ 8 Eintritt, die auf einen späteren Buchkauf angerechnet werden).

Zum Abschluss der Tagestour durch Porto können Sie es sich hier im oberen Bereich bei einem Kaffee gemütlich machen. Vergessen Sie dabei aber nicht, dass auf Sie noch ein reizvoller Abendbummel wartet.

Der **Abendbummel durch Porto** beginnt bei der historischen Börse **Palácio da Bolsa ❷** in der Rua Ferreira Borges, die im neoklassischen Stil errichtet wurde. Hier besucht man unter anderem die Arabische Halle (*Salón Arabe*), deren Erbauer von der Alhambra im spanischen Granada inspiriert wurden (täglich 9:00 bis 18:00, Rentner und Studierende € 7,50, sonst € 12 inkl. Führung).

Gleich unterhalb der Börse, also in Richtung Flussufer, finden Sie die Kirche **S. Francisco ❸**, die aus dem 15. bis 16. Jh. stammt. Hier ist ein typisches Kirchenmuseum angegliedert (täglich 9:00 bis 20:00, € 10). Wenn Sie später die Igreja de S. Francisco verlassen und weiter hinab in Richtung Flussufer gehen, treffen Sie gleich auf die verträumte historische Straßenbahn **Eléctrico ❹**. Die dienstälteste Straßenbahn der Iberischen Halbinsel besteht noch zur Hälfte aus Holz und rattert und schwankt zu jeder halben Stunde knapp 30 Minuten in Richtung Meer und zurück. Ein originelles Erlebnis, das Sie nicht auslassen sollten (einfache Fahrt € 6, hin und zurück € 8).

Wenn Sie später mit der Eléctrico zurückgekehrt sind, können Sie Ihren Rundgang direkt gegenüber der Haltestelle hinunter zum Flussufer fortsetzen. Dort geht es dann links 600 m immer am Fluss entlang in Richtung alte Eisenbrücke. Auf dem Weg dorthin passieren Sie den Platz **Praça da Ribeira** und die Uferpromenade **Cais da Ribeira**, wo Sie ein Gläschen ☞ Portwein zu sich nehmen können. Hier starten auch einige Schiffsrundfahrten, die allerdings ab € 18 nicht gerade billig sind. Es geht weiter zur historischen, 1886 erbauten Stahlbrücke **Ponte de D. Luis I ❺**.

Sie können nun einen **Abstecher über die Brücke** machen. Gehen Sie nach dem Überqueren der Brücke zunächst nach rechts, den Weg am Flussufer entlang. Von dort bietet sich von den Bars, die sich hier aneinanderreihen, ein schöner Blick über den Fluss zurück auf die Altstadt und die Stahlbrücke. Gehen Sie danach wieder zurück zur Brücke und steigen Sie von dort ca. 500 m hinauf zum Aussichtspunkt.

Einigermaßen schwindelfreie Pilgerinnen und Pilger haben nun die Möglichkeit, über die obere „Etage" der Brücke zurück in den nördlichen Teil der Stadt zu wandern.

Wollen Sie dagegen keinen Ausflug über die Brücke machen, so empfehle ich Ihnen den reizvollen Weg hinauf zur **Kirche Santa Clara** oder/und zur **Kathedrale ❶**. Hierzu können Sie entweder für € 4 die Bergbahn **Funicular dos Guindais ❻** nutzen oder als abschließende Übung für die kommenden Tage auf dem Weg die daneben verlaufenden Treppen wählen.

Touristenbusse, Rundfahrtschiffe und Stadtführungen. In Porto fahren verschiedene Touristenbusse, die Rundtouren von gut 1 Std. 30 Min. vorbei an verschiedenen Sehenswürdigkeiten anbieten. Sie können an verschiedenen Punkten ein- und aussteigen, um die Möglichkeit zu Besichtigungen zu nutzen. Ein Tagesticket kostet ca. € 25. Eine Rundfahrt mit dem Boot auf dem Douro ist ab

€ 18 zu haben und dauert zu diesem Preis dann z. B. 50 Minuten. Die einfache Tageskarte für Bus und S-Bahn kostet in Porto übrigens € 7,50. Ebenfalls zur Genüge angeboten werden klassische Stadtführungen zu Fuß. Diese werden oftmals durch ein Trinkgeld in beliebiger Höhe vergütet. Nähere Informationen zu den Touristenbussen und den Stadtführungen erhalten Sie in den Pensionen und in der Touristeninfo.

⌘ In Porto finden Sie neben den eben genannten Sehenswürdigkeiten eine **Unzahl an Museen**, Ausstellungen und Galerien, z. B. ein Weinmuseum, ein Zentrum für Fotografie sowie Museen für moderne Kunst, Industrie, Archäologie, Schienenverkehr und Militär. Auch können zahlreiche **Weinkeller** (*Caves*) und ein **Fußballstadion** besichtigt werden. Eine vollständige Aufzählung ist hier aus Platzgründen nicht möglich und es wird deshalb abgesehen von den folgenden zwei Beispielen auf den kompetenten Rat der ☞ Touristeninfo verwiesen.

⌘ Das **Nationalmuseum Soares dos Reis** ist wohl das umfangreichste und bekannteste Museum Portos. Es wurde 1833 gegründet und erhielt 1932 den Status eines Nationalmuseums. Ausgestellt sind Kunst- und Dekorgegenstände aus verschiedenen Epochen.

♦ Rua D. Manuel II, Di bis So 10:00 bis 18:00, € 8

✞ **Kathedrale mit Museum**. Der Jakobsweg von Porto nach Santiago beginnt, wie viele andere Jakobswege auch, bei der Kathedrale der Stadt. Diese wurde bereits im 12. und 13. Jh. errichtet und erfuhr von der Zeit des Barocks bis heute zahlreiche Änderungen und Ausschmückungen, wie z. B. einen bemerkenswerten Silberaltar. Auch in dem im 14. Jh. errichteten gotischen Kreuzgang wird der Wandel der Zeit deutlich. Hier wurde am Ende des 18. Jh. ein Kachelbild (☞ Der Rundgang durch die Stadt) angebracht, das den mystischen Dialog zwischen Gott und der Jungfrau Maria darstellt, die die Patronin der Stadt ist. Um 11:00 können Sie hier die heilige Messe besuchen. ☺ Hier kann man meist auch **P** Pilgerausweise (zur Förderung) der portugiesischen Jakobusgesellschaft erwerben.

♦ April bis Okt 9:00 bis 18:30, Nov bis März 9:00 bis 17:30, Eintritt € 3

Der neuere Küstenweg und der traditionelle zentrale Weg

Nach dem kontinuierlichen Ausbau und verschiedenen Verbesserungen des Weges entlang der Küste kann dieser seit Mitte 2017 bis zur spanischen Grenze und weiter zurück zum traditionellen Weg bis nach Valença m. E. als vollwertiger, dem traditionellen zentralen Weg weitgehend ebenbürtiger Jakobsweg bezeichnet werden. Er wird seit 2018 in diesem Pilgerführer deshalb auch gleichwertig mit dem traditionellen Weg beschrieben. Eigentlich ist es aber nicht notwendig, sich schon vorab in Porto zu entscheiden, über welchen Weg Sie nun letztlich Richtung Santiago ziehen wollen, denn diese Entscheidung können Sie auch später noch spontan treffen, wenn Sie am jeweiligen Scheideweg stehen.

Da sich für die ersten ein bis zwei Gehtage aus zahlreichen guten Gründen heute eindeutig der Weg entlang der Küste als Standardweg durchgesetzt hat, wird hier im Buch einzig der besseren Übersichtlichkeit wegen zunächst der gesamte Küstenweg beschrieben. Dies soll aber keinesfalls bedeuten, dass der Küstenweg auch später ab Vila do Conde in jedem Fall zu empfehlen ist. Versäumen Sie es also bitte nicht, spätestens in Vila do Conde angekommen den Vergleich der beiden Wege (☞ S. 69 bis 71) genau zu studieren und sich dann bewusst für eine Variante zu entscheiden.

☺ Zwei Varianten für die ersten Tage

Empfohlener Weg an der Küste

Nach Auffassung der allermeisten Pilgerbegeisterten, die beide Varianten kennen, ist heute der Weg entlang der Küste bis Vila do Conde vorzuziehen. Wollen Sie danach dann wieder auf den traditionellen zentralen Weg wechseln, können Sie dies ohne Probleme tun, Sie haben dann im Vergleich zu dem direkten Weg aus Porto lediglich einen lohnenden Umweg von 8,9 km gemacht. Die Variante ist zwar nicht historisch belegt und auf den ersten Kilometern nicht komplett markiert, aber für Pilger mit etwas Orientierungssinn dennoch gut zu finden. Auch für zuverlässige, bezahlbare Unterbringungsmöglichkeiten ist inzwischen gesorgt. Landschaftlich ist der Weg wie gleich beschrieben unvergleichbar schöner.

Uferpromenade vor dem Leuchtturm Farol de São Miguel (rj)

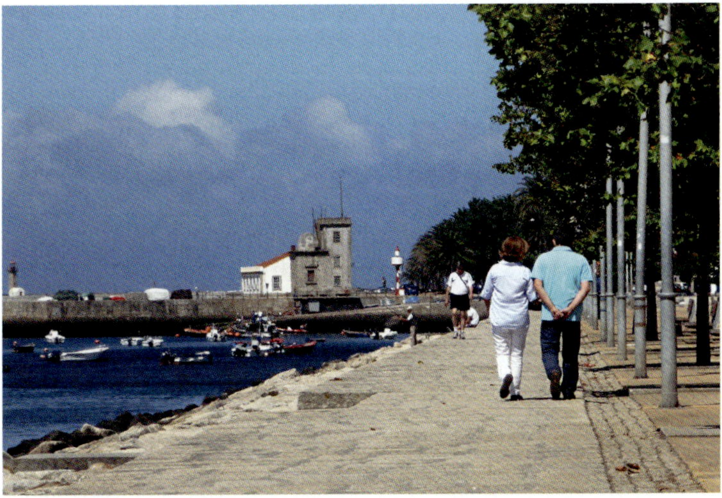

Direkter Weg nach Rates

Nachdem die traditionelle Route durch die eben beschriebene Variante am Meer eine sehr starke Konkurrenz bekommen hatte, wurden die gefährlichsten Abschnitte dieses Weges endlich durch Umleitungen entschärft, die allerdings landschaftlich noch weniger reizvoll sind als der bisherige Wegverlauf. Gänzlich ungefährlich ist die Strecke in einigen Abschnitten aber dennoch nicht (☞ Warnung auf S. 127).

Da insbesondere der Abschnitt bis Campos Verdes von den meisten, die den Weg unter die Füße genommen haben, als wenig reizvoll erlebt wurde, wird hier also der Weg entlang des Meeres empfohlen.

Weg an der Küste: Porto (Kathedrale) – Angeiras/Labruge (Abzweig zu den Herbergen) 22,4/23,5 km

⇔ *Von der Kathedrale führt Sie der Weg zunächst zum Fluss. Diesem folgend, nach 2,6 km vorbei am Abzweig zur kirchlichen Herberge Senhora da Hora und immer weiter am Fluss entlang, erreichen Sie das offene Meer. Wenngleich bis hierher zumindest bei meinem letzten Besuch keine Markierung vorhanden war, ist der Weg trotzdem leicht zu finden. Bald geht es vorbei an zahlreichen reizvoll gelegenen Strandbars (✋ Achtung! Gefahr des feuchtfröhlichen Versumpfens) und weiter durch Matosinhos. Ab hier weisen die ersten gelben Pfeile Ihnen den Weg vorbei an Fischrestaurants und über eine beeindruckende Zugbrücke bis zur weiten Strandpromenade, die dann in lange Holzwege mündet. Je nach Laune und Wetter können Sie hier auch auf dem Strand gehen. Der Weg ist zwar bis Matosinhos sehr spärlich markiert, aber wer die Augen aufmacht, kann leicht erkennen, welcher Weg auf längere Sicht entlang des Flusses bzw. der Küste verläuft. Der breite Fluss Douro und ebenso der Atlantische Ozean, die auch noch zur späten Abendstunde zumindest in groben Umrissen erkennbar sind, bieten also hier auch Zeitgenossen mit sehr stark eingeschränktem Orientierungssinn stets schwerlich übersehbare Orientierungshilfen.*

🚲 **Die Küstenvariante mit dem Rad:** Da der Küstenweg oft am Strand entlangläuft, führt er auch gelegentlich über Sandwege und engere Holzstege, wo Sie ab und zu absteigen und schieben und in seltenen Fällen Ihr Rad auch über einige Treppen tragen müssen (z. B. in St. Paio). Gleiches gilt für einige Einbahnstraßen. Einige der Strandpfade sind sogar offiziell für Radfahrer gesperrt, was aber in der Praxis eher selten Beachtung zu finden scheint. Natürlich sollten Sie aber besonders dort ✋ aus Rücksicht gegenüber den Badegästen sehr umsichtig fahren, absteigen oder eine meist leicht auffindbare nahe gelegene Alternative nutzen. Mit etwas Orientierungssinn und Fantasie ist aber auch dieser Weg per Rad zu bewältigen. Das erste Problem stellt sich Ihnen gleich am Anfang: Der gekennzeichnete Weg ab der Kathedrale durch die Gassen der Altstadt ist mit dem Fahr-

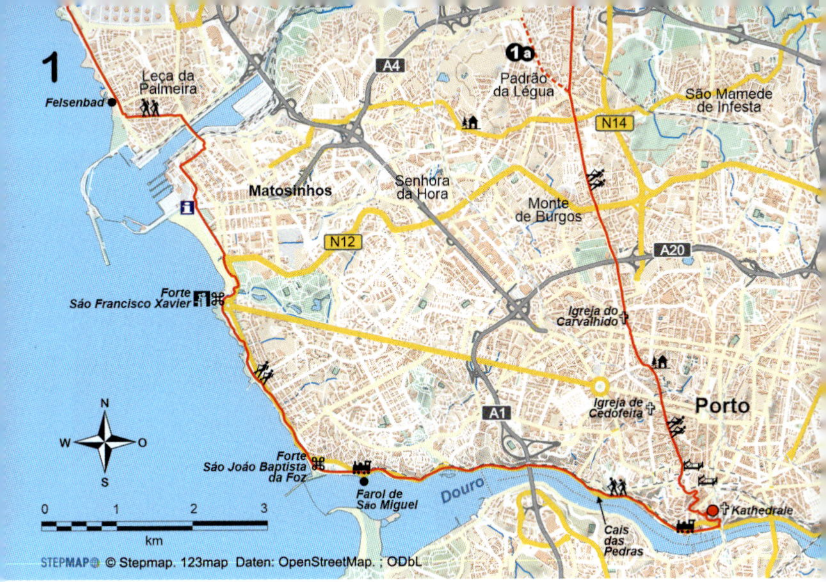

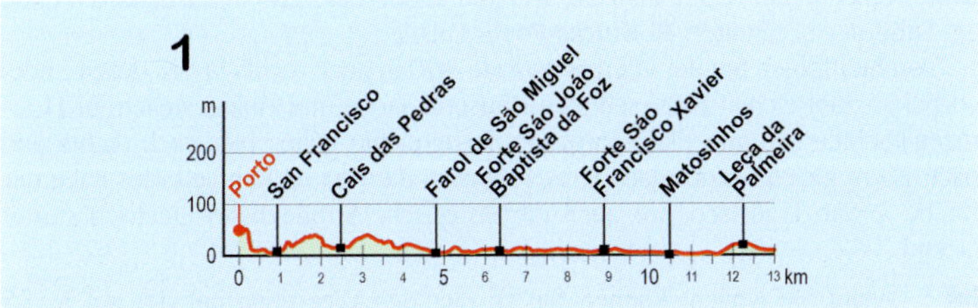

rad nicht einfach zu bewältigen. Nehmen Sie daher besser den Stadtplan auf S. 53 zur Hilfe und wählen Sie den Weg über den Bahnhof hinab zum Fluss, dem Sie dann zunächst vorsichtig oder schiebend vorbei an zahlreichen Touristen wie im folgenden Text beschrieben folgen.

Lassen Sie sich nicht durch offizielle Kennzeichnungen, die den direkten Weg durch die Stadt nach Rates weisen irritieren, sondern folgen Sie der hier beschriebenen Wegführung: Wenn Sie aus dem Hauptportal der Kathedrale treten, gehen Sie an der Säule vorbei nach links 80 m bis zu einem Schild mit der Aufschrift „Terreio da Sé". Hier gehen Sie Treppen nach unten und weiter geradeaus und links an dem Gebäude vorbei, bis Sie nach 100 m eine weitere Treppe erreichen. Sie folgen dieser ebenfalls nach unten. Nach 50 m, kurz nach einer Wasserstelle, erreichen Sie eine Wegkreuzung und gehen hier nach halb links in die Rua da Senhora das Verdades und 100 m bis zum Ende dieser Gasse und

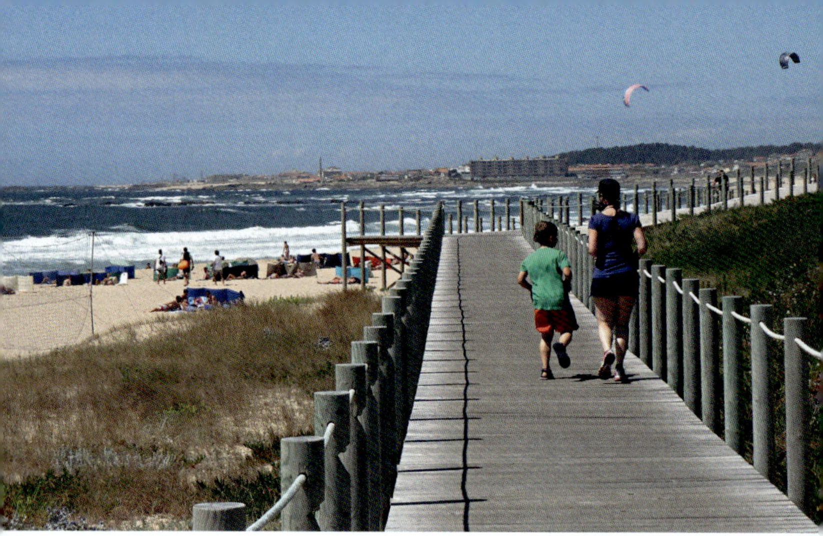

Auf Holzstegen an der Küste entlang (rj)

dann wieder weiter rechts über die Treppen abwärts ca. 100 m bis zu deren Ende am Fuße der berühmten ⌘ Brücke Ponte Luis I.

Von hier folgen Sie der Uferpromenade 400 m nach rechts bis zu deren Ende, vorbei an zahlreichen Bars, schönen Häuserfassaden und Anlegestellen für (Touristen-)Schiffe bis zum Platz Largo do Terreiro. Sie gehen hier nach rechts und nach 20 m gleich wieder nach links 150 m in die Rua da Reboleira bis nahe der Kirche ✞ San Francisco, wo auch die historische Straßenbahn Eléctrico startet (1 km).

Wenn Sie wollen, können Sie ab hier den Weg auch mit der auf S. 55 beschriebenen Straßenbahn Eléctrico um 4,6 km abkürzen. Die Endstation befindet sich direkt an der hier beschriebenen Strecke.

Von der Haltestelle gehen Sie weiter in gleicher Richtung neben der Straße oder den Gleisen, bis Sie nach 1,1 km das Viadukt „Cais das Pedras" erreichen, wo die Straße parallel zum Ufer über eine Art Brücke verläuft. Halten Sie sich besser zunächst (halb) rechts und laufen Sie entlang der Gleise der historischen Straßenbahn. 500 m weiter, gleich nach dem Ende des Viaduktes, befindet sich linker Hand ein Hubschrauberlandeplatz (km 2,6). Nach weiteren 700 m entlang des Flusses unterqueren Sie die Brücke Ponte da Arrábida. Nach 1,1 km entfernen Sie sich von der Straße und gehen nach halb links über eine Fußgängerbrücke. Sie folgen der schönen Strandpromenade 1,2 km bis zum Leuchtturm Farol de São Miguel, in dessen Nähe sich auch die Endstation der historischen Straßenbahn Eléctrico befindet (km 5,6).

700 m geht es weiter geradeaus vorbei an einem schönen, mit Palmen bewachsenen Park, bis die Straße eine Rechtskurve beschreibt. Bald sehen Sie linker Hand das offene Meer und rechter Hand die Festung ⌘ Forte Sáo Joáo Baptista da Foz aus dem Jahr 1570. (Über die Rückseite teilweise frei zugänglich.) Nur noch 500 m weiter verlassen Sie den Fußweg neben der Straße bei der Bushaltestelle „Praia dos Ingleses" nach halb links unten wieder auf einen schmalen, asphaltierten Fußweg, der Sie durch die Anlage einer Strandbar führt. Vorbei an weiteren Bars und immer dem Strandweg folgend erreichen Sie nach 2,1 km die Festung ⌘ Forte Sáo Francisco Xavier, die eine nette Aussicht über den Strand bietet (Di bis So 9:00 bis 17:00, Eintritt € 0,50).

Hier wechseln Sie vom Strandweg in den anschließenden Radweg. Wo dieser nach 300 m unter der Straße hindurchführt, gehen Sie weiter nach links der Strandlinie folgend und erreichen nach 400 m einen großen Kreisverkehr. Sie gehen weiter auf der breiten Promenade, die zwischen Straße und Strand verläuft. Nach 900 m verlassen Sie die Strandlinie bei der Touristeninfo von **Matosinhos**, hinter der Sie die erste offizielle Wegkennzeichnung der Küstenvariante des Caminho Português finden (km 10,5).

Matosinhos

⇧ Meereshöhe, 175.000 Ew.

In Matosinhos finden Sie am Ortsanfang eine Touristeninfo und eine weitere im Ortsteil Leça da Palmeira. ☏ 229 392 412

ⓘ Bei dem Ort handelt es sich um eine moderne Metropole mit einem bedeutenden Frachthafen und zahlreichen Fischfabriken. Interessant sind vor allem die bekannten Fischrestaurants nahe dem Hafen direkt am Weg, die neben zahlreichen Spezialitäten auch Fischgerichte zu bezahlbaren Preisen bieten (z. B. frische gegrillte Sardinen, die noch wenige Stunden vor der Begegnung mit Ihnen nichts von ihrem unfreiwilligen kulinarischen Werdegang ahnten, für ca. € 7). Gegessen wird bei gutem Wetter auch in kleinen Zelten neben der Straße, wo der Fisch dann auch gegrillt wird.

Sehenswert sind außerdem zwei Bauwerke des berühmten, hier geborenen portugiesischen Architekten Álvarao Siza Vieira, die sich direkt am Weg im Ortsteil Leça da Palmeira befinden: ein Felsenbad am Strand und das exklusive Restaurant Casa de Chá da Boa Nova, in dessen Bar man bei einem kleinen Getränk die Aussicht auf die Felsenküste genießen kann.

Eine Übernachtung in **Pensionen** ist auch hier grundsätzlich möglich, aber aufgrund der Lage und der gelegentlich hohen Preise wohl eher selten die passende Wahl. In Matosinhos kommen Sie in der Nebensaison aber z. B. im Hostal Fishtail Sea House ab € 19 unter (Rua do Godinho, 224, ☏ 229 380 345) und es finden sich vor Ort auch weitere Angebote im Preisrahmen bis € 25 p. P. Im gleich anschließenden Ortsteil Leça da Palmeira hat der **kirchennahe Verein Stella Maris**, der sich vorrangig der Unterbringung von Seeleuten widmet, eine Niederlassung. In der einfachen, gepflegten Pension lässt man wohl aber auch gelegentlich Pilgerbegeisterte günstig übernachten. Der Betrieb ist offenbar (manchmal etwas laienhaft) durch nette Ehrenamtliche organisiert aber die Pilger, die bisher hier unterkamen, waren recht zufrieden mit dem Preis-Leistungs-Verhältnis (Adresse: R. Fresca 78, Leça da Palmeira, DZ € 30, EZ ca. € 20, ☏ 933 507 436).

Vorbei an der Touristeninfo von Matosinhos geht es weiter geradeaus und nach 100 m erreichen Sie einen kleinen Park. Der Wegmarkierung folgend durchqueren Sie den Park 100 m weit und gehen dann wieder halb links die Straße entlang, der Sie 400 m folgen. Hier finden Sie zahlreiche der eben erwähnten Fischrestaurants.

Ich empfehle Ihnen nun, kurz bevor die Straße eine Rechtskurve beschreibt, sie bei der unscheinbaren Bar O Cantinho da Lota nach rechts zu verlassen. Sie gehen 350 m durch die Nebenstraße, über drei Kreuzungen hinweg bis zum ⓘ Markt von Matosinhos. Nur 100 m an ihm vorbei erreichen Sie einen Kreisverkehr, wo Sie nun zur Brücke laufen (km 11,6).

ⓘ Die Brücke kann praktischerweise nach oben geklappt werden, wenn ein größeres Schiff in den Frachthafen von Matosinhos einfahren will. Das ganze Spektakel dauert, wenn Sie tatsächlich das Glück (bzw. das Pech) haben, es mitzuerleben, so ca. 10 bis 15 Min.

Über die Brücke hinweg erreichen Sie nach insgesamt 500 m in **Leça da Palmeira** einen Kreisverkehr und gehen nun links entlang der breiten Straße 700 m immer geradeaus über einige Kreuzungen, bis Sie wieder die Küste erreichen. Dort befindet sich auch gleich links die zweite Touristeninfo von Matosinhos bzw. Leça da Palmeira. Es geht 400 m geradeaus auf einem Fußweg entlang der Küste, dann sehen Sie links das ⓘ Felsenbad des bekannten Architekten Álvarao Siza Vieira. Nochmals 1,3 km weiter, vorbei an einem weithin sichtbaren Leuchtturm, endet der Fußweg nahe der ⓘ Eremita de la Boa Nova. Nur 50 m vor dieser befindet sich das ebenfalls von Siza Vieira gestaltete Restaurant Casa de Chá da Boa Nova (km 14,5).

Weiter geradeaus betreten Sie bald einen Holzsteg (📷 S. 60), der kurz entlang der Straße verläuft, sich aber bald von ihr entfernt und in einigen Kurven immer parallel bzw. entlang des Strandes verläuft. Nach 1,8 km gehe Sie, da 2024 im

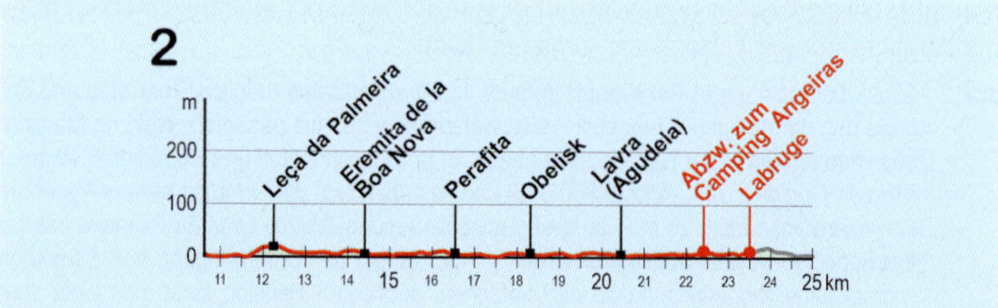

folgenden Teil einige der Holzstege nahe dem Meer ungangbar waren, besser weiter geradeaus bzw. rechts und damit rechter Hand am Fußballplatz vorbei und erreichen so nach 300 m bei einem Parkplatz den Ortsanfang von **Perafita** (km 16,6).

Folgen Sie ab hier besser dem Verlauf der nun rechter Hand liegenden Hauptstraße, die im größeren und später kleineren Abstand parallel des Meeres verläuft. Nach 1,1 km können Sie diese beim Restaurante Marizé wieder nach halb links auf einen gepflasterten Weg verlassen. Es geht weiter über Holzstege und entlang eines Parkplatzes auf einen weithin sichtbaren Obelisken (S. 23) zu, den Sie nach insgesamt 600 m erreichen (km 18,3).

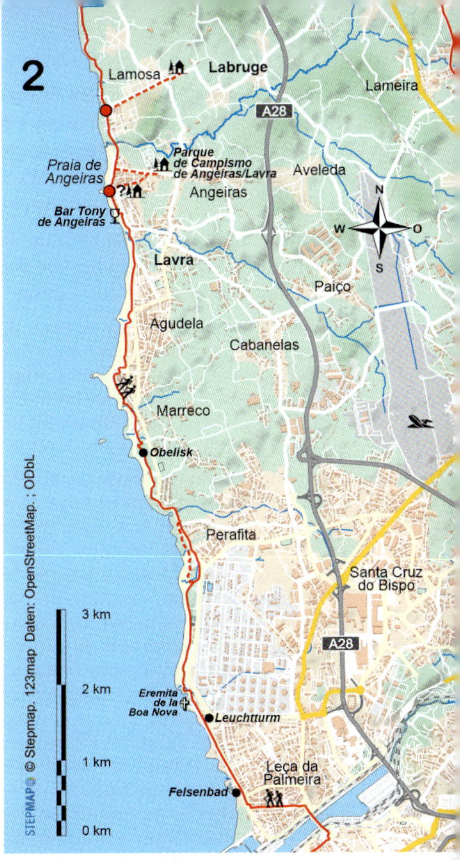

Sie folgen dem Holzsteg bald in einem Zickzackkurs, bis er nach weiteren 500 m auf einer Pflasterstraße endet. Auf den nun folgenden 1,1 km gehen Sie mal an Parkplätzen entlang, vorbei an Bars und dann wieder auf Strandwegen im kleineren oder größeren Abstand zum Wasser im Prinzip immer geradeaus weiter und bereits zwischen den ersten Häusern der sehr lang gezogenen Gemeinde **Lavra** hindurch. Nach einem letzten, am Rande des ersten Ortsteils liegenden Parkplatz führt der Weg dann wieder abgelegener über lange Holzstege und an einigen Strandbars vorbei, bis Sie nach 2 km bei der Bar „Tony de Angeiras" den Ortsteil Angeiras betreten. Hinter der Bar gehen Sie wieder über einen Holzsteg und dann weiter über das Pflaster, das zwischen dem Ortsrand und dem Strand verläuft. Folgen Sie ihm aber zunächst nur so weit, bis nach 550 m eine breitere gepflasterte Straße nach rechts gleich vorbei an einer kleinen Tankstelle verläuft. Hier müssen Sie sich entscheiden, ob Sie zur ? (geplanten) Herberge oder den von mir empfohlenen Weg zum Campingplatz von **Angeiras (Lavra)** gehen wollen (km 22,4).

Ansonsten folgen Sie weiter dem Pflaster geradeaus und betreten bald wieder den Holzsteg. Nach 300 m zeigt bei einer Wasserstelle ein Wegweiser einen weiteren Weg zum Camping Angeiras an. Immer über Holzstege pilgern Sie weiter an einem Parkplatz vorbei und über eine Holzbrücke und erreichen nach 500 m einen weiteren Parkplatz, an dem entlang Sie geradeaus weitergehen.

Achtung: Nach 300 m am Ende des Parkplatzes bei einem Kreisverkehr bzw. einem Wendekreis angekommen beginnt der gleich näher beschriebene Abstecher zur öffentlichen Herberge von **Labruge** (km 23,5).

? **Geplante Herberge**. Weg zur Herberge: Bei der bei km 22,4 genannten Pflasterstraße gehen Sie rechts vorbei an der kleinen Tankstelle 100 m in die Rua de Angeiras bis zur Kreuzung mit der Landstraße. Dort 50 m nach rechts zur Markthalle, über welcher sich die Herberge befindet. In Zukunft soll hier eine Herberge mit ca. 60 Plätzen in 6 Zimmern und ca. 5 DZ oder EZ eingerichtet werden. Beide Angebote richten sich auch an Badegäste. unbekannt, unsicher, frühestens Mitte 2025, ca. € 14 bis 18

Camping Angeiras (Gemeinde Lavra). Weg zur Herberge: Bei der bei km 22,4 genannten Pflasterstraße gehen Sie rechts vorbei an der kleinen Tankstelle in die Rua de Angeiras. Sie folgen dem Pflaster immer weiter über eine Kreuzung und nach 300 m vorbei an einer Bar, wo Sie morgens frühstücken können; gleich gefolgt von einem günstigen Supermarkt. Immer weiter geradeaus erreichen Sie nach 400 m den Campingplatz „Parque de Campismo de Angeiras“ (km 23,1). Der offiziell ausgeschilderte Weg zum Campingplatz verlässt den Jakobsweg weitere 300 m nach dem eben genannten Punkt und ist damit beim Hinweg 150 m länger und bedeutet beim Rückweg eine ebenso lange Abkürzung.
Der von der Campingplatzkette Orbitur geführte, schöne Campingplatz unter Palmen mit Schwimmbad, Bar, Supermarkt und Restaurant ist ruhig und angenehm, wenn auch an einigen Stellen etwas renovierungsbedürftig, und bietet eine pilgerfreundliche Atmosphäre. Nach Vorlage des Pilgerausweises können Sie hier eine Nacht zum Sonderpreis in kleinen Hütten oder Bungalows mit 2 bis 4 Plätzen übernachten und die Sanitäranlagen des Zeltplatzes nutzen. (Einige Türschlösser der Hütten sind etwas widerspenstig: Drücken Sie die Türklinke ganz nach oben, dann können Sie auf- und abschließen.) Wahlweise besteht meist auch die Möglichkeit, in kleinen Bungalows unterzukommen, die auch über eine eigene Küche und Badezimmer verfügen. Für Gäste, die nicht selbst kochen wollen, sind m. E. im Regelfall die zuerst genannten Hütten wegen ihres recht guten Preis-Leistungs-Verhältnisses zu empfehlen. Eine Reservierung ist nicht – oder zumindest nicht zu den genannten Sonderpreisen für Pilger – möglich. Im **August** sind die Plätze dagegen extrem knapp und die Preise fallen wesentlich höher aus. Sie sollten im August also auf jeden Fall vorher nachfragen, ob und zu welchen Konditionen eine Übernachtung möglich ist. Es werden hier übrigens auch freiwillige Hospitaleros gesucht. 229 270 571, infoangeiras@orbitur.pt, ganzjährig ab 16:00, Pilger-Sonderpreis für die erste Nacht (ausgenommen August): Alleinbelegung eines Bungalows mit Küche und eigenem Badezimmer € 38, Alleinbelegung einer Hütte oder eines Zeltes (WC außerhalb) € 23, Platz im geteilten Bungalow p. P. € 23, Platz in einer geteilten Hütte oder in einem Zelt € 16

Die **Bar/Restaurant Mira Parque** in Angeiras. Sie erreichen das Lokal, wenn Sie auf der Straße, auf der Sie vom Weg zum eben genannten Campingplatz gekommen sind, noch

50 m weiter bergauf laufen, auf der rechten Seite. Das einfache Lokal bietet ein erstaunlich gutes Preis-Leistungs-Verhältnis: einfache Menüs (Suppe, Hauptgang, Brot, Wein) für nur € 7, Nachtisch dazu für € 2,80

Die **öffentliche Herberge von Labruge** (S.Tiago De Labruge). Weg zur Herberge: Sie gehen am Ende dieser Etappe 850 m nach rechts durch die breite Ortsstraße vorbei an einer Bar bis zur ersten Ampelkreuzung (km 24,4). Die gute, gepflegte Herberge wurde in einer ehemaligen Schule errichtet, die gleich links hinter der Ampelkreuzung liegt. Sie bietet 6 Schlafsäle mit insgesamt 76 Plätzen und gute Küche mit Kaffee- und Snackautomaten für Frühstück. Im Garten der Herberge finden sich kleine, etwas enge Holzbungalows mit je 3 Plätzen für € 20 p. P. Wenngleich es sich sicher um eine der besseren öffentlichen Herbergen handelt, erscheint das Preis-Leistungs-Verhältnis im direkten Vergleich mit anderen örtlichen Angeboten nicht optimal. **P** Pilgerausweis (zur Förderung) der portugiesischen Jakobusgesellschaft € 3. **T** @. 962 138 514 oder 961 180 256, ganzjährig 14:00 bis 22:00, € 15

Angeiras/Labruge – Vila Chã 2,3 km

⇔ *Bis Vila Chã geht es den gelben Pfeilen folgend über Pisten und Holzwege weiter entlang des Meeres.*

Achtung: Hier finden sich evtl. irritierende Pfeile. Am Ende des eben genannten Parkplatzes gehen Sie also, wenn Sie weiter dem hier beschriebenen Küstenweg folgen wollen, geradeaus weiter auf einen Holzweg. Nach 700 m, die zuletzt bergauf verlaufen, haben Sie bei S. Paio einen Aussichtspunkt erreicht. Es geht einige Treppen hinab zum Strand (tragen Sie Ihr Rad hier ein Stück).

ⓘ **S. Paio**. Hier am Strand befanden sich einst prähistorische Siedlungen. Einige erklärende Darstellungen finden Sie auf hier aufgestellten Schaubildern, die teilweise auch in Englisch verfasst sind.

Sie folgen dem Holzsteg immer weiter an zwei Bars vorbei und teilweise an der Straße entlang, bis er nach 1 km bei einer weiteren Bar in der sympathischen Ortschaft **Vila Chã** endet. Sie gehen immer geradeaus und folgen der Straße 350 m, bis diese auf eine Kreuzung trifft. Hier gehen Sie halb links und folgen der Straße dann über einen lang gezogenen Platz. Nach 250 m am Ende des Platzes haben Sie nun die Wahl zwischen zwei Wegen und ebenso die Wahl zwischen zwei Möglichkeiten, günstig unterzukommen (20 m weiter geradeaus befindet sich die Pilgerpension Café Sandra mit einfachen, gepflegten EZ ab € 40, DZ ab € 50, @. 919 254 629) (km 2,3).

Öffentliche Herberge. Die nette, sympathische, einfache Herberge bietet 2 gepflegte, zum Teil durch Trenngardinen geteilte Räume mit insgesamt 20 Plätzen, Kochgelegenheit und Sitzgruppe. Sanitäranlagen und Hof mit Gelegenheit zur Handwäsche. Im Nebengebäude hat der freundliche ehemalige Bürgermeister des Ortes eine sympathische kleine Ausstellung zur örtlichen Fischerei mit beeindruckender Muschelsammlung eingerichtet (Eintritt frei). Auf dem Weg zur Herberge finden Sie eine **T** Wäscherei und eine Apotheke. @. 229 370 818 oder 934 379 460, ganzjährig ab 14:00 bis 24:00, € 10 bis 12

Vila Chã – Vila do Conde 7,2 km

⇔ *Auch nun können Sie, wenn Sie den Einstieg zur Küstenvariante nicht verschlafen, dem schönen Küstenweg weiter bis kurz vor Vila do Conde folgen, wo es dann auf ruhigen Nebenstraßen weitergeht.*

Empfohlener neuer Weg entlang der Küste: Die ältere Variante **3a** führt Sie auf meist guten Wegen weg von der Küste. Der hier im Prinzip empfohlene und beschriebene Weg verläuft nach links und dann gleich entlang des Meeres. Da er lückenlos mit Holzstegen erschlossen ist, ist er grundsätzlich zu empfehlen. Auch wenn der Weg eigentlich idiotensicher entlang des Meeres verläuft, ist es von Vorteil, die folgende Wegbeschreibung etwas im Auge zu behalten, da die Variante zumindest bis 2024 noch nicht lückenlos mit Pfeilen versehen war und an einer Stelle noch die alte, teilweise markierte Strecke berührt. Gelegentlich ist ein Teil des Weges durch Sandverwehungen blockiert. Ist das der Fall und natürlich auch in der restlichen Zeit, können Sie bei günstiger Witterung (Ebbe) direkt (barfuß) über den Strand laufen.

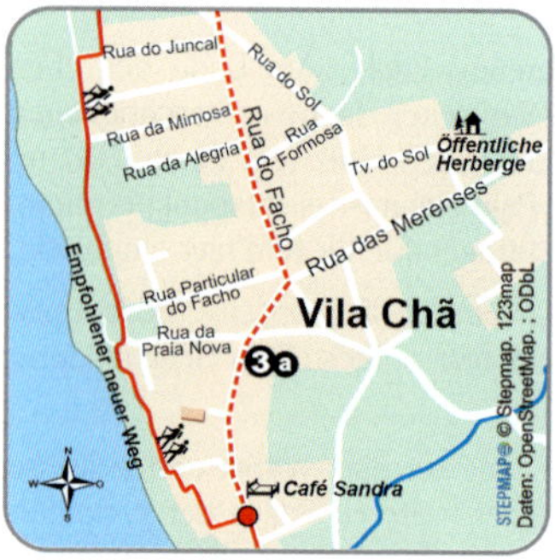

Gehen Sie also am Ende des lang gezogenen Dorfplatzes noch 20 m vor dem Café Sandra nach links in die Rua Alto dos Varais. Nach 150 m erreichen Sie die Küstenlinie und betreten dort wieder einen Holzweg. Sie pilgern im Prinzip immer geradeaus, mit wenigen Unterbrechungen diesem folgend. Nach 1,1 km stößt der Weg nach einer Rechtskurve wieder auf die Ortsstraße, auf welcher auch der alte, teilweise markierte Weg verläuft. Folgen Sie dieser nur 300 m nach links und ignorieren Sie dann eventuell noch vorhandene Pfeile, welche Sie bei der Hausnummer 500 m nach rechts auf den alten Weg **3a** führen wollen. Verlassen Sie die Straße hier also wieder geradeaus auf einen Holzweg, der zunächst neben oder auf den Dünen verläuft.

Nach 2,2 km, die gelegentlich auch wieder über Asphalt verlaufen, überqueren Sie in einem Naturschutzgebiet eine Holzbrücke und erreichen nach weiteren 800 m eine Strandbar. Gleich wird der Ortsrand wieder verlassen und der Holzweg betreten, dem Sie 800 m folgen, bis dieser am Ende eines Campingplatzes in eine Asphaltpiste mündet. Gehen Sie nun 200 m

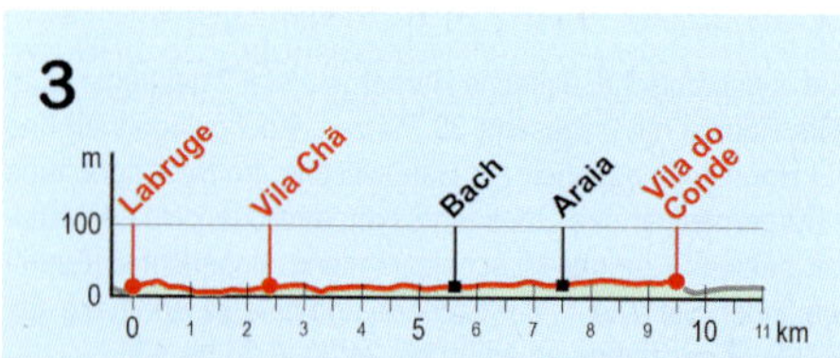

immer geradeaus, zum Teil über einen Holzsteg. Sie befinden sich nun beim letzten von vier modernen Wohnblocks und folgen der hoffentlich nun vorhandenen Markierung des Weges gleich nach rechts in eine gepflasterte Straße. Halten Sie sich zweimal (halb) links und vorbei an den Vororten und einem Industriegebiet erreichen Sie nach 1,4 km die Einfallstraße in den Ort. Sie gehen nach links über die Brücke und haben nach 200 m am Fuße des Klosters Santa Clara **Vila do Conde** erreicht (Weg zu den Unterkünften und der Touristeninfo ☞ Kartenausschnitt) (km 7,2).

Bisher wollte man hier gelegentlich die Pilger dazu nötigen, den Weg durch die Stadt und weiter über den Küstenweg zu nehmen, und hatte deshalb die Pfeile, die zurück zum Hauptweg führen, zum Teil übermalt. Beachten Sie also besonders dann, wenn Sie nicht weiter dem Küstenweg folgen wollen, die genaue Wegbeschreibung und den Kartenausschnitt.

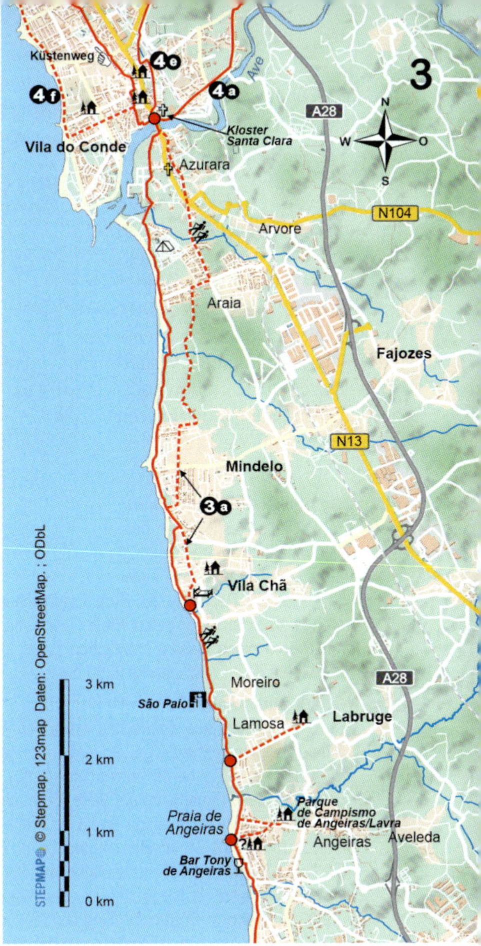

Vila do Conde

⇧ Meereshöhe, 28.000 Ew.

eine am Hafen (hier befindet sich auch eine kleine Ausstellung zum Schiffbau), eine weitere nahe der öffentlichen Herberge, ☏ 252 248 445

Die Stadt wurde bereits von den Römern mit dem Bau eines Kastells begründet. Im Jahre 953 wurde sie dann das erste Mal als „Stadt des Grafen" (Vila do Conde) erwähnt. Erst um 1500 wurde sie zur Kleinstadt erhoben und 1988 zur Stadt. Dort, wo einst das Kastell und später wohl die Grafenburg standen, befindet sich heute das ehemalige Karmeliterinnenkloster Santa Clara, das auf das Jahr 1318 zurückgeht. Hier endet auch das von 1626 bis 1714 ursprünglich einmal ca. 7 km lange, gleichnamige Aquädukt, welches das Kloster mit Wasser versorgte und mindestens 907 Bögen zählte. Heute läuft eine gleich näher beschriebene Variante des Weges zurück zum traditionellen Weg im Landesinneren stellenweise entlang desselben (☞ S. 76).

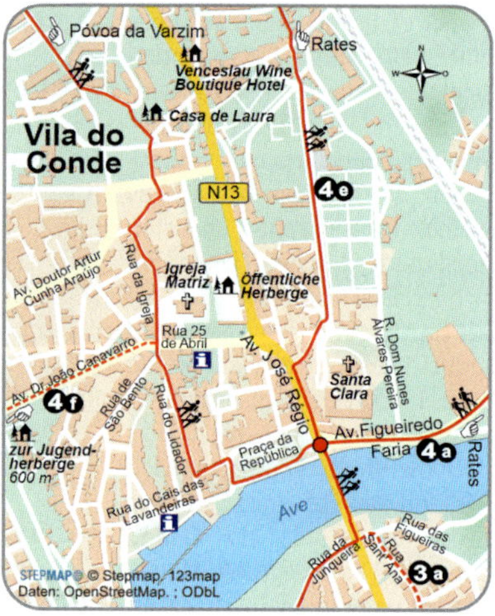

Öffentliche Herberge Santa Clara. Die einfache, aber gute und gepflegte Herberge bietet 25 Plätze in 3 Zimmern, eine einfache Küche und Dachterrasse. Kurz: Eigentlich alles, was ein bescheidener Pilger braucht und das zu einem sehr guten Preis ... und die Hospitalera Maria spricht nach so vielen deutschsprachigen Gästen inzwischen sogar etwas Deutsch. **P** € 2, € 1, **T** € 2, @. ☎ 252 104 717, ganzjährig 15:00 bis 22:00, ca. € 8

Weitere Unterkünfte: Da es sich hier um einen bekannten Urlaubsort handelt, fallen die Preise relativ hoch aus. Erfreulicherweise befinden sich aber die nächste gute und selten vollbelegte **Spendenherberge** und einige günstige Pensionen und Hotels nur 4,5 km weiter am Küstenweg in Póvoa de Varzim (☞ S. 80). Die örtliche **Jugendherberge** von Vila do Conde befindet sich nahe der auf Seite 78 beschriebenen Variante „Möglicher Weg entlang der Küste **4e**" in der Avenida Bento de Freitas 460. Die freundlich-moderne Unterkunft bietet 24 Plätze in 4 Schlafsälen, Küche, DZ ab € 62,20, reichliches Frühstück von 8:00 bis 10:00 oder wahlweise bei rechtzeitiger Anmeldung Picknickpaket. Die Preisgestaltung ist hier etwas seltsam: Ü mit Frühstück oder Picknickpaket Mai bis Sep € 23,40 und sonst € 19,80. Wer aber z. B. über booking.com bucht zahlt ca. € 2 weniger (@, ☎ 252 611 827). Auf dem regulären Jakobsweg aus der Stadt finden Sie zum einen die wie im Kartenausschnitt sichtbar und auf S.79 beschriebene Herberge **Casa de Laura**. Diese wurde erst Ende 2024 eröffnet und war bei Redaktionsschluss m. E. noch mit der Findung eines tragfähigen (Preis-)Konzeptes beschäftigt. Die einfache, aber gepflegte Herberge mit guter Küche verfügt (laut Betreiber) über 18 Plätze in 3 Zimmern für € 20 einschließlich Bettzeug, persönlichem Handtuch und kleinem Frühstück, DZ mit den gleichen Extras € 48 (@, ☎ 935 470 990). Nur wenige Schritte von dieser Herberge entfernt finden Sie ebenfalls, wie im Kartenausschnitt ersichtlich, das **Venceslau Wine Boutique Hotel** mit schicken, modernen DZ für je nach Saison und Ausstattung € 45 bis 75 und zwei ebenso schicken Zimmern „für die Pilger" mit 3 und 4 Plätzen für ganzjährig € 21 p. P. (@, ☎ 252 646 362).

☺ Zwei Wege bis zur spanischen Grenze bei Valença

Der traditionelle Weg im Landesinneren

Mit dem Küstenweg bis Vila do Conde haben Sie das hässlichste Stück des traditionellen Weges umgangen und dabei gleichzeitig das längste und auch eines der schönsten Teilstücke der Küstenvariante erlebt. Ab Rates wird der traditionelle Weg zunehmend grüner und abwechslungsreicher und eigentlich besteht deshalb jetzt kein zwingender Grund mehr, eine Ausweichstrecke (entlang des Meeres) zu suchen. Auch die Anzahl und Qualität der Herbergen ist auf dem traditionellen Weg sehr gut, weshalb es durchaus zu überlegen ist, ab Vila do Conde wieder dem altbewährten traditionellen zentralen Weg zu folgen. Lesen Sie dazu auch die allgemeine Beschreibung des traditionellen Jakobsweges ab S. 14.

Der neuere Weg in Küstennähe und seine empfehlenswerten Varianten

Seit 2014 wurde ab Vila do Conde der sogenannte Küstenweg als Alternative zum traditionellen Weg erschlossen. Es handelte sich zunächst um verschiedene Insiderstrecken entlang des Meeres, die anfangs nicht gekennzeichnet waren und später dann nach und nach zunächst provisorische und letztlich offizielle Markierungen erhielten. In den letzten Jahren wurde der an vielen Stellen etwas unvorteilhaft gewählte offizielle Weg durch verschiedene Alternativen ergänzt, die bis dahin in einigen Teilen nur spärlich markiert waren, aber dennoch mit etwas Orientierungssinn gut auffindbar sind. Dank dieser Varianten und einiger neuerer Änderungen der offiziellen Wegführung kann der neue Weg in Küstennähe heute in vielerlei Hinsicht als gleichrangig mit dem traditionellen Weg bezeichnet werden. Im Hochsommer, wenn die Pilgerinnen und Pilger auf ihrem Weg durch die südlichen Gefilde bald bei stattlichen Temperaturen zu brutzeln beginnen, bietet diese Variante zudem den Vorteil, dass hier durch die nahe gelegenen Strände und auch den gelegentlich aufkommenden Meereswind ein wenig mehr Abkühlung geboten ist als auf dem Weg im Landesinneren.

Aber zunächst zur offiziellen Wegführung des Küstenweges: Die für diese Variante gebräuchliche Bezeichnung „Küstenweg" könnte die Hoffnung schüren, der Weg verlaufe ebenso wie im ersten Stück ab Porto weiterhin überwiegend am Meer entlang. Dies trifft aber für die offizielle Wegführung eher selten zu. Der offizielle sogenannte Küstenweg, der ab Vila do Conde über seinen markierten Verlauf mit 141,5 km nur 8,3 km länger als der traditionelle Weg im Landesinneren ist, verlief bis Ende 2024 lediglich ca. 16 km direkt am Meer entlang. Sonst kann man gelegentlich einen entfernten Blick auf das Meer erhaschen oder vernimmt auf einigen Strecken sein entferntes Rauschen.

Ob es entlang der Küste in der Vergangenheit überhaupt einen richtigen Fußpilgerweg gab oder ob die Pilger in der Hauptsache eher mit dem Schiff unterwegs waren, ist sehr umstritten. Dank des Tatendrangs lokaler Historiker, die vermutlich wenig von der heutigen Praxis des Pilgerns verstehen, ist man hier aber umso mehr davon überzeugt, Sie von einer (meist ohnehin geschlossenen) Kirche zur nächsten führen zu müssen. Letztere befinden sich jedoch naturgemäß selten in Küstennähe, sondern im Regelfall in den Zentren der oft ausgedehnten Ortschaften.

Die offizielle Wegführung verläuft somit meist durch unterschiedlich eng besiedelte Gebiete, wobei viele Dörfer am Weg durchaus eine reizvolle, ursprüngliche Atmosphäre vermitteln. Auch dieser Wegverlauf ist also im größten Teil durchaus lohnenswert und abgesehen von wenigen Ausnahmen inzwischen auch gut markiert.

Der zuerst erwähnte traditionelle Weg im Landesinneren führt ebenfalls durch zahlreiche Ortschaften. Im Gegensatz zu diesem durchqueren Sie auf dem offiziell markierten Küstenweg aber nur selten längere zusammenhängende Naturlandschaften. Dies ändert sich auch dann kaum, wenn es wieder von der Küste am Grenzfluss Miño (auch „Minho") entlang ins Landesinnere geht. Auch hier nimmt man auf dem bisher markierten offiziellen Weg nur selten wahr, dass man sich eigentlich in einem an vielen Stellen schönen grünen Flusstal befindet ...

Auch die Ausstattung der Küstenvariante mit Herbergen ist inzwischen gut. Insgesamt waren auf diesem Weg bisher etwas weniger Pilgerbegeisterte unterwegs als auf dem traditionellen Weg im Landesinneren. Nur wenige beklagen sich heute noch, dass ihnen auf diesem Weg durch die etwas selteneren Begegnungen mit Gleichgesinnten das „richtige Pilgerfeeling" fehle.

(Der Küstenweg ab der portugiesisch-spanischen Grenze bei Caminha wird wie unten näher begründet vorerst nicht genauer im Buch selbst beschrieben und es wird auf ein kostenloses PDF verwiesen.)

Zu den empfehlenswerten Varianten des Küstenweges und des anschließenden Weges am Grenzfluss Miño entlang: Dank der Pionierarbeit einiger Pilgerfreundinnen und Pilgerfreunde wurden in den letzten Jahren verschiedene weitere Insiderwege am Meer entlang bekannt, die an wenigen Stellen auch etwas markiert wurden. Entlang der Küste können also noch weitere ca. 17 km begangen werden, von denen vor allem das Stück hinter Viana do Castelo sehr zu empfehlen ist. Theoretisch wären auch noch weitere Schleichwege entlang der Küste möglich, da diese aber bisher nur mit Mühe auffindbar sind und ja auch der Weg etwas abseits des Meeres an einigen Stellen eine schöne, gelegentlich schattige Abwechslung bietet, werden sie vorerst nicht empfohlen und somit aus Platzgründen nicht in diesem Führer beschrieben.

Erfreulicherweise wurde bis 2017 der Wander- und Radweg ausgebaut, der ca. 20 km am Fluss Miño entlang verläuft und besonders ab Vila Nova de Cerveira sehr zu empfehlen ist. Insgesamt können Sie somit ca. 44 km entlang des Meeres und des Rio Miño pilgern und so macht die Bezeichnung „Küstenweg" dieser Variante nun wirklich alle Ehre. Abgesehen von dem zuletzt genannten Wander- und Radweg entlang des Miño sind die Wege selten markiert. Da aber das Meer eine nur schwerlich zu übersehende Orientierungshilfe bietet, ist fast nur beim Ein- und Ausstieg zu den hier beschriebenen Varianten etwas Aufmerksamkeit und Orientierung gefragt. Folgen Sie den von mir empfohlenen Routen, so verlängern Sie den Weg bis Valença lediglich um 2,6 km, und somit ist Ihr Weg nur 11 km länger als der zuerst beschriebene traditionelle Weg im Landesinneren. Allerdings ersparen Sie sich dadurch, wie Sie auf dem Höhenprofil auf der inneren Umschlagseite sehen können, einige Anstiege, und somit wird Ihr Weg bis nach Valença im Vergleich zum traditionellen Weg im Landesinneren eher einfacher.

Fazit: Welcher Weg ist Ihr Weg?
Wenn Sie über einen einigermaßen **geübten Orientierungssinn** verfügen, ist es schlicht eine Frage Ihres persönlichen Geschmacks, ob Sie ab Vila do Conde weiter dem am heiter-belebenden Wasser gelegenen, aber gelegentlich auch etwas vom (Bade-)Tourismus geprägten Küstenweg folgen ... oder eben doch den zentralen, altbewährten und evtl. sogar etwas abwechslungsreicheren und authentischeren traditionellen Weg wählen. Letzterer weist dabei eine etwas bessere Infrastruktur, aber auch deutlich höhere Pilgerzahlen auf. Auch für Menschen mit **schlechtem Orientierungssinn** ist es heute in erster Linie Geschmacksache, welchen Weg Sie vorziehen. Wenn Sie einen Weg nahe am Meer suchen, können auch Sie ohne größere Probleme weiter dem Küstenweg folgen. Sollten Sie dann doch feststellen, dass es Ihnen zu viel Mühe bereitet, die hier empfohlenen, gelegentlich spärlich gekennzeichneten Varianten zu suchen, so folgen Sie später nur noch dem offiziell gekennzeichneten Jakobsweg sowie dem ebenfalls sehr gut markierten Wander- und Radweg ab Vila Nova de Cerveira. Sie befinden sich dann trotzdem auch auf einem guten Weg, wenngleich Sie doch etwas seltener das Meer zu sehen bekommen.

❹a / ❹b / ❹e
Wege zurück zum traditionellen Weg im Landesinneren

Vila do Conde – Rates 12,9/13,3/13,5 km

⇔ *Auch auf dem folgenden Weg, der wieder ins Landesinnere führt, können Sie erneut zwischen verschiedenen Varianten wählen. Vor Rates treffen alle Varianten und der traditionelle Weg im Landesinneren wieder zusammen.*

☺ **Drei Varianten.** Bereits unmittelbar nach dem Überqueren der Brücke über den Fluss müssen Sie sich entscheiden, ob Sie der Variante **❹a** bzw. **❹b** oder aber dem sogenannten Aquäduktweg **❹e** folgen wollen. Die beiden Varianten **❹a** und **❹b** sind besser auffindbar, da sie gut gekennzeichnet sind und/oder nur wenige Richtungsänderungen aufweisen. Der Aquäduktweg **❹e** verläuft ähnlich bergig und ist mit 12,9 km nur geringfügig kürzer als die Varianten **❹a** und **❹b** mit 13,3 und 13,5 km. Er verläuft im ersten Viertel entlang des beeindruckenden historischen Aquäduktes und auch im restlichen Teil wesentlich ruhiger und schöner als die Varianten ❹a und ❹b. Allerdings verfügt dieser Weg über viele Richtungsänderungen und war bei meiner Begehung noch besonders in der ersten Hälfte an einigen Stellen provisorisch und damit evtl. etwas unklar oder gar nicht gekennzeichnet. Sie werden also wohl, um diesem Weg folgen zu können, gelegentlich die Augen offen halten und sich besonders während der ersten Kilometer auch an der hier im Buch aufgeführten Wegbeschreibung orientieren müssen. Insgesamt ist der ab Seite 76 beschriebene Aquäduktweg ❹e aber bei hinreichender Lesefähigkeit und einem etwas geübten Orientierungssinn ohne größere Probleme machbar.

Achtung: Am Anfang der Etappe finden sich eventuell keine oder bewusst irreführende Pfeile. Achten Sie also bitte gut auf die folgenden Wegbeschreibungen.

❹a / ❹b Zu den beiden älterer Wegvarianten: Am Ende der Brücke, die Sie über den Fluss geführt hat, gehen Sie nach rechts. Schon nach 150 m können Sie nach links einen ca. 300 m langen Abstecher zum ⌘ Karmelitinnenkloster Santa Clara und zum gleichnamigen Aquädukt unternehmen (☞ S. 76). Noch 100 m weiter geradeaus, an der Auffahrt zum Kloster vorbei, erreichen Sie eine Straßengablung und gehen nach halb links bergauf auf die Straße, die sich vom Fluss entfernt. Nach 200 m erreichen Sie bei einem Kreisverkehr die Gleise der S-Bahn. Sie umrunden den Kreisverkehr zur gegenüberliegenden Seite, gehen dann schnurstracks geradeaus auf eine hohe Lagerhalle zu und anschließend nach links an dieser vorbei und weiter immer geradeaus, bis Sie nach 1,6 km bei einem Einkaufszentrum auf eine Hauptstraße stoßen. Sie folgen dieser nach halb rechts, unterqueren vorbei an dem Ortsschild von Touguinha nach 400 m die Autobahn und erreichen, immer auf derselben Straße, nach weiteren 900 m im Ort **Touguinha** einen Kreisverkehr. Hier gehen Sie geradeaus weiter am Bushäuschen vorbei. Sie folgen der Straße immer geradeaus 1,2 km durch den Ort **Touguinhó,** bis Sie eine Kreuzung erreichen, wo sich auch ein Bildstock mit der Jahreszahl 1726 befindet (km 4,6).

☺ **Hier finden Sie nun zwei Wegvarianten**. Etwas schöner ist wohl **der markierte Weg ❹b**. Er trifft kurz vor Arcos auf den traditionellen zentralen Weg und erreicht nach 5,2 km Arcos. Nach insgesamt 8,3 km wird Rates betreten. Der markierte Weg bedeutet einen Umweg von nur 200 m und verläuft auch ein wenig bergiger. **ACHTUNG:** Nach meiner Einschätzung und auch zahlreichen Leserzuschriften zufolge ist die erste Hälfte dieser Strecke bei hohem und auch normalem Verkehrsaufkommen aber keineswegs ungefährlich. Es finden sich dort nämlich zahlreiche Engstellen, wo Ihnen schnell vorbeifahrende Autos gefährlich nahe kommen können.

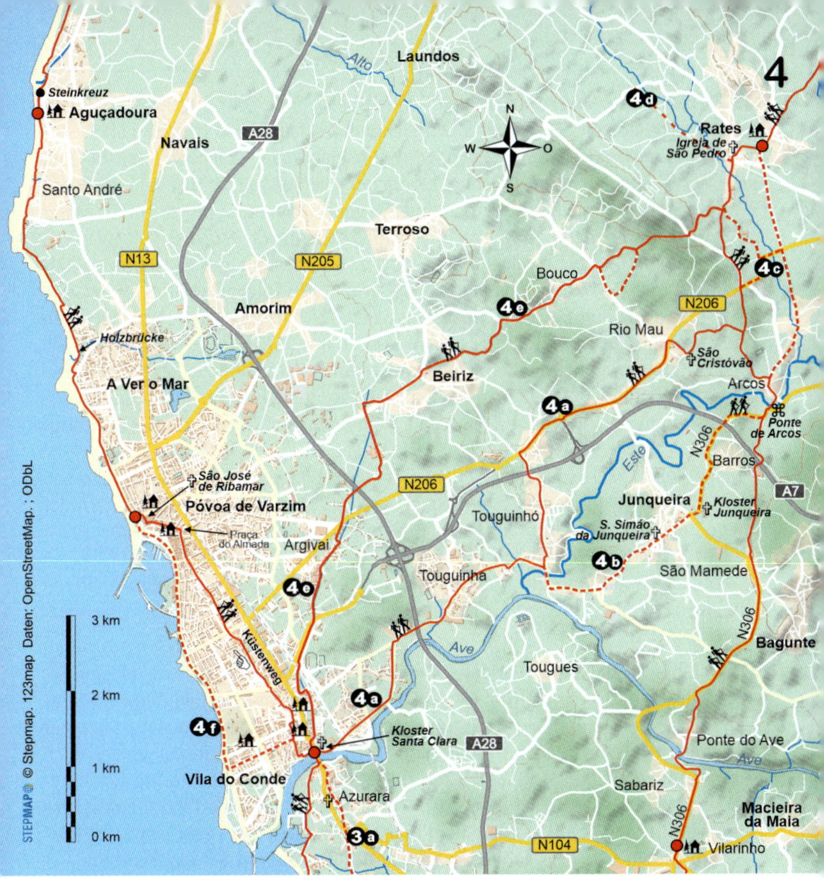

Die ältere Variante ❹a, die nach 8 km kurz vor Rates auf den Hauptweg trifft, war bis Ende 2024 dagegen nur auf den letzten 2,5 km markiert, kann aber erfahrungsgemäß anhand der folgenden Wegbeschreibung recht gut gefunden werden und ist auch wesentlich sicherer. Sie wird deshalb auf jeden Fall eher als der markierte Weg **❹b** empfohlen. ☝ Verpassen Sie also bitte nicht am eben genannten Bildstock vor der historischen Brücke den rechtzeitigen Ausstieg aus der offiziellen gekennzeichneten Route und lassen Sie sich nicht durch eine eventuell bewusst irreführende Kennzeichnung fehlleiten, welche gerade diesen sichereren linken Weg als gefährlich bezeichnet.

❹b Markierter älterer Weg: Bei dem eben genannten Bildstock gehen Sie nach rechts über die historische Brücke und folgen der Straße immer weiter geradeaus,

✋ wobei Sie zu Stoßzeiten an den Schmalstellen bitte sehr gut auf schnell fahrende Autos achten. Vorbei an einem schönen, schattigen Rastplatz gabelt sich die Straße nach 850 m und Sie gehen weiter geradeaus. Nach weiteren 800 m, die überwiegend bergauf verlaufen, erreichen Sie **Junqueira** 🍷 (km 6,3). Nach 200 m gabelt sich die Straße erneut und Sie gehen halb links. Noch 200 m weiter passieren Sie die kleine ✝ Kirche S. Simáo da Junqueira. Nun verläuft der Weg wieder bergab und Sie erreichen nach 600 m die ✝ Kirche des Klosters von Junqueira. Immer derselben schmalen Landstraße N306 folgend geht es weiter und nach 1,3 km haben Sie den Ort bereits verlassen und überqueren auf der nun endlich breiteren Straße die Autobahn. Weiter der N306 folgend erreichen Sie nach 600 m den Punkt, an dem von rechts oben der traditionelle zentrale Jakobsweg, in die Straße mündet. Nach 150 m wird die kleine Brücke ⌘ Ponte de Arcos überquert und Sie steigen 400 m hinauf zum höchsten Punkt des kleinen Dorfes **Arcos** 🛏 🍷 (km 9,7).

Hier finden Sie wieder verschiedene weniger zu empfehlende Varianten **4c** vor. Wollen Sie der schöneren ältesten folgen, wird das Dorf spätestens gleich nach der Kirche nach links verlassen und nach 1,4 km die Nationalstraße N206 überquert. Ab hier erreicht die Verbindung vom Küstenweg wieder Ihren Weg (km 11,1).

Folgen Sie ab hier dem Weg wie bei der nun folgenden empfohlenen älteren Variante ab S. 130 beschrieben noch weitere 2,4 km in den Ort zur Pilgerherberge von Rates (km 13,5).

4a Empfohlene ältere Variante: Beim eben genannten Bildstock biegen Sie scharf links aufwärts in die Rua Central ab. Nach 200 m erreichen Sie eine Straßengablung und folgen hier der Straße weiter nach links, an dem Haus Nummer 193 vorbei. ✋ Auch wenn irreführende Pfeile Sie ab hier eventuell gelegentlich zurück auf den markierten Weg führen wollen, folgen Sie weiter stur meiner Wegbeschreibung und wandern immer weiter entlang der breiten Pflasterstraße, bis Sie nach 500 m einen Park mit einem Bildstock erreichen. Es geht weiter geradeaus und wieder leicht bergab und nach 700 m überqueren Sie die Autobahn.

Nach 300 m auf derselben Straße erreichen Sie die Nationalstraße und gehen hier nach rechts 700 m bis zu einem Kreisverkehr. Die Nationalstraße ist zwar gut

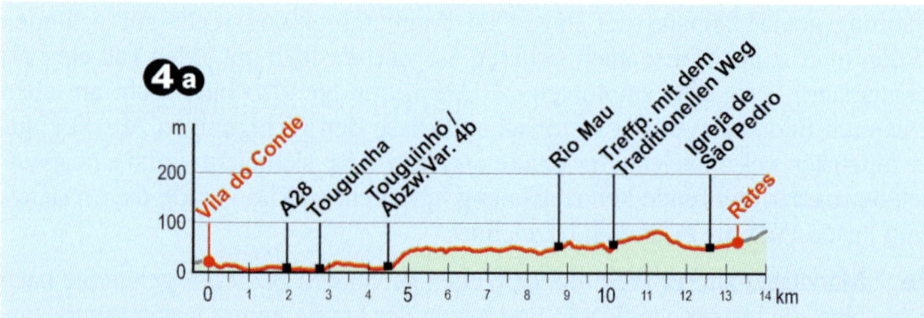

befahren, Sie finden an ihrer Seite aber stets einen sicheren breiten Fußweg. Der Kreisverkehr wird vorzugweise linker Hand zur gegenüberliegenden Seite umrundet und es geht weiter in Richtung **Rio Mau** 🍷🛒, dessen Ortsanfang Sie nach 600 m erreichen. Noch 1,3 km weiter treffen Sie auf eine Kreuzung mit Ampel. (☞ Wenn Sie nun eine Abkürzung von 700 m nehmen wollen, folgen Sie derselben Straße einfach 1,2 km weiter geradeaus und erreichen dann den regulären Jakobsweg). Ich empfehle aber, an der eben genannten Kreuzung rechts in Richtung São Cristóvão zu gehen. Nach 400 m erreichen Sie diese Kirche linker Hand gegenüber einem Friedhof (km 9,3).

✝ **São Cristóvão**. Die friedlich gelegene romanische Kirche aus dem 12. Jahrhundert ist dem heiligen Cristóvão geweiht, was Sie an einem schönen Glasfenster im oberen Teil der Kirche unschwer erkennen können.

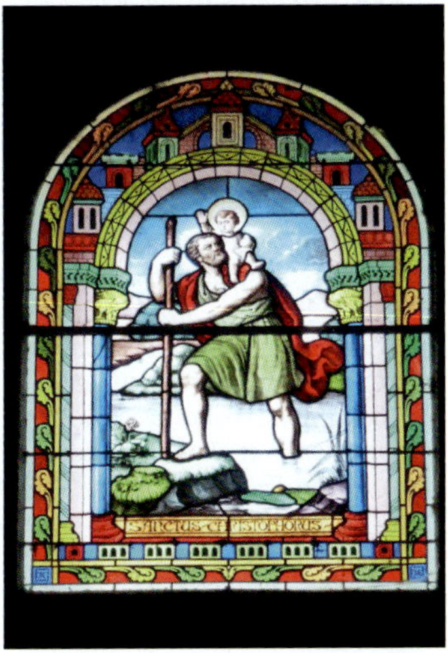

Glasfenster in der São Cristóvão bei Rio Mau (rj)

Das Kleinod ist zwar meist geschlossen, aber den Schlüssel können Sie mit etwas Glück evtl. im Pfarrhaus mit der Hausnummer 372 schräg hinter der Kirche erhalten, wo es auch einen Stempel für Ihren Pilgerausweis gibt. Wenngleich man es sich zu späteren Zeiten auch hier nicht verkneifen konnte, die Kirche mit barocken Elementen auszuschmücken, blieb sie doch wesentlich in ihrer romanischen Ausstrahlung erhalten und lohnt deshalb einen kurzen Besuch. Interessant sind auch das Gewölbe aus Holz und die römischen Inschriften, die sich rechts hinter dem Hauptaltar finden.

🚶🚶 Weiter auf dem hier empfohlenen Weg **❹a** gehen Sie auf der gepflasterten Straße links an der Kirche vorbei und erreichen nach 250 m eine Straßengablung, wo Sie nun am besten nach halb rechts weitergehen. Noch 300 m weiter erreichen Sie sofort nach einer Linkskurve wieder eine Straßengablung. Hier gehen Sie nach halb rechts an einem Haus mit Palmen vorbei. Nochmals 150 m weiter erreichen Sie eine weitere Straßengablung und gehen hier nach rechts in Richtung Wald. Nach 250 m stoßen Sie oben am Waldrand auf den nun markierten traditionellen Jakobsweg, der hier nach links in den Eukalyptuswald führt. Nach 600 m erreichen Sie wieder die Nationalstraße N206, die Sie überqueren (km 10,9). Ab hier finden sich einige weniger zu empfehlende Varianten **❹c**, die Sie besser ignorieren. Nach 400 m sollten Sie nicht verpassen, die Straße nach halb rechts auf eine andere Straße zu verlassen. Meist bergab erreichen Sie nach 1,4 km am Ortseingang von **Rates** die kleine Kirche Igreja de São Pedro, neben der sich auch ein kleines Heimatmuseum befindet 🖐 Am Ortsanfang fanden sich bei der alten, zu einem Radweg umgebauten Zugtrasse 2024 verwirrende Pfeile, die nach links auf die Variante „Caminho da Costa" in Richtung Meer führen **❹d** (km 12,7).

☞ **Die Beschreibung des weiteren, noch 600 m langen Weges (km 13,3) und der Unterkünfte im Ort finden Sie ab S. 130.**

❹e Der Aquäduktweg. Nachdem Sie den Vergleich der verschiedenen Varianten **❹a**, **❹b** und **❹e** auf Seite 71 gelesen und sich dann bewusst für diese Variante entschieden haben, folgen Sie nach dem Überqueren der Brücke noch 150 m weiter geradeaus der Hauptstraße und gehen dann kurz vor der Kreuzung die Gasse Calcada de S. Francisco die Treppen hinauf. Nach 100 m sind Sie oben angekommen. Rechter Hand liegt das ⌘ Karmelitinnenkloster Santa Clara (☞ S. 68) und Sie gehen nun nach links, zunächst links entlang des Aquäduktes. Nach 600 m – Sie habe bereits einige Kreuzungen überquert – queren Sie nahe einem rechter Hand liegenden Kreisverkehr eine größere Straße und stoßen auf einen Zaun. Hier gehen Sie nach links und gleich nach 100 m in die erste schmale Straße nach rechts. Die Straße nähert sich in einer weiten Rechtskurve wieder dem Aquädukt und nach 300 m verlassen Sie diese nach rechts auf einen gepflasterten Fußweg und überqueren dann nahe einem Fußballstadion wieder eine Straße und die Gleise der S-Bahn. Danach geht es weiter links des Aquäduktes über einen gepflasterten Weg. Immer geradeaus führt Sie der Weg bald im Abstand von ca. 50 m an der Feuerwehr vorbei. (ⓘ Hier befand sich übrigens ab Neuerschließung des Küstenweges um das Jahr 2010 und noch bis 2016 die erste, einfache, improvisierte Pilgerunterkunft direkt in den Mannschaftsunterkünften.) Gleich danach wird nach 700 m in einer Kurve eine zeitweise viel befahrene, aber gut einsehbare Straße überquert (km 2).

Sie gehen nun immer weiter über verschiedene Neben- und Ortsstraßen stets entlang des Aquäduktes. Nach 1,2 km nimmt dieses zunächst ein Ende bzw. weist erste größere Lücken auf und so treffen Sie in **Argivai** auf eine Mauer. Hier gehen

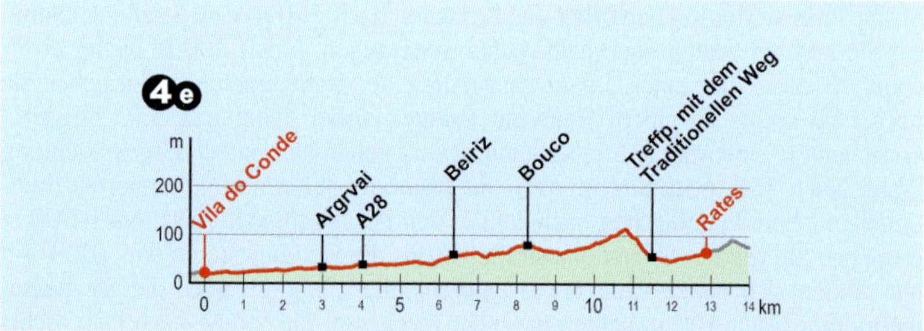

Sie nun nach links 50 m vom Aquädukt weg zu einer größeren Straße, auf der Sie sich nach rechts wenden. Nach nur 200 m gehen Sie 20 m nach links zur Kreuzung der N206. Hier wenden Sie sich nach rechts und nach 50 m gleich wieder nach links in Richtung Beiriz in die Rua de Calves. Immer geradeaus sehen Sie nach 500 m wieder ein Fragment des Aquäduktes und unterqueren die Autobahn (km 4).

Achten Sie nun weiter gut auf die Pfeile! Nach 600 m verlassen Sie die Straße, welche bisher an einer hohen Mauer vorbeigeführt hat, nach links in Richtung „Quartel Militar". Nach einem Industriegebiet gehen Sie an einem weiteren Fragment des Aquäduktes vorbei und treffen gleich danach nach 700 m auf einen kleinen Kreisverkehr mit ✗ Snackbar (km 5,3). Sie pilgern zunächst geradeaus weiter an dieser vorbei, gehen dann aber nach 100 m nach rechts unter dem nun letzten Fragment des Aquäduktes, das nun nur noch ca. 3 m hoch ist, hindurch in die Rua do Aqueducto. Ab hier waren bei meinem letzten Besuch die Pfeile nun deutlicher sichtbar. Nach 250 m erreichen Sie eine Hauptstraße und wenden sich hier nach links (... laufen Sie links und geben Sie etwas acht, da in dieser schmalen Straße kein Fußweg vorhanden ist). Immer geradeaus wird schon nach 300 m ein weiterer Kreisverkehr überquert und dann wieder ein Fußweg betreten und so erreichen Sie vorbei an einer weiteren Bar nach weiteren 300 m die Kirche Igreja de Beiriz am Rande des gleichlautenden Ortes **Beiriz** ✗ 🚌 (km 6,3).

Vor der Kirche geht es zunächst nach links bergauf und dann gleich nach rechts in die erste gepflasterte Gasse. Immer geradeaus und dann an einer 🍷 Bar vorbei betreten Sie die Rua de Costa Beiriz. Diese beschreibt bald eine Rechtskurve und dann verlassen Sie endlich mal die Siedlungsgebiete und befinden sich nach 1 km an einem Waldrand mit Bauernhof. Hinter diesem wenden Sie sich nach links und betreten einen Waldweg, über den Sie immer geradeaus nach 500 m eine gepflasterte Kreuzung erreichen, und wenden sich dort nach rechts bergauf in eine Siedlung. Nach 250 m gabelt sich die Straße auf Höhe der Hausnummer 1300 und Sie gehen hier nach halb links. Nach weiteren 250 m befinden Sie sich oben am Ortsanfang von **Bouco** an einer Kreuzung mit einer weiteren 🍷 Bar und gehen hier weiter geradeaus.

Bergab und dabei bzw. danach immer weiter geradeaus über einige Kreuzungen hinweg stoßen Sie nach 1,1 km am Ortsausgang bei einem Kindergarten auf eine andere Straße und gehen nun nach rechts (km 9,4). Nach nur 50 m verlassen Sie diese aber gleich wieder nach links auf einen Feldweg, der in einem Linksbogen vorbei an einem Trafohäuschen verläuft. (☞ Wenn der Weg ab hier zu sehr zugewachsen ist, folgen Sie weitere 400 m der Pflasterstraße und gehen Sie dann nach links.) Schon nach 600 m endet der Weg auf einer Pflasterstraße, der Sie nun weiter nach links bergauf durch den Eukalyptuswald folgen.

Nach 700 m wird oben eine Asphaltpiste überquert und Sie pilgern auf der gegenüberliegenden Seite wieder bergab durch einen Waldweg 400 m bis zu einer Gablung, wo Sie sich nun rechts weiter bergab halten. Nach nur 400 m treffen Sie unten bei einer Siedlung wieder auf eine Straße und finden hier die offizielle Kennzeichnung des traditionellen zentralen Jakobsweges vor, der Sie nun nach links folgen, und so erreichen Sie nach 700 m in Rates die Kirche **Igreja de São Pedro** (km 12,3).

☞ **Die Beschreibung des weiteren, noch 600 m langen Weges (km 12,9) und der Unterkünfte im Ort finden Sie ab S. 130.**

☺ **Die Zählung der von Ihnen gelaufenen Gesamtkilometer.** Von Porto über den wenig empfehlenswerten direkten Weg sind es 37,3 km bis zum Etappenende in Rates. Da Sie Rates aber über die Küstenvariante erreicht haben, haben Sie einen Umweg von je nach Variante 8,6 bis 9,2 km gemacht und können diese Kilometer ab jetzt bis Valença auf die im Höhenprofil gezählten Kilometer addieren. Somit sind Sie ab Porto bereits 45,9 km bzw. 46,5 km gelaufen. Die im Inhaltsverzeichnis angezeigten fehlenden Kilometer bis Santiago bleiben dagegen natürlich auch für Sie unverändert gültig.

Weiterer Küstenweg ab Vila do Conde

Vila do Conde (Ortseingang) – Póvoa de Varzim 4,5/5,2 km

⇔ *Der 4,5 km lange markierte Weg durch Vila do Conde nach Póvoa de Varzim bietet nur wenig Reizvolles. Wer einen Umweg von ca. 700 m in Kauf nehmen will, kann die etwas schönere Küstenvariante* **4f** *wählen.*

4f Möglicher Weg entlang der Küste: Die Küstenvariante stellt sicher keine schlechte Option dar, ist hier aber m. E. auch nicht eindeutig zu empfehlen. Positiv ist, dass sie nicht durch die meist wenig sehenswerten Stadtteile, sondern am Meer entlang verläuft und Sie fast an der Tür der Jugendherberge vorbeiführt. Nachteilig ist, dass die nicht markierte, aber leicht aufzufindende Route dann, wenn Sie nicht in der Jugendherberge übernachten wollen, einen Umweg von ca. 700 m darstellt. Sie führt meist an einer betriebsamen touristischen Strandpromenade entlang, an die eine belebte Straße grenzt. Wollen Sie diese Variante wählen, gehen Sie nach 400 m (evtl. nachdem Sie den netten Ortskern von Vila do Conde nahe der später erwähnten ✝ Kirche Igreja Matriz gesehen haben) an der Kreuzung, die 100 m vor der Kirche am Jakobsweg liegt, von Porto kommend gesehen nach links und dann sofort wieder nach halb links in die Avenida Dr. João Canavarro.

Nach 500 m erreichen Sie einen beidseitig der Straße ausgedehnten Park (↱ Abzweig zur Jugendherberge). Gehen Sie noch 500 m immer geradeaus bis zum Strand und dann – wie Sie wahrscheinlich schon vermutet haben – nach rechts. Wenn Sie wollen, können Sie im ersten Teil noch auf dem oft gut besuchten Badestrand gehen; ansonsten führt Sie der Weg spätestens nach 1,5 km über die vorher erwähnte, von zahlreichen Bars gesäumte Strandpromenade weiter. Möchten Sie in Póvoa de Varzim übernachten, sollten Sie sich nach 1,6 km, dort, wo Sie den Hafen von Póvoa de Varzim erreicht haben, wie im Kartenausschnitt ersichtlich rechts halten. Ansonsten folgen Sie der Küstenlinie noch weitere 700 m und erreichen so wieder den markierten Jakobsweg (km 5,2).

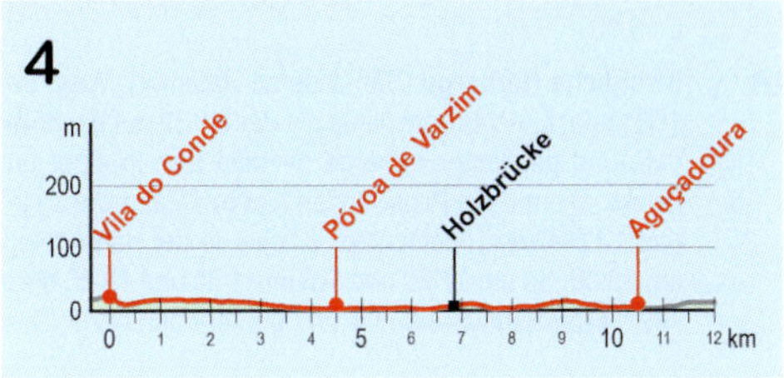

Karte S. 73

Regulärer gekennzeichneter Weg: Nach dem Überqueren der Brücke gehen Sie (unter dieser hindurch) nach links und wandern durch den Park, den Sie in die Calcada do Lidador verlassen. Nach 500 m führt Sie der Weg an der Kirche Igreja Matriz vorbei. (100 m vor dieser Kirche beginnt die eben erwähnte **Küstenvariante**). Folgen Sie weitere 300 m dem markierten Weg, wie auch in dem Kartenausschnitt ersichtlich, durch verschiedene Gassen bis zu dem Abzweig zu der Herberge Casa de Laura und dem Venceslau Wine Boutique Hotel (km 0,8). Gleich danach sind Sie auf einer größeren, gepflasterten Straße angekommen. Sie folgen dieser immer weiter geradeaus über einen Kreisverkehr und verschiedene Kreuzungen, bis Sie nach 1,5 km eine Ampelkreuzung überqueren. Wie gewohnt geht es weiter geradeaus.

Nach 1 km wird die Straße am Ortsanfang von Póvoa de Varzim zu einer einspurigen Gasse, durch die Sie weiter geradeaus gehen. Noch 500 m weiter haben Sie den Rand des Praça do Almada erreicht (km 3,8). Hier führt Sie der Weg nun nach links 100 m zu dem kleinen Praça da República, wo Sie auf die Capela de Santiago treffen, in deren Nähe sich das Hostal Sardines & Friends befindet (km 3,9).

Auf dem Jakobsweg geht es noch 500 m weiter, bis Sie bei der modernen Kirche São José de Ribamar auf eine breite Straße treffen. Nach rechts verlassen Sie den Weg zur kirchlichen Herberge. Nach links geht es hier auf dem Jakobsweg weiter und nach 100 m erreichen Sie, wieder an der Küste angekommen, den Punkt, wo beide Varianten wieder zusammentreffen (km 4,5).

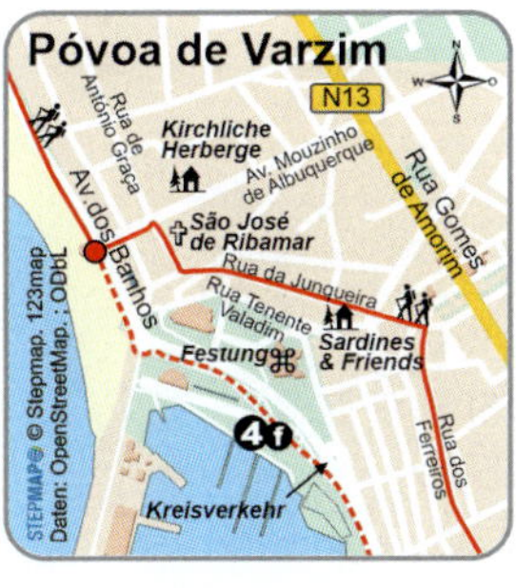

Póvoa de Varzim ⇧ Meereshöhe, 28.500 Ew.

Sardines & Friends. Weg: Am eben genannten Platz 50 m nach halb links in die Rua da Ponte bis zur Hausnummer 4 (km 4). Ansprechendes, modern eingerichtetes Hostal im Stil einer Jugendherberge, ein Schlafraum mit 6 Plätzen, Aufenthaltsraum, Küche, DZ für € 38 bis 50, @, und **T** nebenan. ☏ 962 083 329, ständig, Sonderpreis im Schlafsaal nach Vorzeigen dieses Pilgerführers und des Pilgerausweises: 15. Juni bis 15. Sep € 18, sonst € 16,00

Kirchliche Herberge (San José de Ribamar). Weg: Bei der Kirche São José de Ribamar 100 m nach rechts zum Haus mit der Nr. 32 auf der linken Straßenseite. Die einfache, aber gute und gepflegte Herberge befindet sich in einer umgebauten Wohnung eines Wohnblocks. Die müden Pilger finden hier in 4 Zimmern zu je 4 Plätzen und 2 Schlafsälen mit 8 und 12 Plätzen Unterschlupf. Küche. In der nahe gelegenen Kirche findet von Mo bis Do um 19:00, Sa um 17:30 und So um 11:30 und 19:00 die heilige Messe statt. @. ☏ 962 962 749, ganzjährig 14:00 bis 24:00 oder nach Anruf, Spende

Póvoa de Varzim – Aguçadoura 6 km

⇔ *Es geht noch gut 2 km entlang touristisch geprägter Badeorte, danach wird der Strand erreicht und die Landschaft endlich grüner.*

Sie folgen der Küstenlinie 2,2 km an Hochhäusern, zahlreichen Bars und einem Fußballstadion vorbei. Dann gehen Sie nach links weiter. Spätestens nach 350 m verlassen Sie den Strandweg hinter einem Fußballplatz nach links über

Der Autor vor Aguçadoura (jf)

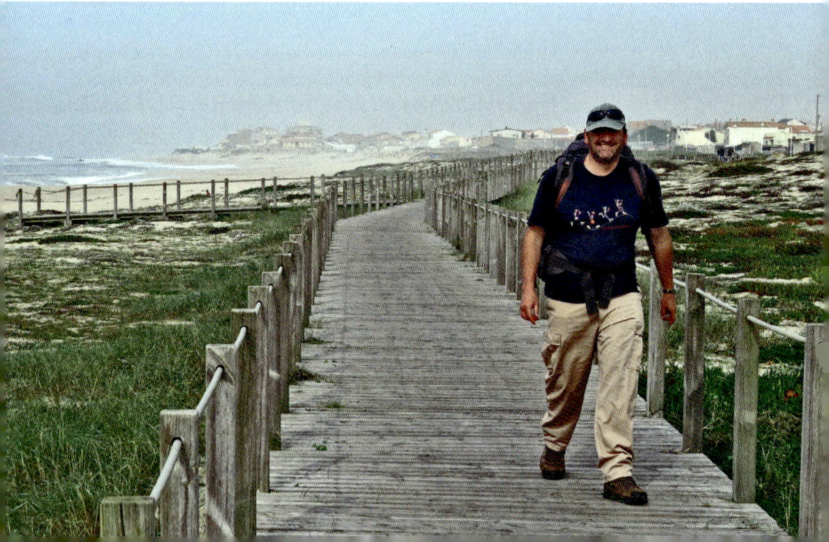

eine Holzbrücke. Sie gehen noch 150 m weiter querfeldein geradeaus und betreten dann wieder eine Asphaltstraße. Die Hochhausbebauung hat hier nun endlich ein Ende und der Strand wird langsam natürlicher (km 2,7).

Nach 1 km haben Sie das Ortsende von **A Ver o Mar** ✕ 🛒 ⚕ erreicht und der Jakobsweg verläuft 1,1 km über einen Holzsteg bis zum Hotel Santo André, hinter dem zur Hochsaison gelegentlich auch ein 🍷 Kiosk mit Toiletten öffnet. Sie befinden sich nun am Rand des gleichnamigen Ortes **Santo André** 🛏 ✕. ⌘ Der Ort galt schon in vorchristlicher Zeit als ein Platz des Totenkults für verstorbene Seeleute. Auf den Felsen nahe dem Hotel wurden an einigen versteckten Stellen steinzeitliche Zeichnungen gefunden, die in den Stein eingeritzt wurden.

Der Jakobsweg verläuft zunächst weiter über schöne Holzstege und dann wieder über Pflasterstraßen. Nach 1,5 km führt Sie der Weg in **Aguçadoura** 🏠 🛏 ✕ 🛒 ⚕ 🚌 an der 🏠 Herberge Albergue de Aguçadoura vorbei (km 6).

🏠 **Albergue de Aguçadoura**. Einfache, schlichte, moderne Herberge mit 4 Schlafsälen zu je 6 Plätzen, die eher an eine einfache öffentliche Herberge erinnert, aber direkt am Strand liegt. Küche. @. ☏ 252 034 493, 🚪 ganzjährig ca. ab 14:00, € 15

Aguçadoura – Apúlia (7,7 km) – Fão (Brückenende) 12 km

⇔ *Vor Rio Alto entfernt sich der Weg wieder vom Meer und führt meist über Holzstege bis zum Abzweig zum abgelegenen Campingplatz nahe der Küste, dessen Wiedereröffnung 2025 aber leider nicht ganz sicher ist. Der Weg über Apúlia nach Fão verläuft wieder nahezu eben durch Gemüsefelder, Wälder, aber auch durch lang gezogene Ortschaften. Dann wird die lange Brücke über den Fluss Cávado überquert.*

Nach nur weiteren 200 m erreichen Sie den Hauptplatz von Aguçadoura, in dessen Mitte ein Steinkreuz steht (km 6,5). (🛒 Den Supermarkt und ✕ einige Bars/Restaurants erreichen Sie, wenn Sie beim Kreuz 50 bzw. 150 m nach rechts gehen. ⚕ Die Apotheke befindet sich nahe der Kirche.)

Sie gehen weiter geradeaus und betreten nach 150 m am Ende der Promenade bzw. eines Parkplatzes wieder einen Holzsteg, der bald über einen (ausgetrockneten) Kanal führt. Nach 200 m wird dieser ein zweites Mal überquert und dann führt der Jakobsweg wieder über Holzstege am Strand entlang und weiter zu einem Parkplatz vor einem Fußballplatz, der nach 1,3 km erreicht wird. Es geht über einen zunächst kurvigen Holzsteg und dann wieder geradeaus, an der rechten Seite des Fußballplatzes vorbei, im größeren Abstand von der Küste zwischen einem Golfplatz und den Gewächshäusern weiter. Nach 1,3 km wird eine Straße überquert. Der Holzsteg verläuft nun in einigen Kurven durch die etwas wildere Landschaft und nach 1,2 km erreichen Sie die Zufahrtsstraße des 🏠 Campingplatzes von **Rio Alto**. Sie gehen dort 100 m nach links bis zum Anfang der Linkskurve (km 4,8).

?🏠 **Camping Rio Alto**. Weg: Der Zufahrt noch weitere 300 m geradeaus bzw. nach links folgen (km 11,1). Der Campingplatz ist ähnlich ausgestattet wie der von Lava. Also nett und gepflegt, aber nicht ganz so schön gelegen wie dieser. Zu Redaktionsschluss waren noch umfangreiche Bauarbeiten im Gange und ob und zu welchen Bedingungen dieser wieder geöffnet wird, war leider noch nicht absehbar. ☏ 252 615 699, unsicher

In der eben genannten Linkskurve der Zufahrt zum Campingplatz wird die Straße wieder auf einen Holzsteg verlassen, der nun als Brücke über einen kleinen Bach führt. Gehen Sie nach dem Überqueren desselben besser geradeaus weiter denn …

Weniger empfehlenswerter Weg in Küstennähe: Nach links in Richtung des Strandes könnte evtl. in Zukunft eine (inoffizielle) Variante gekennzeichnet werden, die dann aber wohl kaum zu empfehlen ist, denn sie bedeutet vermutlich einen Umweg und führt bald durch den weniger attraktiven touristischen Ortsteil. In dessen Nähe befindet sich die 🏠 Herberge Home of pilgrims d'Apúlia, auf deren genauere Beschreibung hier verzichtet wird, da sie sich recht umständlich erreichbar ca. 1 km von dem hier empfohlenen Weg entfernt befindet und auch über dem Preislimit liegt (5 DZ für € 50, Schlafsaal mit 6 Plätzen, in der Straße R. do Açude, ☏ 925 102 999, Ü gelegentlich mit Frühstück zum Selbstherrichten ab € 20).

Weiter geradeaus dem hier empfohlenen Weg folgend endet der Holzsteg gleich in einen Feldweg, dem Sie weiter geradeaus 200 m zu einer schmalen Pflasterstraße folgen. Ebenso weiter geradeaus geht es auf dieser durch den Wald und vorbei an Gewächshäusern und Gemüsefeldern 1,9 km bis zum Ortseingang von **Apúlia**.

Nach 500 m pilgern Sie kurz nach einer Raststelle an der ✞ Kirche vorbei und 300 m weiter kreuzt der Jakobsweg eine Straße – die Avenida da Praia (km 7,7).

Kleine private Herberge. Weg: Der eben genannten Avenida da Praia 700 m nach links bis zur Hausnummer 67 folgen (km 3,6). Der portugiesische Pilgerfreund Fernando bietet in seiner gepflegten Herberge „Santiago da Costa" 16 Plätze in 7 Zimmern mit je 2 bis 4 Plätzen an, die er teilweise auch als EZ (dann € 25) und DZ (dann € 35) vergibt, Hof. In der Küche findet man kostenlos Tee und Kaffee, im ✕ Restaurant darunter werden Menüs für € 10 serviert. T @. ☏ 961 885 803 oder 965 721 318, ständig, € 15

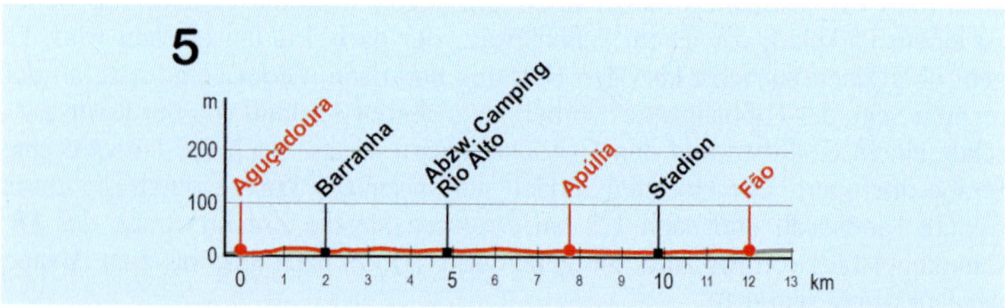

Nach 600 m wird der Ort verlassen und dann führt Sie der Weg über eine Pflasterstraße zwischen den Feldern hindurch und weiter über einen schönen, zeitweise überfluteten Waldweg 1,5 km bis zum Ortsrand von **Fão** zu einem Fußballstadion (km 9,8). Noch 500 m weiter treffen Sie am Ortsanfang auf eine Kreuzung, wo ein Kopfsteinpflasterbelag beginnt. (Nach links geht es hier zum Campingplatz von Fão und geradeaus können Sie eine kleine Abkürzung zu dem The Spot Hostel Ofir und dem Hostal do Alto nehmen.) Ansonsten gehen Sie dem regulären Weg folgend nach rechts. Nach weiteren 500 m folgen Sie der N13 nur 150 m weit, um Sie in einer leichten Linkskurve wieder geradeaus auf eine Nebenstraße zu verlassen. Der Jakobsweg führt am Park mit der Allee entlang (wo sich etwas abgelegen rechter Hand die ? Jugendherberge befindet) und dann im Prinzip immer geradeaus den hier etwas versteckten Pfeilen folgend an zahlreichen Lokalen und Läden vorbei durch den Ort. Dort erreichen Sie nach 400 m den kleinen Platz Largo Conde de Agrolongo. Hier im Ortszentrum beginnt der Abzweig zur Pension Matriz. (km 11,4). Von dort folgen Sie dem Jakobsweg noch 100 m, bis Sie vor der Feuerwehrstation nahe dem Fluss Cávado angekommen sind. Auf der Uferpromenade erreichen Sie gleich die 500 m lange Brücke, über die Sie den Fluss überqueren. Hier, wo der Abzweig zur letzten Herberge Hostel Sleep&Go beginnt, endet aus Gründen der Übersichtlichkeit diese Etappe (km 12).

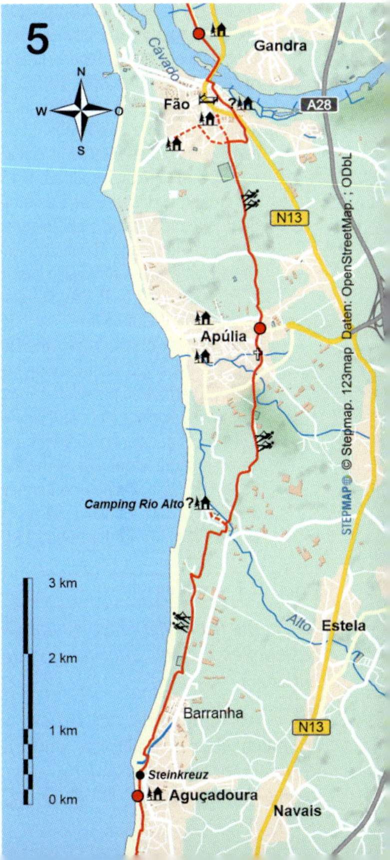

☺ Leider ist, wie Sie unten lesen können, die örtliche Jugendherberge bis auf Weiteres defacto geschlossen und weil auch der Campingplatz von Rio Alto evtl. auch noch 2025 renoviert wird, kann das dann insbesondere zu Stoßzeiten zu etwas höheren Übernachtungspreisen infolge der Bettenknappheit führen. Überlegen Sie sich also gut, ob bzw. wo Sie zur Hauptsaison hier übernachten wollen, denn in den Orten kurz davor und danach finden Sie ja auch einige günstige Unterkünfte.

Hostel Sleep&Go. Abkürzung: Gehen Sie nach der Brücke am Ortsausgang weiter geradeaus auf dem linken Seitenstreifen der Hauptstraße oder auf dem bald links davon sichtbaren, parallel verlaufenden Pfad bzw. Feldweg. Nach 350 m finden Sie 50 m links des Kreisverkehrs die Herberge (km 7,6). Das Pilgerpaar Marilia und Jose hat hier eine freundliche, helle, gepflegte Herberge mit 12 Plätzen in 2 schicken Schlafsälen eröffnet, Klimaanlage, kleiner Garten mit kleinem Pool und Sonnenliegen, kostenlose Leihfahrräder für den Einkauf, 2 schöne DZ für € 55, Küche. Auch wenn die Herberge etwas abgelegen ist, muss hier keiner verhungern. **P** € 2, **T** @. 932 005 800, ganzjährig 14:00 bis 24:00, mit Bettwäsche € 18, ohne Bettwäsche € 16

Es finden sich vor Ort noch **weitere Unterkünfte**, die aus verschiedenen Gründen nicht ganz den auf S. 41 beschriebenen Kriterien entsprechen, aber (auch aufgrund der gelegentlichen Knappheit an Betten vor Ort) eine kurze Erwähnung verdienen. Etwas vom Weg abgelegen ist der nette **Campingplatz von Fão.** Weg: Bereits an der beschriebenen Stelle am Ortseingang nach links und dann 900 m der Kennzeichnung „Campismo" folgen. Hier können Sie u. a. in netten Hütten mit Schlafsälen zu 8 Personen unterkommen, kleine Küche, kleines Geschäft und Bar, gelobtes Restaurant gleich nebenan (€ 5, **T** € 5, @, 253 981 777, praktisch ganzjährig 14:00 bis 23:00, ca. € 16). Im Ort angekommen befindet sich, wie beschrieben, 50 m rechts des Weges die **? Jugendherberge**, die normalerweise neben Plätzen in Schlafsälen für je nach Saison ca. € 17 bis € 23 mit Frühstück auch DZ mit Frühstück für ca. € 45 bis 65 anbietet. Leider ist diese aber meist langfristig mit großen Gruppen oder Gastarbeitern o. Ä. ausgebucht (253 982 045, unsicher). Sehr zufrieden waren viele Pilger mit der Pension **Casa da Matriz**. Weg: Am Platz Largo Conde de Agrolongo 100 m nach links in die Rua Prior Gonçalo Viana, zur Hausnr. 18a. Die ältere Dame Rita widmet sich hier freundlich ihren Gästen. Gepflegte DZ, Mai bis Sep € 25 p. P., sonst € 22 p. P. Das DZ als EZ kostet € 35 bis 40. Billardtisch und einige Gesellschaftsspiele. Gute Küche, reichliches Frühstück € 3 bis 5, kostenloses Begrüßungsgetränk, netter Hof mit Liegen und Dachterrasse. (@, 964 251 369). **The Spot Hostel Ofir**: Die gepflegte, schick-moderne, helle Herberge liegt in der Rua dos Veigas 14 und wird ab 2025 vermutlich nur noch 4 Plätze im Herbergsteil anbieten. Zahlreiche DZ (ca. € 38 bis 70), Küche, kleiner Hof mit Pool, Kamin, Frühstück € 4,50 (, **T** € 2, @, 934 324 426, ganzjährig 15:00 bis 24:00, 15. Juni bis 15. Sep € 25, sonst ab € 18). Nicht weit davon entfernt finden Sie auch das **Hostal do Alto** in der Rua Engenheiro Alexandre Losa Faria 4. In der einfachen Herberge werden 16 Plätze in 3 teils etwas engen Schlafsälen und 3 DZ für je nach Saison € 55 bis 60 angeboten (@, und **T** in der Wäscherei nebenan, 961 754 783, ganzjährig 15:00 bis 24:00, 1. Mai bis 15. Sep € 25, sonst € 20).

Fão – Esposende (km 1,6) – Marinhas 6,2 km

⇔ *Bis nach Marinhas, einem Ortsteil von Esposende, gehen Sie meist durch besiedeltes Gebiet, aber auch einige Hundert Meter an einer Strandpromenade entlang.*

Ab dem Ende der Brücke verläuft der Weg nun nach halb links wenig erbaulich über Asphaltpiste und entlang der Straße 1 km bis zu einem großen Kreisverkehr am Ortsanfang des Hauptortes der gleichnamigen Gemeinde **Esposende** .

⑥a Weg entlang der Küste durch Esposende: Sie können auch hier weiter dem Verlauf der Küste folgen. Sie kürzen den Weg so um weniger als 200 m ab, gehen dann aber auch hier wieder an einer viel befahrenen Straße entlang. Der offizielle Weg ist hier also m. E. gleichwertig.

Offizieller Jakobsweg: Hinter dem Kreisverkehr wechseln Sie nach halb rechts in eine Nebenstraße. Immer geradeaus führt Sie der Weg durch den Ort. Nach 600 m gehen Sie an dem Hostel Eleven vorbei (km 1,6).

Hostel Eleven. Freundliche, moderne private Herberge, 9 Plätze in 2 Zimmern, Küche, gelegentlich Frühstück für € 4 bis 5, T @. ☏ 962 651 485, ganzjährig ab 15:00 bis 24:00, Sonderpreis für Pilger € 15

Nur 400 m nach dem Hostal haben Sie den Hauptplatz mit der ✝ Kirche erreicht. Es geht weiter geradeaus vorbei an der Kirche 400 m bis zu einem alten Hospital, vor dem es dann nach links zum Flussufer geht (km 2,4). Entlang der Uferpromenade sehen Sie bald linker Hand die ⌘ Festungsanlage Forte de S. João Batista mit dem roten Leuchtturm. Nach 1,1 km befindet sich dieser etwas abseits des Jakobsweges linker Hand. ☝ 500 m nach der Zufahrt zu der Festung macht die Straße am Ortsrand angekommen eine Rechtskurve. Wie Sie auf der Karte sehen, finden sich ab hier verschiedene Varianten **⑥b**. Ich empfehle Ihnen, evtl. anderen Kennzeichnungen zum Trotz zunächst den Weg weiter geradeaus über einen Holzsteg zu wählen. Gehen Sie auch nach dessen Ende immer weiter geradeaus über verschiedene Wege, Straßen und Pfade vorbei am Ortsrand bis zu einer Bar, wo auch ein **Steinkreuz** steht. Dort nach 800 m angekommen sollten Sie sich nun bewusst entscheiden, welchen weiteren Weg Sie wählen (km 4,8).

☝ Wenn Sie nicht in Marinhas, Castelo do Neiva oder Anha übernachten wollen, können Sie **bereits ab hier in den direkten Weg entlang der Küste nach**

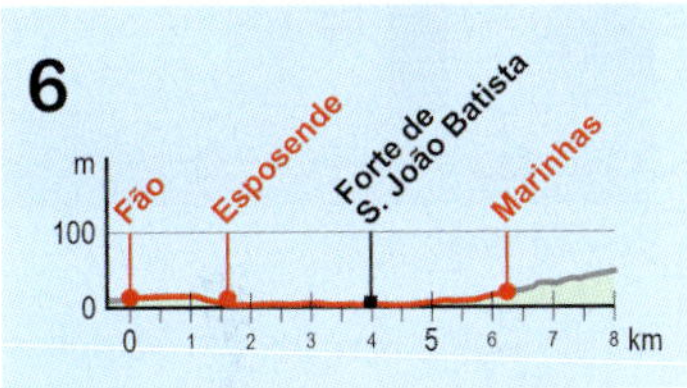

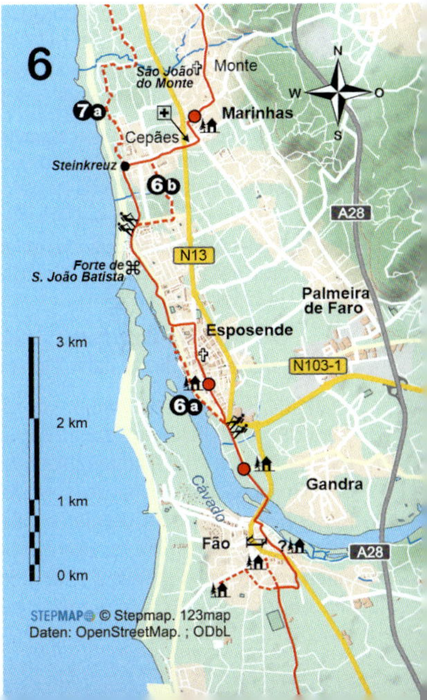

Viana do Castelo einsteigen. Verpassen Sie also nicht den rechtzeitigen Ausstieg an dieser Stelle und lesen Sie vorab den kurzen Vergleich der Wege ☞ unten.

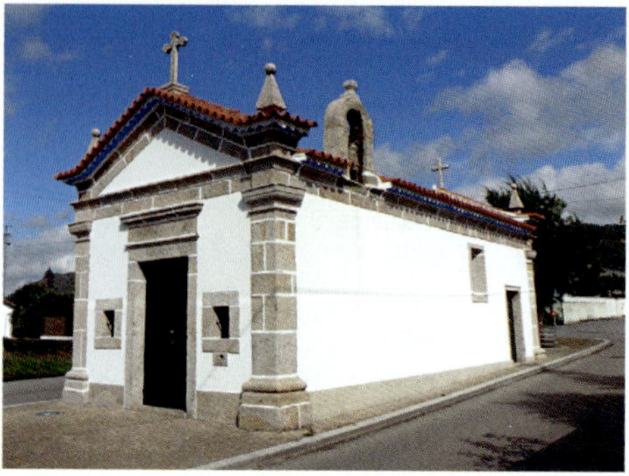

In Marinhas (rj)

Nur wenn Sie **weiter dem regulären Weg folgen** wollen, gehen Sie vor dem Steinkreuz nach rechts. Nach 400 m vorbei an einigen Bars treffen Sie in **Cepães** an einer Kreuzung mit 🛒 verschiedenen Lebensmittelläden wieder auf die ältere bzw. offizielle Wegführung (km 5,2). Weiter geradeaus überqueren Sie nach 400 m die altbekannte N13. Linker Hand befindet sich eine ➕ Station des Roten Kreuzes von **Marinhas** 🏠 🛏 ✕ 🛒 ⛪ ➕ 🚌, wo Sie sich ✋ in der Nebensaison anmelden müssen, wenn Sie in der örtlichen Herberge übernachten wollen. Nach dem Überqueren der N13 noch 350 m weiter dem Jakobsweg folgend finden Sie rechter Hand in einem alten Granitsteinhaus neben einem Sportplatz die 🏠 öffentliche Herberge und weiter hinter der Kirche nach rechts nochmals 200 m weiter die 🏠 private Herberge (km 6,2).

🏠 **Öffentliche Herberge von Marinhas (Gemeinde Esposende)**. Die einfache, aber gute, gepflegte Herberge S. Miguel de Marinhas bietet 30 Plätze in 2 Schlafsälen. Schöner Aufenthaltsraum mit @ Computer und Fernseher. Hof, im Erdgeschoss finden Sie die Küche und eine ▣, **T** € 2. ☏ 253 964 720 oder 967 611 204, 🚪 ganzjährig 14:00 bis 22:00, € 12

🏠 🛏 **Hostel Costa Selvagem**. Die einfache, gute private Herberge bietet 16 Plätze in 2 Zimmern und Küche, EZ € 30, DZ € 55, Frühstück € 4, ▣ **T** @. ☏ 913 212 250, 🚪 ganzjährig 14:00 bis 24:00, € 15

☺ Der reguläre Weg über Castelo do Neiva und Anha – oder die Abkürzung entlang der Küste direkt nach Viana do Castelo?

Beide Varianten haben ihre Vor- und Nachteile und somit kann ich Ihnen keine eindeutige Empfehlung geben. Wer ab dem Abzweig 4,8 km hinter Fão die weiteren 17,6 km zum Campingplatz von Orbitur in Cabedelo oder die 19,5 km zu den Herbergen in Viana do Castelo nicht durchlaufen möchte, ist wohl in der Regel besser mit dem regulären Jakobsweg bedient, da die Abstecher von dem Weg entlang der Küste zu den Herbergen in Castelo do Neiva und Anha jeweils einen wesentlichen Umweg bedeuten. Bei widrigen Wetter- oder Lichtverhältnissen dürfte ebenfalls der reguläre Jakobsweg zu empfehlen sein, da der direkte

Weg **❼a / ❽a ohne Wegmarkierung und gelegentlich unbefestigt über den losen Sand der Dünen oder direkt über den Strand verläuft**. Wer sich zutraut, seinen Weg entlang des Meeres z. B. mithilfe meiner gleich folgenden Wegbeschreibung zu finden, erlebt dort sowohl schöne Strandwege als auch einige weniger interessante Abschnitte, die im größeren Abstand zum Meer eben über Fuß-, Rad-, und Feldwege verlaufen. Gleichzeitig verpasst man dadurch aber einige abwechslungsreiche Attraktionen des regulären Weges wie z. B. ein idyllisches Flusstal vor Castelo do Neiva und die Aussicht von der bald darauf folgende Jakobskirche des kleine Ortes Santiago. Umso weiter Sie aber auf dem direkten Weg **❼a / ❽a** kommen, umso schöner wird dieser auch. Und wo der reguläre Weg dann auf den letzten Kilometern einigermaßen nervig und monoton durch die Vororte und Gewerbegebiete entlang der Straße und über eine beeindruckende, lange Straßenbrücke verläuft, genießen die Pilgerinnen und Pilger des direkten Weges die 800 m lange Überfahrt mit einer kleinen **Personenfähre nach Viana do Castelo, die allerdings ab Sep oder Okt bis Ende April nicht verkehrt**. Dies hat dann den beträchtlichen Umweg **❽b** von ca. 2 km entlang der Straße zur Folge. Letztlich spart man sich über den direkten Weg bis zu 3,6 km Strecke und knapp 200 m Auf- und Abstieg (... wenn man sich nicht doch unterwegs verläuft oder die Personenfähre nicht mehr verkehrt). Um die Berechnung der Gesamtkilometer nicht zu sehr zu verkomplizieren, wird auch weiterhin der reguläre Weg als Hauptweg als durchgezogene rote Linie in der Karte gekennzeichnet und zur Berechnung der Gesamtkilometer bis Santiago herangezogen.

❼a / ❽a Abkürzung ab Cepães entlang der Küste direkt nach Viana do Castelo 17,6/19,1/19,5 km

Folgen Sie bei dem besagten Steinkreuz in Cepães weiter dem Fußweg **❼a**, der nun – mal als ein durch ein weißes Geländer begrenzter Holzsteg und mal als asphaltierte Fußwege oder Schotterweg – im größeren und kleineren Abstand entlang des Meeres verläuft. Nach 1,4 km macht der Weg bei einem Parkplatz eine Rechtskurve und mündet in eine schmale, gepflasterte Straße in Richtung Landesinnere, der Sie weiter folgen. Nach 500 m, kurz nachdem Sie eine Brücke überquert haben, wenden Sie sich nach links und verlassen die Straße auf eine

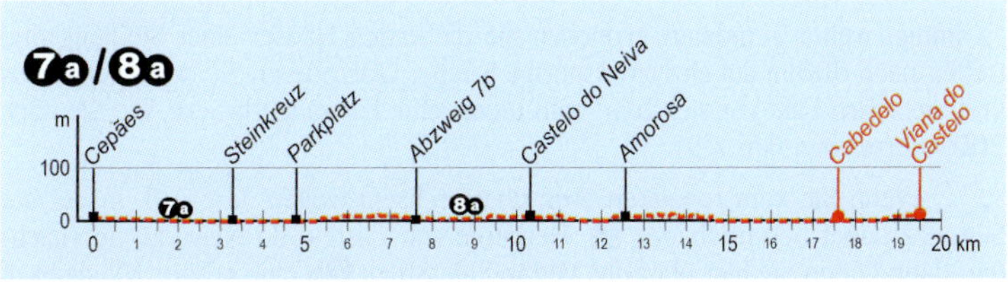

andere gepflasterte Straße. Diese führt gleich an einer Kläranlage vorbei und endet nach 500 m auf einer anderen gepflasterten Straße, auf welcher Sie nun nach links gehen. Immer weiter der gleichen schmalen Pflasterstraße in einigen Kurven folgend nähern Sie sich langsam wieder der Küstenlinie und treffen so nach 600 m auf eine breitere Pflasterstraße, auf der es nun nach scharf links 300 m bis zu einem Steinkreuz nahe dem Strand weitergeht (km 3,3).

Sie können nun direkt geradeaus zum Strand weitergehen und diesem dann weiter folgen – oder nach rechts vorbei an dem Kreuz noch ca. weitere 300 m auf Wegen hinter den Dünen laufen. Spätestens dann ist es aber zu empfehlen oder unumgänglich, durch eine Schneise bzw. einen Trampelpfad nach links auf die Dünen zu wechseln und vermutlich querfeldein über deren losen Sand der Küstenline folgend zu stapfen. Schon nach 200 m (bzw. 500 m) wird aber rechts bereits wieder ein zunächst sandiger, unbefestigter Fahrweg sichtbar. Dieser wird langsam wieder zum Weg und verläuft in einigen Kurven hinter den Dünen entlang weiter der Küstenlinie folgend. Ignorieren Sie Abzweigungen nach rechts und folgen Sie weiter diesem Weg bzw. dem sandigen, unbefestigten Fahrweg. Dieser mündet dann nach 600 m in einen teilweise kaum erkennbaren, sandigen Strandweg, der nahe dem Meer verläuft. Nach 200 m beschreibt der Weg eine Rechtskurve und führt zwischen den Dünen hindurch wieder vom Strand weg durch einige Büsche hindurch 200 m hinauf zu einem kleinen Parkplatz (km 4,8). Überqueren Sie diesen geradeaus, gehen Sie nach seinem Ende nach rechts und an der sofort folgenden Kreuzung nach links und betreten Sie so nach 200 m eine breite, sandige Piste, die nun wieder im größeren Abstand hinter den bewaldeten Dünen entlang des Meeres verläuft. Nach einer einfachen Parkbucht nahe dem Meer wird die Piste nach 800 m wieder zu einem einfachen, aber gut begehbaren, sandigen Weg, der nun bergauf führt und wieder ein wenig vom Meer wegführt. Nach 400 m endet der Weg auf einem anderen sandigen Weg und Sie wenden sich hier nach links. Nach 500 m an einer Gärtnerei angekommen empfehle ich Ihnen, nun den Weg entlang des Meeres zunächst einmal zu verlassen und rechts weiter der gepflasterten Straße zu folgen. Sie erreichen nach 200 m eine Kreuzung. Gehen Sie hier nach links in Richtung Caminho da Neves. Nach 200 m pilgern Sie an dem Eingang des ⛺ 🍸 Camping Os Belinhenses mit kleiner Bar vorbei (wer zufällig mit eigenem Zelt unterwegs ist, kann hier für € 7 pro Zelt plus € 2,50 pro Person unterkommen, ☏ 933 612 546) (km 7,1).

Immer weiter geradeaus erreichen Sie die ersten Häuser einer Siedlung und treffen nach 600 m auf eine zweispurige Straße. Überqueren Sie diese geradeaus und Sie sehen bald vor sich bzw. halb rechts eine Fußgängerbrücke, die Sie nach 200 m erreichen (km 7,9)

↳ Wenn Sie zum regulären Weg überwechseln wollen, um z. B. in der auf Seite 92 näher beschriebenen 🏠 Herberge von Castelo do Neiva zu übernachten, dann finden Sie hier über das Verbindungsstück **7b** eine schöne Möglichkeit dazu. Folgen Sie dazu immer den Wegen und Straßen, welche im größeren und kleineren Abstand mehr oder weniger parallel zu dem Fluss verlaufen, und nach 1,5 km finden Sie die auf Seite 92 bei km 7,1 beschriebene Steinbrücke, von der es noch weitere 600 m bis zur örtlichen Herberge sind (km 9,4).

Weiterer Weg entlang der Küste: Folgen Sie, nachdem Sie die Brücke überquert haben, dem durch zahlreiche, nicht immer die Landschaft verschönernde Betonpfeiler gekennzeichneten Strandweg **8a** immer weiter. Dieser wechselt wie gewohnt zwischen Holzstegen mit weißem Geländer und Schotterwegen. Nach 1,6 km erreichen Sie eine Kreuzung, an der sich auch eine Schautafel befindet. Gehen Sie nun nach halb links auf den betonierten Weg, der auf die bewaldeten Dünen führt. Oben angekommen betreten Sie wieder einen feinschottrigen Weg mit Aussicht aufs Meer und folgen diesem geradeaus weitere 800 m zum Anfang des nordöstlichen Ortsteils von **Castelo do Neiva** (km 10,3).

Wenn Sie es (der Einfachheit wegen) vorziehen, können Sie schon jetzt nach links zum Strand wechseln und diesem bis zum Ortsende folgen. Wenn Sie den Weg durch den Ort vorbei an dessen Restaurants nehmen wollen, dann gehen Sie auf dem gekennzeichneten, betonierten Fußweg weiter und halten sich dann geradeaus oder halb links und Sie werden so nach spätestens 900 m den Ortsausgang erreichen. Ab hier ist der Weg abseits des Strandes nur mit Mühe auffindbar und bedeutet einen deutlichen Umweg. Gehen Sie also spätestens jetzt nach links in Richtung Dünen und Strand und folgen Sie einfach weiter dem Meer. Nach ca. 1,4 km befinden Sie sich am Ortsanfang von **Amorosa** (km 12,6)

Auch hier haben Sie wieder die Möglichkeit, nach rechts in den Ort zu wechseln und einen Teil des weiteren Weges über einen Fußweg durch diesen hindurch und vorbei an dessen Restaurants zu gehen – oder aber den direkten Weg weiter entlang des Strandes zu nehmen. Wie auch immer befinden Sie sich nach 900 m wieder am Ortsausgang. Nach spätestens 300 m, die Sie evtl. noch über Holzpfade hinter und auf den Dünen gehen können, bleibt Ihnen dann wieder ausschließlich der Weg direkt entlang des Meeres als einzige Möglichkeit.

Vom breiten Strand aus bietet sich bald eine schöne Aussicht auf Viana do Castelo und die darüberliegende Basilika Santa Luzia. Nach weiteren 2 km finden Sie kurz vor einem Waldstück einen zur Sommerzeit bewachten Badestrand, der dann durch Fahnen und in der Nebensaison lediglich durch eine Holztreppe, welche zu den Dünen hinaufführt, erkennbar ist (km 15,8).

Theoretisch können Sie auch nun weiter entlang des Meeres bis zur Anlegestelle des Bootes, das nach Viana de Castelo übersetzt (☞ S. 90), wandern. Es folgt aber gleich ein Stück, das besonders bei Regen oder Flut problematisch werden könnte, und so empfehle ich Ihnen, im Regelfall den folgenden, praktisch gleichlangen Schleichweg entlang der Campingplätze zu nehmen, wo Sie vermutlich auch übernachten können:

Über die eben genannte Holztreppe betreten Sie einen Holzsteg. Es geht nun 300 m immer weiter geradeaus: erst durch eine kleines Feuchtgebiet in den Wald, dann über eine kleine Holzbrücke, hinter der sich gleich ein kleiner Parkplatz befindet. Weiter über diesen hinweg erreichen Sie nach nur weiteren 150 m einen Abzweig auf einen Fußweg, welcher scharf links in Richtung Praia Eemiana da Ribeira de Anha führt. Ein feingeschotterter bzw. betonierter Weg, der Sie 600 m zurück Richtung Meereslinie bringt, mündet dort wieder auf einen Holzsteg. Diesem an verschiedenen Campingplätzen von **Cabedelo** vorbei folgend erreichen Sie nach 700 m den Eingang des Campingplatzes von Orbitur (km 17,6).

Camping von Cabedelo. Ob man hier ab 2025 weiter zu den gleichen Konditionen (von Orbitur) für die Pilger öffnen wird, war zu Redaktionsschluss unsicher, da der Pächter evtl. wechselt. Bisher: Klingelt man am Gatter, so öffnet sich wie von Geisterhand das Tor. Sie können eintreten und finden rechter Hand die Rezeption. Der Campingplatz liegt schön und gleichzeitig etwas abgelegen im Wald nahe dem Strand und bietet (hoffentlich weiter) die üblichen Konditionen und Preise von Orbitur, ☞ S. 64. Sie finden hier einen Pool und ein Restaurant, das vom 30. Mai bis 23. Sep geöffnet ist. Es ist aber auch eine Bestellung z. B. von Tele Pizza möglich. ☏ 258 322 167, vorerst etwas unsicher

Nach dem Campingplatz gehen Sie geradeaus weiter in gleicher Richtung an dessen Zaun entlang. Der Fußweg endet aber sofort und Sie wandern geradeaus weiter durch einen teils eingewachsenen Pfad, der weiter entlang des Zaunes verläuft. Nach 300 m betreten Sie eine Fußgängerstraße, wo sich auch Toiletten, eine Wasserstelle und gelegentlich auch Kioske befinden. Gehen Sie hier nach rechts und nach 100 m an der ersten Straßenkreuzung vor der Hausnummer 299 nach links.

Wo sich dann die Straße nach 200 m nach rechts wendet, verlassen Sie diese nach halb links auf einen Holzsteg und folgen diesem genau bis zur Stelle, wo der Holzuntergrund nach 250 m bei einem Schaubild endet und Sie eine Wegkreuzung erreichen (km 18,5). Hier gehen Sie nach rechts über einen asphaltierten Weg einige Schritte hinauf zu einem Parkplatz, bei dem auch einige Restaurants zu finden sind. Immer weiter geradeaus rechts an diesem vorbei über einen Fußweg geht es 100 m bis zu einer Straße, die über einen Zebrastreifen überquert wird. Danach wenden Sie sich gleich nach links 10 m zu einem Bushäuschen und dahinter dann nach rechts 20 m die Treppe hinab zur Anlegestelle des Bootes. Dieses bringt Sie später nach Viana de Castelo. Beim Warten auf das Boot können Sie sich etwas bei dem hier strategisch günstig gelegenen Kiosk bestellen (km 18,6).

Die kleine Personenfähre verkehrt normalerweise von Anfang **Mai bis Okt** stündlich von 10:00 bis 19:00 und bringt Sie für € 1,90 ca. 800 m weit ans andere Ufer nach Castelo do Neiva. Zeitweise werden auch Rundfahrten für ab € 9,50 angeboten. ☏ 962 305 595 (spricht Deutsch)

Nachdem Sie ca. 800 m weit nach **Viana do Castelo** übergeschifft sind, führt Sie der Weg, wie Sie auf dem Stadtplan auf Seite 97 sehen können, geradeaus vorbei an der Touristeninfo und dem Park über die verschiedenen Straßen hinweg 100 m bis zur ersten Häuserfront und dort 50 m nach rechts bis zur breiten Straße Av. dos Combatentes da Grande Guerra. Wollen Sie nun auf dem schnellsten Weg zu dem hier empfohlenen Weg nach Paçó gelangen, gehen Sie 300 m nach links und haben die folgende Etappe so bereits um 900 m abgekürzt (km 19,1). Wollen Sie aber zu den auf Seite 96 beschriebenen Herbergen, so führt Sie der Weg an der Av. dos Combatentes da Grande Guerra noch weitere 700 m geradeaus entlang der ersten Häuserreihe zum Fuße der Brücke über den Lima, wo auch die im Buch ebendort beschriebenen weiteren Wege zu den Herbergen beginnen (km 19,5).

Regulärer Weg: Marinhas – Castelo do Neiva 7,7 km

⇔ *Wenngleich sich der offizielle Weg weiter vom Meer entfernt und langsam auch bergiger verläuft, wird er nach ca. 5 km zunehmend grüner und reizvoller. Er führt dabei entlang eines kleinen Tales und dann über den Fluss Neiva. Nehmen Sie genug Proviant mit, denn bis Viana de Castelo finden Sie am Weg nur wenige sichere Verpflegungsmöglichkeiten.*

Offizieller Weg: Marinhas und der anschließende Ortsteil **Monte** werden bergauf durchquert und nach 800 m kurz nach der ✝ Kapelle São João do Monte verlassen. Danach führt Sie der Weg nochmals 1 km weiter leicht bergauf durch eine weit gestreute Villensiedlung.

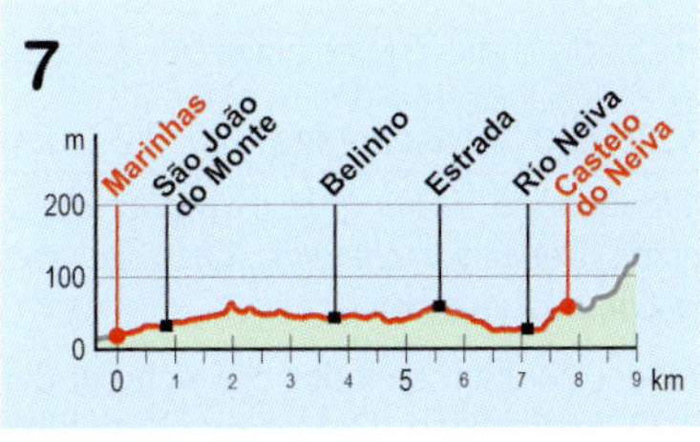

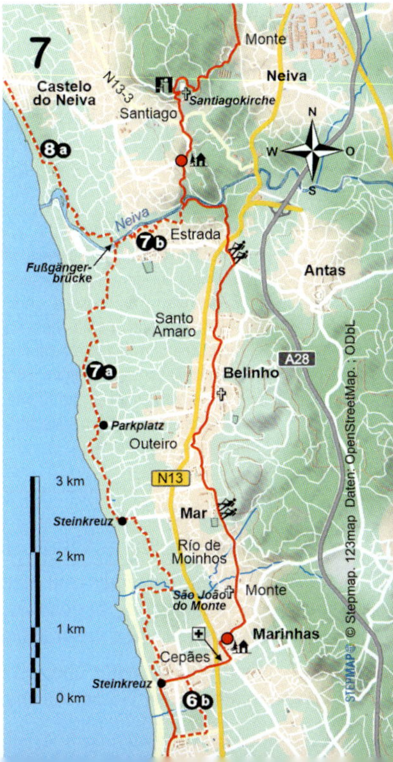

Nach links bietet sich dabei gelegentlich ein Ausblick auf das ca. 1,5 km entfernt gelegene Meer. Dann führt der Weg wieder langsam bergab und nach 1,2 km sind Sie in **Mar** (Outeiro) angekommen. Vorbei an einem kleinen Supermarkt geht es 700 m bis zur Kirche von **Belinho** (km 3,9).

Nach 1,3 km haben Sie den Ort durchquert und betreten nur kurz eine Schotterpiste, die 600 m weiter zwischen alten Steinmauern verläuft. Dann führt Sie der Weg durch **Estrada** in den Wald, wo Sie nach 800 m bei einem Monolithen den Waldweg nach links auf einen Pfad verlassen. Hier beginnt nun einer der schönsten Abschnitte des Küstenweges: Der Pfad führt weiter bergab und am Fluss entlang (Sie schieben vermutlich) durch schönen, ruhigen Wald. Nach 700 m wird der Rio Neiva bei einer Mühle über eine 50 m lange und ca. 1 m breite Steinbrücke (Steinpfad) ohne Geländer überquert – für zartbesaitete Pilgerfreunde und Radpilger eventuell eine kleine Herausforderung (km 7,1).

Verbindung zur Küste 7b. Wie Sie auf der Karte sehen, können Sie noch vor dem Überqueren des Steinpfades nach links 1,5 km zum ab Seite 89 beschriebenen Weg entlang der Küste wechseln. Folgen Sie dazu im Prinzip immer den Straßen und Wegen entlang des Flusses. Der Weg war aber bis 2024 noch nicht regulär gekennzeichnet.

Der übliche gekennzeichnete Weg verläuft dagegen nach rechts wieder 600 m mäßig steil bergauf, bis Sie erneut auf eine Asphaltpiste treffen. Nur 20 m nach rechts finden Sie gegenüber einer Kapelle die Herberge von **Castelo do Neiva** (km 7,7).

Öffentliche Herberge. Einfache, aber nette und gepflegte Herberge mit 2 Schlafsälen zu je 10 Plätzen. Schöne Liegewiese gegenüber neben der Kapelle, Küche, Getränkeautomat und Stempel vor dem Haus. Kaffee, Tee und Kekse sind für die Gäste kostenlos, Automat mit Süßigkeiten. Freundliche ehrenamtliche Hospitaleras und Hospitaleros wie Maria und Adriano, der an den Wochenenden die Stockbetten selber zusammengeschreinert hat. Nicht weit von der Herberge finden Sie ein Restaurant mit Pilgermenüs. Der nächste Lebensmittelladen liegt allerdings 800 m von der Herberge entfernt, hier vermittelt man auch Apartments mit DZ und Küche für € 20 p. P. einschließlich Frühstück, (als EZ € 30) und weitere DZ für € 60 bei Nachbarn. , **T** € 2,50. 962 471 251, ca. März bis Okt 13:00 bis 24:00, € 13

Regulärer Weg: Castelo do Neiva – Viana do Castelo (Ortseingang) 12,3 km

Der Weg führt über eine bewaldete Anhöhe. Dann geht es wieder durch mehr oder weniger eng besiedeltes Gebiet, wobei verschiedene Ortsteile aber einen recht angenehmen, ursprünglichen Eindruck machen.

Noch 600 m weiter über verschiedene Straßen befinden Sie sich bei der Kreuzung mit der N13-3 am Anfang des Ortes **Santiago**. Der weitere Weg führt

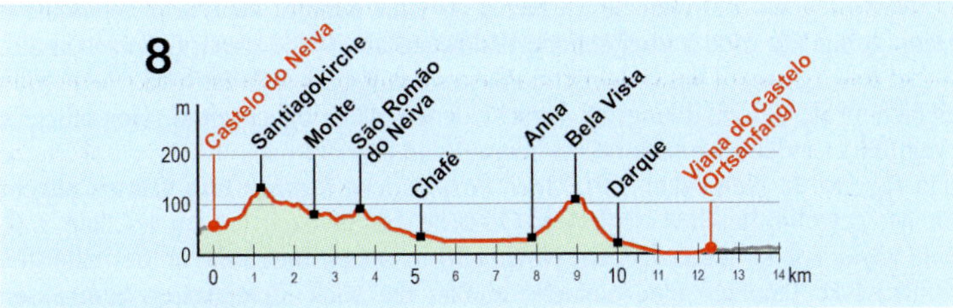

Sie während der folgenden 500 m bergauf und an einer Pilgerstatue vorbei bis zur weithin sichtbaren ✞ Santiagokirche des Ortes, bei der sich auch eine Wasserstelle findet. (ⓘ Die Kirche geht auf das 8. Jh. zurück und ist zumindest nach Meinung der Nachbarschaft die älteste Kirche am portugiesischen Teil des Weges. Ein Kachelbild in der Nähe zeigt den Weg nach Santiago, der ab hier noch 188 km zählen soll – also lediglich 2,7 km weniger als nach meiner Berechnung der hier im Buch empfohlenen Wegführung.) Der Weg führt weiter bergauf und nach wenigen Metern, noch bevor Sie den Wald erreichen, bietet sich kurz eine sehr schöne Aussicht zurück auf den Weg und zum Meer. Bald führt der Weg wieder über verschiedene Pisten, Wege und Pfade durch einen schönen, ruhigen Wald tendenziell bergab (Sie schieben gelegentlich).

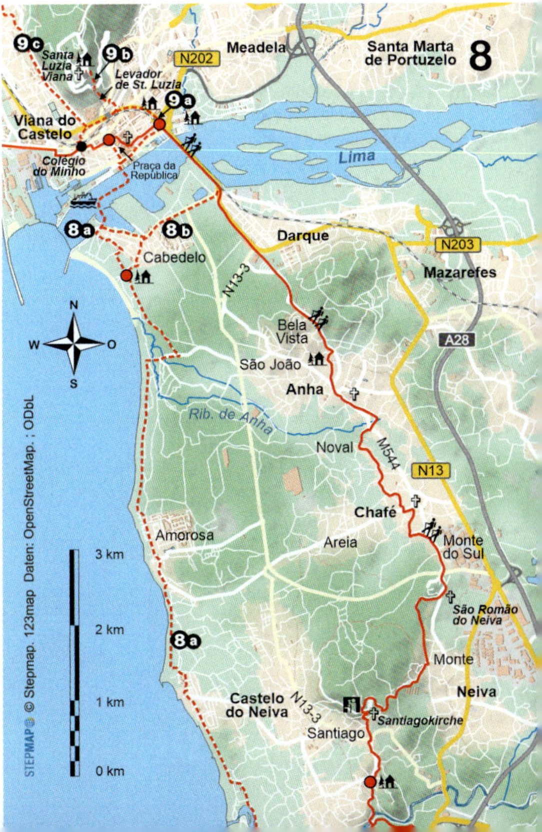

Nach 1,4 km betreten Sie in **Neiva** (Ortsteil Monte) kurz Kopfsteinpflaster. Dann gehen Sie wieder über schöne Waldwege und Pfade durch Eukalyptuswald, wobei teilweise auch das historische Pflaster des Weges sichtbar wird. Nach 1 km erreichen Sie eine Gablung mit verschiedenen Wegmöglichkeiten. Der offizielle Weg führt wieder nach halb rechts bergauf und erreicht nach 400 m die ✞ Kirche São Romão do Neiva (km 3,9). Über verschiedene Straßen und Gassen pilgern Sie wie gewohnt durch verschiedene Ortsteile, bis Sie nach 1,4 km in **Chafé** eine weitere ✞ Kirche erreichen. Noch 150 m weiter finden Sie an der nächsten Straßenecke (endlich) eine einfache Bar, die auch Kleinigkeiten zum Essen anbietet. Der Weg führt 1,5 km wieder über die verschiedensten Straßen, Gassen und Pisten, zwischen alten Mauern, durch verschiedene, nun eher ruhige und ursprüngliche Ortsteile. Dann wird bei einem Stoppschild eine größere Straße überquert. Nach 800 m erreichen Sie in **Anha** eine weitere Kirche, deren Hof sich gut für eine Rast eignet (km 7,8). Nur 100 m weiter betreten Sie wieder die eben genannte größere Straße (km 7,9).

Casa da Carolina. Weg: Der gerade genannten größeren Straße 500 m geradeaus zur Hausnummer 1590 folgen. Neuere gute Herberge mit 16 Kabinen in einem Schlafsaal mit guter Raumtrennung. Küche und Billard, Fußbad, Hof und Garten mit Hängematten, Verkauf von einfachen Kochzutaten. Für Bettwäsche und Handtuch möchte man trotz des stattlichen Preises weitere € 3 haben. Wenngleich man betont, dass hier nur Pilger Zutritt haben (☞ „Pilgerherberge oder eben nicht" S. 48), handelt es sich unter dem Strich für eine Pilgerherberge also m. E. um ein grenzwertiges Preis-Leistungs-Verhältnis, weshalb

Hauptplatz von Viana do Castelo (rj)

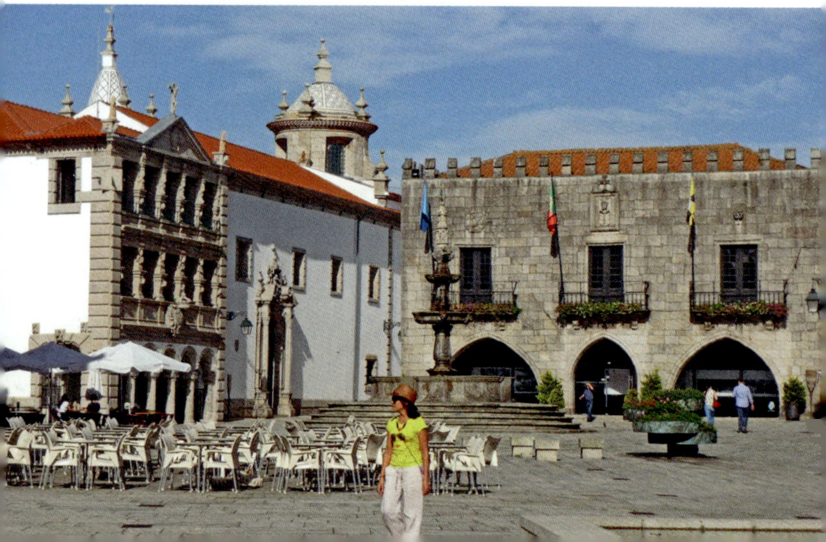

sie nicht mehr als Standard-Etappenziel geführt wird (☞ S. 41). @. ☎ 969 004 514, ganzjährig 14:00 bis 24:00, Ü mit einfachem Frühstück € 20 ohne Bettwäsche bzw. € 23 mit Bettwäsche.

Die größere Straße wird sofort wieder verlassen und den hier unterschiedlichen Wegmarkierungen folgend gehen Sie über Pflaster und eine Asphaltstraße bergauf und erreichen nach 1,2 km den Ortsteil **Bela Vista** (Penedos). Dann führt der Weg wieder bergab, meist über Asphalt, 1,1 km bis zum Ortsanfang von **Darque**, wo Sie weiter geradeaus entlang der breiten Nationalstraße laufen. Nach 1 km erreichen Sie einen Kreisverkehr. Nach links geht es hier in Richtung Campingplatz von Cabedelo (Weg: **8b**. Vom Kreisverkehr 1,2 km nach links und dann noch weitere 400 m der Beschilderung „Orbitur" folgen. Beschreibung ☞ S. 64). Geradeaus pilgern Sie hingegen weiter auf dem Jakobsweg zur und über die Brücke, bis Sie diese nach 1,1 km bei einem Treppenabgang auf der linken Straßenseite fast überquert haben. Hier müssen Sie sich entscheiden, ob Sie über die Variante **9a** an der kirchlichen Pilgerherberge vorbei, eine Abkürzung nehmen oder weiter durch die schöne Innenstadt gehen wollen (km 12,3).

Viana do Castelo

Meereshöhe, 88.500 Ew.

i Am Hafen. ☺ Hier bietet man einen kostenlosen Stadtplan mit einer guten deutschsprachigen Beschreibung der Sehenswürdigkeiten und ein kleines Infozentrum zum Jakobsweg an. ☎ 258 098 415 oder 913 348 813

ⓘ Die Stadt ist wohl die schönste auf dem Küstenweg und eine der größten Attraktionen des Caminho Português überhaupt. Wenn Sie es also einrichten können, dann planen Sie hier einige Stunden Aufenthalt ein, um die Atmosphäre zu genießen. Der Ort wurde bereits 1258 gegründet, brachte es recht schnell zu Reichtum, erhielt aber erst 1848 die Stadtrechte. Die Stadt wird über die 563 m lange Brücke des bekannten französischen Architekten Gustave Eiffel erreicht. Bei ihrem Bau, der im Jahre 1878 abgeschlossen war und sich bis heute als solide Qualitätsarbeit erweist, wurden 2.000 Tonnen Eisen verbraucht. Auf Ihrem Weg durch den historischen Stadtkern erreichen Sie zuerst die Kathedrale aus dem 15. Jh., die mit ihren beiden Wehrtürmen noch eine klare romanische Struktur vorweist. Das Portal und das darüberliegende Rosettenfenster zeigen dagegen bereits deutliche gotische Züge. Nicht weit von hier befindet sich das ehemalige Krankenhaus aus dem 15. bis 16. Jh., das früher auch als Pilgerherberge diente. Heute ist dort u. a. die Touristeninfo untergebracht. Die Porta de Santiago, durch welche die Pilger einst den Hauptplatz betraten, befindet sich recht unauffällig vor dem zentralen Hauptplatz Praça da Republica. Dessen Ensemble, das durch den schönen Stadtbrunnen aus der Renaissancezeit, das alte Rathaus und weitere Renaissance- und Barockbauten aus dem 16. Jh. geprägt wird, lädt Sie auf Ihrem Weg zu einem entspannten Besuch eines der vielen Cafés oder einer Bar ein.

☺ **❾b Ausflug zur schönen Basilika Santa Luzia:** Hoch über der Stadt thront die schöne Basilika Santa Luzia. Prinzipientreue Pilgerfreaks können diese über einen Fußmarsch von ca. 1,7 km erreichen, der über verschiedene Straßen, Gassen und Treppen ca. 170 Höhenmeter bergauf führt. Ein recht beeindruckendes Erlebnis ist aber auch die Fahrt mit dem **Levador de St. Luzia**. Alle 15 Min. pendelt der Schienenaufzug für € 3 (einfache Strecke € 2) zwischen der Tal- und Bergstation hin und her und braucht dafür, wenn das Zugkabel nicht hängen bleibt oder reißt, gerade mal gut 5 Min. (🚪 Juni bis Sep täglich 9:00 bis 19:50, sonst 10:00 bis 16:50). Die schöne Basilika, deren Entwurf von 1898 stammt, wurde erst 1926 nach dem Tod des Architekten eröffnet und 1943 vollständig fertiggestellt. Die Basilika, die in einem freundlichen, hellen, neuromanischen, neugotischen und neubyzantinischen Stil gestaltet ist, bietet nicht nur einen schönen Ort der inneren Einkehr, sondern auch eine beeindruckende Aussicht auf die Stadt und das Meer. Der Eintritt ist frei (🚪 oft wechselnd, April bis Okt meist 9:00 bis18:00, sonst 9:00 bis 17:00). Sie können über die Treppe oder für € 2 mit dem Aufzug auf den 30 m hohen Turm gelangen. Die Eintrittskarte für den Aufzug, die Sie später zum Öffnen der Tür brauchen, lösen Sie selbst an einem Automaten. Kurz: Ein Ausflug, der sich wirklich lohnt.

🏠 **Kirchliche Herberge**. Weg: Wie auch im Stadtplan ersichtlich die Brücke vom regulären Weg kommend 100 m vor deren Ende über eine Treppe verlassen und dann unter der Straße und Bahntrasse hindurch und zur kirchlichen Herberge Sao Joao dos Caminhos im Kloster der Karmeliter. Gute Herberge mit 28 Plätzen in 5 Zimmern. Meist handelt es sich um Räume mit 3 bis 6 Einzelbetten im Dachgeschoss. Erweiterung um 14 Plätze im 2. Stock geplant, Küche, kleine Kapelle. Um 19:00 kann man am Stundengebet der Bruderschaft teilnehmen. Im Anschluss und zu wechselnden verschiedenen weiteren Zeiten wird ein Pilgersegen angeboten, freiwillige Hospitaleros. 🛏 DZ mit Frühstücksgutschein für nahe gelegene Bäckerei € 60, DZ als EZ mit Frühstück € 35. 🖥 **T** @. ☎ 258 822 264, 🚪 im Prinzip ständig, aber evtl. klingeln oder anrufen, € 13

🏠 **Herberge hinter der Basilika Santa Luzia**. Weg und Lage: ☞ Ausflug zur schönen Basilika Santa Luzia. Die moderne, helle, gepflegte, geräumige Herberge in sehr schöner Lage bietet 5 Schlafsäle mit je 8 Plätzen und ein DZ. ✕ Man kann sich von verschiedenen Restaurants Speisen liefern lassen, Küche. Die Herberge ist freundlich, aber gelegentlich etwas chaotisch organisiert, weshalb ich empfehle, deren Öffnung und Preise nochmals kurzfristig zu prüfen. Pilger bekommen in der Regel Sonderkonditionen, aber evtl. wird ab 2025 zusätzlich eine Kurtaxe von 1,50 € erhoben. 🖥 **T** @. ☎ 258 823 713 oder 961 660 300 (kaum erreichbar), 🚪 März bis Nov ganztags, abgesehen von der Hochsaison (evtl. einschließlich 1,50 € Kurtaxe) ca. € 16 bis 17

🏠🛏 **Weitere Übernachtungsmöglichkeiten**. Der Ort ist bekannt und günstige Betten im Hochsommer daher heiß umkämpft. Wenn Sie hier eine Alternative zu den eigentlich recht guten oben genannten Möglichkeiten suchen (müssen), werden Sie in der Nebensaison zwar schon ab ca. € 40 ein anständiges DZ in einer der **zahlreichen Pensionen** finden, die ich aus Platzgründen hier nicht näher beschreibe, bis August kann sich dieser Betrag aber

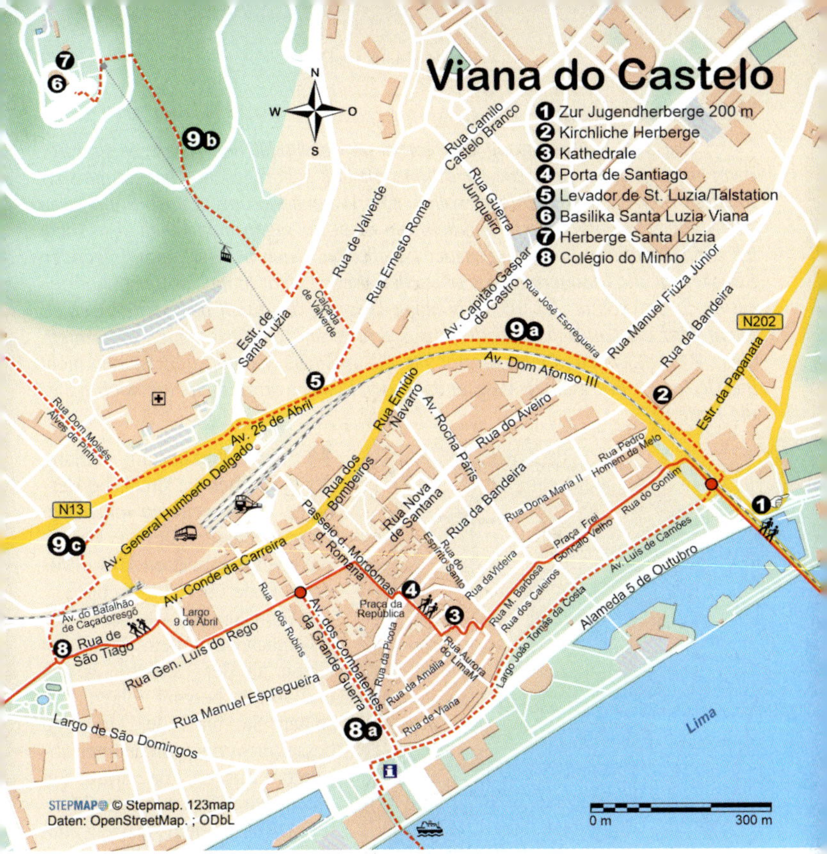

auch verdoppeln. Vor diesem Hintergrund erscheint das Angebot der örtlichen **Jugendherberge** (*Pousada de Juventude*), (Punkt 1 auf dem Stadtplan), die nahe dem Hafen ca. 300 m östlich des Ausgangs der Brücke liegt, mit Vorsicht zu genießen. DZ mit spätem Frühstück € 49 bis 70, Ü im Vierbettzimmer mit Frühstück (erst ab 8:30!) 22,30 bis 26,40 p. P. (▤ **T** @. ☏ 258 838 458, ⍈ erst ab 16:00)

Die Herbergen liegen etwas abgelegen und daher ist es nicht einfach, für ihre nähere Umgebung eine rundum passende Empfehlung auszusprechen. In der **Bar Tasquinha da Trincheira**, die gleich hinter der kirchlichen Herberge an der ersten Straßenkreuzung der Rua de Bandeira liegt, bietet man kleinere einfachere Menüs für € 9 (Suppe, Brot, ein weiterer Gang und Wasser). Den Wein und Nachtisch gibt es hier für weitere € 1,50 bis 3,5. Das **Fast-Food-Restaurant Mr. Pizza,** das sich 50 m nach der kirchlichen Herberge an der Hauptstraße befindet, bietet verschiedene kleine Menüs für ca. € 10 und auch Pizzas mit 0,5 m Durchmesser ab € 18 an, welche den Kalorienbedarf von 3 Pilgern decken dürften.

Viana do Castelo – Paçó 10,3/11,6 km

⇔ *Die 500 m Abkürzung* **9a** *vorbei an der kirchlichen Herberge sind nur dann zu empfehlen, wenn Sie die schöne Altstadt schon gesehen haben und später dem offiziellen Weg folgen wollen. Die Wegmarkierung ist insbesondere in der Stadt gelegentlich recht spärlich, um nicht zu sagen mangelhaft – weshalb ich die Wegführung im Text genauer beschreibe. Auch bei der darauffolgenden Strecke war die Markierung des offiziellen Weges nicht immer optimal. Auf den ersten 5 km verläuft der 10,3 km lange Weg wieder durch besiedeltes Gebiet. Dann wird die Landschaft wieder etwas grüner und die Ortschaften ursprünglicher. Wesentlich empfehlenswerter als die offizielle Wegführung ist der nicht markierte, 11,6 km lange Weg entlang der Küste, von dem später noch näher die Rede ist.*

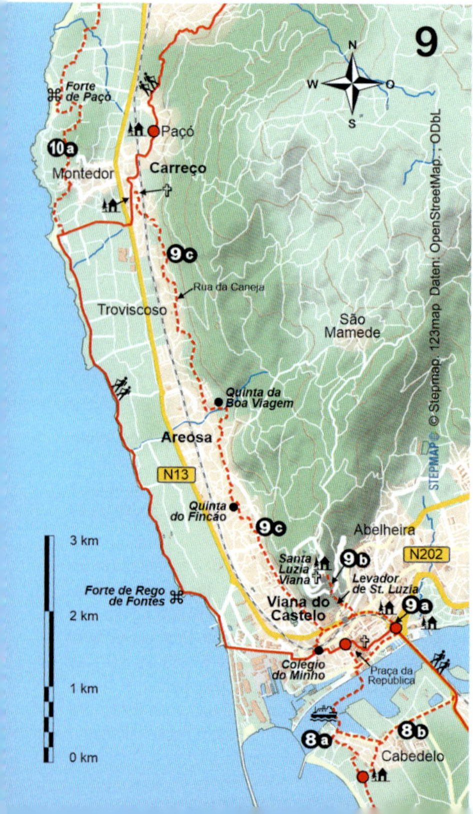

9a Abkürzung entlang der N13 über die kirchliche Herberge zum weiteren offiziellen Weg: Verlassen Sie die Brücke wie eben beschrieben 100 m vor deren Ende über eine Treppe.

Wenn Sie nun wie auf S. 97 ersichtlich weiter dem Verlauf der Gleise an der Herberge vorbei und weiter bergauf folgen, sollten Sie nach der Herberge besser nicht die Straßenunterführungen nutzen, da diese Sie unter den Gleisen hindurchführen. Vorbei an dem Abzweig zum Abstecher **9b** und der etwas unauffälligen Talstation des Levador de St. Luzia erreichen

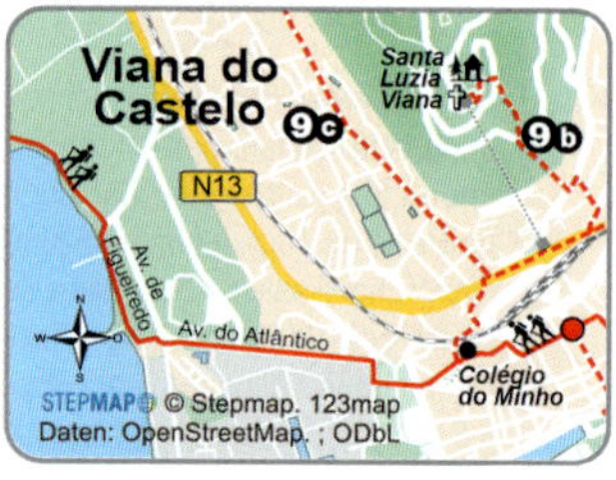

Sie nach insgesamt 1,2 km rechts die auffällig mit Holzlatten verkleidete Clinica Saliro. Hier treffen die beiden Varianten des regulären Weges wieder zusammen und Sie gehen nach rechts bergauf weiter (km 1,2). (☞ Lesen Sie weiter auf S. 101 ab: „... (km 1,8). Hier sind die beiden offiziellen Wegführungen wieder zusammengetroffen".)

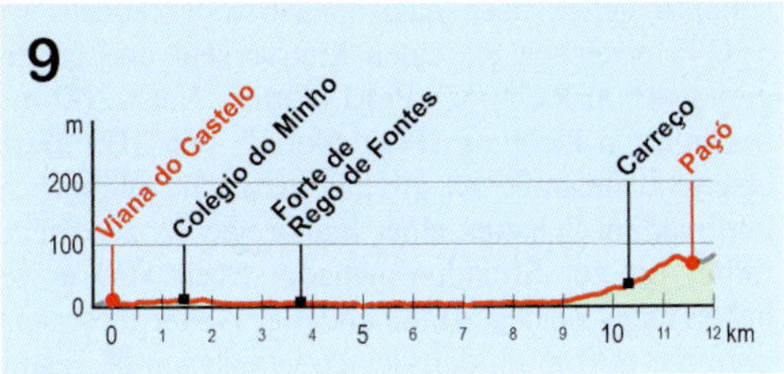

Offizieller Weg durch den historischen Stadtkern: (☞ Information zur Geschichte und Kultur der Stadt sowie Karte ab S. 95) Gehen Sie am vorher erwähnten Treppenabgang kurz vor dem Brückenende vorbei noch weitere 100 m geradeaus bis zum Anfang des Kreisverkehrs. Noch vor dem Monolithen, der am Anfang des Kreisverkehrs steht, gehen Sie nach links und folgen der Straße, die in eine Fußgängerzone mündet, immer geradeaus, passen aber nach 450 m gut auf, denn bei dem Haus mit der Nummer 43 verlassen Sie diese nach rechts in eine Gasse. Achten Sie nun gut auf die kleinen gelben Pfeile auf blauem Grund. Nach 100 m sind Sie vor der ✞ Kathedrale angekommen. Nach rechts vorbei an der Porta de Santiago, die auf die Tradition des Pilgerweges hindeutet, haben Sie nach 200 m gleich den Hauptplatz Praça da Republica erreicht (km 0,7).

Der Jakobsweg führt nun leicht nach links über den Platz in die breite Pflasterstraße Passeio das Mordomas da Romaria. Wo diese nach 100 m die erste Kopfsteinpflasterstraße quert, gehen Sie nach links in die Av. General Luis do Rego. Immer weiter geradeaus erreichen Sie nach 350 m einen Platz, auf dessen Mitte sich ein Monument mit einer Kugel und einem Kreuz befindet. Es handelt sich um den Largo 9 de Abril, den Sie nach halb rechts 100 m zu der Einbahnstraße hin queren, die nun nach halb links führt. Nach 200 m erreichen Sie einen weiteren Platz, an dessen Anfang sich rechts das Tor der kirchlichen Schule Colégio do Minho befindet. Hier müssen Sie sich entscheiden, welchen weiteren Weg Sie nehmen wollen (km 1,5).

☺ **Der schöne Küstenweg:** Die offizielle Wegführung ist vor allem auf den ersten Kilometern nicht besonders reizvoll. Die Strecke verläuft auch etwas bergiger und meist über viele kleine Straßen. Ich würde Ihnen also nun auf jeden Fall empfehlen, den anschließend beschriebenen Küstenweg zu wählen, der nur 1,2 km länger ist, dafür aber fast bis zum Schluss komplett eben verläuft und deshalb hier als Standardstrecke gerechnet und auch im Höhenprofil als durchgezogene Linie angezeigt wird. Die bis 2024 an einigen Stellen etwas sparsam markierte Wegführung bedarf nur zu Anfang und gegen Ende der Etappe etwas

Aufmerksamkeit. Wo Sie später am Meer entlangpilgern, versteht sich der Verlauf des Wegs natürlich von selbst und meine ausführliche Wegbeschreibung dient Ihnen hier nur zur allgemeinen Information und Orientierung.

Empfohlener Küstenweg ab der Innenstadt von Viana do Castelo: Beim Colégio do Minho angekommen folgen Sie nicht mehr der offiziellen Wegführung, sondern gehen nach halb links bzw. geradeaus weiter am Park vorbei. Nach 150 m erreichen Sie einen Kreisverkehr und gehen hier nach halb rechts bzw. geradeaus in Richtung „Praia Norte". Nach 200 m halten Sie sich weiter rechts nochmals in Richtung „Praia Norte". Nur 100 m weiter biegen Sie nach links in eine Einbahnstraße ein. Ab hier gehen Sie idiotensichere 700 m immer geradeaus und bald im Schatten einer Baumreihe bis zu einem Kreisverkehr und geradeaus weiter bis zur Strandpromenade. Nach 500 m verläuft die Strandpromenade neben einer kleinen Straße entlang. Weiter dieser entlang der Küste folgend wandern Sie 600 m zu der kleinen verfallenen ⌘ Festung Forte de Rego de Fontes, die auf das Jahr 1703 datiert ist (km 3,8).

Sie lustwandeln über verschiedene, meist geschotterte Fußwege an dem Rundturm einer ehemaligen Windmühle (S. 45) vorbei an der felsigen Küste entlang. Nach 1,5 km betreten Sie bei einem Steinkreuz wieder kurz die Straße und gehen bald bei einer Mauer vorzugsweise geradeaus weiter links an ihr vorbei und erreichen nach 500 m weitere Rundtürme von ehemaligen Windmühlen. Es geht immer der Küstenlinie folgend zunächst wieder über geschotterten Weg und dann gegen Ende wieder über Holzstege, bis der Küstenweg nach 2,3 km in eine gepflasterte Straße mündet. Verlassen Sie die Straße nach 600 m am Ende eines Parkplatzes nun direkt vor den ersten Häusern nach links auf einen Holzsteg, der weiter entlang der Küstenlinie verläuft. Nach 400 m endet er bei einer 🍸 Bar mit Spielplatz (km 9,2).

⑩a Weiterer Weg entlang der Küste. Wie Sie in den Karten 9 und 10 sehen können, haben Sie die Möglichkeit, vom eben genannten Punkt weiter geradeaus direkt 10,3 km nach Vila Praia de Âncora zu wandern. Da die Herberge in diesem Ort aber von dieser Variante kommend etwas umständlich zu erreichen ist, schließen sich vermutlich eher noch weitere 8,9 km bis zum Etappenende in Caminha an und so sind Sie dann immerhin 28,4 km ab Viana do Castelo unterwegs. Der Weg ist sicher nicht hässlich, aber obwohl er nicht weit von der Küste verläuft, bietet er leider eher selten eine Aussicht auf das Meer. Schatten findet sich nur gelegentlich, sichere Verpflegungsmöglichkeiten sind nicht wirklich vorhanden und eine einheitliche Wegmarkierung fehlt. Kurz: Wählen Sie ab Paçó insbesondere als Pilgeranfänger und im Sommer besser den gleich beschriebenen regulären Weg.

Sollten Sie diesen schon kennen oder einen Ausflug zu den (in der Hochsaison sehr gut besuchten) Stränden entlang dieser Etappen machen wollen, so finden Sie unter www.conrad-stein-verlag.de → Caminho Português → Downloads eine ausführliche Beschreibung dieser Variante. Wenn Sie doch weiter an der Küste entlanglaufen, aber vorher gerne in der Herberge von Paçó übernachten wollen, können Sie sich bei der eben genannten Bar nach Anruf vom Hospitalero der Herberge abholen lassen.

Weiterer empfohlener Weg vor bzw. nach Paçó: Ich rate also im Allgemeinen hier eher dazu, die Küstenlinie nun wieder zu verlassen. Gehen Sie hier nach rechts 50 m zur ersten Straße und immer weiter geradeaus weiter vom Meer weg auf eine Pflasterstraße. Nach 900 m erreichen Sie einen Kreisverkehr und umrunden ihn zur gegenüberliegenden Seite. Am Kreisverkehr wenden Sie sich nach links und gehen in die Straße, die mit der Hausnr. 45 beginnt. Nach 500 m führt Sie der Weg an einer Bar, einem kleinen Laden und der Casa do Adro (☞ S. 102) vorbei und Sie befinden sich nun wieder auf dem markierten offiziellen Weg (km 10,6). Achten Sie auf die hier etwas versteckten Pfeile, denn nach 150 m wird die Straße schon wieder nach rechts verlassen und vorbei an einer weiteren Bar queren Sie nach 400 m am Ortsrand von **Paçó** die Bahntrasse über eine Brücke. Sie gehen bald leicht bergauf durch den wieder ursprünglicheren, schön gelegenen Ort und erreichen dann nach 400 m die kleine Herberge Casa do Sardão (☞ Beschreibung S. 102) (km 11,6).

9c Offizieller markierter Weg ab der Innenstadt von Viana do Castelo: Sie gehen am Anfang des Platzes, also beim Colégio do Minho, gleich nach rechts bergauf. Nach 50 m wird eine Unterführung durchquert und der Weg führt geradeaus wieder leicht bergab. Nur 100 m weiter gehen Sie kurz vor einer Hauptstraße nach links bergauf in eine gepflasterte Sackgasse und nach 150 m durch eine weitere Unterführung hindurch. 50 m nach dem Ausgang gehen Sie nach links bergauf und befinden sich nun wieder auf dem gemeinsamen Weg (km 1,8). Hier sind die beiden offiziellen Wegführungen wieder zusammengetroffen und nach 300 m sind Sie oben angekommen und gehen weiter geradeaus 1,3 km die Straße entlang, wobei gelegentlich ein Blick nach links zum gut 1 km entfernten Meer möglich ist. Dann verlassen Sie die Straße vor einer Rechtskurve nach links auf einen gepflasterten Weg. Kreuz und quer geht es durch **Areosa**, bis Sie nach 600 m an einer Kreuzung eine (marode) Wasserstelle finden. Danach führt der Weg weiter geradeaus rechts an der **Quinta do Fincáo** vorbei. Nach 1,3 km, die weiter durch verschiedene Ortsteile verlaufen, erreichen Sie kurz nach einer Treppe und dann über ein historisches Pflaster den Ortsausgang. Auf den folgenden 400 m geht es durch einen alten Hohlweg und auf einer idyllisch gelegenen Brücke über einen kleinen Fluss; in der Nähe sind zwei alte Mühlen zu finden. Gleich

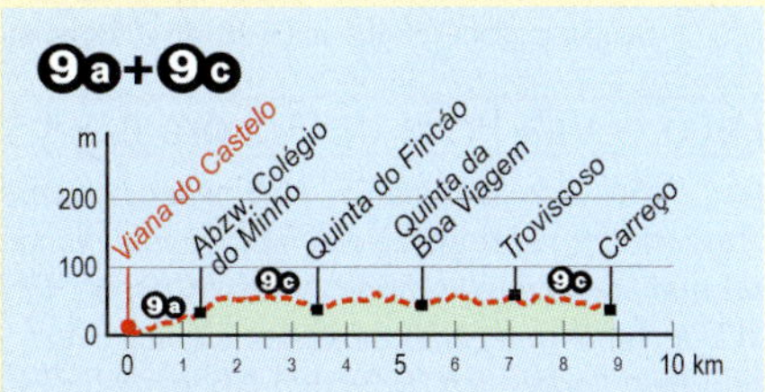

danach erreichen Sie bei einer ✞ Kapelle, deren Vorhalle sich ebenso wie die Brücke gut als Rastplatz eignet, den prächtigen Eingang zu dem Herrenhaus Quinta da Boa Viagem (km 5,7).

Endlich nimmt die Besiedlungsdichte etwas ab und es geht über Straßen, Pfade und Pflaster durch die nun zunehmend grünere Landschaft, wobei sich gelegentlich der Blick auf das entfernte Meer öffnet. Nach 1,8 km erreichen Sie in **Troviscoso** eine Kreuzung, an der fünf Pflasterstraßen aufeinandertreffen. Gehen Sie hier nach halb rechts bergauf in die Rua da Caneja. Noch 1 km gehen Sie über altes Pflaster durch den recht ursprünglichen Ort und an ihm vorbei. Dann wird die Bebauung in **Carreço** wieder etwas neuer und Sie überqueren nach 400 m die Bahntrasse. Es geht weiter über Wege, Pfade und Gassen durch den Ort und so erreichen Sie nach 400 m gleich nach einem schönen Rastplatz mit Wasserstelle die ✞ Kirche. Vor dieser geht es 100 m hinab zur Straße, wo sich eine Bar und ein kleiner Laden finden. Links befindet sich die Casa do Adro (Übernachtung im Schlafsaal in der Nebensaison für € 20 und von Mai bis Sep für € 25 und damit deutlich über der Preisgrenze von S. 41, man spricht gut Deutsch, ☎ 966 557 617). Hier trifft auch die Küstenvariante auf den markierten Weg (km 9,4). Nach 150 m wird die Straße schon wieder nach rechts verlassen und an einer weiteren Bar vorbei wird nach 400 m am Ortsrand von **Paçó** die Bahntrasse über eine Brücke gequert. Sie gehen bald bergauf durch den wieder ursprünglicheren, schön gelegenen Ort und erreichen dann nach 400 m links seine kleine Herberge (km 10,3).

Schöne private Herberge Casa do Sardão. Der Portugiese Hugo war sein halbes Leben lang in der Welt unterwegs und hat zurück in Portugal in einem renovierten Landhaus diese schöne, rustikale Herberge mit 20 Plätzen in 2 Schlafsälen eröffnet. In ebenso schönen Nebengebäuden gibt es weitere 6 Plätze in einem originellen Dachstuhl. Rustikaler Aufenthaltsraum, zwei gute Küchen. Kamin und idyllischer Hof, Grill, Weinlaube und Hängematten, Liegewiese und schöner, kleiner ursprünglicher Pool. Ca. 2 km vom Strand entfernt. ☺ Kaufen Sie evtl. schon 1 km vorher in Carreço Proviant bzw. Kochzutaten ein, wenn Sie hier übernachten wollen. ✕ Ein nahe gelegenes Restaurant bringt auf Bestellung reichliche Menüs für € 10 vorbei, aber auch die von Hugo empfohlenen Lokale in der näheren Umgebung sind erwiesenermaßen ein guter Tipp. **T** @. ☎ 961 790 759, im Prinzip immer, aber als Pilger besser nach telefonischer Reservierung. Der Übernachtungspreis liegt einschließlich einiger Extras regulär bei ca. € 21. Für Pilger gibt es auf Nachfrage ein Sonderangebot in Höhe von € 16 (ab 2025 vermutlich zuzüglich € 1,50 Kurtaxe)

Paçó – Vila Praia de Âncora (km 9,5) – Caminha 16,2/18,1 km

⇔ *Aus den auch auf S. 100 näher beschriebenen Gründen empfehle ich, ab Paçó wieder vorzugsweise den offiziellen markierten Weg zu nehmen. Dieser bietet nun auch einige schöne Abwechslungen. Er führt Sie zunächst durch schattige Wälder und weniger besiedeltes Gebiet. Nach ca. 6 km öffnet sich die Aussicht und bald finden sich die ersten Übernachtungsmöglichkeiten. Nach knapp 10 km pilgern Sie dann wieder für ca. 2,5 km direkt am Meer entlang. Nach 13,3 km bietet sich die Möglichkeit, die schöne Variante über den Campingplatz zu nehmen, über die Sie so schon nach 16,2 km eine Unterkunft finden. Nach 18,1 km erreichen Sie vorbei an weiteren Unterkünften das Ortsende von Caminha und nicht weit davon die öffentliche Herberge.*

Der Ort wird 800 m nach der Herberge verlassen und dann führt der Weg wieder leicht bergab über einen schönen, aber gelegentlich auch überfluteten Pfad durch Eukalyptuswald, bis Sie nach 900 m den Ortseingang von **Gateira** erreichen (und nahe der Bahntrasse; Sie schieben vor dem Ort gelegentlich). Halten Sie sich am Ortseingang links, so erreichen Sie gleich eine Wasserstelle. 600 m gehen Sie über altes Pflaster und Pfade am oberen Ortsrand entlang (Schieben Sie oder weichen Sie unterhalb aus), dann wird wieder eine neuere Pflasterstraße erreicht. Auf den nun folgenden 800 m führt der Weg an einer weiteren Wasserstelle vorbei und über zwei Brücken hinweg, die idyllisch gelegen über zwei kleine Flüsse führen – ideale Plätze für eine ruhige, schattige Rast (km 3,1).

Es geht nur kurz steil bergauf durch den Wald und wieder bergab zum Ortsrand, nach 600 m wird die Straße nach rechts auf eine Treppe verlassen (links umgehen). Bald gehen Sie über einen schönen Waldweg bergauf durch Eukalyptuswald. Dabei wird gelegentlich beeindruckendes, gut erhaltenes Pflaster sichtbar.

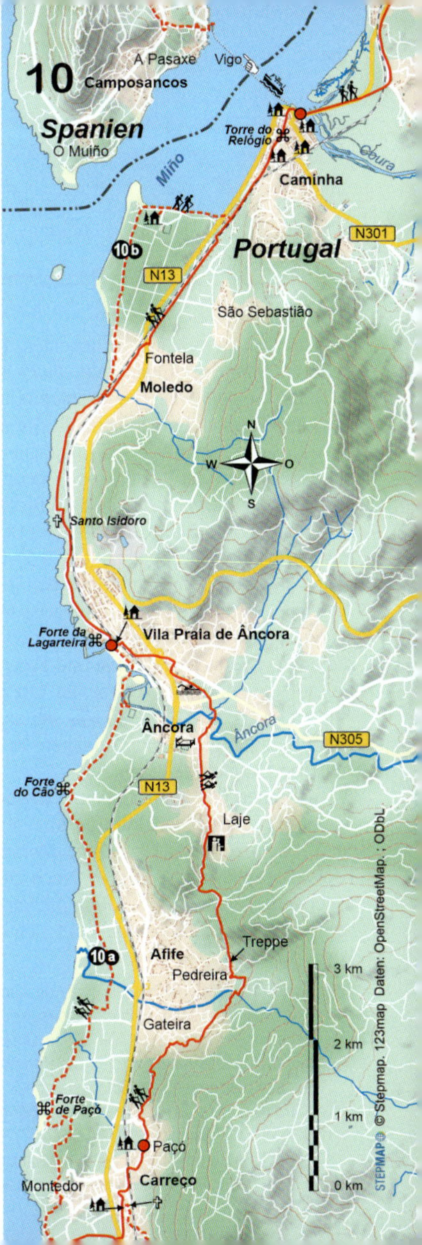

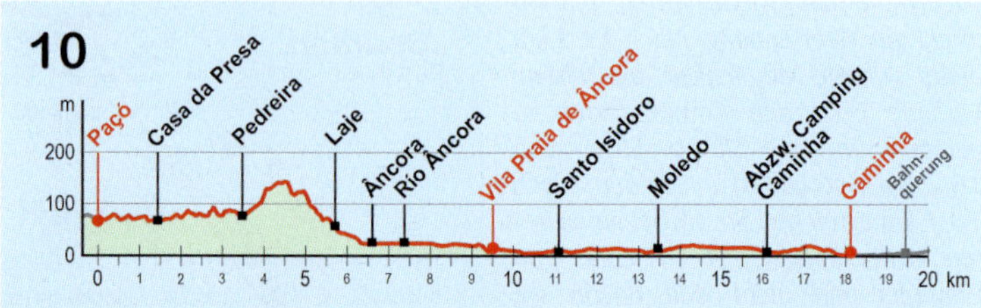

Nach 1 km erreichen Sie bei einem Steinkreuz eine weitläufige Pistenkreuzung und gehen hier nach halb links. Noch 400 m weiter wird der Waldweg bzw. die Piste nach einem weiteren Steinkreuz auf einen einfacheren Waldweg verlassen, der zunächst steil bergab verläuft. Sie gehen durch den schönen Nadelwald zum Ortsrand von **Âncora**. Bald bietet sich eine schöne Aussicht auf den nahe gelegenen Ort Vila Praia de Âncora und nach 1,2 km erreichen Sie hier endlich eine Bar (sie bietet belegte Brote oder Kuchen an und ist gewöhnlich nur So ab 13:00 geschlossen). Noch 600 m weiter mündet linker Hand die Rua do Pavilhão in den Jakobgsweg (km 6,9) (80 m linker Hand finden Sie hier die gleich etwas näher beschriebene Pension Vivenda Atlântico.).

Weiter geradeaus dem Jakobsweg folgend haben Sie nach 200 m die Villensiedlung des Ortes wieder verlassen und überqueren eine alte Steinbrücke. Über die unterschiedlichsten Pfade und Wege geht es weiter und über eine Hauptstraße, auf der Sie nach 400 m am Ortsrand vom moderneren Ort **Vila Praia de Âncora** angekommen sind (km 7,8). Dort erreichen Sie auch gleich ein Wäldchen, in dem sich übrigens etwas versteckt einige keltische Dolmen befinden.

Sie gehen der Kennzeichnung folgend an der Schwimmhalle vorbei und nach 900 m durch die Unterführung der Hauptstraße hindurch. Nach 300 m sind Sie auf dem zentralen Platz angekommen und gehen nach halb rechts entlang der kopfsteingepflasterten Straße. Nach 300 m wird diese nach links in Richtung Meer verlassen, wo nach 200 m die Variante entlang des Meeres wieder auf unseren Weg trifft. Vor Ihnen befindet sich die ⌘ Festungsanlage Forte da Lagarteira (km 9,5).

Unterkünfte vor Ort: Vila Praia de Âncora ist stark vom Badetourismus geprägt und vermutlich insbesondere in der Badesaison nicht immer ein ideales Etappenziel für Pilger. Es finden sich aber auch hier einige Unterkünfte, die zur Nebensaison bezahlbar sind und daher kurz erwähnt werden. Die **Pension Vivenda Atlântico** befindet sich bereits wie oben beschrieben am Ortseingang bei „(km 6,8)“, 80 m abseits des Weges in der Rua do Pavilhão 71. Die kleine, einfache, aber gepflegte Pension bietet 3 geteilte DZ für € 21 p. P. Küche (kostenlos, 964 267 977). Das **Hostel D'Avenida** liegt 60 m linker Hand des Punktes „(km 9,5)“ und bietet 3 einfache Schlafsäle mit je 6 Plätzen, die Juni bis Sep mit € 15 und sonst mit € 20 zu Buche schlagen. Küche, DZ € 45 bis 80 (@, 965 226 360).

Das 2024 eröffnete moderne **Hostal/Restaurant Aqui Há Gato**, welches sich gleich daneben 80 m linker Hand des Punktes „(km 9,5)“ befindet, präsentierte mir zu Redaktionsschluss (noch) eine reichlich flexible Preisgestaltung für seine drei teils nach Geschlecht getrennten, eher einfach-modernen Schlafsäle zu 4, 6 und 10 Plätzen in Kabinen, die von € 13 für Nov bis April bis € 35 im August reichten. In der angegliederten Bar gedenkt man, „Pilgermenüs“ zum Schockpreis von € 20! zu servieren (@, ☏ 910 444 956).

Auf den folgenden Kilometern macht der Küstenweg seinem Namen endlich wieder alle Ehre: Er führt vorbei an der Festung an der Strandpromenade entlang und später über eine Pflasterstraße in unmittelbarer Nähe der Küste. Der bald weithin sichtbare, kegelförmige Berg befindet sich schon hinter der spanischen Grenze. Nach 1,7 km führt der Weg an einem schon von Weitem zu erkennenden Restaurant (unregelmäßig geöffnet) vorbei und gleich danach erreichen Sie die Kapelle Santo Isidoro. Folgen Sie dem asphaltierten Fußweg, der von der Kapelle wieder entlang des Meeres verläuft, immer weiter und nach 1,4 km am Ortsrand von **Moledo** vorbei. Nach weiteren 700 m erreichen Sie die Unterführung einer Bahnlinie (km 13,3).

Wenn Sie auf dem Campingplatz nahe dem Strand übernachten oder noch fit genug sind und einfach den **schöneren, aber 900 m längeren Weg durch den Wald über den Campingplatz** wählen wollen, dann folgen Sie ab hier der Wegbeschreibung über den auf S. 106 beschriebenen Campingplatz.

Der erste Blick auf Spanien (ms)

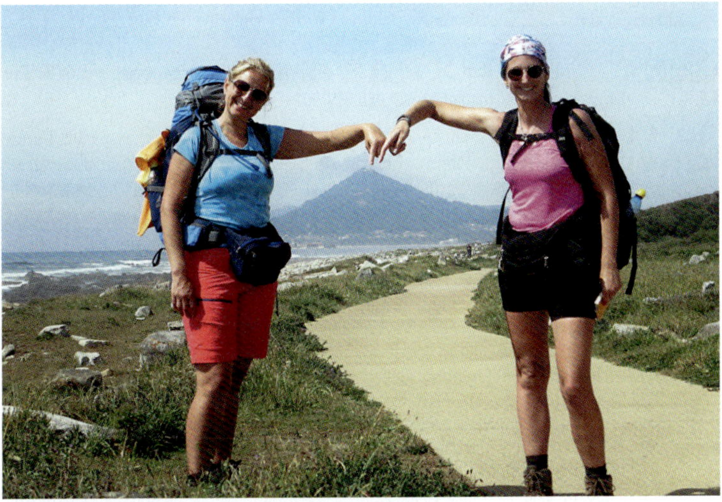

Der offizielle Weg führt Sie unter der Bahnlinie hindurch und dann gehen Sie auf der Hauptstraße in den neueren Ferienort. Nach 1 km haben Sie am Ortsausgang einen Kreisverkehr erreicht.

Bald geht es wieder in gleicher Richtung schnurstracks geradeaus entlang einer wenig befahrenen Asphaltstraße, dann wird nach 1,6 km am Ortseingang von Caminha die Bahnlinie erneut überquert. Nur 300 m weiter kommt die Variante vom Campingplatz hinzu (km 16,2).

Sie gehen weiter geradeaus in den Ort und erreichen nach 1 km die geplante bzw. neue Herberge Bom Caminha (km 17,2). Noch 300 m weiter sind Sie im Ortszentrum von Caminha auf dem schönen Hauptplatz mit seinem ⌘ Wehrturm Torre do Relógio und dem Rathaus mit der Touristeninfo angekommen (km 17,5). (Hier beginnt auch der Abzweig zur Herberge/Pension Arca Nova Guest House.) Der Jakobsweg führt Sie dagegen unter dem eben erwähnten Wehrturm hindurch in eine Gasse und an einer ✞ Kirche vorbei 300 m bis zu deren Ende. Dann halten Sie sich rechts, durchqueren eine Unterführung und gehen weiter nach rechts entlang der Straße vorbei an einem Kreisverkehr, bis Sie nach 300 m den Anfang der Brücke über den Rio Coura erreichen. Hier geht es nach rechts zur öffentlichen Herberge. Der Jakobsweg führt dagegen über die Brücke (km 18,1).

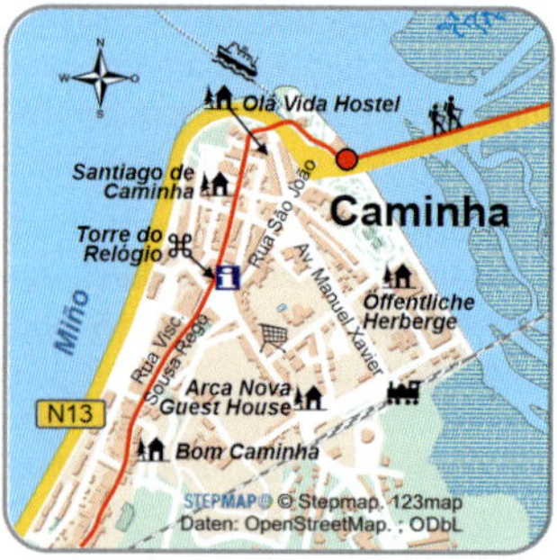

Caminha ⇧ Meereshöhe, 16.000 Ew.

im alten Rathaus am Hauptplatz, ☎ 258 921 952

ⓘ Die Ortschaft geht schon auf prähistorische Zeit zurück, was die Funde von Dolmen beweisen. Zur Römerzeit war sie Station an der Römerstraße und im 5. Jh. wurde sie erstmals urkundlich erwähnt. 1284 erhielt der Ort die Stadtrechte. Am schönen Hauptplatz, dessen zahlreiche Lokale zu einem Besuch einladen, befindet sich auch der Wehrturm Torre do Relógio. Er stammt aus dem 12. Jh. und wurde 1951 zum Nationaldenkmal ernannt.

Umweg über den Campingplatz nahe dem Strand ⑩b. Der Campingplatz der Gesellschaft Orbitur liegt zwar abseits des Weges, dies muss aber kein Hinderungsgrund sein, denn der 900 m lange Umweg dorthin ist genauso wie die Lage des Campingplatzes selbst recht schön. **Wegbeschreibung**: Gehen Sie bei der Unterführung (bei km 13,3) nicht nach rechts, sondern weiter geradeaus. Nach nur 200 m wenden Sie sich dort, wo die Bebauung wieder beginnt, nach halb links, gehen weiter auf der Straße, die dem Küstenverlauf folgt, und betreten gleich eine breite Uferpromenade. Nach 400 hat diese ein Ende und es geht weiter entlang der Straße, die zwischen Ortsrand und Küste verläuft. Dort, wo diese dann nach 350 m eine Rechtskurve beschreibt, verlassen Sie sie geradeaus in den Wald

(☝ 2024 fanden sich hier irreführende Pfeile). Ein schöner, ruhiger Weg führt durch den Pinienwald und erreicht nach 1,7 km nahe einer 🍸 Strandbar den Strand. 250 m rechter Hand finden Sie den Eingang zum Campingplatz (km 16,2). Um vom Campingplatz (später) zurück zum gekennzeichneten Weg zu kommen, gehen Sie an der Einfahrt des Campingplatzes vorbei über den parallel zur Küstenstraße verlaufenden Holzsteg bis zu dessen Ende und dann immer weiter dem Ufer folgend, bis Sie nach 800 m auf die Hauptstraße N13 treffen. Überqueren Sie diese dann gleich über den Zebrastreifen und gehen Sie dann weiter von der Küste weg durch die breite Durchfahrt mit Parkplatz links neben dem Hotel Porta do Sol. Nach 150 m erreichen Sie die parallel verlaufende Nebenstraße, über die der Jakobsweg nun nach links verläuft (km 17,3). **Beschreibung der Unterkunft:** Der weitläufige, gepflegte Campingplatz liegt schön unter Bäumen nahe am Strand. ✕ 🛒 Das Restaurant öffnet ca. 15. April bis 30. Sep. Ansonsten gelten die gleichen Konditionen wie bei allen Campingplätzen von Orbitur (☞ S. 64). ☏ 258 921 295, 🚪 ganzjährig ab 16:00

Bom Caminha. Die private Herberge wird von Vani aus Deutschland betrieben. In einem netten, freundlich-individuell, bunt-rustikal gestalteten, ortstypischen Wohnhaus werden hier 16 Plätze in 2 Schlafsälen und ein DZ (ab € 40) sowie Frühstück zum Selbstherrichten auf Spendenbasis angeboten. Kochgelegenheit, einfacher, netter Garten/Hof mit Fußbad und Aussicht auf das Meer, Handtuch € 1, ▣ **T** @. ☏ 963 528 441, 🚪 ca. März bis Okt 14:00 bis 24:00 (evtl. nach Anruf), Juli und Aug € 17, sonst € 16

Einfache öffentliche Herberge am Ortsende. Weg zur Herberge: Am Anfang der Brücke gehen Sie 200 m nach rechts am Ufer entlang bis zur ersten Straßeneinfahrt, die nach rechts führt. Die recht einfache, wenig stimmungsvolle, aber in den Grenzen der Möglichkeiten doch ordentliche Herberge befindet sich im Parterre der Schule im ersten Haus links. 28 Plätze teils in Einzelbetten in 4 Schlafsälen, schlichter Aufenthaltsraum mit Küche. ☏ 914 290 431, 🚪 ganzjährig 15:00 bis 22:00, € 10

Weitere Unterkünfte. Sollten Sie in Caminha vor dem Problem stehen, keine günstige Unterkunft zu finden, so erwägen Sie am besten gleich nur 2,9 km zur Herberge **S. Bento in Seixas** weiterzuziehen, wo Sie ein angemessenes Preis-Leistungs-Verhältnis vorfinden werden (☞ S. 109). In dem schönen, aber etwas teuren **Caminha** selbst finden sich noch zahlreiche weitere Unterkünfte. Die wohl noch günstigsten Preise bietet hier (hoffentlich) das **Arca Nova Guest House**. Moderne Herberge mit 20 Plätzen in 7 Kabinen zu 2 bis 4 Plätzen, gute Küche, einfacher Hof, Klimaanlage, Balkon und Sonnenliegen, Fußbad, Frühstücksbuffet ab 7:30 für € 6. Die Übernachtung kostet je nach Saison € 16 bis 25 p. P. Aber man sicherte mir zu, dass Pilger abgesehen von den Monaten Juli bis Sep (€ 20) zum Sonderpreis von € 16 unterkommen. Leserrückmeldungen, ob diese Preise wirklich so eingehalten werden, sind erwünscht. Gepflegte, freundliche Pension darüber mit EZ ab ca. € 35, DZ € 52, Dreibettzimmer € 77, Vierbettzimmer ab € 87 (🔒, ▣ und **T** 15 kg für je € 5, @, ☏ 935 390 402). Die Herberge **Santiago de Caminha** möchte, wenngleich es sich um eine teils rustikale, aber doch im Grunde einfache private Herberge mit 16 Plätzen in 3 Schlafsälen handelt, je nach Saison € 19 bis 25 von den Gästen haben. Mikrowelle (@, ☏ 962974936). Die Herberge **Olá Vida Hostel** ist klein und recht schick eingerichtet und bietet 14 Plätze in 2 Zimmern. Sie erscheint, was ihre Preisgestaltung angeht, dann aber m. E. doch etwas zu sehr enthemmt, wenn sie ca. € 25 bis 30 p. P. dafür haben möchte. Mikrowelle (☏ 926 677 900).

Weg weiter entlang der Küste und durch die Großstadt Vigo – kostenloser Download (ca. 10 bis 14 km Umweg)

Sicher finden sich auch auf der neueren Variante, die nach dem Überschiffen nach Spanien weiter entlang der nun bald etwas felsigeren Meeresküste verläuft, reizvolle Ecken. Keineswegs alle Pilgerinnen und Pilger sprechen auch davon, dass sie den darauf folgenden langen Marsch durch die Metropole Vigo nicht nur überlebt oder, wie nicht selten dann letztlich praktiziert, doch mit dem Bus abgekürzt, sondern sogar stellenweise richtig genossen haben!

Allerdings stehe ich wie jeder Autor eines Reiseführers in Papierform vor dem Dilemma, dass ich nicht alle möglichen Varianten zwischen Porto und Santiago in meinem Werk beschreiben kann. Mich haben bereits sogar Leserzuschriften erreicht, die davon sprachen, dass das hier vorliegende Werk ihnen bereits jetzt schon mehr als genug Gewicht und ineinander geschachtelte Varianten zumutet und es deshalb bitte in Zukunft deutlich abgespeckt werden sollte.

Die Beschreibung der verschiedenen Varianten über Vigo bzw. Richtung Landesinnere fallen leider derart umfangreich aus, dass ich mich letztlich für die Veröffentlichung nur einer Möglichkeit entscheiden musste, welche ab Caminha weiter nach Santiago führt. Und da ich nun mal fast alle möglichen Varianten selbst erpilgert und später in Worte gefasst habe, fällt meine Auswahl hier nach einem direkten Vergleich nun mal eindeutig vorzugsweise auf den m. E. wesentlich schöneren, unkomplizierteren, besser erschlossenen und zudem auch ca. 12 km kürzeren Weg, der nun weiter entlang des Grenzflusses und dann anschließend durch die netten Grenzstädte Valença und Tui führt. Der so beschriebene Weg bietet m. E. einfach die ideale Abwechslung und Ergänzung zum vorhergegangenen und noch folgenden Weg, die Sie nicht durch die Wahl eines anderen Weges verpassen sollten.

Sollten Sie dennoch näher in Erwägung ziehen, eine der Varianten über Vigo zu erpilgern und/oder weitere Informationen zur persönlichen Entscheidungsfindung hierzu zu suchen, so finden Sie unter 💻 www.conrad-stein-verlag.de → Caminho Português → Downloads eine nähere Beschreibung der Vor- und Nachteile dieser Strecken (aus *meiner persönlichen* Sicht). Und wenn Sie sich letztlich wirklich für diese Möglichkeit entscheiden, hilft Ihnen hier auch meine dort veröffentlichte ausführliche Beschreibung des Weges samt Kartenmaterial auf Ihrem weiteren persönlichen Weg weiter.

☺ **Der Streit um den schöneren oder einzig richtigen Jakobsweg** ab der Grenze weiter nach Santiago, der immer wieder in den verschiedenen Pilgerkreisen und Pilgerforen tobt, erweckt übrigens gelegentlich den Anschein, auch ein wenig „politisch" gesteuert zu sein .... Es waren bisher immer mal wieder kleinere gutnachbarliche Grenzscharmützel zwischen Portugal und Spanien wahrzunehmen, die z. B. auch schon mal dazu führten, dass der Fährbetrieb von Caminha nach

Spanien längere Zeit bürokratisch blockiert war. Und natürlich versuchen einige Pilgerfreunde, Lokalpatrioten und Tourismusbetriebe, die von der spanischen Seite des Flusses gelegentlich über die Grenze „schießen", den weiteren Verlauf des Jakobsweges auf der portugiesischen Seite (der übrigens in neuerer Zeit wesentlich früher wiederbelebt wurde) schlecht zu machen, ihm jede historische Berechtigung abzusprechen oder diesen schlicht zu ignorieren bzw. kurzerhand wieder aus den Landkarten und Pilgerführern zu entfernen. Umgekehrt denkt man in Portugal neuerdings wohl in findiger Weise über ein **Pilgerzeugnis** für das Erpilgern des Jakobsweges in Portugal nach, das dann aber nur in der Grenzstadt Valença ausgehändigt wird und so auf subtile Weise die Ströme ambitionierter Pilgerzeugnisjäger weiter entlang der portugiesischen Seite des Grenzflusses leiten soll.

Caminha – Seixas 2,9 km

⇔ *Bis ins Zentrum von Seixas ist es nur ein Katzensprung. Dort haben Sie wieder die Wahl zwischen zwei Varianten.*

Der Jakobsweg führt über die Brücke, die den Rio Coura überquert. Entlang der N13 und einer alten Piste wird nach 1,2 km am Ortsrand von **Seixas** erneut die Bahnlinie überquert. Sie gehen 800 m am unteren Rand der Ortschaft entlang, dann erreichen Sie wieder die N13 und folgen ihr 400 m nach halb rechts, wo Sie sie bei einer Bar auf eine Nebenstraße verlassen können. Diese führt Sie 500 m zur Kirche, auf deren Frontseite recht schöne Kachelmotive, sog. *azulejos*, zu sehen sind (km 2,9).

Seixas ⇧ 10 m, 1.380 Ew.

S. Bento. Weg zur Herberge: Geradeaus an der Kirche vorbei 50 m durch den kleinen Park bis zur Straße und dort 50 m nach rechts. Die gute, freundlich-schlicht gestaltete öffentliche Herberge eines örtlichen Vereins diente zu früheren Zeiten mal u. a. auch als Waisenhaus. 24 Plätze in 4 Zimmern mit je 6 Plätzen, einschließlich Frühstück Bettwäsche und Handtuch für € 18 p. P., 4 DZ für € 45, eine DZ-„Suite" € 60, Küche, **P** € 2, **T** € 5, @. ☏ 966 437 532, Ü mit Frühstück und weiteren Extras € 18

Der Fuß- und Radweg entlang des Rio Miño bis Valença

2024 wurde das Projekt eines durchgehenden Fuß- und Radweges entlang des Grenzflusses Miño vorläufig beendet und so stellt dieser Weg nun eine sehr gute Option für Sie dar. Der breite, mit Bäumen, Sträuchern und Feuchtgebieten gesäumte Fluss, an dessen oft idyllischen Ufern sich Vögel, Angler und kleine Boote finden, steht der Schönheit des Meeres in nichts nach und bietet eine willkommene Abwechslung. Der meist nur selten als Radweg genutzte Weg verläuft gelegentlich als Allee und praktisch durchgehend eben im größeren oder kleineren Abstand zum Fluss. Er bietet Ihnen meist Ruhe und häufig auch Schatten. Seine Umgebung ist in Ortsnähe gelegentlich parkähnlich angelegt und der Untergrund durchgehend betoniert, wobei sehr oft auf direkt daneben verlaufende

Trampelpfade und Feldwege ausgewichen werden kann. Sie können, wenn Sie wollen, ab kurz hinter Caminha fast die komplette Strecke bis kurz vor Valença ohne größeres Problem über diesen Weg zurücklegen. Auch der Originalweg hat aber seine kleinen Vorteile – z. B. den, dass er eben etwas authentischer wirkt als der gelegentlich auch etwas touristisch wirkende, künstlich angelegte Fuß- und Radweg.

Fazit: Ich würde Ihnen auf jeden Fall empfehlen, zumindest eine Hälfte der Strecke von Caminha nach Valença über den Fuß- und Radweg zu erleben – und zwar vorzugsweise den zweiten Teil von Vila Nova de Cerveira nach Valença.

☺ **Weiter auf dem Fuß- und Radweg entlang des Rio Miño oder auf dem offiziell gekennzeichneten Weg?** Wenn Sie sich entschließen, möglichst lange dem eben beschriebenen, 1,8 km kürzeren und auch wesentlich ebeneren Fuß- und Radweg **⓫a**, **⓫b** am Fluss entlang zu folgen, können Sie das schon ab hier in Seixas tun. Der Weg ist auf diesem Streckenabschnitt ca. 1,7 km kürzer und auch ebener. Bei diesem Weg müssen Sie an zwei bis drei Stellen etwas auf die Orientierung achten. Sie können auf diesem Teil eher seltener auf Feldwege, die neben dem Rad- und Wanderweg verlaufen, ausweichen und gehen meist über Beton. Da diese sicher landschaftlich schöne erste Hälfte des Fuß- und Radweges bis nach Vila Nova de Cerveira also auch einige kleine Nachteile aufweist, der offizielle Weg aber auch nicht wenige Reize bietet und zudem an den beiden Pilgerherbergen bzw. Pilgerpensionen Casa Gwendoline und Pilgrim's Rest vorbei verläuft, wird Letzterer hier weiter als Standardweg beschrieben und in der Karte und im Höhenprofil als durchgezogene rote Linie dargestellt.

Seixas – Vila Nova de Cerveira 9,7/11,6 km

⇔ *Ab der Kirche von Seixas können Sie auf den eben beschriebenen Fuß- und Radweg am Grenzfluss Miño entlang (**⓫a** und **⓫b**) ausweichen und erreichen schon nach 9,7 km das Ende der Etappe. Folgen Sie dagegen weiter dem offiziellen Weg, so wandern Sie zunächst durch verschiedene, mal mehr, mal weniger eng besiedelte Ortschaften. Nach 10 km bietet sich eine schöne Aussicht auf das Tal und dann geht es wie gewohnt weiter, bis Sie nach 11,6 km den Grenzort Vila Nova de Cerveira mit seiner kleinen Burganlage und der schönen, modernen Jugendherberge erreichen.*

Weiterer offizieller Weg ab Seixas. Der hier spärlich markierte offizielle Weg führt hinter der Kirche vorbei und dann wieder in gleicher Richtung weiter über die gepflasterte Gasse, die parallel zur Hauptstraße verläuft und sich bald in einigen Serpentinen von ihr entfernt. Nach 900 m werden die Hauptstraße und die Gleise wieder gekreuzt. Nach 1 km, der Sie erneut über die Gleise und ein Stück über die N13 geführt hat, haben Sie den Ortsausgang erreicht (km 1,9). Hier verläuft der Weg im größeren und kleineren Abstand immer parallel zur

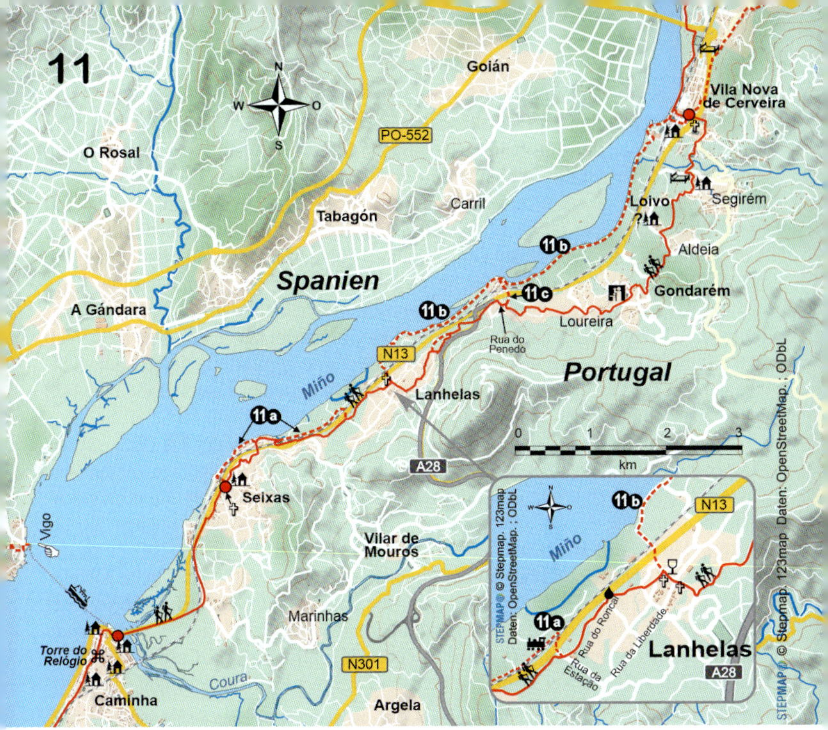

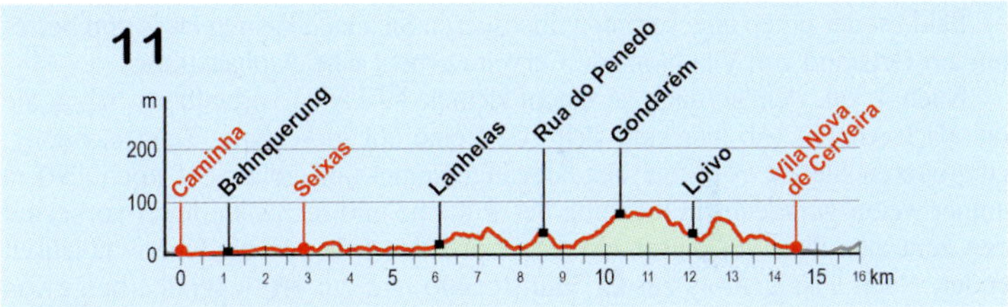

Hauptstraße, bis Sie nach 1 km, wieder nahe dieser und einer kleinen Kapelle in **Lanhelas** angekommen sind. Nach 400 m erreichen Sie dort eine weitere Kapelle und eine Bar.

Auch hier finden sich verschiedene Varianten. Der reguläre Weg führt nach rechts bergauf gleich an einem kleinen Dorfladen, einem Restaurant und einer Kirche vorbei. Nach 700 m sollten Sie sich dann nicht wundern, wenn der Weg direkt über das Privatgrundstück einer freundlichen betagten Dame führt. Passen Sie nach 250 m wieder gut auf, denn hier gibt es verschiedene

Varianten: Sie erreichen eine Wegkreuzung, an der eine Garage mit der Hausnummer 16 zu finden ist. Der offizielle Weg führt links an ihr vorbei und zu einem Steinkreuz neben der Autobahn. Ich empfehle Ihnen die Abkürzung, die hier (nach links) weiter der Straße folgt. Die Autobahn wird unterquert und nach 1,3 km haben Sie nach einem letzten kurzen Anstieg die **Rua do Penedo** erreicht und gehen hier nach links (km 5,6). (Nach 50 m beginnt hier die Verbindung **⑪c** zum Wander- und Radweg am Fluss entlang.) Folgen Sie dagegen dem markierten Weg 400 m weiter, erreichen Sie bei einem Steinkreuz eine Asphaltstraße.

Die kürzere und m. E. empfehlenswertere der beiden hier markierten Varianten verläuft nun bergab nach links in den Ort **Gondarém**. Sie folgen der Straße 800 m durch den Ort und erreichen eine gepflasterte Straße (km 6,8). (Nach links bergab befindet sich nach 350 m nahe der Hauptstraße eine Bar, die auch kleine Speisen anbietet.)

Der Jakobsweg führt dagegen bergauf und es öffnet sich der Blick auf das Tal. Nach 800 m wird die Straße bei einer weitläufigen Hotelanlage wieder verlassen. Sie wandern kreuz und quer durch **Aldeia** und dann führt Sie nach nochmals 800 m eine Asphaltstraße bergab durch den Wald. Bald erreichen Sie die ersten Häuser von **Loivo** und gehen nach 1 km im Abstand von 200 m an der Kirche von Loivo vorbei (**?** in der ehemaligen Schule hinter der Kirche soll einmal eine öffentliche Herberge entstehen, die aber wohl frühestens 2026 eröffnet wird). Weiter durch die dann folgenden Ortsteile der großflächigen Gemeinde haben Sie nach weiteren 800 m die rechts liegende Pension Casa Gwendoline und 150 m später linker Hand die Pension Pilgrim's Rest erreicht (km 10,4).

Casa Gwendoline und Pilgrim's Rest, ☞ nähere Beschreibung S. 114 und 115

Bald wieder unten angekommen überqueren Sie einen kleinen Fluss und betreten am Ortsrand von Vila Nova de Cerveira erneut eine Asphaltstraße.

Nach 1 km, der Sie auch an einem kleinen Laden vorbeiführt, haben Sie die N13 erreicht. Ab hier fand sich 2024 eine nur lückenhafte Kennzeichnung. Überqueren Sie die N13 bei der Fußgängerampel und gehen Sie noch 150 m immer weiter geradeaus in Richtung der Kirche und rechts an dieser vorbei auf den zentralen Platz vor dieser, wo die Etappe aus Gründen der Übersichtlichkeit endet. Nach links geht es zur Touristeninfo und zur Jugendherberge von Vila Nova de Cerveira, nach (scharf) rechts pilgern Sie auf dem offiziellen Jakobsweg **⑫a** weiter. Geradeaus bzw. halb links können Sie an der Festung vorbei eine Abkürzung zum weiteren Fuß- und Radwanderweg nehmen (km 11,6).

⑪a/⑪b Alternative: Erster Teil des Fuß- und Radwanderwegs entlang des Rio Miño ab Seixas: Wenn Sie sich nach reiflicher Überlegung (☞ Tipps dazu auf S. 109) entschlossen haben, diese Variante zu wählen, VERLASSEN Sie bei der Kirche von Seixas den offiziell markierten Weg. Sie gehen dort zur Hauptstraße hin bis zum Ende des Parks und dort in die erste Gasse, die nach links führt – die Rua da Praia. Sofort wird die Bahnlinie überquert und am Flussufer erreichen Sie nach 150 m den ersten Teil des verheißenen Fuß – und Radwanderwegs ⓫a. Sie folgen diesem betonierten Weg, den dank seiner roten Farbe zunächst nur absolut farbenblinde Zeitgenossen wirklich verfehlen können, nach rechts im größeren und kleineren Abstand am Fluss entlang. Nach 800 m trifft von rechts der Hauptweg auf unsere Variante und so sollten Sie nach weiteren 300 m nicht diesem und seinen netten Pilgerinnen und Pilgern, sondern wieder weiter geradeaus dem roten Fuß- und Radweg ⓫a folgen (km 1,2). Der Weg führt im größeren Abstand an einem Feuchtgebiet und einem schattigen Rastplatz vorbei zum Fluss und mündet dann beim Bahnhof von Lanhelas in einen geschotterten Feldweg. Nach 1 km werden die Gleise nach rechts überquert und gleich nach 100 m die N13 in die Rua da Estação gequert, der Sie nur 50 m bergauf folgen. Hier erreichen Sie wieder den markierten offiziellen Jakobsweg, dem Sie zunächst wieder nach links folgen. Nach 450 m führt Sie der Weg wieder nahe der N13 an einer kleinen Kapelle vorbei. Sie befinden sich nun am Ortsrand von **Lanhelas**. Nach 400 m erreichen Sie dort eine Kapelle und eine Bar, wo wieder Ihre Aufmerksamkeit gefragt ist (km 3,2).

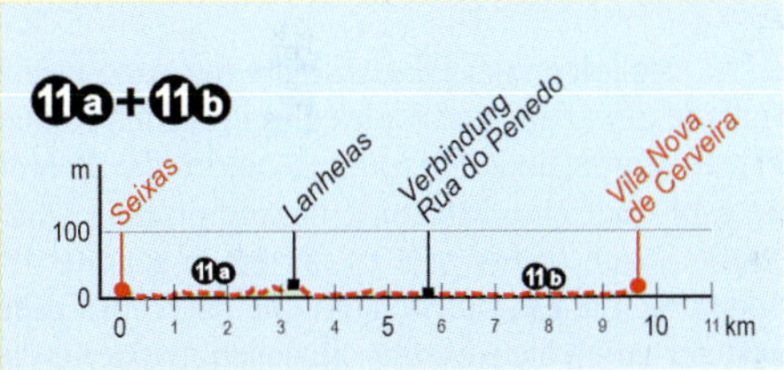

Folgen Sie ab hier NICHT mehr weiter der offiziellen Markierung des Weges, sondern gehen Sie genau in die entgegengesetzte Richtung nach links 100 m hinab zur N13 und überqueren Sie sie nach halb rechts in die gepflasterte Straße, die in Richtung „rio Minho" verläuft. Dann haben Sie nach weiteren 200 m wieder den Fluss und die Fortführung seines Fuß- und Radweges ⓫b erreicht. Immer weiter geradeaus diesem folgend erreichen Sie nach 2,1 km wieder auf einer Pflasterstraße angekommen vermutlich ein blaues Schild mit gelbem Pfeil und der Aufschrift „Acesso/Access" sowie einem gelben Muschelsymbol. Es wird hier die Verbindung ⓫c zum offiziellen Jakobsweg angezeigt (km 5,6). Wollen Sie aber weiter dem hier beschrieben Fuß- und Radweg folgen, so IGNORIEREN Sie diesen Wegweiser und folgen weiter dem Fluss, dann haben Sie nach nur wenigen Metern unten an einem recht idyllischen Ort wieder den roten Fuß- und Radweg erreicht. Zum Teil im Schatten von Bäumen wandern Sie ganze 3,2 km immer geradeaus am Fluss entlang, bis Sie am Ortsrand von Vila Nova de Cerveira angekommen sind. Der Fuß- und Radweg endet hier bzw. stößt auf einen weiteren roten Fuß- und Radweg, dem Sie nun am besten nach links wieder in Richtung Fluss folgen (km 8,8). Immer auf dem breiteren Weg gehen Sie bald erneut am Fluss entlang und haben nach 400 m die Anlegestelle der Fähre erreicht. Nur 50 m weiter treffen Sie bei zwei pyramidenähnlichen Skulpturen wieder auf eine Pflasterstraße.

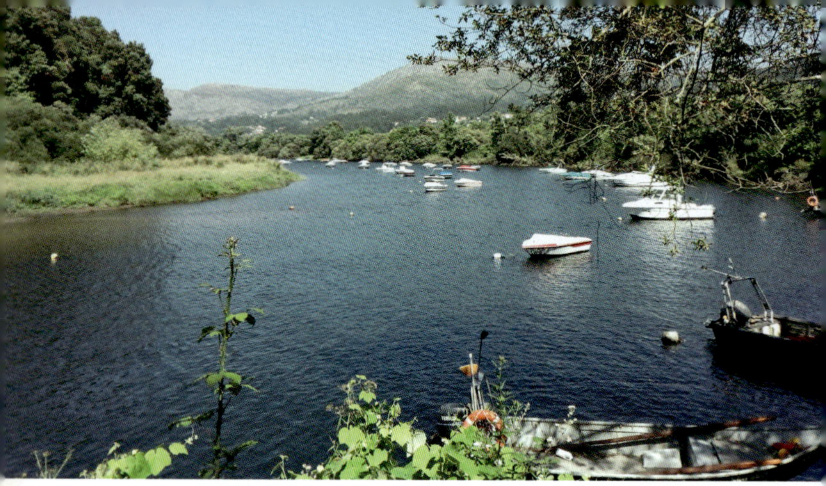

Vor Vila Nova de Cerveira (rj)

Sie folgen der Pflasterstraße nur dann nach links, wenn Sie jetzt direkt ohne Halt auf dem Fuß- und Radweg weitergehen wollen. Ansonsten überqueren Sie die Pflasterstraße und unterqueren sofort die Bahntrasse. Immer weiter geradeaus bergauf über eine Kreuzung hinweg erreichen Sie nach 250 m oben die Hauptstraße. Nach rechts geht es zur Jugendherberge. Halb links über der Straße finden Sie die Touristeninfo und nach links geht es bald wieder auf dem ab hier weniger empfehlenswerten offiziellen markierten Jakobsweg ⓬a weiter (km 9,7).

Vila Nova de Cerveira

⇧ 20 m, 10.000 Ew.

nahe dem Rathaus, am Jakobsweg, ☏ 251 708 023

Die kleine Stadt, deren innerster historischer Ortskern in Teilen noch von der historischen Stadtmauer umgeben ist, erhielt 1321 Stadtrechte. Am 17. September 1658 tobte hier die Schlacht von Vilanova. Vom Hauptplatz können Sie in das Innere der Burganlage gelangen und – wenn Sie dort etwas Zeit vertrödeln wollen – etwas herumspazieren und die nette Aussicht auf den Fluss genießen.

Pilgrim's Rest. Die Herberge/Pension befindets sich schon ca. 1,2 km vor dem hier beschriebenen Etappenende am regulären Jakobsweg (☞ S. 110 bis 112). Tom aus Österreich bietet in seinem schönen, teils rustikalen Künstlerhaus mit reizvollem Garten ein Zimmer mit 4 Plätzen und 2 einfache DZ für € 16 p. P., optional Bettwäsche und Handtuch dazu für zusammen € 4. 1 DZ mit kleinem Doppelbett für € 50, 1 DZ mit großem Doppelbett für € 70, im Sommer 1 Zelt mit Doppelbett für € 24. Frühstück € 3 bis 8, Speisen: z. B. Linseneintopf mit Brot € 5, vegetarisches Menü € 15, man kann Zutaten zum Selbstkochen in der Hausküche kaufen, @ T, evtl. Shuttleservice in den Ort für € 3 p. P. ☏ 968 819 606, 1. April bis 15. Okt 14:00 bis 24:00

Casa Gwendoline. Die beliebte Pilgerpensionen von Lawrence aus England liegt schon ca. 1,3 km vor dem hier beschriebenen Etappenende am regulären Jakobsweg (☞ S. 110 bis 120). 4 Plätze in einem Zimmer für € 16 p. P. (Juli und August € 17 p. P.), DZ ab € 40, Handtuch € 1, Küche, schöne Aussicht auf den Fluss. Frühstück zum Selbstherrichten gegen Spende. **?** Da die Versorgungslage vor Ort recht dürftig ist, die Unterkunft bitte nur nach Reservierung ansteuern und dabei die Möglichkeit einer Bewirtung abklären. **T** @. ☏ 933 740 566, April bis Okt 14:00 bis 24:00

Zur Herbergslage / weitere Unterkünfte. Ob die auf S.112 kurz erwähnte, seit Jahren **geplante öffentliche Herberge** vor dem Ort bereits 2025 oder überhaupt jemals eröffnen wird, war zum Redaktionsschluss unklar. Sollten Sie in den oben genannten beliebten Unterkünften keinen Platz finden oder von der unteren Variante kommend tatsächlich einfach nur zu faul sein, noch dort hinaufzulatschen, finden sich hier noch zwei weitere Optionen: **Jugendherberge** (Pousadas de Juventude) südlich des Zentrums (siehe Kartenausschnitt), modern, freundlich, hell und geräumig. Ü in Zimmern mit 4 Plätzen, € 22,30 (Winter) bis € 26,40 (Juli und August), Küche. Gute, schöne DZ für € 54,60 bis € 64,70 (Juli und August). Im Preis enthalten ist immer ein Frühstück, das aber erst ab 8:30 angeboten wird – bei rechtzeitiger Anmeldung evtl. auch früher (**T** @, ☏ 251 709 933). Rund 1 km nach dem Beginn des weniger empfehlenswerten regulären Weges finden Sie, wie auf S. 119 erwähnt, das **Hotel Minho Belo:** Einfache, gepflegte DZ einschließlich Frühstück ab 7:00 für € 45. (15. Juli bis 31. August € 70), Dreibettzimmer ab € 65. Liegewiese und großer Pool im Sommer. Günstiges Essen gibt es dort nebenan im Supermarkt Continente oder in der Kantine der benachbarten Freiwilligen Feuerwehr (@, ☏ 251 794 690). Und übersehen Sie nicht, dass Sie die nächste, übrigens rundum empfehlenswerte, **„richtige" Pilgerherberge** bereits nach 9,7 km bzw. 12 km in S. Pedro da Torre erreichen (☞ S. 120).

☺ Weiter auf dem Fuß- und Radwanderweg am Rio Miño entlang oder über den offiziellen markierten Weg?

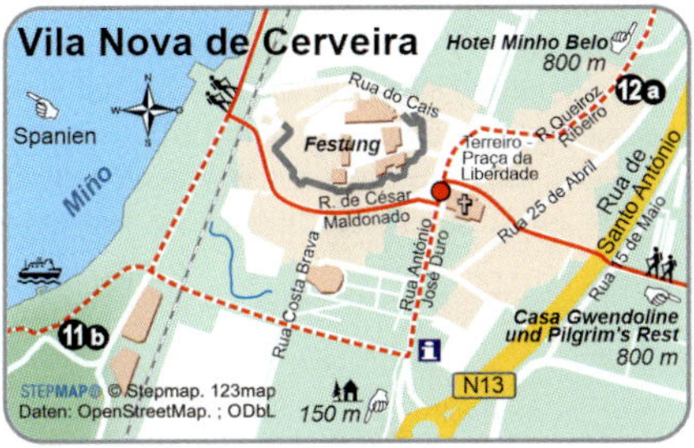

Warum man den folgenden 13,9 km langen offiziellen Pilgerweg **⓬a** durch die weitläufigen Ortschaften markiert hat und nicht direkt am schönen und in weiten Strecken gut begehbaren Flussufer entlang, bleibt wohl ein Rätsel ... Erfreulicherweise wurde aber später der schöne, 15,2 km lange Fuß- und Radweg ab Vila Nova de Cerveira komplett fertiggestellt. Dieser zweite Teil des neueren Wegs am Fluss entlang kann hier im Gegensatz zum ersten Teil dieses Fuß- und Radweges bis Vila Nova de Cerveira als nahezu idiotensicher bezeichnet werden. Auch hat man häufiger die Möglichkeit, auf Trampelpfade und Feldwege auszuweichen, die direkt neben dem betonierten Weg verlaufen, was das Fortkommen auf Dauer wesentlich angenehmer gestaltet. Da dieser Weg auch viel schöner ist als der offizielle Jakobsweg, wird er hier, obwohl er je nach Tagesziel 1,3 bis 2,3 km länger ist, ohne Vorbehalt als Standardvariante empfohlen. Das gilt auch zunächst dann, wenn Sie sich nicht das kostenlose 🍷 „Gläschen Wein zur Linderung des Abschiedsschmerzes" entgehen lassen oder in der Herberge von S. Pedro da Torre (☞ S. 120) übernachten wollen. Wie auf Seite 118 beschrieben, können Sie nämlich im letzten Teil des hier empfohlenen Weges ohne Probleme über die Querverbindung ⓬b zu dem offiziellen Weg ⓬a überwechseln, wo sich beide Lokalitäten befindet.

Empfehlenswerter Fuß- und Radwanderweg:

Vila Nova de Cerveira – Valença 15,2 km

⇔ *Diese Variante ist, wie eben beschrieben, auf jeden Fall zu empfehlen. Das einzig wirklich Tragische, was Ihnen auf der folgenden Wegführung des Fuß- und Wanderweges am Fluss entlang zustoßen könnte, ist, dass Sie den Einstieg und dann nach 12,3 km kurz vor Valença wieder den Ausstieg aus diesem Weg verpassen. Geben Sie hier also etwas acht und sorgen Sie zur Sicherheit auch besser für etwas Proviant, da es auf dieser Strecke bisher wenige zuverlässig geöffnete Bars gibt.*

Wandern Sie, wie zum Ende der Wegbeschreibung der letzten Etappe erwähnt, entweder gleich direkt weiter nach links auf der besagten Pflasterstraße oder gehen Sie, wenn Sie vom offiziellen Weg kommen oder Vila Nova de Cerveira besucht haben, wie auf dem Kartenausschnitt sichtbar an der Festung vorbei zum Fluss, wo Sie sich dann nach rechts wenden (km 0,2).

Folgen Sie weiter der Straße bzw. dem daneben verlaufenden Fuß- und Radweg. Nach 1,4 km haben Sie den Ort verlassen und unterqueren die Brücke einer Hauptstraße. Der rote Weg führt weiter an der zunehmend ruhigeren Straße entlang, bis Sie nach 1 km bei einem Park den Weg entlang der gepflasterten Straße in einer Linkskurve nach rechts auf einen Fuß- und Radweg verlassen, der nun eine *gelbe* Farbe trägt (km 2,6).

Gleich wird ein Bach mit Wasserstelle überquert und dann führt der Weg wieder am Fluss entlang, wobei Sie fast immer auf einen Feldweg ausweichen

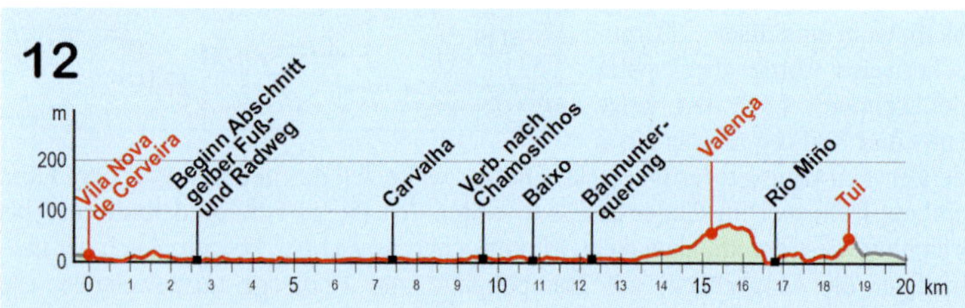

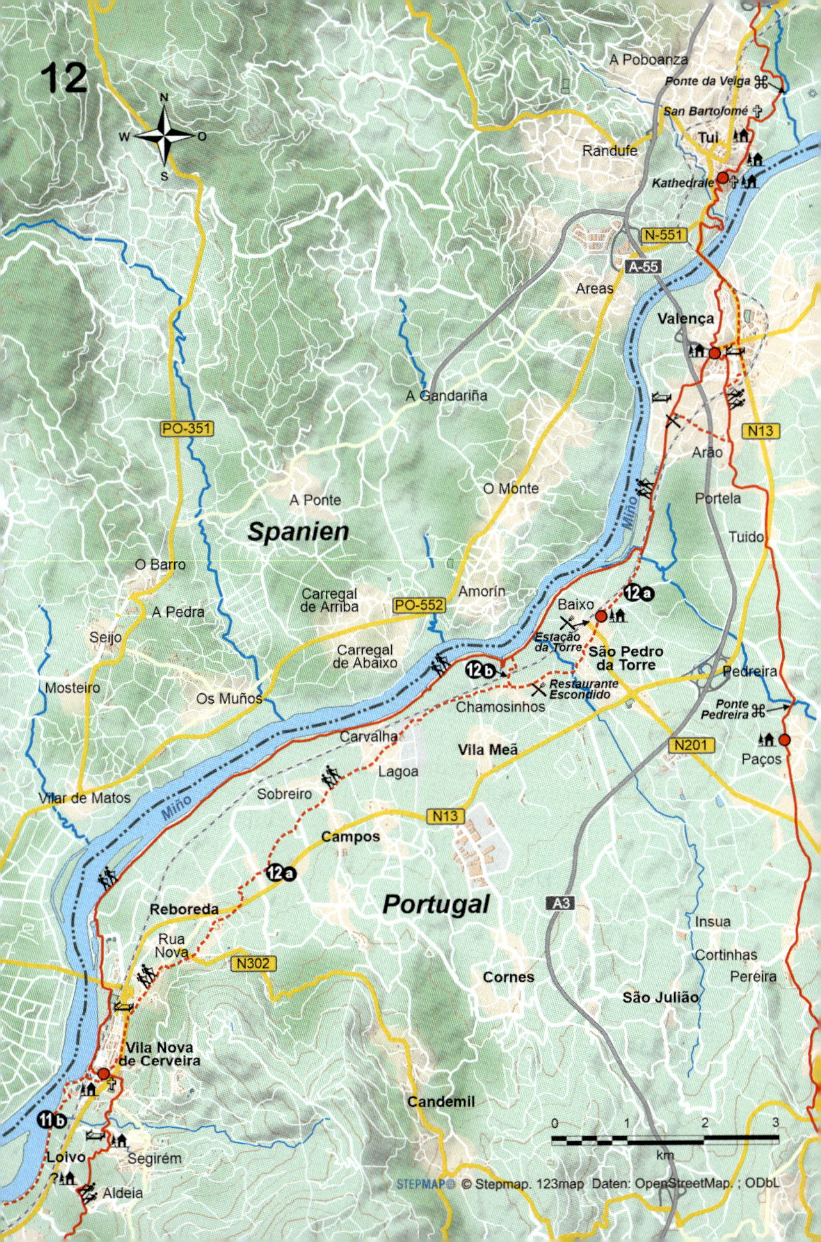
12
N
W
O
S
A Poboanza
Ponte da Veiga
San Bartolomé
Tui
Randufe
Kathedrale
N-551
A-55
Areas
Valença
A Gandariña
PO-351
N13
Arão
O Monte
Portela
A Ponte
Spanien
Miño
Tuido
O Barro
Carregal de Arriba
PO-552
Amorín
12a
Baixo
A Pedra
Seijo
Estação da Torre
São Pedro da Torre
Carregal de Abaixo
12b
Pedreira
Mosteiro
Os Muños
Restaurante Escondido
Chamosinhos
Ponte Pedreira
Carvalha
Vila Meã
N201
Paços
Lagoa
Sobreiro
Vilar de Matos
Miño
N13
Campos
12a
Portugal
A3
Reboreda
Insua
Rua Nova
N302
Cortinhas
Cornes
Pereira
São Julião
Vila Nova de Cerveira
Candemil
11b
0
1
2
3
km
Loivo
Segirém
Aldeia
STEPMAP © Stepmap. 123map Daten: OpenStreetMap; ODbL

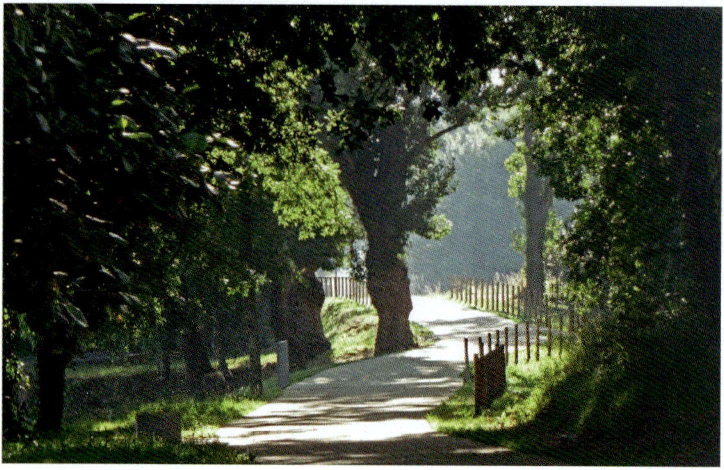

Fuß- und Radwanderweg zwischen Vila Nova de Cerveira und Carvalha (rj)

können, der direkt rechts des Fuß- und Radwanderweges verläuft. Nach 3 km erreichen Sie eine Häusergruppe mit Bootsanlegestelle. Sie folgen weiter dem Fuß- und Radweg, wobei Sie anfangs auf Wege und Pfade, die zunächst links und dann rechts desselben verlaufen, ausweichen können. Nach 1,4 km führt der Weg dann nahe **Carvalha** an einer Landstraße entlang (🍸 Dorfbar 350 m abseits des Weges, 🚪 Di bis So ab ca. 11:30). Noch 250 m weiter erreichen Sie einen schattigen Rastplatz (km 7,3). Bald entfernt sich der Fuß- und Radweg wieder von der Straße und Sie können erneut problemlos auf Pfade und Wege ausweichen, die zuerst rechts und dann links von ihm verlaufen, bis Sie nach 1,7 km die **?**🍸 Snack Bar S. Paio erreichen, die zwar nur unregelmäßig geöffnet ist, aber doch einen schönen Rastplatz bietet. Nach 900 m – der Weg hat die Farbe seines Belages wieder in Rot geändert – erreichen Sie einen ebenfalls roten Weg, der nach rechts führt (km 9,9).

⓬b Verbindung zum offiziellen Weg: Wenn Sie hier den Radweg nach rechts verlassen, erreichen Sie über das Verbindungsstück **⓬b** nach 500 m in **Chamosinhos** ✕ den auf S. 119-120 beschriebenen offiziellen Weg **⓬a**. 400 m weiter wartet wie dort beschrieben ☺ die erste von zwei Anlaufstellen für „ein bisschen Wein zur Linderung des Abschiedsschmerzes" auf Sie (km 10,8) und nach weiteren 1,2 km haben Sie die 🏠 Herberge von S. Pedro da Torre (☞ S. 120) erreicht (km 12).

Wollen Sie **weiter dem empfohlenen Fuß- und Radweg folgen**, so gehen Sie weiter geradeaus am Fluss entlang und erreichen nach 1 km das Örtchen **Baixo**, das Sie dann wieder zum Teil über Stege verlassen. Über ein letztes recht reizvolles Stück von 1,4 km betreten Sie unter der Bahnlinie hindurch nahe einem Rastplatz wieder den markierten Jakobsweg und gehen nach links über die alte Steinbrücke (km 12,3).

Folgen Sie nun nicht mehr wie bisher dem roten Belag des Fuß- und Radweges, da dieser ab hier recht umständlich verläuft, sondern wie auf S. 120 unter „Gemeinsamer Weg vor bzw. bis Valença" beschrieben dem offiziell markierten Jakobsweg und so erreichen Sie vorbei an dem Café Mineiro und der Herberge/Pension O Brasão nach 2,9 km bei der öffentlichen Herberge von *Valença* das Etappenende (km 15,2).

Größtenteils wenig empfehlenswerter offizieller Weg ⑫a:

Vila Nova de Cerveira – S. Pedro da Torre (9,7 km) – Valença 13,9 km

⇔ *Der (hoffentlich halbwegs gelungenen) Übersichtlichkeit wegen wird der Weg hier bis Valença zusammengefasst, wenngleich Sie unterwegs schon zwei Herbergen antreffen werden.*

Bis kurz vor Valença folgen Sie dem in der Karte mit ⑫a gekennzeichneten Weg: Sie starten von der weithin sichtbaren Kirche am zentralen Platz (siehe auch Kartenausschnitt S. 111). Bei der Kirche wenden Sie sich nach halb bzw. scharf rechts und gehen an den Bäumen vorbei durch den Park in Richtung des auffällig grün gekachelten Hauses. An diesem vorbei gehen Sie in die Gasse, deren Pflaster leicht bergauf verläuft. 350 m nach der Kirche haben Sie die N13 wieder erreicht. Nach 500 m wird nahe dem Supermarkt Continente und der benachbarten Feuerwehr die Straße wieder verlassen. Gleich dahinter befindet sich auch das auf S. 115 beschriebene Hotel Minho Belo (km 0,9). Entlang von Nebenstraßen wird der Ort verlassen, bis der Weg nach 900 m an den Rand eines kleinen Waldes führt. Nach wenigen Schritten geht es jedoch wieder wie gewohnt durch ausgedehnte Ortschaften, bis Sie links vorbei an zwei netten, kurz aufeinander folgenden Kirchen nach 1,3 km in Reboreda die N13 ein weiteres Mal überqueren. Die Landschaft wird nun endlich grüner und ruhiger und Sie gehen über einen schönen, schattigen, gepflasterten Waldweg. Wo er nach 1,3 km endet, beginnt die weitläufig besiedelte Gemeinde Campos mit ihren zahlreichen Ortsteilen (km 4,4). Ganze 1,7 km pilgern Sie meist leicht bergab durch die Ortschaft,

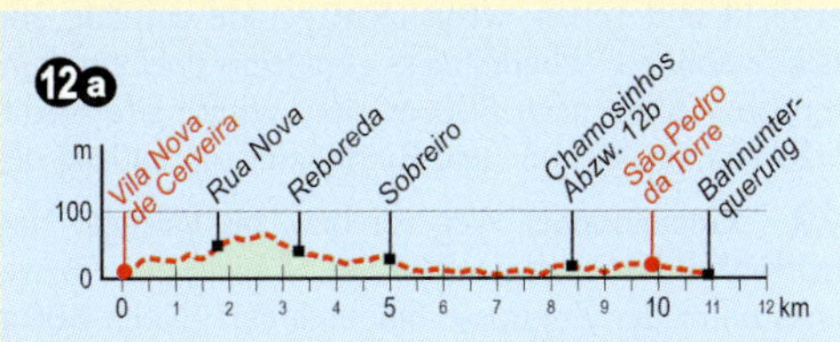

dann erreichen Sie in **Carvalha** einen kleinen Kreisverkehr, in dessen Mitte ein Stoppschild und ein Verkehrsspiegel stehen (🍷 Dorfbar 100 m links abseits des Weges, 🚪 Di bis So ab ca. 11:30) (km 6,1). Nur 300 m weiter erreichen Sie ein Industriegebiet und durchqueren es 500 m weit. Sie gehen immer weiter geradeaus über die Straße und nach 1,3 km finden Sie in **Chamosinhos** ✕ hinter einem Steinkreuz einen Rastplatz, nahe dem sich auch 🍷 Bars befinden. Noch 300 m weiter geradeaus erreichen Sie den Punkt, wo Sie nach rechts zum ✕ Restaurante Escondido gelangen können (km 8,5).

☺ **Ein bisschen Wein zur Linderung des Abschiedsschmerzes ...** Wie gut, dass der Chef der Churrascaria Escondido ein mitfühlender Pilgerfreund ist, denn jede Pilgerin und jeder Pilger, der hier am Tresen seinen Pilgerausweis vorlegt, bekommt zum bald anstehenden Abschied von dem so überaus gastfreundlichen, schönen Land Portugal ein kostenloses Gläschen Wein eingeschenkt (zur portugiesischen Gastfreundschaft ☞ S. 46). Sie erreichen das Lokal, wenn Sie bei dem ankündigenden Schild 50 m nach rechts gehen (🚪 immer außer Aug sowie So ab 17:00 und Mo ganztags). Aber auch die nach gut 1 km folgende Bar Restaurante Estação da Torre, welche von den Besitzern der Herberge Alvorada Medieval betrieben wird, ist um Ihr Wohlergehen bemüht und tut es der Churrascaria Escondido seit 2024 gleich (🚪 ganzjährig Mi bis So 12:00 bis 15:00 und 19:30 bis 22:00, So 12:00 bis 15:00, mittags Menüs für € 12).

🚶🚶 Nach weiteren 500 m wird eine historische Steinbrücke überquert, an der sich ein schöner Rastplatz befindet. An der ✝ Kirche von **S. Pedro da Torre** 🏠 🍷 🛒 🏥 🚆 vorbei und weitere 600 m dem offiziellen Jakobsweg folgend überqueren Sie eine breite Landstraße (↰ nach links geht es hier 150 m zum eben erwähnten, kleinen ✕ Restaurant im Bahnhof). Noch 100 m weiter geradeaus haben Sie die Herberge erreicht (km 9,7).

🏠✕ **Alvorada Medieval**. Die gute, gepflegte private Herberge zweier Pilgerfreunde bietet 20 Plätze in 3 Schlafsälen. DZ für € 55 einschließlich Frühstück. In der schönen, kleinen Bar darunter gibt es Abendessen für € 11 und ein reichliches Frühstück, das im Übernachtungspreis enthalten ist, Terrasse und ansprechender Hof. Im kleinen Garten mit Liegewiese findet sich ein 🏊 Pool, 🔒 🧺 € 5, **T** € 5, @. ☎ 935 921 337, 🚪 15. Feb bis 7. Jan 14:00 bis 24;00, Ü mit Frühstück € 17

Nach 600 m haben Sie den Ortsausgang des lang gezogenen Straßendorfes erreicht und gehen, wenn nicht gerade ein Zug über die parallel verlaufenden Gleise donnert, schnurstracks geradeaus über eine ruhige, wenig befahrene Schotterpiste, wobei nach 700 m eine weitere alte Steinbrücke überquert wird. Von links kommt der Fuß- und Radwanderweg entlang des Rio Miño hinzu (km 11).

🚶🚶 **Gemeinsamer Weg vor bzw. bis Valença:** Nach 500 m auf dem offiziell markierten Jakobsweg sollten Sie ✋ nicht den Abzweig verschlafen, der Sie nach links unter der Zugtrasse hindurchführt. Noch 800 m weiter über Feldweg und

Asphaltpiste erreichen Sie die ersten Vororte von Valença. Gehen Sie 600 m immer weiter geradeaus in den Ort und Sie erreichen endlich eine ✕ Bar, die auch eine kleine Herberge und Pension verwaltet (km 12,9/km 14,2).

✕ **Pilgerbar Café O Mineiro.** Mittags gibt es hier Menüs (Suppe, Hauptspeise, Getränk, Nachtisch, Brot und zum Andenken eine Pilgermuschel) für € 10. Abends werden nach zeitiger Reservierung oft Menüs für ebenfalls € 10 serviert. Der pilgerfreundliche Betreiber Jose Antonio hat es sich wohl zur Lebensaufgabe gemacht, mit allen seinen Gästen, die das wollen, ein Selfie zu schießen und in origineller Weise damit die Wände (und bald wohl auch die Decke) seiner kleinen Bar zu tapezieren. täglich 7:30 bis 17:00

Pilgerpensionen vor Ort. Die eben genannte Bar betreibt auch die kleine, nicht weit von hier gelegene, einfache Pension **O Mineiro**, in der 3 DZ mit Doppelbett (1,35 m x 1,85 m) angeboten werden (@, ☏ 936 423 920, EZ € 20, DZ € 35,). Gleich daneben finden Sie die Pension **O Brasão**. Die beliebte, nette, ruhig gelegene Pension nahe dem Fluss bietet in zwei teils rustikalen Häusern Betten in mehreren Zimmern zu 3 bis 4 Plätzen und ein Zimmer mit 5 Plätzen. Die folgenden Preise verstehen sich hier einschließlich eines kleinen Frühstücks zum Selbstherrichten und im Sommer auch der Benutzung des Pools. Den 300 m langen Weg dorthin lassen Sie sich am besten von dem Wirt der Bar O Mineiro erklären, wo Sie evtl. auch gleich Ihr Abendessen bestellen können (Pension in der Rua dos Covelos 20, ☏ 964 037 913, Ü mit Frühstück im Zimmer mit 3 bis 4 Plätzen € 22,50, Ü mit Frühstück im Zimmer mit 5 Personen € 20). Das **Hotel Val Flores** liegt dagegen, wie auf der Karte auf S. 160 ersichtlich, relativ zentral an einer Hauptstraße und bietet gemessen an den örtlichen Preisen ebenfalls noch relativ günstige Übernachtungen an: DZ zum Pilgerpreis von € 30 (nur August € 44), DZ € 40 (nur August € 50), Dreibettzimmer € 50 (nur August € 72) (@, ☏ 251 824 106).

Noch 400 m weiter, dann wird die Straße nach rechts auf eine andere verlassen, die unter der Autobahn hindurch nach 200 m einen Kreisverkehr erreicht. Nach links bergauf erreichen Sie nach 300 m die Kreuzung vor der Feuerwehr. Gehen Sie hier noch 100 m rechts an dieser vorbei und Sie finden in dem Haus dahinter die öffentliche Herberge von **Valença** ✕ ⊞. Der Eingang befindet sich auf der Rückseite (km 13,9/km 15,2).

☞ **Die Beschreibung der Unterkünfte und des weiteren Weges sowie Informationen zum Ort finden Sie ab S. 160.**

Traditioneller zentraler Weg in Portugal

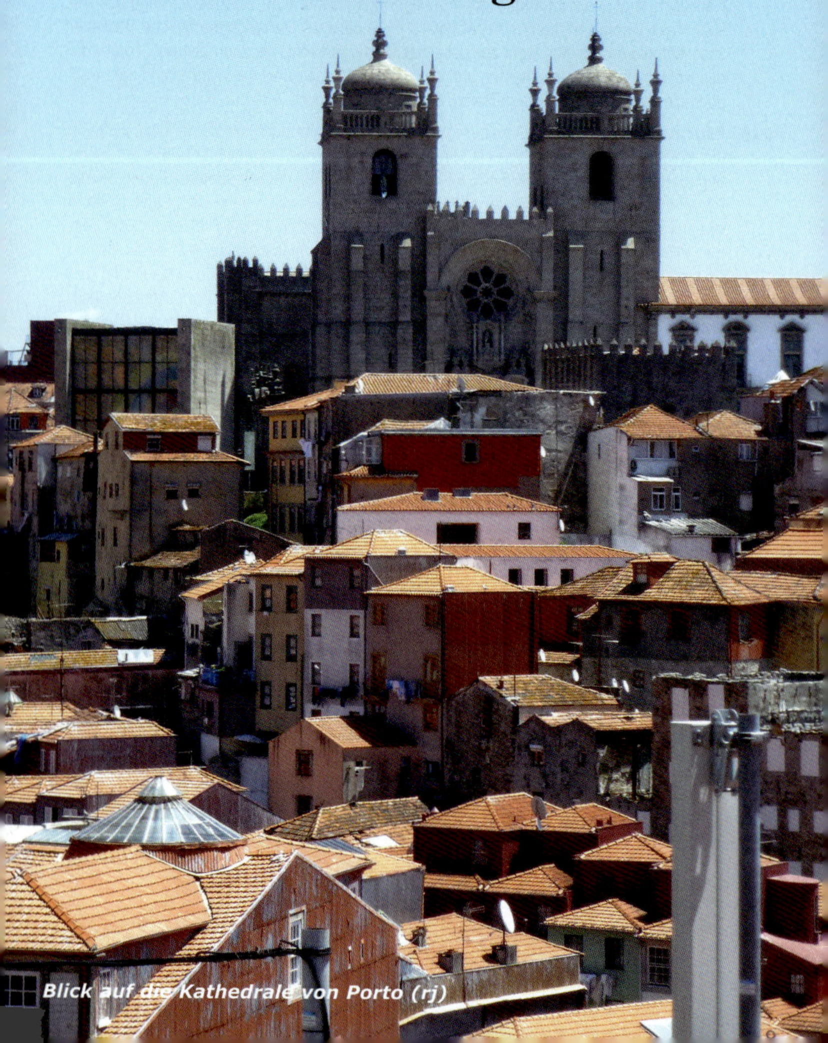

Blick auf die Kathedrale von Porto (rj)

Direkter Weg:
Porto – Vairão (24,8 km) – Vilarinho 26,3 km

⇔ ***Um zu entscheiden, ob Sie diesen Weg überhaupt gehen bzw. mit dem Bus abkürzen wollen, lesen Sie bitte zunächst den Vergleich der beiden Varianten nach Rates ab S. 56.*** *Kurz nach dem Verlassen der Stadt bietet sich nach insgesamt 8 km die Möglichkeit zu einem kleinen Abstecher mit einer Rast bei dem Kloster Leça do Balio. Auf dem gesamten Wegstück, das meist durch wenig reizvolle Stadtbezirke, Vorstädte und Industriegegenden führt, erwarten Sie übrigens keine größeren Steigungen. Bereits nach 2,6 km finden Sie die auf S. 48 erwähnte private Herberge von Porto. Bei km 18,1 folgt eine kleine private Herberge. Nach 24,8 km können Sie im Kloster Sãn Bento de Vairao in einer öffentlichen Pilgerherberge unterkommen und nach 26,3 km finden Sie in Vilarinho eine weitere private Herberge.*

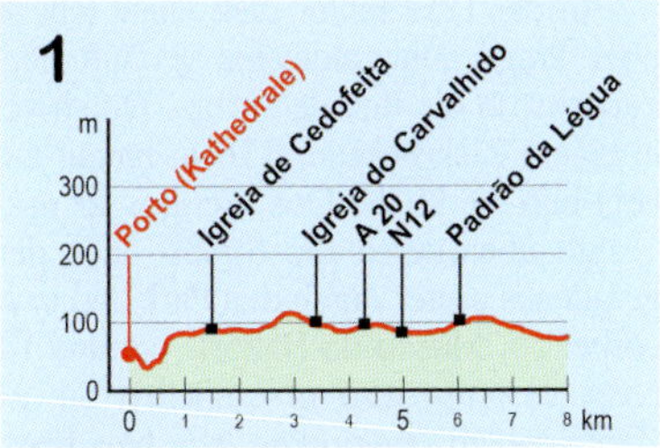

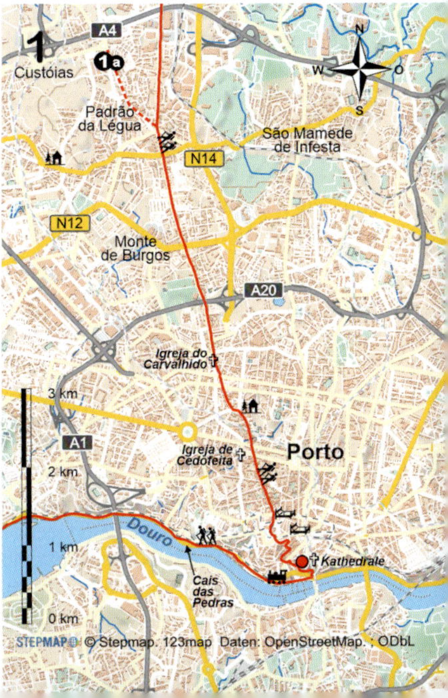

🚲 Mit dem Rad kommen Sie nur schwerlich über den markierten Jakobsweg durch die Gassen der Stadt. Nehmen Sie den Stadtplan auf S. 53 zu Hilfe und wählen Sie zuerst den Weg über den Bahnhof zum Museum História Natural. Von dort können Sie dann ohne größere Probleme dem Jakobsweg folgen.

🚶 Einige gelegentlich auch etwas verwirrende gelbe Pfeile finden sich im Bereich des Flussufers und auch an verschiedenen anderen Stellen in der Stadt. Die offizielle und somit auch hier beschriebene Wegführung ab Porto beginnt aber bei der Kathedrale. Sie gehen vor der Kathedrale auf der gegenüberliegenden Treppe hinab und links an dem mittelalterlichen Turm mit einer Zweigstelle der i Touristeninfo vorbei. Nach der Treppe führt der Weg Sie dann links und gleich wieder rechts in Richtung Igreja dos Grilos und links die Treppen hinab. (☝ Achtung, vor der Treppe zeigen irreführende Pfeile nach rechts in eine Gasse.)

Dann geht es durch verschiedene Gassen 250 m hinab bis zur großen Straße Rua de Mouzinho da Silveira. Sie überqueren diese und gehen über den Platz Largo de S. Domingo, der anfangs einer Straße gleicht. Dieser mündet dann gleich in die Rua das Flores und nach 200 m treffen Sie linker Hand auf ein gelbes Haus mit der Hausnr. 69.

An der Ecke hinter dem Haus teilt sich der Weg. Geradeaus führt der Weg über Praga. Links aufwärts verläuft der hier beschriebene Weg über Barcelos zunächst in die Rua de Ferraz. Durch verschiedene Gassen und Straßen geht es in einem Zickzackkurs 350 m hinauf zu einem großen Platz. Rechts von Ihnen liegt nun die Kirche **Dos Clérigos** ⓬ mit ihrem bekannten Turm.

Sie überqueren die Straße über den Zebrastreifen und gehen im Prinzip geradeaus weiter durch den Park und in etwa dem Verlauf der Gleise folgend links vorbei am **Museu da História Natural** ⓮ das zur Universität von Porto gehört. Nach weiteren 250 m erreichen Sie wieder eine Kreuzung, die Sie auf dem Zebrastreifen überqueren (⇦ hier Pensão França und weiter zur Pensão Duas Nações). Halb links führt der Weg direkt an einer Kirche mit einem schönen Kachelmotiv vorbei auf den Platz Praça de Carlos Alberto, der anfangs einer Straße ähnelt und nach 200 m an der linken Seite in die auffällig gestreifte Einkaufsstraße Rua de Cedofeita wieder verlassen wird. Nach 750 m kreuzen Sie die Straße Rua de Álvares Cabral. (☞ Wenn Sie nun nach links schauen, sehen Sie die ✝ Kirche **São Martinho de Cedofeita**, eine der ältesten christlichen Kirchen, die in der heute sichtbaren Form aus dem 12. Jh. stammt, aber letztendlich auf das 6. Jh. zurückgeht.) Es geht immer weiter geradeaus, bis Sie nach 600 m rechter Hand die Herberge Albergue de Peregrinos do Porto erreichen (km 2,6).

☞ Nähere Beschreibung der Herberge auf S. 50

Ca. 50 m nach der Kirche folgt eine kleine Kirche. Hier wird die breitere Straße verlassen und es geht weiter auf der etwas ruhigeren Rua de nove de Julho. Auch hier geht es immer geradeaus weiter. Nach der zweiten Unterführung nach links erreichen Sie nach 600 m wieder die Hauptstraße. Nur 150 m weiter erreichen Sie eine weitere Kreuzung. Linker Hand sehen Sie das ✝ Kirchlein **Igreja do Carvalhido** mit Kachelbildern (km 3,4).

Im Grunde geht es nun knappe 6 km immer geradeaus. Damit Sie aber wissen, wie weit Sie bei diesem nicht gerade reizvollen Stück bereits gekommen sind, folgt hier eine Wegbeschreibung. Über die Kreuzung geht es von hier aus geradeaus weiter in die Rua do Carvalhido. Diese Straße mündet schließlich in die Rua do Monte dos Burgos und nach 1,5 km erreichen Sie eine große Kreuzung mit Ampel, die Sie geradeaus überqueren.

Nun geht es auf der Straße 1,1 km geradeaus und dann überqueren Sie wieder eine Kreuzung und befinden sich nun in **Padrão da Légua** (km 6). Anschließend führt Sie der Weg weiter geradeaus.

Nach 350 m erreichen Sie eine Kreuzung mit einem Steinkreuz. Hier finden sich Pfeile, die Sie nach halb links auf die Variante **❶a** in Richtung Küste leiten wollen. Ich empfehle Ihnen, diesen aber **nicht** zu folgen, da Sie durch sie vorbei an der Autobahn und dem Flughafen direkt nach Vila do Conde geleitet werden. Wesentlich schöner ist jedoch der hier im Buch beschriebene Weg entlang der Küste. Gehen Sie also entweder „zurück an den Start" oder aber, wenn Sie weiter dem traditionellen Weg folgen wollen, von dieser Kreuzung aus weitere 1,6 km geradeaus über verschiedene Kreuzungen mit Ampeln, bis Sie am Ortsrand von **Godivai** eine Autobahn unterqueren. Nach 500 m treffen Sie nach einer Linkskurve auf eine Kreuzung mit Ampel. Rechts führt hier der Weg in 10 Min. zum Kloster Mosteiro Leça do Balio. Geradeaus weiter verläuft der Jakobsweg (km 8,4).

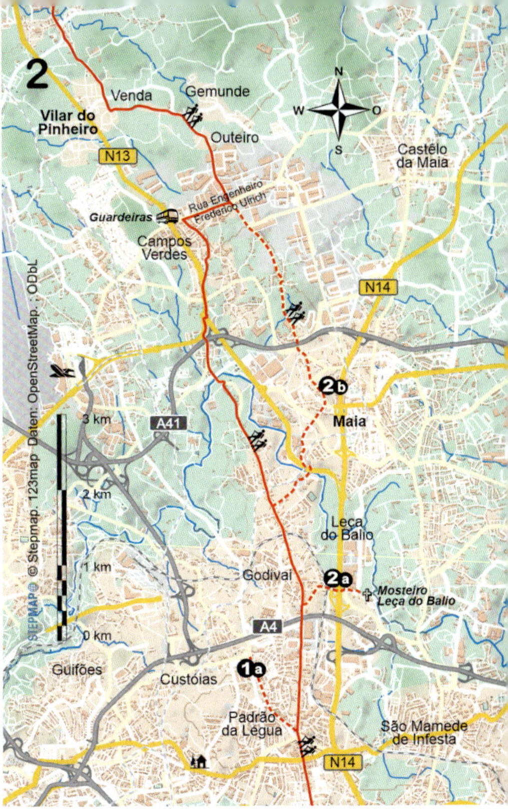

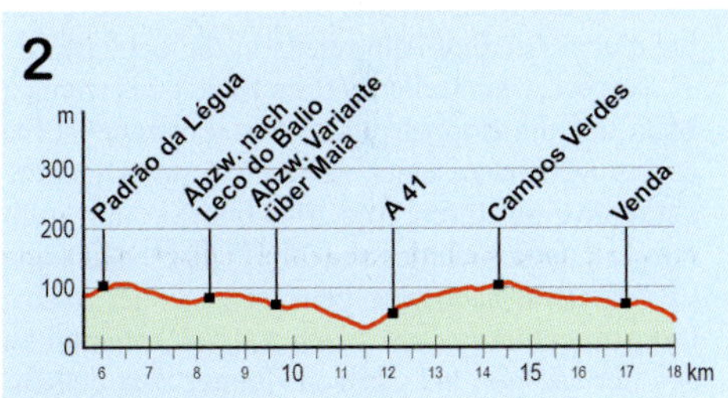

❷a Abstecher zum Kloster Leça do Balio

Nachdem Sie den Jakobsweg nach rechts verlassen haben, führt Sie die Straße nach 400 m zu den Bahngleisen, die Sie an der Absperrung für Autos vorbei überqueren. Nach weiteren 80 m bergab erreichen Sie eine Kreuzung. Während der folgenden 200 m gehen Sie rechts auf dem Fußweg, der Sie schließlich unter der N14 hindurchführt. Nachdem Sie diese unterquert haben, gehen Sie links und gleich wieder rechts über eine Kreuzung. Dann führt Sie der Weg auf einer Straße mit Kopfsteinpflaster 200 m in Richtung des Klosters (880 m).

Der Bau wurde im Jahre 1003 zum ersten Mal urkundlich erwähnt und soll der Legende nach im 14. Jh. Schauplatz einer geheimen Hochzeit des späteren Königs Don Pedro und seiner Braut Doña Ines gewesen sein, die die turbulente Liebesgeschichte schließlich mit einem grausamen Tod bezahlt haben soll. Das Kloster ist nicht regelmäßig geöffnet, aber wer es von innen sehen möchte, geht rechts am Turm vorbei und klingelt am Pfarrhaus (*Casa Paroquial*), Fernando hat den Schlüssel. Hier können Sie auch einen Stempel für Ihren Pilgerausweis bekommen.

Sie überqueren die Bahngleise. Nach insgesamt 1 km müssen Sie aufpassen, denn nach einer Kirche und einem kleinen Park finden sich nun zwei Wegalternativen (km 9,4).

❷b Alte Wegführung. Die ältere Variante, die ab hier nach rechts führt, ist stellenweise sehr gefährlich und kann insbesondere Radfahrern nur dann empfohlen werden, wenn diese suizidal veranlagt sind.

Geben Sie nun also gut acht, dass Sie nicht aus Versehen auf die alte Wegalternative abbiegen, und gehen Sie im Prinzip immer weiter geradeaus durch die Vorstadt, bis Sie nach 2,5 km die Autobahn überqueren. Danach pilgern Sie mit einem kleinen Umweg über den links liegenden Zebrastreifen nach rechts 400 m zum Kreisverkehr, den Sie umrunden. Nochmals 400 m weiter gehen Sie bei einem Friedhof halb rechts in die gepflasterte Straße.

Nach 1,1 km treffen Sie am Rande des wenig malerischen **Industriegebiets von Maia** auf die doppelspurige Rua Engenheiro Frederico Ulrich. Sie gehen nach rechts 500 m zu einer weiteren Ampelkreuzung, wo von rechts die alte Wegalternative auf Ihren Weg trifft und Sie nun nach links gehen. Sie befinden sich nun in **Campos Verdes** (km 14,3).

Auf dem Jakobsweg geht es nach der Kreuzung geradeaus weiter aus dem Industriegebiet heraus. Nach 1,4 km kommen Sie auf eine Kopfsteinpflasterstraße, der Sie nun links folgen. Immer den gelben Pfeilen nach geht es über verschiedene Kreuzungen, Gassen und Straßen durch den lang gezogenen Ort **Vilar do Pinheiro** (Ortsteil **Venda**), bis Sie nach 1,2 km eine Kreuzung erreichen, auf der nahe einer Bushaltestelle die Straßen Rua Doutor Jose Aroso und Rua do Padinho aufeinandertreffen.

Es geht 1,2 km immer geradeaus auf der Straße, die sich durch das Dorf zieht, bis Sie im Ortskern von **Lameira** (Ortsteil von **Mosteiró**) zu einem kleinen Park gelangen (km 18,1). (Hier finden Sie die Herberge Casa dos Caminhos. Da diese mit Übernachtungspreisen von € 20 bis 25 über dem Preislimit liegt und m. E. zudem kein besonders gutes Preis-Leistungs-Verhältnis bietet, wird Sie nicht näher beschrieben, ☏ 911 121 122.)

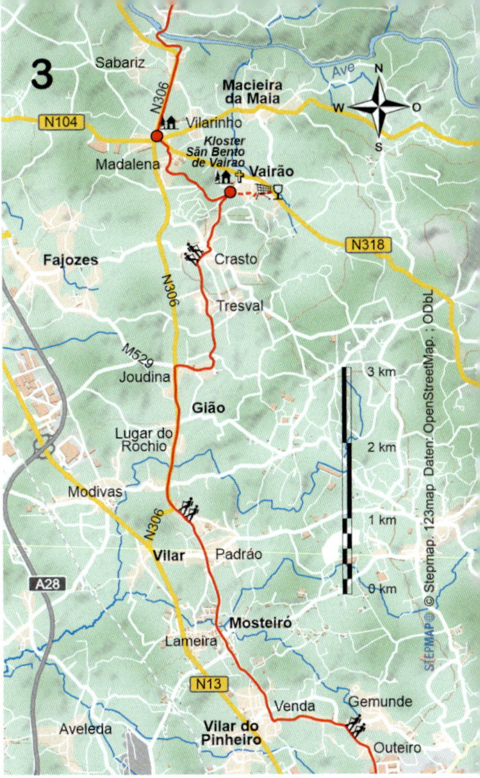

Weiter geradeaus über verschiedene Kreuzungen durchqueren Sie bald den Ort **Vilar** (Ortsteil **Padráo**) und treffen nach 1,9 km wieder auf die N306, über die Sie dann nach 600 m **Lugar do Rochio** erreichen (km 20,6).

Diese Straße ist nicht ungefährlich. Sie durchqueren einige Engstellen und die Autos sind hier ungeachtet dieser Gefahrensituation oft sehr schnell.

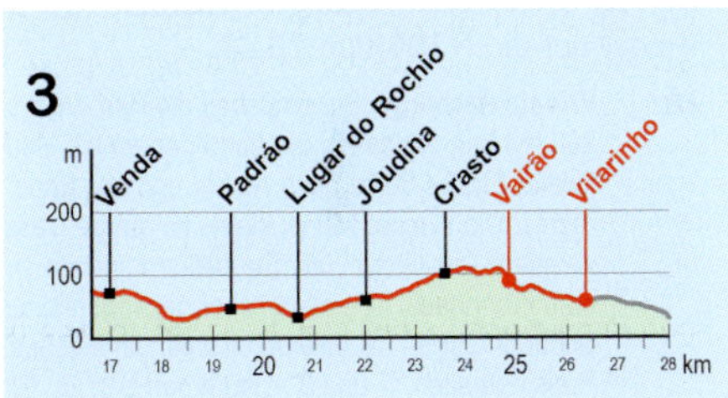

Auf der N306 geht es weiter, bis Sie nach 1,3 km eine Ampelkreuzung erreichen. Sie befinden sich nun im Dorf **Gião** (Ortsteil **Joudina**). Hier kreuzt die M529 Ihre Straße und führt nach Fajozes.

Früher führte hier der Weg geradeaus weiter und vermutlich werden Sie auch in Zukunft entsprechende Pfeile finden. Diese Strecke ist aber nicht zu empfehlen, da sie wegen der engen Straßenführung sehr gefährlich ist.

Folgen Sie ab hier der neuen Wegführung: Bei der besagten Kreuzung biegen Sie nach rechts in die Rua de Igreja und erreichen nach 500 m bei einem Steinkreuz nahe einer Kirche eine Kreuzung. Sie gehen hier nach links und folgen derselben Straße im Prinzip immer geradeaus 1,5 km bis nach **Crasto,** wo Sie der Straße weiter in einem Rechtsbogen folgen. Nach 200 m erreichen Sie bei einem Steinkreuz eine Straßengablung und gehen nun vorbei an Hausnummer 705 nach rechts in eine Gasse und immer weiter geradeaus 700 m meist bergab bis zu einer Kapelle. Nach scharf links geht es auf dem Jakobsweg weiter, aber geradeaus zur Herberge im ehemaligen Kloster Sãn Bento de Vairão in **Vairão** (km 24,8).

Herberge im ehemaligen Kloster. Die Herberge befindet sich in dem turmähnlichen Gebäude, auf das Sie treffen, wenn Sie bei der eben genannten Kapelle angekommen noch 100 m weiter bis zum Kloster Sãn Bento de Vairão gehen. Es bietet im oberen Teil des Turmes eine beeindruckende Aussicht. 60 Betten in 12 schlichten, rustikalen Zimmern, einfache, aber stilvolle Essküche, Meditations- und Therapieraum, 3 DZ für € 30, kleine internationale Pilgerausstellung. Das Anwesen geht auf eines der ältesten Klöster Portugals zurück, das hier vor über tausend Jahren von Benediktinern begründet wurde. **T** @. 966 431 916, ganzjährig 14:00 bis 22:00, Spende von mindestens € 10

In der Herberge finden Sie einen Plan des Ortes mit dem Weg zu einem 300 bzw. 600 m entfernten Restaurant bzw. Lebensmittelladen. Es gibt aber auch einen Lieferservice für Speisen.

Bei der Kapelle 100 m vor dem Kloster geht es also nach scharf links und über Pflasterstraße und Waldweg erreichen Sie nach 1 km den Ortsteil Madalena, wo eine Familie, die mitunter durch eine etwas aufdringliche Straßenwerbung auffiel, gelegentlich Gäste in ihrem Haus unterbringt (Familie Vidal, 7 bis 10 Plätze, recht nett, 966 766 092, € 15). Nach weiteren 500 m befinden Sie sich an der Hauptkreuzung in **Vilarinho** und treffen hier wieder auf die N306 (km 26,3).

Private Herberge. Sie erreichen die Herberge, wenn Sie zunächst dem Jakobsweg folgen. 200 m nach Verlassen der eben genannten Hauptkreuzung von Vilarinho gehen Sie in die zweite Straße 30 m nach rechts und am Ende der Gasse ebenfalls einige Schritte nach rechts. Die sympathische, kleine Herberge Casa Laura ist ruhig am Ortsrand gelegen und vermittelt familiäres Flair. Sie befindet sich in einem kleinen, renovierten Steinhaus neben dem Wohnhaus, ist einfach, aber gepflegt und bietet 3 Zimmer mit je 3 Betten sowie ein DZ. Schöner Garten mit Grill und Kohle, ein frisches Handtuch, Tee, Kaffee und Kekse sind im Preis enthalten, und **T** zusammen € 3, @. 917 767 307, ständig, € 15

Vilarinho – Rates 11 km

⇔ *Zu Anfang dieser Etappe führt Sie der Weg wieder über die gelegentlich enge Straße, dann wird er aber endlich ruhiger und auch landschaftlich schöner. Kurz nach Arcos trifft die Küstenvariante wieder auf den hier beschriebenen offiziellen Weg.*

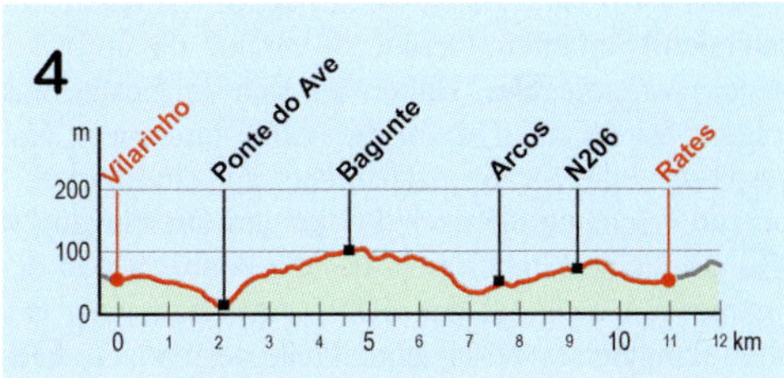

Nachdem Sie die Hauptkreuzung in Vilarinho verlassen haben, gehen Sie auf der nicht ungefährlichen N306 immer weiter, bis Sie diese nach 1 km in einer Linkskurve wieder geradeaus verlassen können. Der Weg führt Sie 500 m hinab zu der schön gelegenen mittelalterlichen Brücke Ponte do Ave, die über den Fluss Ave führt. Dann geht es steil bergauf durch das gleichnamige Dorf und durch den Eukalyptuswald, bis Sie nach 900 m wieder auf die bereits bekannte, mit Vorsicht zu genießende Landstraße treffen. Auf den folgenden Kilometern sind Wegänderungen bzw. Alternativen möglich, aber nach spätestens 1,8 km können Sie die Straße in einem Ortsteil von Bagunte endlich wieder auf Kopfsteinpflaster verlassen (km 4,2).

Der Weg führt Sie 700 m durch den Ort, an dessen Ende es eine Bar gibt. Nach 1 km auf wenig befahrenen Pisten und Straßen unterqueren Sie die Autobahn. Über Piste, steinigen Feldweg (schieben) und Straße erreichen Sie, kurz nachdem von links die Variante **4b** in unseren Weg gemündet ist, nach 900 m die kleine Brücke ⌘ Ponte de Arcos. Sie wird überquert und 400 m geht es hinauf zum höchsten Punkt des kleinen Dorfes **Arcos** (km 7,2).

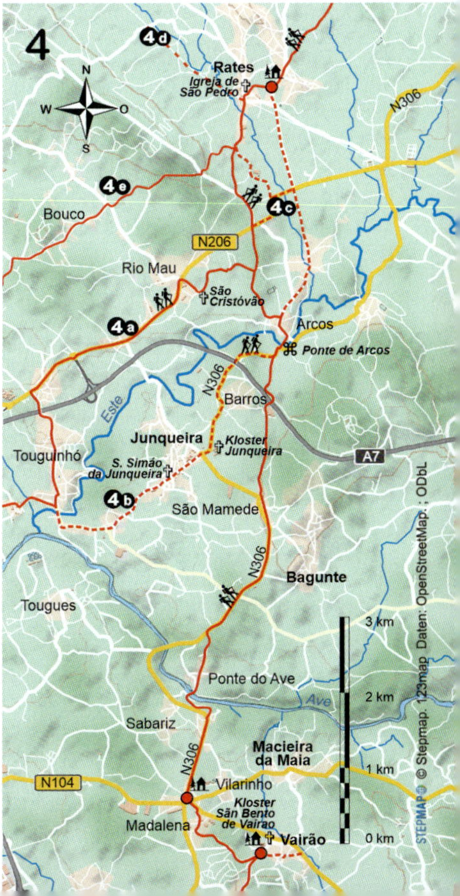

Das Dorf wird gleich wieder verlassen und es finden sich bald wieder verschiedene Varianten. Geradeaus verläuft die etwas kürzere, aber nicht so schöne neuere Variante ❹c. Halten Sie sich am besten links. Der schöneren Variante folgend wird nach 1,4 km die N206 überquert. Nach 400 m sollten Sie nicht verpassen, die Straße nach rechts auf eine andere Straße zu verlassen. Meist bergab erreichen Sie nach 1,4 km am Ortseingang von **Rates** die kleine Kirche Igreja de São Pedro, neben der sich auch ein kleines Heimatmuseum befindet (km 10,4). Am Ortsanfang fanden sich 2024 bei den alten Bahngleisen verwirrende Pfeile der Variante ❹d, die wieder in Richtung der Küste führen.

Rates

60 m, 2.000 Ew.

⌘ Die kleine Kirche **Igreja de São Pedro** von Rates stammt aus dem 12. Jh. Ihre friedliche Atmosphäre lohnt einen kurzen Besuch. Ausgrabungen brachten übrigens Reste von Tempeln aus römischer und vorrömischer Zeit zum Vorschein, die heute im benachbarten Museum ausgestellt sind.

⌘ Das kleine **Heimatmuseum** von Rates bietet im Erdgeschoss einige Ausstellungsstücke aus dem Bereich der Folklore und der Geschichte des Dorfes und im Keller ein paar Bilder sowie einige Fundstücke aus der Zeit der Renovierung der Kirche und von Ausgrabungen.

♦ Largo Conde D. Henrique, ☏ 252 090 002, in der Regel Di bis So 9:30 bis 12:30 und 13:30 bis 17:00, € 1

Der Weg führt Sie links an der ✝ Kirche vorbei und Sie erreichen sofort einen netten runden Platz. Geradeaus geht es weiter auf dem Jakobsweg, nach links hingegen zu einem weiteren schönen Platz, dem ⌘ Praça dos Forais. Sie folgen weiter den gelben Pfeilen durch verschiedene Gassen und gehen nach 250 m am Landhaus Casa Mattos vorbei. Nochmals 350 m weiter, gegen Ende der Ortschaft, wo der Jakobsweg an einer Steigung wieder an einer zweispurigen Hauptstraße entlang verläuft, erreichen Sie links die öffentliche Herberge (km 11).

Öffentliche Herberge. Die 2004 am Feiertag des hl. Jakobus eingeweihte Herberge São Pedro ist die dienstälteste offizielle Pilgerherberge Portugals. Sie ist großzügig in einem authentischen, inzwischen an einigen Stellen etwas renovierungsbedürftigen historischen Haus angelegt und wird von Freiwilligen geführt. Man findet hier im Erdgeschoss und ersten Stock des Hauses ca. 50 Betten in 4 Schlafzimmern mit einfacher Standheizung, gute Küche. Schöner Innenhof mit einer angrenzenden Ausstellung von historischen Gebrauchsgegenständen des Alltags. Gelegentlich werden **P** Pilgerausweise für € 2 angeboten. ☏ Keines, ganzjährig von 14:30 bis 22:00, Spende

Casa Mattos. Die einfache Pension befindet sich in einem landestypischen, ursprünglichen, rustikalen Haus und wirkt dadurch ebenso authentisch wie auch an einigen Stellen etwas renovierungsbedürftig. Verschiedene DZ mit überwiegend etwas engen Doppelbetten und ein DZ mit 2 großen Einzelbetten. DZ für 2 Personen einschließlich Frühstück € 50, DZ als Einzelzimmer mit Frühstück für € 40. ☏ 919 822 398 oder 916 005 172

Der Laden von Lourdes, den Sie erreichen, wenn Sie an der Pilgerherberge vorbei 60 m weiter bergauf gehen, bietet ein durchaus gutes, pilgerorientiertes Sortiment. Ansonsten gibt es vor Ort auch einige (Speise-)Bars.

Rates – Pedra Furada 6,3 km

⇔ *Der Weg nach Pedra Furada präsentiert sich landschaftlich reizvoll und verläuft meist auf Wegen und wenig befahrenen Straßen abseits der Ortschaften durch Wald und Feld.*

Auf dem Jakobsweg geht es vor der Herberge in derselben Richtung, in die Sie zuvor schon gegangen sind, an einem Dorfladen vorbei noch 200 m bergauf. Dann erreichen Sie eine Kreuzung und gehen nach halb rechts wieder bergab in die Rua da Ponte do Burrinho. Das Dorf wird bald verlassen und es geht über Wald- und Feldwege immer leicht bergauf und bergab weiter, bis Sie nach 2,4 km bei den ersten Häusern von **Reguengo (Courel)** den Wald verlassen und 200 m weiter die Landstraße überqueren (km 2,8).

Monolithen mit Kilometerangabe: Hier finden Sie einen Monolithen mit der Aufschrift „Santiago 208 km“. Die Kilometerzahl bezeichnet hier die fehlenden Kilometer der Strecke bis nach Santiago (... die nach meiner Berechnung über den hier empfohlenen Weg allerdings ca. 7 km kürzer ist). Traditionell fanden sich derartige Wegsteine auf den Jakobswegen erst ab Galicien (☞ S. 165). Der hier aufgestellte Stein wurde erst in den vergangenen Jahren in Anlehnung an diese Tradition aufgestellt. Einige weitere werden Ihnen auf dem Weg in Portugal noch begegnen, ohne dass ich jedes Mal genauer darauf eingehen werde.

Es geht 1,5 km immer weiter über verschiedene Feldwege, bis Sie wieder Asphalt betreten. Achten Sie nun gut auf die Kennzeichnung, denn der Weg beschreibt einen Umweg entlang einer stattlichen Mauer. An deren Ende können Sie die Straße dann nach 800 wieder auf einen Wald- und Feldweg verlassen. Über verschiedene Ortsstraßen erreichen Sie nach 800 m die N306, der Sie noch 400 m bis zur öffentlichen Herberge von **Pedra Furada** folgen (km 6,3).

Öffentliche Herberge. Die einfache, angenehme, schlichte Herberge bietet 24 Plätze in 2 Zimmern. Die Infrastruktur des Ortes ist etwas mau, aber 700 m weiter dem Weg folgend findet sich das Restaurant des Pilgerfreundes Antonio, wo es u. a. auch ein Pilgermahl für ca. € 10 und auch einen kleinen Laden gibt. und **T** gegen Spende. ☏ 935 608 425, ganzjährig 13:00 bis 24:00, Spende

Pedra Furada – Barcelinhos/Barcelos 8,4/10,6 km

⇔ *Nach einem ersten Stück entlang der Straße stehen Sie wieder vor der Wahl zwischen verschiedenen Varianten. Am Ende der Etappe erreichen Sie das reizvolle Städtchen Barcelos, für dessen Besuch Sie ein wenig Zeit einplanen*

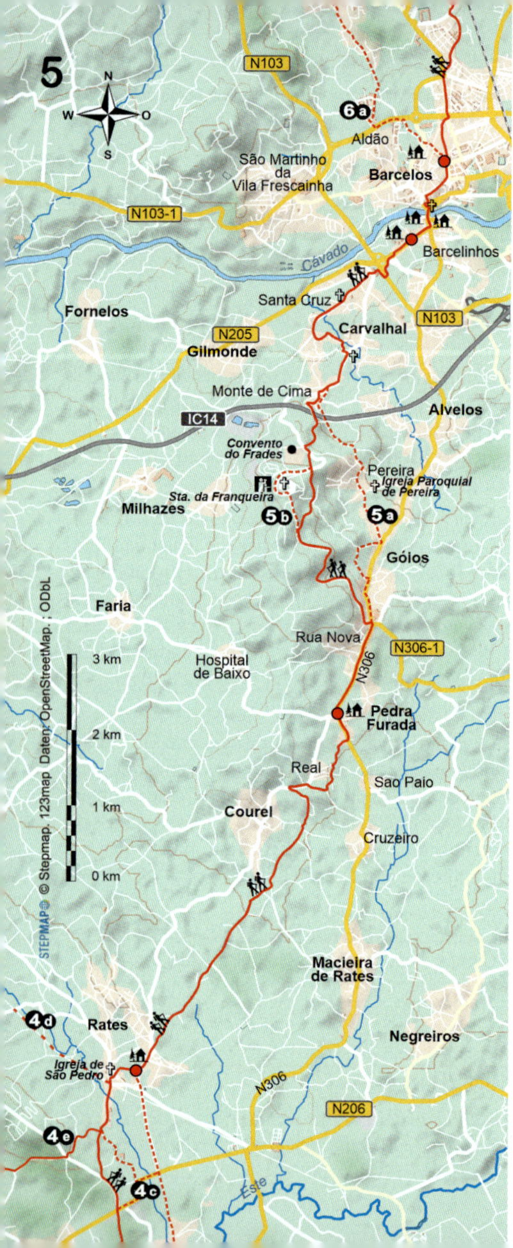

sollten. Überlegen Sie sich aber auch gut, ob Sie danach nicht doch noch am selben Tag bis nach Portela de Tamel weiterlaufen wollen, denn so können Sie dann am nächsten Tag bequemer nach Ponte de Lima kommen.

Über die kürzeste Wegführung erreichen Sie schon nach 8,4 km den Abzweig zur ersten Herberge, die sich in Barcelinhos befindet. Nach 10,6 km haben Sie Barcelos über den hier beschriebenen (zukünftigen) regulären Weg schon halb durchquert und befinden sich am Abzweig zur Herberge von Barcelos und einer weiteren Variante.

Nach der Herberge geht es 700 m weiter entlang der Straße und dann an dem eben erwähnten Restaurant mit kleinem Laden vorbei. Danach folgen Sie noch 600 m der Straße, wobei Sie den Ort **Góios** streifen. Bei einer größeren Kreuzung sind Sie in **Rua Nova** am höchsten Punkt der Straße angekommen und können zwischen zwei bzw. drei Wegen wählen (km 1,3).

Wer schneller ankommen will oder bei sehr schlechtem Wetter unterwegs ist, geht einfach weiter geradeaus über den alten regulären Weg. Grundsätzlich zu empfehlen ist aber der 800 m längere Weg durch den schattigen und im Sommer kühlen Wald. Dieser bietet auch die Möglichkeit zu einem weiteren kleinen, 500 m langen Umweg über die Anhöhe mit der Kirche Sta. da Franqueira, von der man eine schöne Aussicht genießen kann. Die hier empfohlene und später beschriebene Route ist abgesehen von den ersten Metern gut und vollständig markiert.

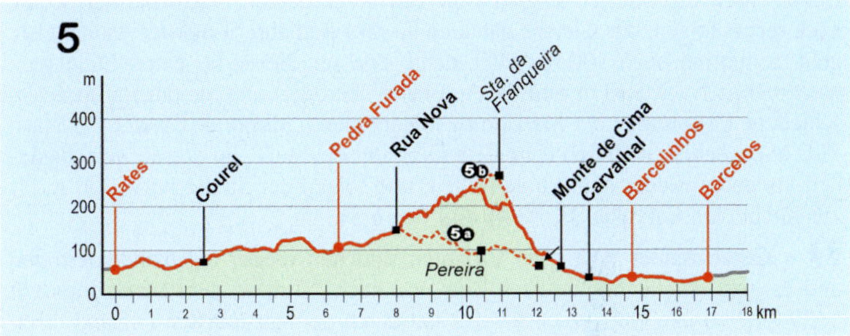

5a Regulärer Weg: Sie folgen der Straße noch 1,4 km weiter durch den Ortsteil **Rua Santa Leocadia** (Rua Nova) und dann bergauf und bergab durch den Wald. Weiter über Kopfsteinpflaster, wieder ebener, erreichen Sie nach 700 m in **Pereira** ein Steinkreuz (km 3,4). (Wenn Sie hier rechts gehen, treffen Sie nach 150 m auf eine kleine Kirche, die mit ihren blauen Kacheln einen netten Anblick bietet.) Geradeaus geht es weiter auf dem Jakobsweg, bis Sie nach 1,3 km durch eine Unterführung die Autobahn queren. Wenn Sie der Markierung noch 1 km folgen, erreichen Sie die Kirche von **Carvalhal** (km 5,7).

5b Abstecher über die Anhöhe (ca. 500 m Umweg): Sie folgen wie gleich beschrieben dem Weg bis zu km 9,8 und bleiben noch weitere 600 m auf der Straße, dann treffen Sie im spitzen Winkel auf eine andere Straße. Rechts geht es ca. 50 m die Treppen hinauf zum weiten Aussichtsplateau (282 m) (Fahren Sie scharf rechts weiter die Straße hinauf und umfahren so die Treppen) (km 4,1). Hier finden Sie auch die nette kleine Kirche **Sta. da Franqueira** und ein kleines Restaurant. Zurück und weiter entlang der Straße geht es bald wieder bergab und nach ca. 800 m kreuzt der hier empfohlene Jakobsweg, dem Sie dann weiter folgen, bei den links bergab führenden Treppen wieder diese Variante (km 4,9).

Empfohlener Weg: Die Wegführung war 2024 nur teilweise mit Pfeilen markiert. Sie gehen an der besagten Kreuzung nach links in Richtung Convento de Frades. Nur 100 m weiter erreichen Sie eine weitere Kreuzung und gehen hier nach rechts hinter dem Sägewerk entlang und später zum Teil in Serpentinen bergauf, bis Sie die Straße nach 2,1 km nach halb rechts auf einen Waldweg verlassen können (km 3,5). (↬ Wollen Sie nun den eben beschriebenen Abstecher zur Anhöhe machen, gehen Sie hier hingegen weiter geradeaus.)

Der Jakobsweg verläuft recht schön zwischen Mauern und Hohlwegen meist leicht bergab. Nach 1 km wird die Straße wieder überquert. 200 m führt Sie der Weg nun zum Teil über Stufen steiler bergab, bis Sie wieder auf dieselbe Straße treffen. (Bei Regenwetter umgehen Sie das Stück besser, indem Sie der Straße nach rechts folgen; das Gleiche gilt auch für 🚲 Radfahrer.) Auf der Asphaltpiste geht es nun nur noch 100 m weiter, dann verlassen Sie sie bei einem Steinkreuz nach rechts. Nach 500 m wird die Autobahn überquert und Sie pilgern über verschiedene Ortsstraßen der Markierung folgend durch **Monte de Cima** 🍸🛒. Nach 700 m erreichen Sie unten nahe dem Ortsrand die Stelle, an der die verschiedenen Varianten wieder aufeinandertreffen, und folgen der Straße noch 500 m bis zur Kirche von **Carvalhal** 🍴🛒 ⚕ 🚌 (km 6,5).

🚶🚶 **Gemeinsamer Weg**: Alle Varianten sind nun wieder aufeinandergetroffen und es geht vor der Kirche nach links und nach 70 m an dem Monolithen mit „199 km“ vorbei. Nun gehen Sie 1,2 km durch den zersiedelten Ort und erreichen dann nahe einem Waldrand die Kapelle Santa Cruz.

Nach 1,2 km und dabei zuletzt nach einem wilden Zickzackkurs haben Sie die N103 unterquert und gehen nun wieder neben einer breiteren Einfallstraße, die Sie weiter in den Ort führt. Nach 200 m gehen Sie an der 🏠 Herberge Diora Hostel (km 8,4/9,2) vorbei und noch 400 m weiter bei einer Kreuzung mit einem stattlichen Brunnen beginnt der Abzweig zur 🏠 Herberge des Wandervereins von **Barcelinhos** 🏠 🍴🛒 ⚕ 🚌. Weiter dem Jakobsweg folgend verlassen Sie die Straße nach links bergab in Richtung der Brücke, die nach Barcelos führt. Wollen Sie zur 🏠 Herberge der Folkloregruppe in Barcelinhos, überqueren Sie die Brücke nicht, sondern wenden sich nach 100 m, noch 50 m vor der Brücke, nach links und folgen der näheren Beschreibung auf S. 140. Wollen Sie aber dem Jakobsweg noch weiter folgen, gehen Sie weiter geradeaus über die Brücke.

✞ Direkt rechts vor der Brücke, die nach Barcelos führt, sehen Sie die **Kapelle Nossa Senhora da Ponte**. Wörtlich übersetzt heißt diese Kapelle „Kapelle unserer Frau von der Brücke“. Sie wurde 1328 errichtet und hat ein noch heute unter der Steinveranda sichtbares Wasserbecken mit Steinbank, wo sich die Pilger vor dem Betreten der Stadt die Füße wuschen.

🚶🚶 **Weg durch Barcelos**: Der Übersichtlichkeit halber folgt hier die zusammenhängende Wegbeschreibung. Die Einzelheiten zu den Unterkünften und Sehenswürdigkeiten finden Sie im Anschluss. Sie gehen 100 m über die ⌘ mittelalterliche Brücke (ℹ an deren Ende links darunter findet sich eine Pilgerinformation). Nach der Brücke gehen Sie links (🚲 Radfahrer schieben hier, da es sich um eine

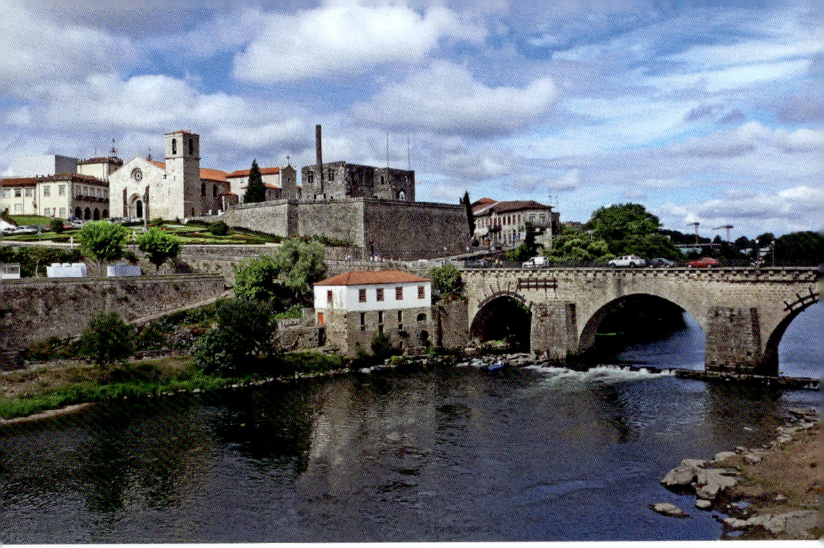

Barcelos (rj)

Einbahnstraße handelt!). Der Weg führt Sie auf den folgenden 300 m an der ✝ Kirche Matriz und dem ⌘ gelben Rathaus, wo gelegentlich Ausstellungen gezeigt werden, vorbei und so erreichen Sie die lange Einkaufspromenade von Barcelos, der Sie im größeren Abstand vorbei an der 🛈 Touristeninfo (☎ 253 811 882) noch weitere 300 m bis zum Platz Largo da Porta Nova mit der Kirche ✝ Bom Jesus folgen. Halb rechts geht es hier zum 🚌 Busbahnhof. Halb links an der Kirche vorbei verläuft hingegen der Jakobsweg. Folgen Sie diesem weiter, so erreichen Sie nach 180 m eine schmale Straße. Wollen Sie weiter auf dem Jakobsweg gehen, so überqueren Sie diese und gehen rechts. Wollen Sie dagegen zu der privaten Herberge von Barcelos, so folgen Sie ab hier der Wegbeschreibung auf S. 139 (km 9,8/10,6).

Barcelos

⇧ 50 m, 12.000 Ew.

ⓘ Die Tradition dieser liebenswerten kleinen Stadt geht auf die erste, im Jahr 1298 gegründete Grafschaft Portugals zurück. Bis heute sind noch Zeugnisse ihrer langen Geschichte sichtbar. Barcelos ist weit über die Grenzen Portugals hinaus bekannt. Zum einen durch den immer donnerstags stattfindenden Markt „Feira de Barcelos", zum anderen aber auch durch die Keramikarbeiten und die wundersame Pilgergeschichte um einen gebratenen Hahn, der zu einem bekannten Symbol für Portugal geworden ist. Zu den kulinarischen Spezialitäten der Stadt zählen ganz im Sinne dieser Tradition Brathähnchen und Vinho Verde (☞ S. 50).

☺ Nehmen Sie sich Zeit für diese Stadt! Barcelos ist klein, aber fein und lädt zum Bleiben ein. Ich empfehle Ihnen, tagsüber die Sehenswürdigkeiten der übersichtlichen Stadt zu besuchen oder mit dem Bus einen Ausflug in das nahe Braga zu unternehmen. Am Abend können Sie dann die vielseitige Gastronomie erkunden und in Ruhe die romantische Atmosphäre im historischen Zentrum am Ortseingang genießen. Es ist durchaus zu überlegen, ob Sie hier zwei Nächte bleiben und dies mit einem Ausflug nach Braga verbinden.

Diora Hostel in Barcelinhos. Das schöne, geräumige, teils rustikale Anwesen nahe der Einfallstraße bietet Zimmer mit 3, 4 und 5 Plätzen für € 15 p. P. und 4 DZ für € 30. Schöner begrünter Innenhof. Benutzung der und **T** sind im Preis inbegriffen, Küche und großer Hof, @. ☏ 919 448 839, ganzjährig 11:00 bis 24:00, € 15

Herberge des Wandervereins in Barcelinhos. Weg: Es gibt auch einen Eingang am folgenden Jakobsweg, der aber nicht immer geöffnet ist. Sie gehen also besser bei der vorher genannten Kreuzung geradeaus weiter, allerdings nicht auf der Hauptstraße, sondern auf der Pflasterstraße, die links oberhalb davon verläuft. Nach 50 m haben Sie links die Herberge Amigos da Montanha erreicht. Die schöne, moderne, helle Herberge bietet 16 Plätze in einem Schlafsaal sowie Aufenthaltsraum mit gut ausgestatteter Küche. Hof mit Aussicht auf die Stadt, Fußbad und Kletterwand! @ **T**. ☏ 253 830 430, ganzjährig 13:00 bis 22:00, € 8 bis 10

Herberge der Folkloregruppe in Barcelinhos. Die Albergue-Residencia do Senhor do Galo, in dem stattlichen Clubhaus einer Folkloregruppe eingerichtet, befindet sich unmittelbar vor der Brücke zwischen Barcelinhos und Barcelos: 50 m vor der Brücke gehen Sie 130 m nach links und stoßen, an der Feuerwehr vorbei, unweigerlich auf das besagte Haus, das sich hinter einem schmiedeeisernen Tor befindet und den Namen „Grupo Folclórico de Barcelinhos“ trägt. Die gepflegte Herberge verfügt über einen guten Schlafsaal mit 20 Plätzen, einen weiteren einfachen, improvisierten mit weiteren 20 Plätzen und einen schönen Aufenthaltsraum, Küche, **T** @. ☏ 253 833 304 oder 917 204 587, ganzjährig 14:00 bis 22:00, € 10

Private Herberge in Barcelos. ☞ auch Stadtplan. Wegbeschreibung: Dem auf S. 139 beschriebenen Weg **❻a** 200 m weit folgen und dort noch 80 m nach links in die Rua Miguel Bombarda, bis zur Hausnummer 36, der links gelegenen Herberge Cidade de Barcelos. Die private Herberge bietet in einem schönen, einfachen, renovierten Haus 20 Pilgern in 3 unterschiedlichen, gepflegten Zimmern, Nischen und Kammern Unterkunft. Kochgelegenheit mit Mikrowelle, rustikaler Aufenthaltsbereich, einfacher, schöner, teilweise überdachter Innenhof. Wenn geschlossen ist, bekommt man den Schlüssel in der benachbarten ✕ Bar „Café Araújo", wo es gelegentlich auch empfehlenswerte Menüs für ca. € 9 gibt. @. ☏ Keines, ganzjährig 14:00 bis ca. 22:00, angemessene Spende

⌘ Noch bevor Sie die Stadt über die mittelalterliche Brücke betreten, öffnet sich der Blick über diese hinweg auf eine Ansammlung **historischer Bauten am Ortseingang**. Über den Jakobsweg treffen Sie zunächst auf die Kirche **Matriz,** deren Entstehung auf das 14. bis 18. Jh. zurückgeht und die erst in neuerer Zeit renoviert wurde. Sie finden daher hier in der Kirche Elemente aus den verschiedensten Stilepochen. Rechts daneben befindet sich das **archäologische Freilicht-**

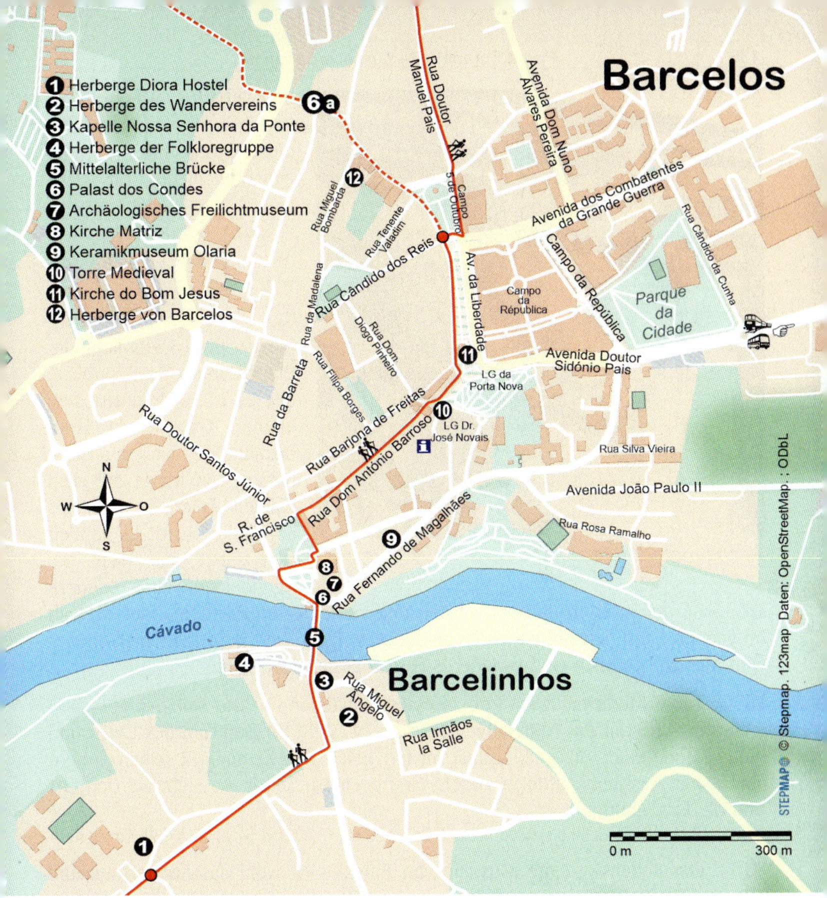

museum Barcelos. Hier steht auch ein Gedenkstein, der an Szenen aus einer bekannten Legende mit Hahn erinnert, die sich hier abgespielt haben soll (s. u.). Rechts neben dem Museum steht der **Palast dos Condes**, die Ruine des Palastes der Grafen von Barcelos aus dem 15. Jh.

☺ **Nachtschwärmer** besuchen das historische Zentrum am Ortseingang und genießen dessen zauberhafte Atmosphäre. Sei es allein schweigend oder gemeinsam mit einigen Freundinnen und Freunden und einer guten Flasche Wein.

✞ Die untypisch runde **Kirche Bom Jesus** ist ein bekanntes Postkartenmotiv von Barcelos und stammt vom Anfang des 18. Jh. Anlass für ihre Errichtung war das wundersame Auftauchen eines Kreuzes aus dem dunklen Grund des

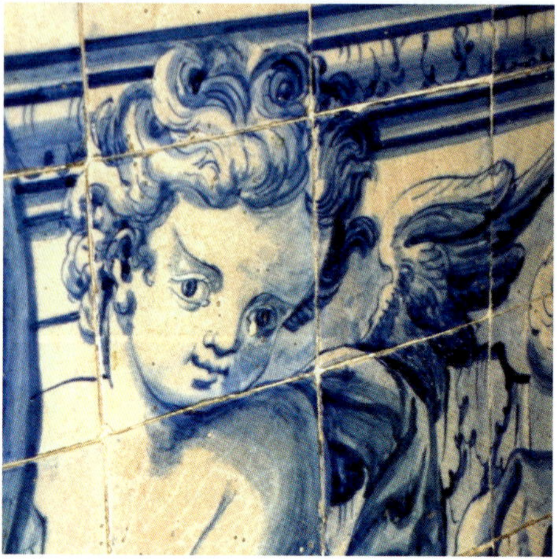

Kachelmotiv in der Kirche Bom Jesus (rj)

benachbarten Marktplatzes im Jahre 1504. Egal ob Sie diese Geschichte nun glauben oder nicht – die weißblauen Kachelbilder an den Wänden der Kirche sollten Sie sich nicht entgehen lassen.

☺ Nicht weit vom Templo do Bom Jesus liegt der Platz Campo da Républica. Dieser ist auch unter dem Namen Campo da Feira bekannt, da hier jeden Donnerstag ein Markt mit dem Namen Feira de Barcelos abgehalten wird. Es handelt sich dabei aber nicht um irgendeinen Markt, sondern um einen der größten, farbenreichsten und vielseitigsten Portugals, der deshalb im ganzen Land bekannt ist. Auch an anderen Tagen und besonders im Sommer wird hier gelegentlich ein besonderes Festprogramm geboten.

⌘ **Torre Medieval**. Der Turm, dessen Entstehung – wie sein Name schon andeutet – bis auf das Mittelalter zurückreicht, steht im Zentrum des Ortes und bietet neben einer Ausstellung hier im Ort gefertigter Keramik in seinem Innern von seiner Aussichtsplattform zudem eine beeindruckende Aussicht auf den Ort und die Umgebung.

♦ Mo bis Fr 10:00 bis 18:00, Sa und So 10:00 bis 13:00 und 14:30 bis 17:30, Eintritt frei

⌘ Das sehenswerteste Museum von Barcelos ist wohl das **Keramikmuseum Olaria**. Die Herstellung von Gebrauchs- und Kunstkeramik hat in Barcelos eine lange Tradition. Es finden sich unter den 7.000 ausgestellten Werken neben antiken und zeitgenössischen Werken aus der Region auch Stücke aus der ganzen Welt.

♦ Di bis Fr 10:00 bis 17:30, Sa und So 10:00 bis 12:30 und 14:00 bis 17:30, Eintritt bis 16 Jahre und ab 65 Jahre frei, sonst € 1,10 bis 2,20

Man kann von Barcelos mit dem Bus sehr bequem in das ca. 20 km entfernte **Braga** fahren. Die Fahrt dauert ungefähr 60 Min. und schlägt pro Strecke mit lediglich € 4 zu Buche. Außer an Sonn- und Feiertagen fahren hier praktisch jede Stunde Busse vom neuen Busbahnhof (*Central de Camionagem de Barcelos*) in der Avenida das Pontes ab. Dieser liegt am östlichen Stadtrand nicht weit vom Zugbahnhof. ☎ 253 814 310

Der **Hahn von Barcelos** – damals und heute. Der Legende nach soll in dieser sympathischen Kleinstadt einst ein Jakobspilger aus Galicien fälschlicherweise eines Verbrechens beschuldigt worden sein. Trotz seiner Unschuldsbeteuerungen wurde er schließlich zum Tode durch Erhängen verurteilt. Dem Richter, der gerade beim Festmahl saß, versicherte er in seinem letzten Plädoyer: „Es ist so sicher, dass ich unschuldig bin, wie dieser Hahn krähen wird, wenn man mich hängt." Als man den Pilger nun hängte, stand der Hahn wie vorhergesagt auf und krähte. Der Richter eilte gleich zum Galgen und ließ den Pilger abhängen, der dank einer zu locker gebundenen Schlinge bis dahin überlebt hatte. Er konnte die Stadt unversehrt verlassen, was er dann auch umgehend tat. Der Pilger kehrte aber nach langer Zeit zurück, um zum Dank für den Schutz durch die heilige Jungfrau Maria, der er seine Rettung zuschrieb, ein Kreuz zu errichten, das heute in dem vorher erwähnten Freilichtmuseum am Ortseingang zu sehen ist.

Hatten Sie soeben ein Déjà-vu-Erlebnis? Zu Recht – die Geschichte erinnert sehr an die Legende, die sich in Santo Domingo de la Calzada auf dem Camino Francés in Spanien zugetragen haben soll. Bis heute konnte nicht abschließend geklärt werden, wer hier von wem abgeschrieben hat bzw. ob auf der Iberischen Halbinsel in grauer Vorzeit tatsächlich eine besonders hitzeresistente und gerechtigkeitsfühlende Art von Hühnern existiert hat. Der Hahn hat sich in der Zwischenzeit übrigens nicht nur zu einem Symbol für Barcelos, sondern für ganz Portugal entwickelt. Sie können ihn als traditionelle ortstypische Ton- und Keramikarbeit in verschiedenen Läden oder auf der vorher erwähnten Feira de Barcelos erwerben. Es finden sich auch kleinere, pilgertaugliche Modelle, die nicht zu schwer im Rucksack liegen.

Barcelos – Portela de Tamel 9,2/11,3 km

⇔ *Der Anfangspunkt dieser Etappe markiert auch gleichzeitig den Scheideweg zweier Varianten. Die neuere Variante über Abade de Neiva verläuft zwar nicht so lang durch die Vorstadt, dafür dann später aber ein Stück entlang der N103 und ist mit 11,3 km auch 2,1 km länger und etwas bergiger. Sie wird daher eher besonders Kulturbegeisterten empfohlen, die die Kirche Santa Maria de Abade besuchen wollen. Der im Regelfall empfehlenswerte, 9,2 km lange direkte Weg verläuft in der ersten Hälfte auf wenig befahrenen Straßen und auf Wegen zunächst mit wenigen Höhenunterschieden hinaus aus der Ortschaft und bis nach Lijó (⇧ 60 m). Danach geht es dann hinauf nach Portela de Tamel (⇧ 195 m).*

❻a Variante über Abade de Neiva und Weg zur Herberge:
Nach dem Überqueren der am Ende der Etappe erwähnten schmalen Kopfsteinpflasterstraße gehen Sie weiter geradeaus, links am Park vorbei, bis Sie nach 200 m die nächste Kreuzung erreichen. (↳ Nach links geht es hier 80 m zur privaten Herberge Cidade de Barcelos.) Weiter geradeaus der Markierung folgend überqueren Sie nach 150 m eine zweispurige Straße und verlassen über die Rua

do Carregal bergab den Ort. Bald verläuft der Weg entlang der Nationalstraße, die nach 900 m bei **Aldão** überquert wird.

Vorbei an verschiedenen Ortsteilen sind Sie nach 2,4 km, die vorwiegend über gepflasterte, wenig befahrene Ortsstraßen zunehmend bergauf verlaufen, oben in **Abade de Neiva** angekommen und erreichen dort die N103. Diese wird aber gleich wieder verlassen und schon 200 m weiter stehen Sie vor der romanischen ✝ Kirche Santa Maria de Abade und ihrem Wehrturm (12. bis 13. Jh.). 1927 wurde sie zum Nationaldenkmal erklärt und bietet den Anlass für diese Variante (km 3,8).

Nach der Kirche senkt sich der Weg und führt über eine wenig befahrene Pflasterstraße wieder aus dem Ort hinaus, bis Sie nach 900 m einen Feldweg betreten. Dieser mündet bald wieder in einen Pfad, der bergab durch den Wald verläuft. (Schieben Sie ein wenig.) Nach 400 m überqueren Sie in Estrada die N204 und stoßen geradeaus weiter, vorbei an einer Tankstelle, nach 150 m bei einem grünen Tor auf die Wegführung der Hauptstrecke, die hier von rechts kommt (km 5,3).

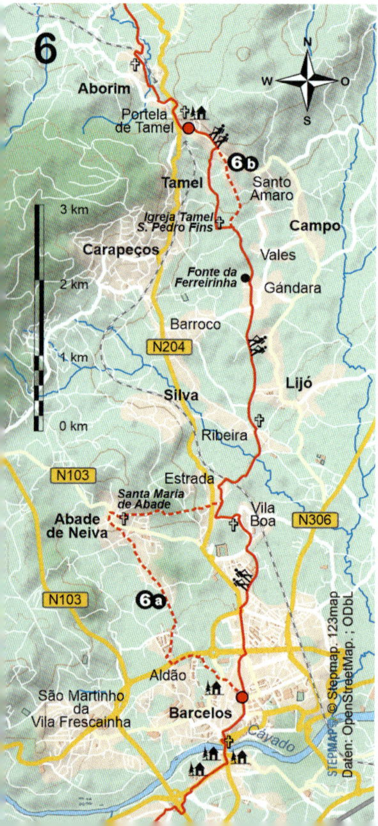

Empfehlenswerter direkter Weg: Nach dem Überqueren der schmalen Straße gehen Sie also gleich wieder rechts, um nach 50 m eine weitere Straße zu überqueren. Auf dem gut markierten Jakobsweg geht es weiter stadtauswärts, bis Sie nach 600 m nach einem Kreisverkehr die Schnellstraße überqueren. Der Weg führt Sie noch 1,5 km zunächst entlang der Hauptstraße und dann über Nebenstraßen durch Vororte hinaus, dann sehen Sie linker Hand das Fußballstadion und gehen nach rechts. Nur 500 m weiter geht es in **Vila Boa** an einer kleinen Kirche vorbei. Nach 500 m stößt die Variante über Abade de Neiva von links wieder dazu (km 3,2).

Gemeinsamer Weg: Noch 400 m geht es nun bald bergab durch die Ortschaft, dann verlassen Sie diese. Der offizielle Weg führt am Ortsrand unter den Bahngleisen hindurch, eine Abkürzung führt dagegen 150 m vor deren Unterquerung nach rechts über diese hinweg und dann betreten Sie zunächst eine Pflasterstraße. 900 m bzw. 1,2 km weiter erreichen Sie in **Lijó** (Ortsteil Ribeira) 🍷 (⇧ 60 m) an einer Kreuzung eine Kapelle zu Ehren des heiligen Sebastians (hier 🍷) (km 4,5).

Es geht nun 1,3 km allmählich bergauf, bis Sie eine Straße überqueren und weiter hinauf in den Wald gehen. 700 m führt der Weg bergauf und bergab, dann überqueren Sie am Ortsausgang von **Gándara** eine Kreuzung. Geradeaus weiter erreichen Sie nach 150 m linker Hand den Brunnen Fonte da Ferreirinha, ✋ dessen Wasserqualität allerdings umstritten ist. Nach 700 m stoßen Sie in **Tamel** erneut auf eine Kreuzung und gehen auf der Piste 50 m weiter (km 7,4).

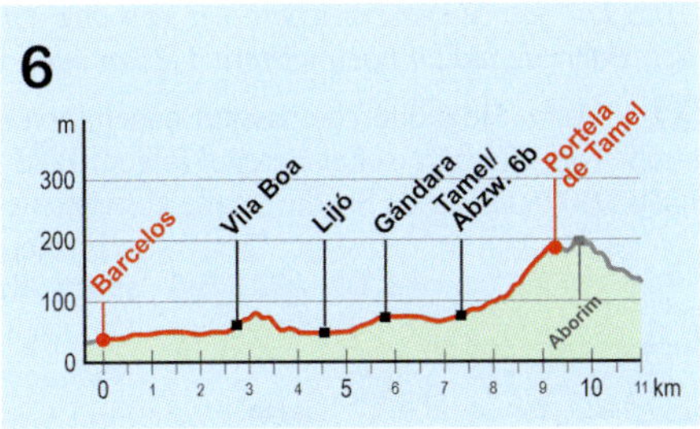

☺ Hier können Sie sich wieder entscheiden: Entweder gehen Sie nun 1,6 km immer der Straße folgend auf dem direkten Weg **❻b** weiter bis zur Herberge, die neben der Kirche von Portela liegt, oder Sie nehmen die hier empfohlene 200 m längere Variante vorbei an der Kirche über kleinere Ortsstraßen.

🚶🚶 Auf dem hier empfohlenen Weg verlassen Sie die Asphaltstraße und gehen nach links 150 m an einer ruhig gelegenen ✞ Kirche vorbei. Nach 850 m steigt die Pflasterstraße zunehmend an und verläuft 300 m durch die Ortschaft, wo sie dann, fast oben angekommen, auf eine Asphaltstraße trifft. Es geht weiter nach oben und nach 500 m erreichen Sie die ✞ Kirche von **Portela** (das man auch Portela de Tamel nennt) 🏠 🚌 (⇧ 195 m), neben der sich die Herberge befindet und auf deren Vorhof ein altes Steinkreuz steht, auf dem Sie auch einen Pilgerstab mit Muschel und Kalebasse erkennen können (km 9,2).

🏠 **Öffentliche Herberge**. Sie erreichen die Herberge Casa da Recoleta, wenn Sie der Beschilderung folgend vor der Kirche rechts an dem Gemeindehaus mit Parkplatz vorbeigehen, 100 m oberhalb des Kirchenvorplatzes. Die Herberge wurde auf den alten Fundamenten eines Armenhauses der Franziskaner, das auf das Jahr 1633 zurückgeht, errichtet. Sie ist großzügig in modernem Stil vorwiegend aus Naturstein erbaut. Heute finden hier 42 müde Pilger in 4 Schlafsälen mit Klimaanlage, aber ohne Heizung Unterschlupf. Schöner Aufenthaltsraum mit @ Internet, Getränke- und Kaffeeautomat, gute Küche und ein Regal mit zum Verkauf stehenden einfachen Kochzutaten und Grundnahrungsmitteln. ✕ Hier gibt es einen Lieferservice für Speisen und nebenan befindet sich das Restaurant Inefável, das täglich ab 19:00 Pilgermenüs für € 12 anbietet. 🗔 € 2, **T** € 2, @. ☏ 935 136 811, 🚪 ganzjährig 14:00 bis 22:00, € 5

Portela de Tamel – São Simão (10,8 km) – Vitorino dos Piães 12 km

⇔ *Gleich nach Portela de Tamel führt der Weg wieder etwas hinab nach Aborim (⇧ 150 m). Nach knapp 5 km überqueren Sie eine historische Steinbrücke und dann geht es durch verschiedene Dörfer und Siedlungen, bis Sie nach 10,8 km São Simão erreichen, wo sich eine empfehlenswerte Unterkunft befindet, oder Sie laufen noch weitere 1,2 km nach Vitorino dos Piães.*

Wenn Sie die Kirche passiert haben, erreichen Sie nach 100 m die Hauptstraße, der Sie nun weiter bergauf folgen. Bald führt sie wieder nach unten und nach 500 m verlassen Sie die Straße kurz nach einem Brunnen nach links auf eine schmalere Straße. Der Weg führt Sie bald durch **Aborim** (⇧ 150 m), wo Sie nach 1 km die Gleise überqueren. Nachdem Sie die Gleise überquert haben, führt Sie der Jakobsweg bald aus der Ortschaft hinaus und über einen schönen Feldweg, bis Sie nach 900 m in **Giestal** wieder auf eine Straße treffen.

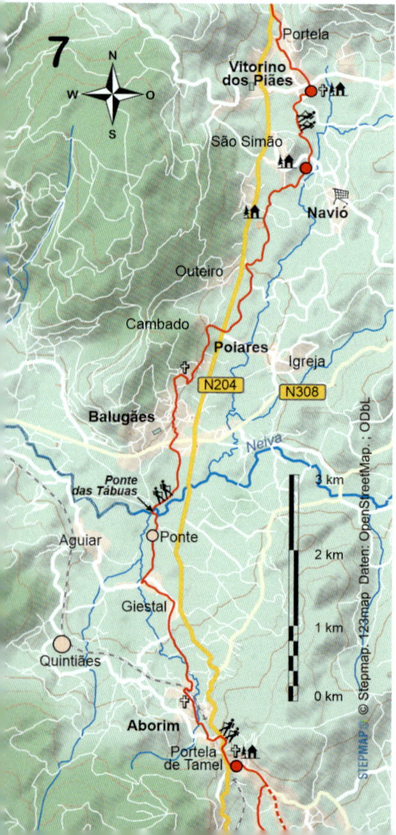

Über wenig befahrene Ortsstraßen wird der Ort nun 1 km durchquert, dann sind Sie am Ortsende bei einem Baumarkt angekommen und der Weg führt Sie wieder über eine Pflasterstraße 1 km bis zur idyllischen mittelalterlichen Brücke **Ponte das Tábuas** (km 4,5).

☺ Nutzen Sie die malerische Atmosphäre zwischen Brücke, Ufer und Fluss zu einem kleinen Picknick, einem Bad oder einer Liebeserklärung.

Über schöne Feldwege geht es weiter nach **Balugães**, wo Sie kurz nach einer Wasserstelle nach 1,1 km eine zweispurige Straße überqueren (hier links 120 m zu einer Bar). Auf verschiedenen Wegen, Pfaden und Straßen gehen Sie 600 m zuerst am Rand der Ortschaft entlang und dann durch sie hindurch, bis Sie eine Kreuzung mit einer weiteren Wasserstelle finden. Sie gehen

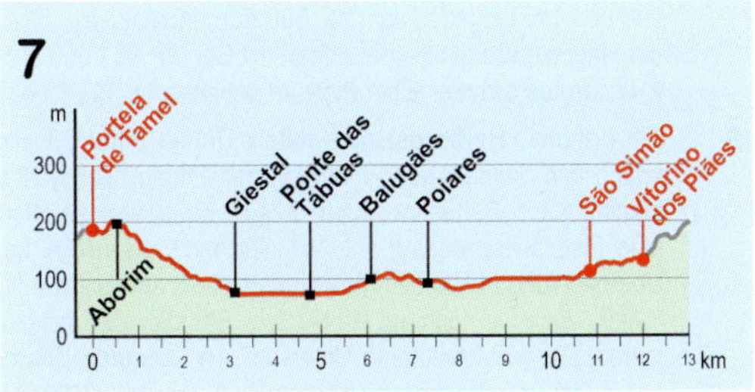

weiter geradeaus und folgen der Straße nun wieder bergab – aber zunächst nur 200 m weit.

(🚲 Wenn Sie den Weg nun 200 m abkürzen wollen, folgen Sie weiter der Straße bergab.) Im Allgemeinen empfehle ich aber, weiter der regulären Wegkennzeichnung folgend hier die Straße geradeaus bergauf zu verlassen. Nach 300 m erreichen Sie so die wunderschön unter Ölbäumen gelegene, kleine ✞ romanische Kirche von Balugães, deren Umgebung sich hervorragend für eine Rast eignet, da sie auch eine weitere 💧 Wasserstelle bietet (km 6,7)

Nach dem netten Kirchlein geht es wieder bergab. Wo die Straße nach 600 m eine scharfe Rechtskurve beschreibt, verlassen Sie diese geradeaus in einen Waldweg, erreichen bald einen ersten Ortsteil von **Poiares** und überqueren nach 600 m die Landstraße. Auf wenig befahrenen Pisten geht es nun immer weiter durch die Felder, bis Sie nach 1,9 km wieder eine kleine Ansiedlung erreichen, die bereits zu Vitorino dos Piães zählt. Nur 100 m nach Betreten der Ansiedlung treffen Sie auf eine kleine Straßenkreuzung, wo sich die 🏠 Casa da Fernanda befindet (km 9,9). Sie verlassen die Ansiedlung, die am ehesten noch dem Ort **Navio** zugeordnet werden kann, gleich wieder und gehen auf Wegen und Pfaden weiter (🚲 Radfahrer schieben abschnittsweise), bis Sie nach 900 m nahe **São Simão** die 🛏 🏠 Casa Rural O Estábulo de Valinhas erreichen (km 10,8).

Gleich nach der Herberge Casa de Valinhas wird die Landstraße überquert und nach 1,2 km haben Sie die ✞ Kirche von **Vitorino dos Piães** 🏠 🍷 🛒 🚌 (⇧ 125 m) erreicht (km 12).

🏠🛏 **Pilgerfreundliches Landhaus Casa Rural O Estábulo de Valinhas**. Bei São Simão (km 10,8). Die Pension liegt in einem schönen, alten, renovierten Anwesen am Weg und bietet 10 Zimmer meist mit Doppelbett (140 cm x 195 cm) und einen guten, kleinen, nachträglich extra für bescheidene Pilger eingerichteten Herbergsteil mit 6 bis 7 Plätzen in einem Schlafsaal. Im Nebengebäude gibt es eine Kochgelegenheit mit Geschirr und Grundausstattung (z. B. Kaffee, Tee, Butter). Ein Automat mit Grundnahrungsmitteln ist vorhanden. Im Gartenteich kann man seine Füße kühlen. ✕ Für € 16 kann auf Wunsch ein Abendessen einschließlich hausgemachten Vinho Verdes ☞ S. 50 und für € 6 ein reichliches Frühstück mit selbst gemachter Marmelade und Tee genossen werden, wenn man das beim Einchecken rechtzeitig mitteilt. Hier wird eigenes Olivenöl hergestellt. Die Produktionsstätte kann besichtigt und das Öl probiert werden. ☺ Das Geld aus der Trinkgeldkasse dieser Herberge geht übrigens an eine Organisation zur Hilfe von krebskranken Kindern und so kommen jedes Jahr ca. 500 Euro zusammen. 800 m entfernt befindet sich an der Hauptstraße ein kleiner Laden mit Bar. ☏ 961 050 955, März bis Okt, DZ komplett € 42, Dreibettzimmer € 51, Platz im Schlafsaal € 15

Zur örtlichen Herbergslage / weitere Unterkünfte: Günstige Betten sind in dieser Region knapp und deshalb kann man von den Pilgern hier wohl praktisch verlangen, was man möchte (☞ „Bettenknappheit“ S. 42). Es ist also zu überlegen, ob Sie überhaupt ohne eine feste Reservierung mit verbindlicher Preiszusage besonders zur Hochsaison eine Übernachtung auf diesem Streckenabschnitt ansteuern wollen ... oder Sie ziehen eben ins Kalkül, dass Sie noch gut ein bis zwei Stunden zur nächsten günstigen Unterkunft weiterlaufen. Die recht bekannte Unterkunft **Acogida Casa da Fernanda** liegt bereits bei Navio (km 9,9). Nachdem ich diese Herberge seit 2010 mit Lob überschüttet und so gefördert hatte, erlaubte ich mir ab 2022 mit Kritik u. a. über das neuere Preiskonzept auszupacken: Obwohl der Herbergsname „Acogida“ hier noch (aus Werbezwecken?) auf eine rein private nichtkommerzielle Unterkunft schließen lässt, werden weniger gut bemittelte Pilger in jüngerer Zeit nämlich m. E. nun eher durch diese neue Preispolitik vor der Türe stehen gelassen (☞ Ausführliches zum Thema lesen Sie auf Seite 41 unter dem Stichwort „flexibler Preisdeckel“). Im Winter 2024 erreichte mich dann eine Nachricht der Herberge, in der man mich bat, unter diesen Umständen lieber auf eine weitere (d. h. auch kritische) Darstellung der Herberge in diesem Buch zu verzichten – dem ich nach dieser notwendigen Hintergrundinformation für Sie nun auch nachkomme. **?** Spätestens dann, wenn die wenigen regulär öffentlich ausgeschriebenen Plätze im Herbergsteil belegt sind, hilft man den Pilgern bei dieser Adresse Leserzuschriften zufolge übrigens regelmäßig sehr gerne mit dann noch wesentlich höherpreisigen, nahegelegenen Unterbringungsmöglichkeiten aus der Not ... Meine wiederholten Fragen zum rechtlichen Rahmen letzterer Option wurden m. E. bisher noch nicht ausreichend beantwortet. Nur 2 km weiter findet sich in Vitorino dos Piães (km 12) die **Casa Sagres,** die dank der Bettenknappheit inzwischen ebenfalls sehr gut bei den Preisen zulangt. Weg: direkt hinter der Kirche am Etappenende 150 m nach rechts. 8 Plätze in einem eher einfachen Raum neben dem Wohnhaus mit Garten. Abgesehen vom hohen Preis stimmt hier m. E. auch das Preis-Leistungs-Verhältnis nicht so ganz. ✕ Abendessen € 10, DZ mit Frühstück € 60, EZ mit Frühstück € 40, **T** @. ☏ 962 916 441, ganzjährig ab 14:00 bis 24:00, Ü mit Frühstück € 20 bis 22!

Vitorino dos Piães – Sobreiro (5,7 km) – Ponte de Lima 12,3 km

⇔ *Hinter Vitorino de Piães (⇧ 125 m) führt Sie ein Anstieg hinauf nach Portela (Portela da Facha) (⇧ 190 m). Der Weg verläuft fast ausschließlich auf Feld- und Waldwegen sowie auf wenig befahrenen Straßen und die Landschaft gestaltet sich zum größten Teil recht reizvoll. Bedenken Sie, dass Sie selten eine Möglichkeit finden werden einzukaufen. Die Läden liegen zum Teil abseits des Weges oder sind nur zeitweilig geöffnet. Das sympathische Ponte de Lima, das Sie am Ende der Etappe erreichen, stellt sicher einen bedeutenden Ort auf dem Weg dar, bietet aber nur wenige, zeitaufwendige Sehenswürdigkeiten.*

Nur 100 m nach der Kirche kreuzen Sie die Hauptstraße (hier rechts 50 m zu einer Bar). Nun geht es 300 m zum Teil steil bergauf, dann wird die Straße nach links auf eine schmale Straße verlassen, die zunächst relativ eben und dann wieder bergab verläuft und nach 500 m eine Pistengablung erreicht. Nochmals 300 m geht es nun zum Teil sehr steil und steinig bergauf (🚲 hier schieben Sie zwischendurch), bis Sie wieder eine befestigte Ortsstraße erreichen, die gleich in die N204 mündet. Sofort hinter dem Ortsschild von **Portela** (Portela da Facha) (⇧ 190 m) verlassen Sie diese nach 300 m nach halb links auf einen steinigen Waldweg zum Teil steil bergab und gelangen nach 1 km zu einer Häusergruppe. Hier finden Sie unter einer Weinlaube einen schönen schattigen Platz zum Rasten am Wasser (km 2,5).

Ohne weitere große Höhenunterschiede geht es nun 1,5 km auf verschiedenen Straßen, Pisten und gepflasterten Feldwegen bis zu einer ✝ kleinen Kapelle. Schauen Sie mal nach links! Hier steht

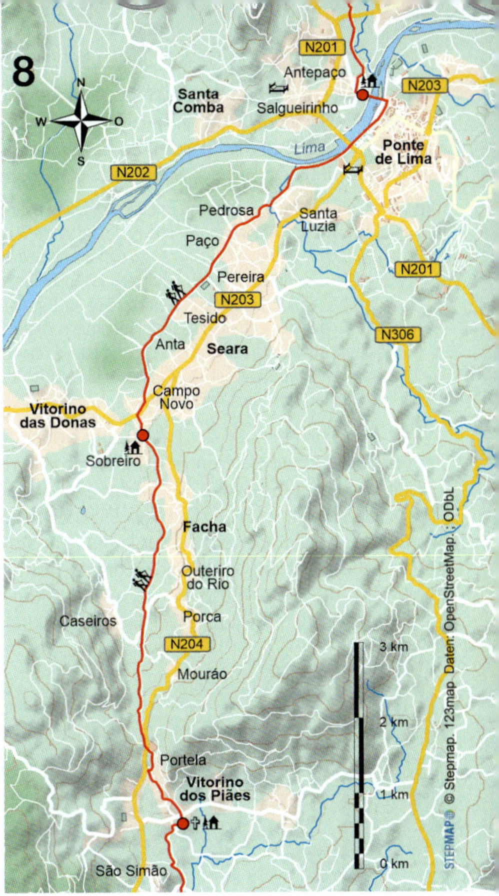

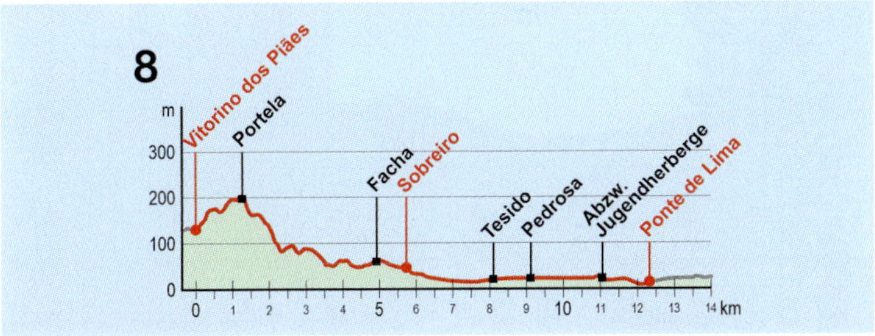

ein Bildstock mit einem Kachelmotiv, auf dem ein Pilger abgebildet ist. Auf wenig befahrenen kleinen Ortsstraßen und gepflasterten Wegen wandern Sie 1,7 km immer weiter durch die Ortschaften **Facha** und **Sobreiro** (⇧ 30 m), wo Sie nahe einer Pilgerstatue aus Stein auch eine kleine Herberge finden (km 5,7).

Kleine private Herberge. Bei der Kreuzung mit der Pilgerstatue scharf links (fast zurück) 100 m in die entgegengesetzte Richtung in die Rua do Sobreiro. Die kleine, sympathische, einfache Herberge O Caminheiro bietet je ein Zimmer mit 3 und 2 Plätzen im 1. Stock und weitere 8 Plätze in einem eher einfachen Raum im Erdgeschoss, eine Küche und einen kleinen Hof. Es gibt einen Lieferservice für Essen und auf Wunsch wird man mit dem Auto zum nächsten Lebensmittelladen gebracht. Gratis Tee. Eigentlich gibt es an dieser Herberge nichts zu motzen – aber leider bietet sie nur eine recht begrenzte Bettenzahl, weshalb ich sie vorsichtshalber nicht als normales Etappenziel aufführe. T @. ☏ 965 639 957, immer, evtl. nach Anruf, € 15

Nur 300 m nach der Landstraße stoßen Sie auf die N203. Vorbei an einer guten Bäckerei mit Café und einer Bar verlassen Sie die Straße nach 200 m in der Nähe von **Campo Novo** wieder nach links auf eine Asphaltpiste (km 6,2).

Nach 1,2 km erreichen Sie das Dörfchen **Anta**. Noch 2,1 km geht es auf der wenig befahrenen Ortsstraße durch die lang gezogenen, zusammengewachsenen Orte **Tesido, Pereira, Paço** und **Pedrosa.** Dann führt Sie der Weg immer weiter, über eine alte Steinbrücke, vorbei an einer Kapelle, dann über gepflasterte Feldwege und schließlich unter Weinlauben hindurch, bis Sie nach 1,4 km die Ufer-

Ponte de Lima (rj)

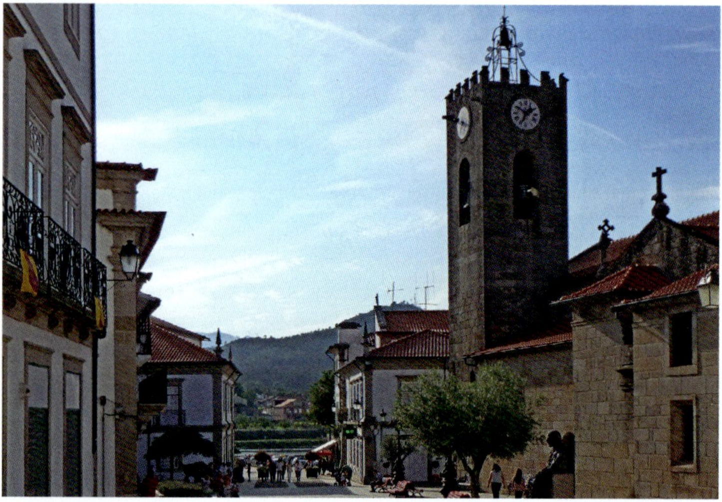

promenade von Ponte de Lima erreichen, wo sich bereits ein erster Blick auf die beiden Brücken bietet. (↬ Wollen Sie nun zur Jugendherberge, so gehen Sie bald rechts.) Nach 200 m auf der breiten Uferpromenade erreichen Sie die erste Brücke (km 11,1). Gleich danach gehen Sie an der ✞ Kapelle Sra da Guía vorbei und dann 500 m immer geradeaus durch die schöne Allee. Noch 150 m weiter laufen Sie am Turm da Cadeia mit der Touristeninfo vorbei. Sie gehen 150 m geradeaus weiter, am Hauptplatz mit Brunnen vorbei bis zur ⌘ mittelalterlichen Brücke über den Fluss Lima. Nachdem Sie nach 280 m den Fluss überquert haben, führt Sie der Weg an der kleinen ✞ Schutzengelkapelle Capela do Anjo da Guarda aus dem 14. Jh. vorbei. Gleich danach treffen Sie rechts auf die ✞ Capela de Sto. António aus dem 19. Jh. Sie gehen weiter geradeaus über den Fuß der Brücke und durch einen kleinen Park, bis Sie nach insgesamt 100 m rechts die Pilgerherberge sehen, ↬ wo auch der Abzweig zur Pension Residencial Retiro Sra. da Luz beginnt (km 12,3).

Ponte de Lima ⇧ 25 m, 3.300 Ew.

Die Touristeninfo befindet sich im Turm Cadeia, einem historischen Gefängnisturm, der heute zudem auch als Ausstellungsraum für Kunst genutzt wird. Hier erhalten Sie auch Infos zu den örtlichen Pensionen, die gelegentlich besondere Pilgerpreise bieten. ☏ 258 240 208

ⓘ Ponte de Lima gehört zu den ältesten Ortschaften Portugals. Erste Zeugnisse für Ansiedlungen gehen auf das Jahr 150 v. Chr. zurück. Hier führte die Römerstraße mit dem Namen Via Romana XIX, die die Städte Braga und Astorga miteinander verband und vorwiegend militärische Bedeutung hatte, über den Fluss Lima. Im Jahre 965 n. Chr. wurde der Ort erstmals urkundlich erwähnt und im Jahre 1125 offiziell von der Königin Theresa gegründet.

Der Ort ist insbesondere für seine mittelalterliche Brücke und seine schönen Flussufer bekannt (📷 S. 2-3), die auch gut zum Baden geeignet sind. Wenngleich Ponte de Lima auf eine lange Tradition zurückblickt, ist dieser Ort, in dem einige Straßenlaternen am Abend nicht nur Licht, sondern zu besonderen Anlässen auch Musik verbreiten, bis heute mit knapp über 3.000 Einwohnern sympathisch klein geblieben. Der Verwaltungsbezirk, dessen Zentrum er darstellt, zählt allerdings ca. 45.000 Einwohner. Auch ist Ponte de Lima der Sitz des Vereins der Freunde des portugiesischen Jakobsweges, die sich um den Weg verdient gemacht haben.

Öffentliche Pilgerherberge. In 3 Schlafsälen finden sich 60 Plätze meist in Einzelbetten. Decken gibt es hier nicht. Die gepflegte, großzügig eingerichtete Herberge bietet eine kleine Küche. Balkon und zum Teil auch der oberste Schlafsaal haben eine beeindruckende Aussicht. Hier tun freiwillige Hospitaleros aus dem Ort ihren Dienst, die gelegentlich früh schließen. @. ☏ 258 240 200, ganzjährig, ca. 14:30 bis 21:30

Weitere Unterkünfte vor Ort: Weitere eindeutige Empfehlungen kann ich für diesen Ort nicht mehr aussprechen, aber ein zeitnaher Vergleich der Angebote vor Ort lohnt sich oft.

Die örtliche **Jugendherberge** ✋ befindet sich bereits am Ortseingang. Abgesehen von der Nebensaison fallen hier die Preise für die Betten im Schlafsaal in den letzten Jahren erstaunlich instabil und hoch aus und auch die Preise für die DZ bedürfen einer aktuellen kritischen Prüfung. Oft öffnet diese Jugendherberge auch erst recht spät um 18:00, Mikrowelle, @ (☏ 963 344 304, selten erreichbar). Wer gemeinsam mit anderen Pilgern eine Unterkunft sucht, ist hier oftmals mit einem Zimmer in den verschiedenen Pensionen im Ort besser bedient. Recht beliebt ist hier die **Pension Residencial Retiro Sra. da Luz**, wo Sie als Pilger für € 20 p. P. unterkommen. In einigen der Zimmer für 1 bis 4 Personen findet sich auch eine Mikrowelle oder eine kleine Küche. Von Nachteil ist allerdings, dass sich diese freundliche, gepflegte, ruhig gelegene Unterkunft etwas abseits des Weges, ca. 1,1 km westlich der öffentlichen Herberge in der Rua de Vale de Pereiras Nr. 5, befindet (@, ☏ 969 349 522).

In der Pilgerherberge von Ponte de Lima (sv)

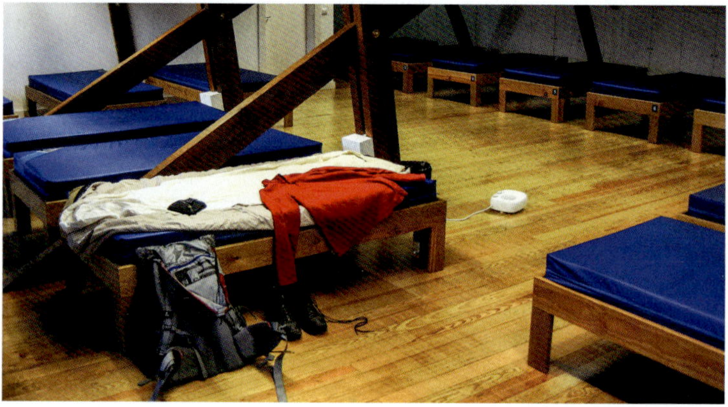

✕ **Restaurante Mercado**. Sie finden das einfache kleine Restaurant ca. 50 m südlich der Touristeninfo im hinteren Teil des Marktes neben dem leicht damit zu verwechselnden wesentlich höherpreisigen Restaurant Encantada. Hier bietet man täglich außer donnerstags von 18:00 bis 22:00 lohnende Pilgermenüs für € 9 (Suppe, Brot, reichlicher Hauptgang, Getränk) und für € 1 mehr auch einen Nachtisch (wenn Sie dann überhaupt noch Hunger haben). Nicht weit davon finden sich hinter dem Gefängnisturm **i** zwei weitere nette, aber etwas touristischere Restaurants, wo die Menüs unterm Strich ca. € 1 bis 2 teurer ausfallen.

✞ Die Pfarrkirche **Matriz** stammt aus dem 15. Jh. Ihre friedliche Atmosphäre bietet Ihnen die Möglichkeit zur persönlichen Einkehr.

⌘ Die **mittelalterliche Brücke** über den Fluss Lima wurde im Jahre 1368 fertiggestellt. Sie ist bemerkenswerte 277 m lang und hat eine stolze Breite von 4 m. Sie ist zweifellos die wichtigste Attraktion des Ortes ☺ und eventuell der schönste Platz für ein gemeinsames abendliches Fläschchen Wein. Um den Fluss, der bei

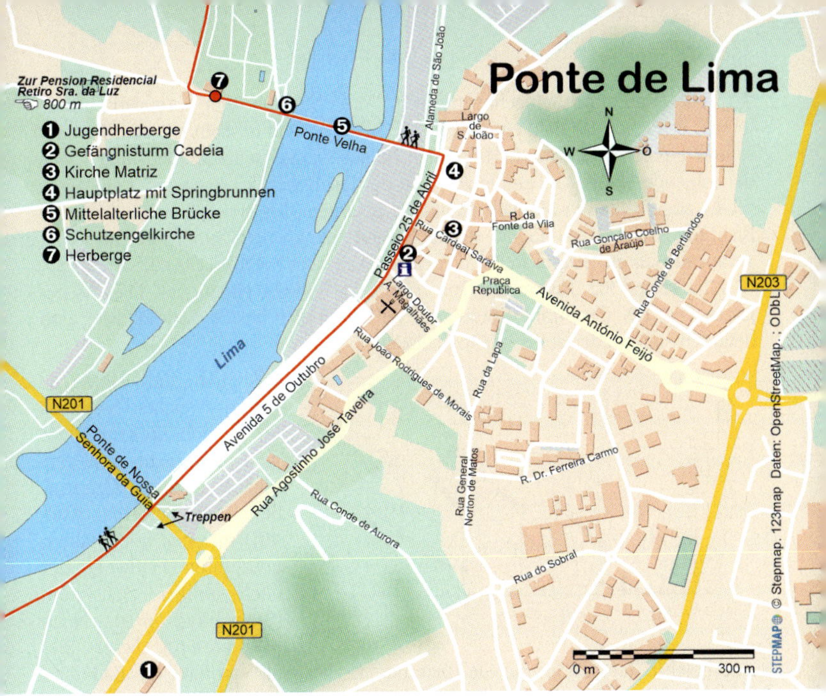

den Römern unter dem Namen „Lethe“ als Fluss des Vergessens bekannt war, rankt sich übrigens eine **Legende**: Da sich im Jahre 137 v. Chr. die vorrückenden Truppen des römischen Prokonsuls Decimus Iunius Brutus Callaicu weigerten, den Fluss zu überqueren, ging dieser zunächst allein voran und rief am anderen Ufer angekommen die Namen seiner Männer einzeln auf. Der Aberglaube war damit widerlegt und die Mannschaft überquerte überzeugt von der offensichtlich unbeschadeten geistigen Leistungsfähigkeit ihres Kommandanten den Fluss. Am östlichen Flussufer findet sich heute ein Denkmal zur Erinnerung an die störrischen Legionäre.

Ponte de Lima – Rubiães 17,7 km

⇔ *Die 17,7 km dieser besonders reizvollen Etappe, die überwiegend auf Flur- und Fußwegen verläuft, führen Sie von Ponte de Lima, das praktisch auf Meereshöhe liegt, erst langsam und dann immer steiler bergauf, bis Sie nach gut 12 km die 405 m hoch gelegene Anhöhe Portela Grande erreichen. Danach geht es knapp 5 km meist bergab bis zu dem 220 m hoch gelegenen Rubiães. Wollen Sie nicht weitergehen, besteht kein Grund, sich zu beeilen, denn in S. Roque und Rubiães gibt es nicht viel zu sehen.*

Rad- und Schlechtwetterweg: Wenn Sie nun dem normalen Fußweg folgen, erreichen Sie bald eine Stelle, die sehr eng und deshalb mit dem Rad nur schwer passierbar ist. Auch Fußpilgern ist nach länger andauernden Regenfällen der folgende Umweg zu empfehlen. Wo der Jakobsweg 50 m nach der Herberge rechts abgeht, fahren Sie halb rechts die Kopfsteinpflasterstraße weiter hinauf in Richtung Arcos. Nach 650 m stoßen Sie auf eine größere Straße, wo Sie weiter geradeaus fahren. 300 m weiter biegen Sie bei einem Kreisverkehr nach rechts ab.

Nun fahren Sie 300 m, bis von rechts ein Feldweg einmündet. Dies ist der Jakobsweg, der die Straße überquert. Sie fahren also links in den Feldweg und befinden sich wieder auf dem Originalweg.

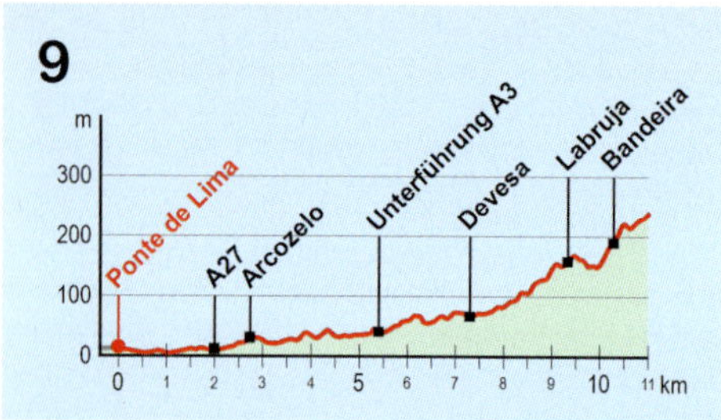

An der Herberge vorbei erreichen Sie nach 50 m eine Kreuzung. Sie gehen nun rechts über verschiedene kleine Ortsstraßen und betreten nach 400 m einen von Mauern gesäumten Feldweg, der nach einiger Zeit zum (Stein-)Pfad wird. Nach 700 m führt dieser über eine belebte Teerstraße, die Sie überqueren. Hier trifft von links die Rad- und Schlechtwettervariante auf den gekennzeichneten Weg (km 1,2).

Auf dem schönen Weg unterqueren Sie nach 800 m die Autobahn A 27. Über den gleichen Feldweg und später über Ortsstraßen erreichen Sie nach weiteren 700 m die Kirche im Zentrum von **Arcozelo**. Weiter geht es 400 m über enge Ortsstraßen, dann verlässt der Jakobsweg die Teerstraße nach rechts auf einen Pfad, der idyllisch durch Weinreben verläuft und auch für Radfahrer gut passierbar ist.

Nach 500 m treffen Sie wieder auf eine schmale Teerpiste und überqueren gleich eine Brücke. 600 m geht es auf wenig befahrenen Asphaltpisten weiter, bevor Sie wieder auf einen Feldweg stoßen, der bald nach oben führt. Nach 200 m erreichen Sie oben wieder einen gepflasterten Weg. Wieder ebener laufen Sie nun erneut über verschiedene Pisten, auf denen Sie nach 600 m die Bar Noah's Ark Caminho erreichen, die noch am ehesten dem nicht weit von hier gelegenen Ort Mouro zugeordnet werden kann (km 5). (**?** Nach einem Pächterwechsel 2024 lässt diese Arche Noha *(„Noah's Ark")* leider nur noch Gäste zur Übernachtung an Bord, die sich hier die Halbpension leisten können. Einfache, improvisierte Übernachtungsmöglichkeit für höchstens 10 Personen in sehr kleinen Zelten, Ausschluss wegen ☞ Preisdeckel S. 41.)

Direkt an der Bar vorbei geht es weiter. Der Weg führt bald steil bergauf und erreicht nach 400 m die Unterführung der Autobahn A 3. Die Piste führt zunächst quer unter der Unterführung bzw. Brücke der Autobahn hindurch und dann nach 200 m über eine einfache, schmale Fußgängerbrücke. Auf den nächsten 500 m führt der Jakobsweg unter der Autobahn hindurch, anschließend etwas chaotisch bergauf und bergab an ihr entlang. Dann erreichen Sie einen schönen Waldweg, der bergab und bergauf entlang des Hanges und schließlich entlang eines schönen Baches durch den Wald verläuft. Nach 1,2 km erreichen Sie in **Devesa** wieder die Landstraße (km 7,3). Nach 600 m müssen Sie gut aufpassen, denn in **Codecal** (⇧ 94 m) verlassen Sie den Weg nach links oben auf einen Pflasterweg (🍷 🛒 hier kleiner Laden mit Getränken und belegten Brötchen). Auf einer schönen, wenig befahrenen Straße geht es nun zunächst eben und dann bergauf, bis Sie nach 1 km wieder Häuser erreichen. Erst sehr steil bergauf und dann wieder ebener und nach 400 m haben Sie links die beiden kleinen Herberge von **Labruja** 🛏 (⇧ 163 m) erreicht (km 9,3).

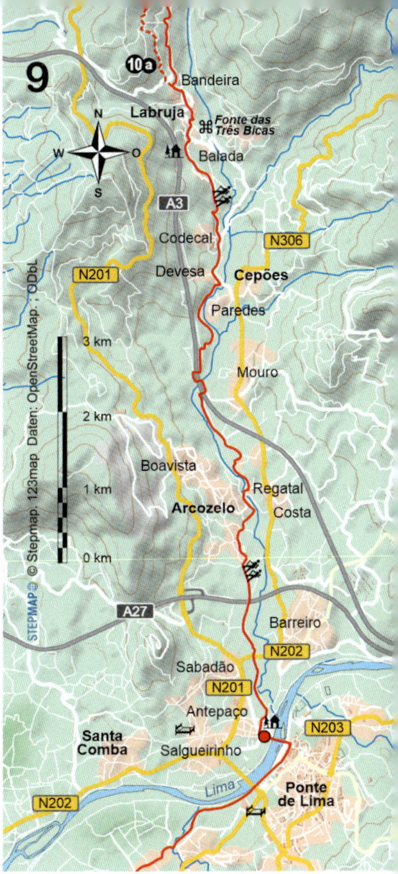

✕ **Zwei kleine private Herbergen**. Die beiden benachbarten Herbergen Casa da Valada (Abendessen ab ca. € 7,50, 🖭 **T** @, ☏ 967 742 694) und O Conforto (Abendessen € 10, 🖭 € 5, **T** € 5, @. ☏ 935 883 131) bringen ihre jeweils 8 bis 10 Gäste in je 2 einfachen, gewöhnlichen Schlafsälen für € 20 mit Frühstück unter. Dank der auf Seite 42 beschriebenen Bettenknappheit fällt auch hier nicht nur der Preis hoch, sondern m. E. zudem auch das Preis-Leistungs-Verhältnis recht mäßig aus. Die Herbergen liegen nahe der Autobahn, bieten aber eine teils schöne Aussicht. Wenn Sie hier wirklich übernachten wollen bzw. müssen, ist aufgrund der wenigen Plätze eine Reservierung zu empfehlen.

Noch 300 m weiter betreten Sie eine zweispurige Hauptstraße. Diese wird jedoch gleich wieder verlassen und nach 200 m sehen Sie rechts den ⌘ 💧 Brunnen **Fonte das Três Bicas**.

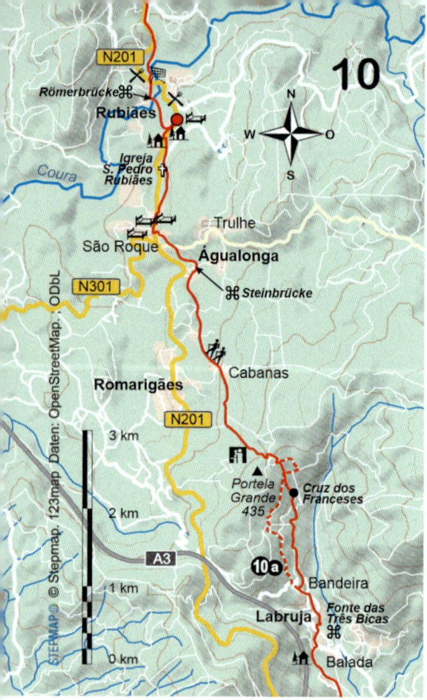

☺ Hier sollten Sie nochmals Ihre Wasserflasche füllen, um gut über die folgende Anhöhe zu kommen.

Es geht weitere 300 m steil bergauf, dann kreuzen Sie in **Bandeira** (⇧ 173 m) erneut die Landstraße und gehen weiter großteils steil bergauf. Nach weiteren 250 m müssen Sie gut aufpassen, denn gleich nachdem Sie die Landstraße bei einer Kreuzung wieder betreten haben, gibt es zwei Wegalternativen (km 10,4).

⑩a Rad- und Schlechtwetterweg: Radfahrer, die dem Wanderweg folgen, werden früher oder später einige sehr unangenehme steile und steinige Passagen passieren müssen. Ich empfehle diesen und eventuell auch Fußpilgern, die bei sehr feuchtem Wetter unterwegs sind, deshalb sehr, diese Stelle wie folgt zu umgehen, was lediglich einen Umweg von 800 m bedeutet. Achten Sie dabei genau auf meine Beschreibung, denn Sie finden hier keine Wegmarkierung:

Sie fahren hier also nicht nach rechts, sondern folgen weiter den Serpentinen die Straße hinauf. Wo diese nach 300 m eine Linkskurve beschreibt, gehen zwei Pisten ab. Sie fahren in die linke, die in einem Bogen nach oben führt. Nun führt die Piste 700 m immer den Berg hinauf und Sie werden wahrscheinlich ein gutes Stück schieben müssen. Dann geht eine Piste nach halb rechts ab, der Sie aber nicht folgen. Sie fahren weitere 350 m nach halb links oben. Der Weg verläuft hier etwas flacher. Oben teilt sich der Weg an einer auffällig weiten Kreuzung und Sie fahren weiter geradeaus. Die folgenden 750 m führt die Piste relativ eben geradeaus, bis kurz vor einer Rechtskurve der Jakobsweg die Piste kreuzt. (↬ Wollen Sie hier das ⌘ ☞ Cruz dos Franceses besuchen, gehen Sie ca. 200 m bergab.) An der Seite des Weges befindet sich ein Trinkwasserhahn, der allerdings nicht immer Wasser führt. Es geht weiter geradeaus und nach 200 m biegen Sie auf eine Piste nach links oben ab. Nach 350 m treffen Sie oben auf den von links unten kommenden Jakobsweg.

Auf dem markierten Fußweg geht es nun halb rechts auf einen Pfad. Über diese zum Teil steinigen und gelegentlich auch etwas überfluteten Wege erreichen

Sie nach 700 m meist bergauf wieder eine sandige Piste, der Sie 500 m folgen. Die Piste wird auf einen steinigen Pfad verlassen, der steil nach oben führt, und nach ca. 350 m erreichen Sie das Cruz dos Franceses (km 11,9).

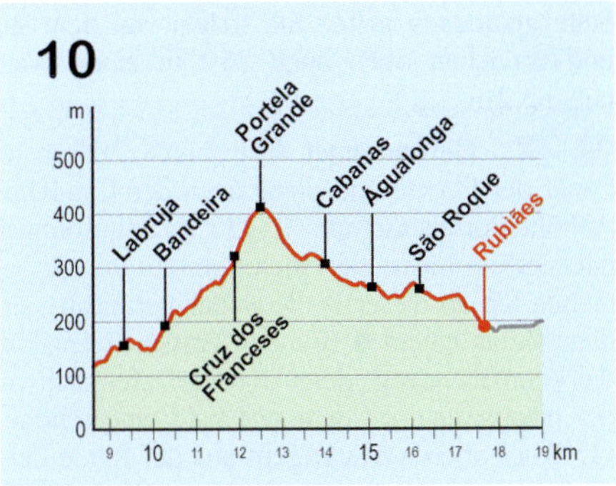

⌘ Das **Cruz dos Franceses**, auch als Cruz dos Mortos bekannt, kennzeichnet den Ort, an dem Napoleons Truppen während ihrer Besetzung der Iberischen Halbinsel zwischen 1808 und 1814 in einen Hinterhalt gerieten. Heute legen hier einige der Pilgerinnen und Pilger Steine zur Erinnerung an ihre Pilgerreise und die damit verbundenen Gebetsanliegen ab.

Nach weiteren 200 m überqueren Sie eine Schotterpiste, auf der die Radalternative des Weges verläuft, und gehen auf der gegenüberliegenden

Aufstieg zum Cruz dos Franceses (sv)

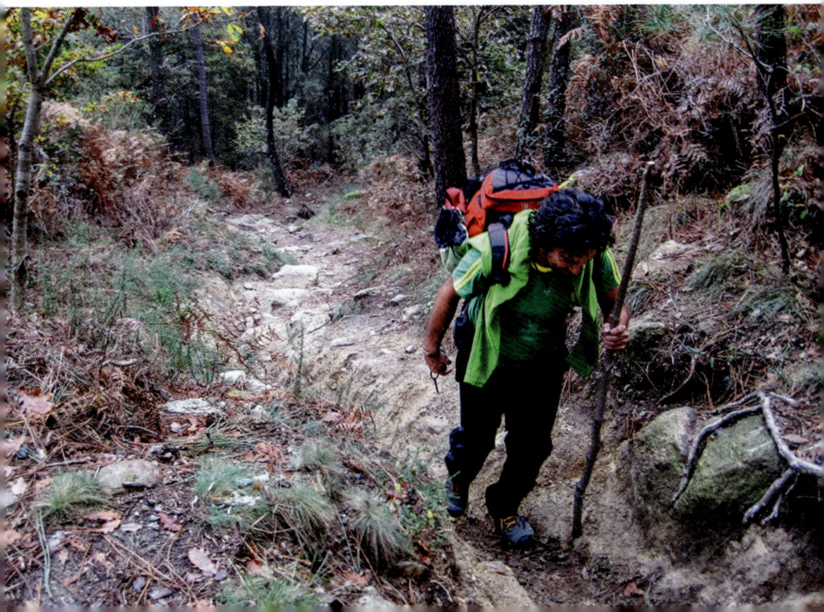

Seite geradeaus weiter. Sie steigen auf dem steilen und steinigen Weg bergauf und erreichen oben nach 250 m einen Waldweg, wo Sie nun links laufen (km 12,2).

Gemeinsamer Weg: Noch 200 m weiter und Sie sind am höchsten Punkt der Etappe und damit auch des Caminho Português (⇧ 405 m) nahe der Anhöhe **Portela Grande** (⇧ 435 m) angekommen (km 12,5). Gelegentlich öffnet hier ein Kiosk, der auch Speisen anbietet (vermutlich März bis Oktober). Gehen Sie an dieser Stelle weiter geradeaus, erreichen Sie gleich ein Haus, vor dem Sie an einem ♦ Brunnen Wasser holen können. Achten Sie nun gut auf die Kennzeichnung, denn dort verlaufen sich viele. Rechts hinab führt hingegen der Jakobsweg, von dem sich bald eine schöne Aussicht auf das Tal bietet. ⓘ Hier oben wird übrigens aus der Rinde der Bäume Harz gewonnen.

Nach 200 m wird der Weg für weitere 200 m unwegsamer (je nach persönlicher Kondition schieben Sie Ihren Drahtesel nun ca. 200 bis 300 m oder tragen ihn auch einige Meter weit). Der Weg wird wieder besser und nach einer letzten kurzen Steigung treffen Sie nach 600 m auf ein Wegkreuz. Danach geht es weiter leicht bergab, bis Sie nach 450 m in **Cabanas** angekommen sind. Sie gehen immer leicht bergab über einige Kreuzungen hinweg und zuletzt über ein schönes Pflaster unter schattigen Weinlauben und durch Hohlwege, bis Sie nach 1,2 km gleich beim ersten Haus des kleinen Ortes **Águalonga** einen Kiosk mit Rastplatz und Toiletten erreichen, der zur Saison öffnet (ca. März bis Okt 9:00 bis 19:00). Noch 200 m weiter überqueren Sie eine ⌘ unscheinbare, ursprüngliche, kleine mittelalterliche Steinbrücke. Über nette, unterschiedliche Wege, Pfade und Hohlwege hinweg verläuft der Weg noch weiter 800 m, bis das Dorf **S. Roque**, ein Ortsteil der Gemeinde **Rubiães** (⇧ 220 m), erreicht wird. Direkt an der Pension O Repouso do Peregrino (hier auch) treffen Sie auf die Nationalstraße.

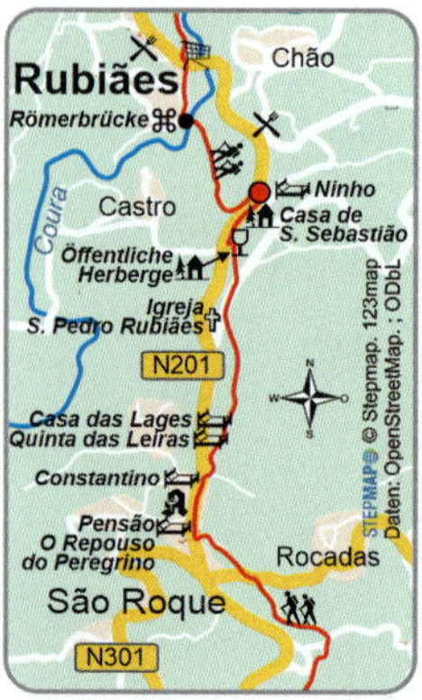

Nur 100 m weiter gehen Sie an der links gelegenen einfachen Herberge Constantino vorbei und 200 m weiter kann die Straße wieder nach rechts auf Pflaster verlassen werden (km 16,4).

⌘ Der Steinquader mit der Abbildung eines römischen Schlachtwagens erinnert wieder an die Römerstraße Via Romana XIX. Das folgende Pflaster, das Sie nun auf dem Jakobsweg vorfinden, wurde dieser alten Römerstraße nachempfunden.

Wie Sie auf dem Kartenausschnitt sehen, geht es nun an Herbergen und Pensionen und der kleinen ✝ Kirche S. Pedro vorbei, bis Sie nach 1,3 km die schöne kleine private Herberge Ninho erreichen (km 17,7).

S. Roque/Rubiães ⇧ 220 m

ⓘ Abgesehen davon, dass sich vor Ort verschiedene Unterkünfte, eine Kirche und eine Apotheke befinden, gibt es hier nichts zu sehen. Zum Glück sind aber das nächste Restaurant, eine kleine Bar und ein Laden nicht allzu weit entfernt, sodass man hier dennoch seine Tagesstrecke beenden kann.

Öffentliche Herberge. Schön, geräumig, gut eingerichtet mit gut ausgestatteter Küche, gelegentlich aber etwas feucht. 36 Betten in 2 Schlafsälen, 10 Matratzen für Notfälle, gepflegter Aufenthaltsraum mit einigen Getränke-, Kaffee- und Snackautomaten, Liegewiese neben der Straße mit Sonnenliegen vor dem Haus, Innenhof. Daneben befindet sich eine einfache Pilgerbar mit Verkauf von einfachen Lebensmitteln. **T** @. ☏ 965 053 751, ständig, € 10

Casa de S. Sebastião. Die Besitzerin Sonja ist selbst Pilgerin und "würde am liebsten immer selber mit aufbrechen, wenn ihre Gäste morgens weiterziehen". In einem Wohnhaus hat Sie hier eine schöne, kleine Herberge und auch einige Privatzimmer eingerichtet. Je ein Raum mit 6 und 10 Plätzen in Kabinen (€ 15 p. P.), DZ für € 45, je ein Zimmer mit 4 (€ 80) und 3 Plätzen (€ 60). Garten mit Schwimmbad, Liegestühlen und Hängematten, nette Küche mit Kaffee, Tee und Früchten und Cerealien gratis. **T** @. ☏ 251 941 258, ganzjährig 13:00 bis 24:00, € 15

Schon immer haben Pilger hier auch gerne in einer der örtlichen „Pilgerpensionen" übernachtet, deren Angebot aber recht unterschiedlich ausfällt, weshalb ein genauer Vergleich sehr lohnt. Die erste Pension am Weg ist die **Pensão O Repouso do Peregrino**. Sie bietet Übernachtung mit Frühstück in einfachen Zimmern. Die Gastfreundlichkeit und der Service sind hier wohl gelegentlich von der Tageslaune abhängig, kostenlos (☏ 251 943 692, ganzjährig, aber im Winter gelegentlich geschlossen, EZ € 30, DZ € 40 bis 55, Dreibettzimmer € 65, jeweils mit Frühstück). Als zweites treffen Sie auf die Unterkunft **Alojamento-Albergue Constantino**, die in zwei Häusern einfache EZ und DZ sowie einen kleinen Herbergsteil mit lediglich 6 Plätzen in einem Raum und Küche anbietet. Pool und kostenloser Transfer zum gleichnamigen Restaurant, wo es auch noch einige DZ und EZ gibt (☏ 968 432 059 oder 251 782 390, ständig, DZ € 35 bis 40, EZ € 25, Schlafsaal € 15 p. P.). Nach dem Verlassen der Straße folgt die **Quinta das Leiras**. Die gute, von dem deutschen Pilgerpaar Helmut und Heidi Henningsen geführte Pension bietet sehr gepflegte, schicke, helle Zimmer, ein kleines Schwimmbad, Terrasse und Garten, Hospitaleros gesucht (☏ +49/174/323 94 36, April bis Nov, Ü mit Frühstück pro Person € 25 bis 27). Gleich dahinter finden Sie die **Casa das Lages**. Die sympathische kleine, gepflegte Pension bietet ein recht gutes Preis-Leistungs-Verhältnis. 4 DZ, Küche, Garten mit Sonnenliegen, Frühstück € 5 (☏ 964 936 366, ständig, Ü im DZ für € 15 bis 20 p. P.). Gegen Ende des Ortes liegt die Herberge **Ninho**. Die kleine, schöne, rustikale Unterkunft mit ca. 12 Plätzen in 3 Zimmern und 2 DZ sowie schönem Innenhof und Garten wäre durchaus zu empfehlen, wenn diese neuerdings nicht etwas chaotisch organisiert wäre und mir wohl auch deshalb für 2025 nicht bestätigen konnte, wieder Preise innerhalb der Preisgrenze anzubieten. Evtl. wird hier in Zukunft eine Küche sowie Frühstück und gegen Aufpreis auch Abendessen angeboten (☏ 916 866 372, unsicher, Preis unklar.).

Zum **Restaurante Bom Retiro** folgen Sie der Straße, die an den Herbergen vorbeiführt, bergab und erreichen es bereits 200 m nach der zuletzt genannten privaten Herberge

Ninho. Hier gibt es verschiedene Menüs, die € 10 bis 15 kosten. Einen kleinen **Lebensmittelmarkt mit Bar** erreichen Sie, wenn Sie derselben Straße weitere 550 m folgen. (Sie können diesen Laden aber wie gleich beschrieben auch über den Jakobsweg erreichen.) Gehen Sie nochmals weitere 150 m entlang der Landstraße, erreichen Sie das oft gelobte **Restaurant Constantino**, wo es Menüs für ca. € 13 gibt. Auch Gäste, die nicht in der dazugehörigen Herberge Constantino untergebracht sind, bekommen nach Anruf (☏ 251 782 390) einen kostenlosen Autotransfer dorthin.

✞ Die romanische Kirche **Igreja S. Pedro Rubiães** vermittelt eine angenehm friedliche Atmosphäre. Leider ist sie normalerweise geschlossen. Neben der Kirche befindet sich übrigens ein sogenannter Milario. Es handelt sich dabei um einen original römischen Meilenstein, der als Wegmarkierung und Distanzangabe Verwendung fand.

Rubiães – S. Bento da Porta Aberta (4 km) – Paços 9,7 km

⇔ *Der Weg führt größtenteils auf Wegen und wenig befahrenen Straßen bergab. Vom Ausgangspunkt (⇧ 220 m) verläuft der Weg zunächst bergab bis auf die Höhe des Rio Coura (⇧ 150 m) und im Anschluss wieder etwas hinauf nach S. Bento da Porta Aberta (⇧ 270 m), wo Sie bereits nach 4 km in einer einfachen Herberge unterkommen können. Von hier aus geht es zunächst steiler, dann ebener bergab bis nach Fontoura (⇧ 70 m) und von dort aus relativ eben weiter bis nach Paços (⇧ 20 m).*

Nur 20 m nach der privaten Herberge sollten Sie nicht verpassen, die Straße scharf links auf einen Pflasterweg zu verlassen. Nach 600 m überqueren Sie eine alte ⌘ Römerbrücke, nach weiteren 250 m führt Sie der Weg über die Landstraße und Sie treffen auf den vorher beschriebenen Laden. An diesem vorbei geht es erst an einem schönen Fluss mit Kaskaden vorbei und dann immer leicht bergauf und bergab. Dabei führt Sie der Weg nur kurz über die Straße und sonst immer auf dem der Römerstraße nachempfundenen Pflaster durch den Wald, bis Sie nach 2,4 km das Dörfchen **Pecene** erreichen. Noch 700 m weiter über die schmale, wenig befahrene und meist bergauf verlaufende Landstraße sind Sie dann in **S. Bento da Porta Aberta** (⇧ 270 m) angekommen (km 4).

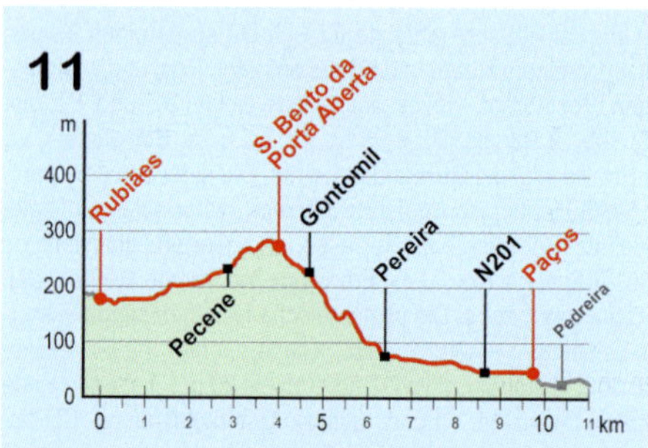

🏠🍷 **Snack Bar Castro.** Über der Dorfbar an der zentralen Kreuzung findet sich eine nette, kleine, schlichte Herberge mit 3 Zimmern zu je 4 Plätzen, Küche. Darunter gibt es Kleinigkeiten zu essen und 🛒 auch einen kleinen Laden. 🧺 und **T** gratis. ☎ 933 014 915, 🚪 ständig, € 15

🚲 Während des nächsten Kilometers werden Sie ca. 250 m schieben müssen. Sie könnten auch 1 km weiter auf der Hauptstraße fahren und dann links nach Gontomil abbiegen. Die Straße ist allerdings schmal, kurvig und häufig von Lkw befahren – also bei viel Verkehr nicht ungefährlich.

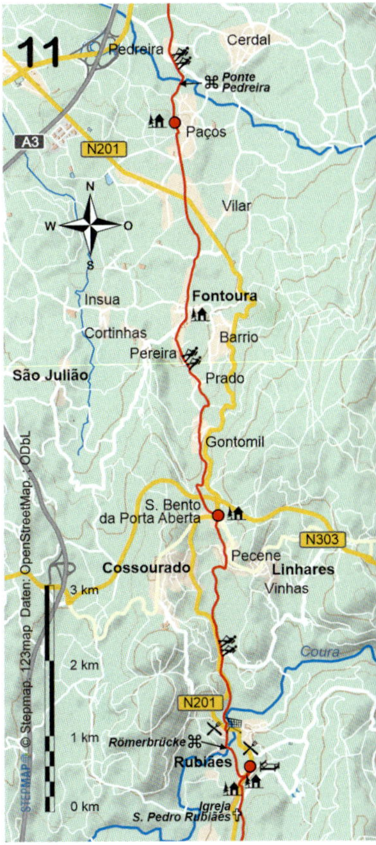

🚶🚶 Die Nationalstraße wird nur kurz betreten und bald geht es auf einem Waldweg bergab. Nach 400 m erreichen Sie nach dem Überqueren der N303 über eine Fußgängerbrücke wieder ein altes Pflaster bzw. einen Weg. Dieser führt Sie 800 m durch den Wald (🚲 bitte Vorsicht!) bis zum Ortsrand von **Gontomil** (⇧ 170-120 m), wo Sie am Wegrand bald einen 💧 Brunnen finden. Nach 400 m zeigt ein gelber Pfeil in einer Linkskurve an, dass Sie den Weg nach rechts oben verlassen sollen.

🚲 Umfahren Sie die Passage besser, indem Sie hier nicht abbiegen, sondern 450 m weiter auf der Straße bleiben, bis links eine Straße abgeht, der Sie dann folgen.

🚶🚶 Es geht zunächst bergauf und dann durch einen Hohlweg. Nach 450 m erreichen Sie bei **Prado** wieder eine Straße. Auf der Ortsstraße geht es 500 m bergab bis nach **Pereira**. Nach 600 m haben Sie am Ortsanfang von **Fontoura** 🏠 🛏 🍷 die Herberge PilgerPause erreicht (km 7,2). (🏠 Leider bisher etwas unregelmäßig geöffnet und nun mit € 20 p. P. knapp über dem Preislimit ☞ S. 41, aber bei den vielen Extras sicher kein Fehler. Ü im Schlafsaal mit 12 Plätzen einschließlich Bettzeug, Handtuch und Frühstück, weiter Garten mit Pool, Abendessen gegen Spende, ☎ 034 677 012 859.)

Nach weiteren 800 m verlassen Sie die Straße nach einer Rechtskurve nach halb links auf ein breites Pflaster. Über Pfade und Hohlwege führt Sie der schöne Weg immer weiter, bis Sie nach 700 m wieder die N201 überqueren. (Rechts befindet sich eine unübersichtliche Kurve!) Es geht 1 km immer geradeaus über das Pflaster durch den Ort **Paços,** dann wird nur kurz eine kleine Straße betreten und gleich erreichen Sie die Herberge Quinta Estrada Romana (km 9,7).

Schönes Landhaus Quinta Estrada Romana. Das sehr schöne, mit viel Liebe gestaltete, alte Steinhaus bietet 10 Plätze in einem Schlafsaal (€ 19 p. P.) und zwei weitere Zimmer mit je 6 und 4 Plätzen (€ 20 bis 35 p. P.). Im Preis inbegriffen sind Bettzeug und ein reichliches Frühstücksbuffet. Optional Handtuch für € 2, Hof und ein sehr großer Garten mit Liegestühlen, Hängematten und Yogaplatz. Nachmittags kann man einfache Getränke und Snacks kaufen. Abends wird zur Hochsaison von den Inhabern, dem Pilgerpaar Julia aus Deutschland und Diogo aus Portugal, gegen Spende ein gemeinsames vegetarisches Essen angeboten und in der Nebensaison organisiert man einen Lieferservice oder es gibt ein einfaches Abendessen des Hauses. **T** @. ☏ 933 736 048, ganzjährig ab 15:00, Ü mit Frühstück ab € 19

Paços – Valença 5,9 km

⇔ *Nach knapp 3 km treffen Sie auf die N13 und ab hier geizt der Weg ein wenig an landschaftlichen Attraktionen. Nach 4,5 km beginnt der Abzweig zur ersten Herberge, welche etwas abseits am Ausläufer der Küstenvariante liegt, und nach 5,9 km haben Sie die öffentliche Herberge erreicht.*

Nach der Herberge bei **Paços** führt der Weg über schöne Hohlwege durch Wald und Weinlauben, bis Sie bei einigen Häusern eine Schotterpiste betreten und gleich die ⌘ mittelalterliche Brücke Ponte Pedreira überqueren, die, wie der Name schon sagt, über den Fluss Pedreira führt. Und so erreichen Sie nach 600 m den Ortsanfang von **Pedreira**. Nach 200 m kreuzen Sie eine Straße und dann geht es nach weiteren 700 m erneut über eine Piste.

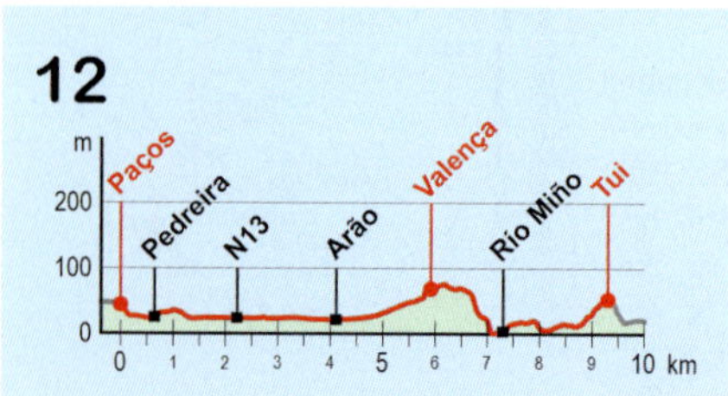

Nach 1,2 km erreichen Sie, zuletzt vorbei an einer Wasserstelle, die N13. Sie wird nur kurz betreten, dann geht es nach links auf eine breite, gepflasterte Straße. Nur 700 m weiter lädt Sie ☺ eine kleine Kapelle zu einer kleinen Verschnaufpause ein, bevor Sie nun den Ort durchqueren. Bei der Kapelle gehen Sie links auf einer kleinen Ortsstraße weiter. Immer kreuz und quer durchqueren Sie auf verschiedenen Ortsstraßen 1,1 km den Ort **Arão,** bis Sie an dessen Ende 100 m nach der Cafeteria/Bar Contrasta einen Platz mit einem Baum erreichen (km 4,5).

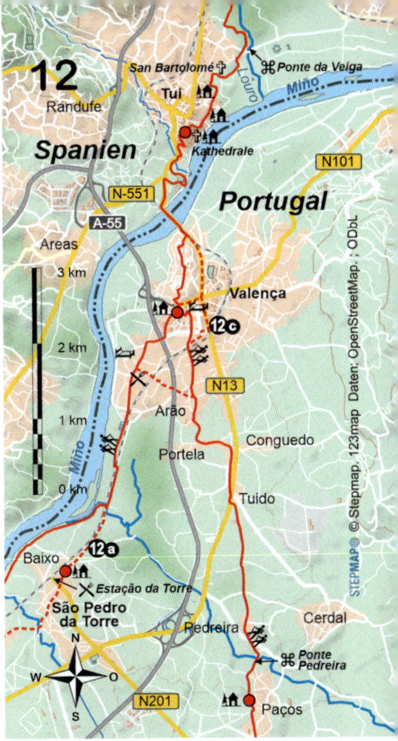

↳ Wenn Sie zur auf Seite 121 beschriebenen Pilgerbar Café Mineiro, der gleichnamigen Pension oder der Pension O Brasão wollen, verlassen Sie an dieser Stelle den Jakobsweg. Gehen Sie nach links, immer der zunächst zweispurigen Asphaltstraße folgend, unter der Autobahn hindurch und über den Bahnübergang 900 m weit bis zur Einmündung des vom Küstenweg kommenden gekennzeichneten Jakobswegs, wo sich 30 m linker Hand die Pilgerbar Café Mineiro mit Herberge/Pension O Brasão befindet.

Nachdem Sie weitere 700 m dem regulären Weg geradeaus gefolgt sind, unterqueren Sie die Bahntrasse. Wie Sie auf dem Stadtplan sehen können, finden sich hier wieder verschiedenen Varianten. Auf dem hier empfohlenen, aber bisher eher kärglich markierten Weg folgen Sie der Wegführung, die auf dem Stadtplan als durchgezogene rote Linie eingezeichnet ist, und erreichen nach 700 m die Herberge von **Valença**. Der Eingang liegt auf der gegenüberliegenden Seite des Hauses. Sie erreichen ihn am besten, wenn Sie rechts gehen (km 5,9).

12c Weg vorbei an der Altstadt von Valença: Wesentlich schöner ist natürlich der Weg über die Altstadt. Wer es aber eilig hat, Valença bereits besichtigt hat oder den Touristenrummel fürchtet, nimmt ab der Bahnlinie oder der öffentlichen Herberge den nur wenig kürzeren, aber nicht so verschachtelten und praktisch ebenen Weg über die Landstraße.

Valença

⇧ 72 m, 16.000 Ew.

bei dem Tor Portas do Sol, ☏ 251 823 329

ⓘ Valença wurde bereits am Ende des 12. Jh. gegründet und erhielt 1262 das Stadtrecht. 1502 brach hier D. Manuel I. nach Santiago auf. Die Stadt ist vor allem durch die Altstadt und die sie umgebende Stadtmauer bekannt geworden. Sie ist eine Grenzstadt zu Spanien und wird durch die bekannte Internationale Brücke mit der Nachbarstadt Tui verbunden. Die Stadt ist, wenngleich Sie bei

Ihrer Ankunft einen anderen Eindruck gewonnen haben mögen, eine kleine Stadt geblieben und zählt heute lediglich 16.000 Einwohner. Wichtige Wirtschaftsfaktoren sind der Tourismus und der kleine Grenzverkehr. Viele hier ansässige Geschäfte haben sich auf Kundschaft aus dem benachbarten Spanien spezialisiert, für die Valença wegen seiner günstigeren portugiesischen Preise als Einkaufsparadies gilt.

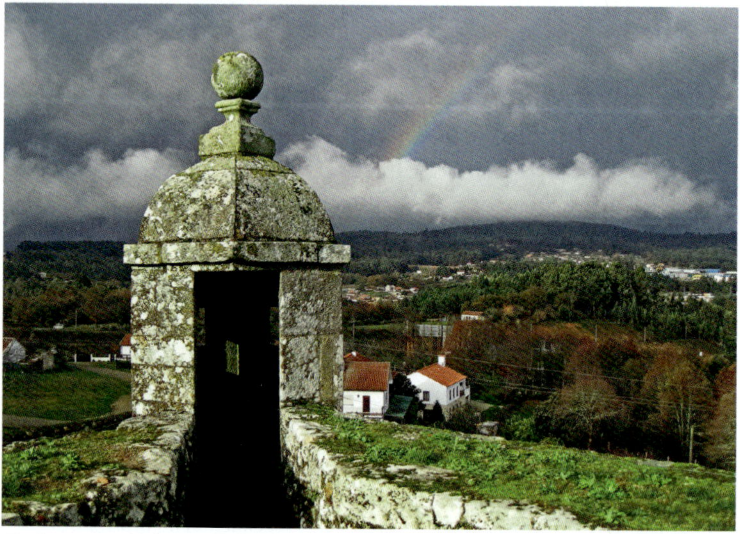

Festung von Valença (sv)

Pilgerpensionen vor Ort. Hier gibt es noch einige weitere gute, bei Pilgern beliebte Unterkünfte, die aber näher an der hier auf den Weg treffenden Küstenvariante liegen und deshalb auch dort auf S. 121 ausführlich beschrieben werden. Der Abzweig zu einem Teil von diesen beginnt bereits wie eben beschrieben 1,4 km vor Etappenende.

Öffentliche Herberge. Die einfache, geräumige Herberge bietet 44 Betten in 2 Schlafsälen, Decken gibt es nur im Winter, Küche. Die Herberge ist übrigens nach dem ersten Heiligen Portugals, S. Teotonio, benannt, einem Bischof, der von 1082 bis 1162 lebte und auch in Valença wirkte. und **T** im Waschsalon nebenan, @. ☎ 961 168 501 oder 251 826 286, Anfang 2025 etwas unsicher, da Renovierungsarbeiten anstehen, im Prinzip aber ganzjährig 13:30 bis 24:00, € 10

⌘ Sie sollten es keinesfalls verpassen, einen Abstecher in die von der **historischen Festungsmauer umschlossene Altstadt** zu unternehmen. Die ersten Mauern der Festung (*Fortaleza*) wurden bereits im 13. Jh. errichtet und bis zum

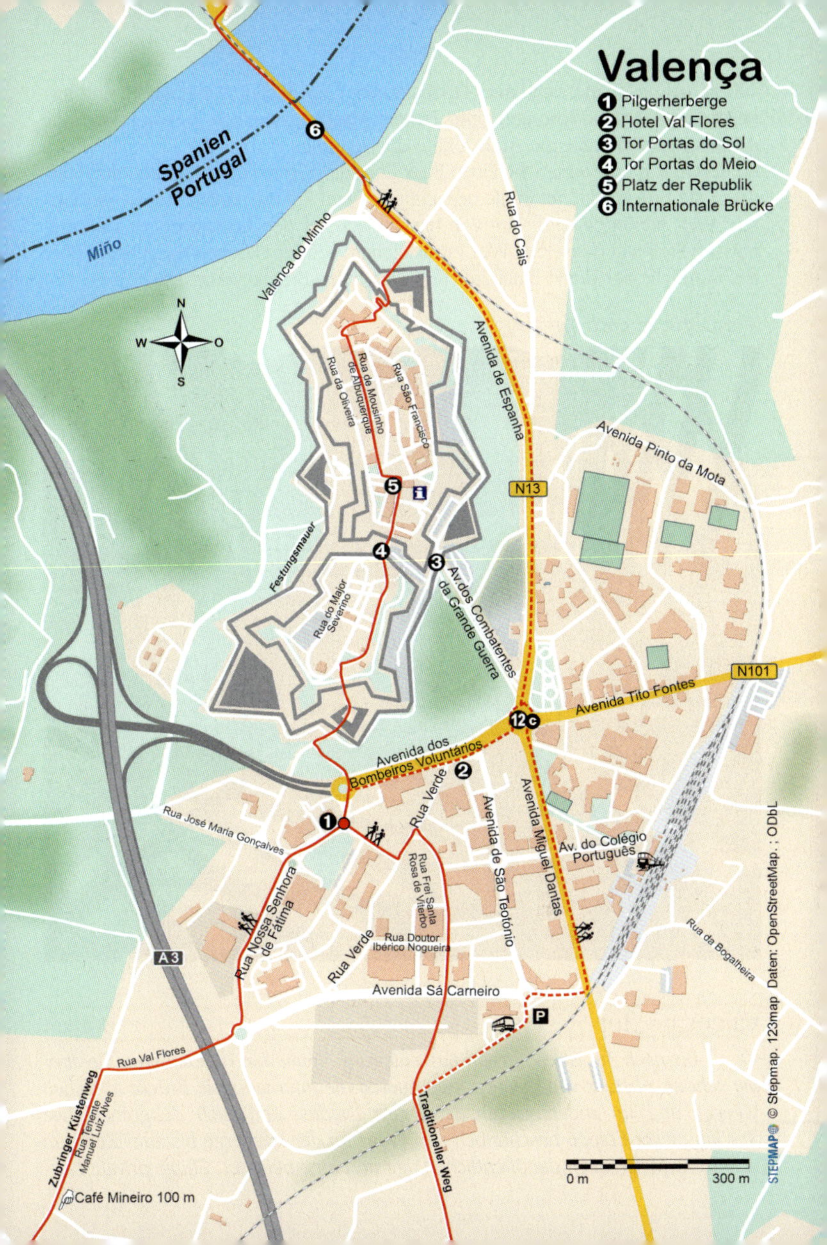

Valença
1 Pilgerherberge
2 Hotel Val Flores
3 Tor Portas do Sol
4 Tor Portas do Meio
5 Platz der Republik
6 Internationale Brücke
Spanien
Portugal
Miño
Valenca do Minho
Rua do Cais
Avenida de Espanha
Rua de Mousinho de Albuquerque
Rua São Francisco
Rua da Oliveira
Avenida Pinto da Mota
N13
Festungsmauer
Rua do Major Severino
Av. dos Combatentes da Grande Guerra
N101
Avenida Tito Fontes
Avenida dos Bombeiros Voluntários
Rua Verde
Rua José Maria Gonçalves
Avenida de São Teotónio
Avenida Miguel Dantas
Av. do Colégio Português
Rua Nossa Senhora de Fátima
Rua Frei Santa Rosa de Viterbo
Rua Doutor Ibérico Nogueira
A3
Avenida Sá Carneiro
Rua da Bogalheira
Rua Val Flores
Zubringer Küstenweg
Rua Tenente Manuel Luiz Alves
Traditioneller Weg
Café Mineiro 100 m
0 m
300 m
STEPMAP © Stepmap. 123map Daten: OpenStreetMap ; ODbL

18. Jh. zu der heute sichtbaren Festungsanlage ausgebaut. Sehenswert sind insbesondere ihre vier Tore und zehn Türme. Machen Sie einen Bummel durch die Altstadt, genießen Sie die Atmosphäre des zentralen Platzes der Republik (*Praça da Republica*) und werfen Sie einen Blick über den Grenzfluss Miño und die Internationale Brücke hinüber in die benachbarte Stadt Tui in Spanien, wo Sie der weitere Weg hinführen wird. Um von hier zurück auf den Jakobsweg zu kommen, müssen Sie nicht denselben Weg zurückgehen, sondern können die Altstadt über das nördliche Tor direkt hinab zur Internationalen Brücke verlassen.

Grenzbrücke nach Tui (sv)

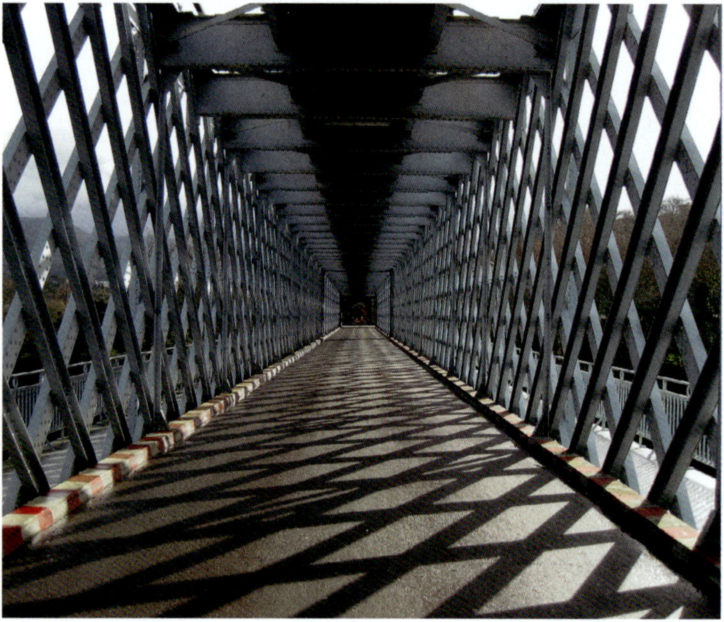

Valença – Tui 3,4 km

⇔ *Bis nach Tui ist es nur ein Katzensprung. Immerhin durchqueren Sie aber die schöne Altstadt von Valença, überqueren die Internationale Brücke zwischen Valença und Tui und passieren dabei eine Landes- und auch Zeitgrenze. Die 3,4 km dieser Etappe beschreiben den Weg von der Herberge bis zum Zentrum von Tui, wo sich auch die öffentliche Pilgerherberge befindet. Einige private Her-*

bergen folgen dann im größeren und kleineren Abstand und den Abzweig zur letzten erreichen Sie erst ca. 1 km weiter dem Jakobsweg zum Ortsausgang folgend – also nach ca. 4,4 km.

Hinter der Herberge haben Sie nach ca. 100 m eine Kreuzung erreicht. Sie überqueren die Straße und gehen geradeaus weiter bergauf über die Treppen. Nach 300 m durchqueren Sie oben das äußere und innere Tor der Festungsanlage. Die Markierung in der Altstadt ist gelegentlich etwas undeutlich, verstellt oder ein wenig versteckt. Im Prinzip geht es aber wie auf S. 161 zu sehen immer geradeaus, bis Sie nach 800 m die Altstadt wieder verlassen und ein allerletztes Mal die N13 betreten, die schon nach 100 m in die 350 m lange Internationale Brücke mündet (km 1,7).

⌘ Die **Internationale Brücke** zwischen den nicht immer friedlich nebeneinander lebenden Ländern wurde 1886 von einem jungen spanischen Architekten, der sich durch den Eiffelturm inspirieren ließ, fertiggestellt und verbindet die Funktion einer Zug- und Straßenbrücke. 1986 wurde das 100-jährige Jubiläum dieses Monuments gefeiert, das heute als Symbol des friedlichen Zusammenlebens der beiden Völker gilt.

☺ **Die Uhrzeit** geht in Spanien im Vergleich zu Portugal eine Stunde vor. Vergessen Sie also nicht, Ihre Uhr umzustellen, sonst warten Sie eine Stunde umsonst auf das Ende der Siesta.

Der Caminho Português in Spanien

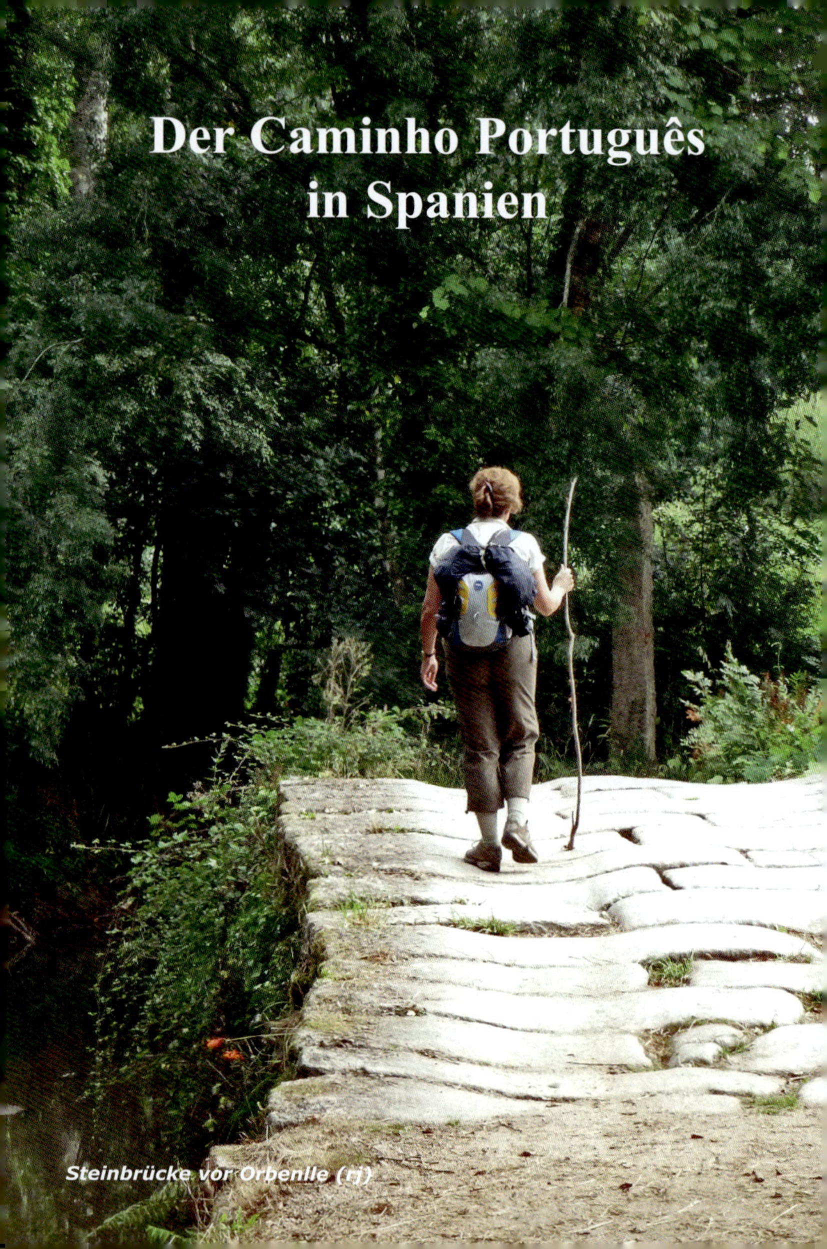

Steinbrücke vor Orbenlle (rj)

Spanien/Galicien

Spanien, dessen Grenze Sie soeben überquert haben, zählt 43,2 Mio. Einwohner, die sich auf 504.782 km² verteilen. Galicien, der nordwestlichste Teil des Landes, in dem Sie sich nun befinden, hat allerdings nicht viel mit den spanischen Klischees zu tun, die mancher aus der Werbung oder Tourismusprospekten kennt. Das grüne, in Bergen und Hügeln versteckte gelobte Land des Jakobspilgers zählt lediglich knapp 2,8 Mio. Einwohner und teilt sich in die Provinzen A Coruña, Lugo, Orense und Pontevedra auf. Die Hauptstadt der Region ist das von historischer und symbolischer Bedeutung her überragende Santiago de Compostela. Das zersiedelte und manchmal auf den ersten Blick etwas düster wirkende Land wurde schon sehr früh besiedelt und dann im 7. Jh. v. Ch. von Kelten erobert, die sich später mit der einheimischen Bevölkerung vermischten und zahlreiche heute noch lebendige Traditionen begründeten. Die Besetzung der Iberischen Halbinsel durch die Mauren hatte auf Galicien nur wenig Einfluss.

Mit Einsetzen der Pilgerreise nach Santiago de Compostela erlangte die Region europaweit Berühmtheit. Galicien war in seiner Geschichte und Kultur immer eng mit Portugal verbunden, was auch dadurch zum Ausdruck kommt, dass der dort gesprochene Dialekt *galego* Ähnlichkeit mit dem Portugiesischen aufweist. Auch heute pflegen die freundlichen Einwohner selbstbewusst eigene Traditionen und Gepflogenheiten. Der althergebrachte Hexenglaube, der das Land in früheren Zeiten in ein düsteres Licht tauchte, ist auch heute noch für die Jakobspilger in einem Hauch von Mysterium zu erspüren, wenn sich die Abendstille über Stadt und Land legt.

Typisch für das Land sind auch die Kornspeicher (*horreo*), die vielerorts zu sehen sind. Als typisches Musikinstrument Galiciens gilt der Dudelsack, der hier *gaita* heißt und dessen Spiel in diesem grünen Land oftmals den Eindruck erweckt, in Irland zu sein, das ja ebenso wie Galicien eine starke keltische Kultur pflegt. Wollen Sie einen heimischen Wein verkosten, bestellen Sie hier den markant schmeckenden Ribeiro, der traditionell aus kleinen Porzellanschalen (*tazas* oder *tazitas*) getrunken wird.

Nach der Brücke führt Sie der Weg über verschiedene Straßen 700 m bis zum Ufer des Miño, wo Sie ein schöner Blick zurück auf Valença und die Internationale Brücke erwartet. Scharf links geht es nun auf der Teerstraße weiter.

☺ An der Ecke steht ein **Wegstein** (Monolith), der anzeigt, wie weit es noch bis nach Santiago ist. Normalerweise zeigen die neueren Modelle durch einen gelben Pfeil die Richtung des Weges an. Es finden sich aber noch einige ältere Modelle ohne Pfeil. Hier zeigen dann gewöhnlich die „Strahlen" der Muscheln ähnlich dem Finger einer Hand in Richtung Santiago. Die auf den Steinen angezeigten Entfernungen stimmen übrigens nicht immer mit denen in diesem Buch überein, im Wesentlichen deshalb, weil der Weg seit dem Aufstellen der Steine bereits an einigen wenigen Stellen geändert wurde und sich die Länge deshalb änderte, die Steine aber natürlich nicht versetzt wurden.

Sie verlassen das Flussufer gleich wieder und gehen 700 m weiter in Richtung Stadt, wo Sie wieder die Hauptstraße erreichen. Sie betreten die Hauptstraße aber nicht, sondern gehen weiter teilweise steil hinauf in die Altstadt, wo Sie wie auf dem Stadtplan ersichtlich nach 350 m den Platz vor der Kathedrale erreichen, an der es links vorbeigeht (km 3,4). Dann müssen Sie sich entscheiden, ob Sie zur öffentlichen Herberge oder zur privaten Herberge Tui Hostel wollen oder weiter dem Jakobsweg folgen, der nach 850 m (km 4,3) an den privaten Herbergen Santa Domingo und Villa San Clemente vorbeiführt.

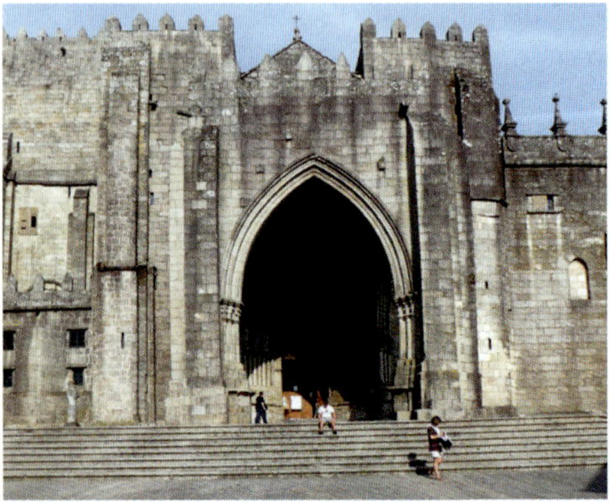

Kathedrale in Tui (rj)

Tui

55 m, 17.000 Ew.

Das Tal des Flusses Miño bot schon zu grauer Vorzeit ideale Siedlungsbedingungen. Erste Zeugnisse von Ansiedlungen, die heute im Diözesanmuseum zu besichtigen sind, finden sich daher schon aus weit vorchristlicher Zeit. 137 v. Chr. wurde die Ortschaft von den Römern besetzt, die sie in ihren überlieferten Schriften mit dem Namen Castellum Tyde bezeichneten. Der Legende zufolge soll der Apostel Jakobus hier zu Lebzeiten gepredigt und einen Prälaten eingesetzt haben. Im 5. Jh. wurde Tui Bischofsstadt. Bis zum frühen Mittelalter bildete sie ein wichtiges militärisches, administratives und religiöses Zentrum. Bis zum 11. Jh. war die Stadt dann wiederholt den Überfällen der arabischen Truppen ausgesetzt. Ein Jahrhundert später erfolgte schließlich der Bau der Stadtmauer. Auch während des Mittelalters blieb die Stadt ein wichtiges Handelszentrum mit einer jüdischen Gemeinde und zwei Synagogen und wurde zu einem bedeutenden Zentrum der Pilgerreise nach Santiago. Im Jahre 1640 verstärkte man schließlich anlässlich des Krieges mit Portugal die mittelalterlichen Mauern der Stadt. Bis 1833 blieb die Stadt eine der sieben Hauptstädte des galicischen Königreiches. Heute stellt die Grenzstadt besonders für spanische Pilgerinnen und Pilger einen beliebten Ausgangspunkt für die Pilgerreise nach Santiago dar.

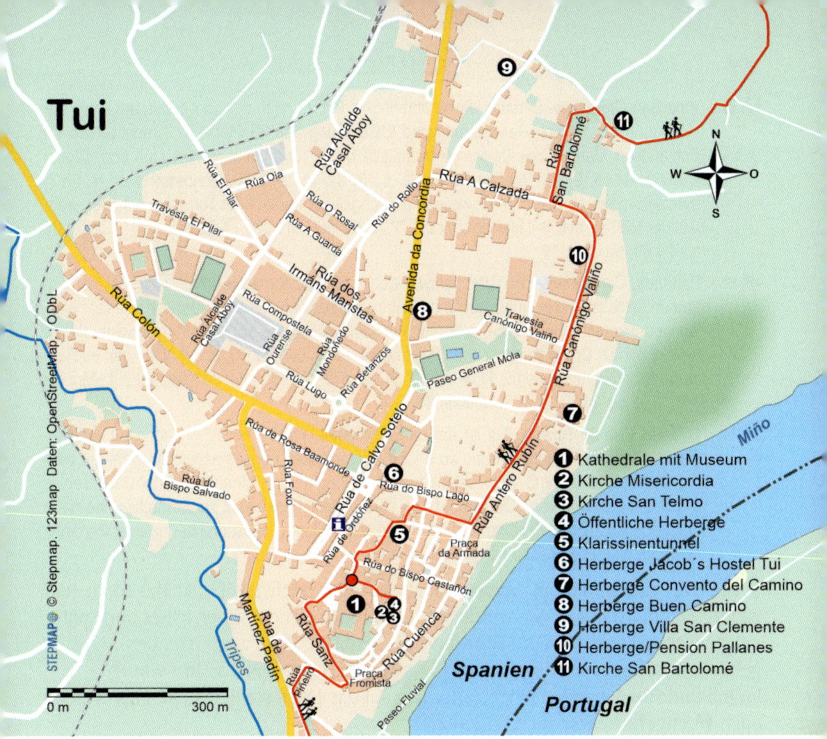

Öffentliche Herberge. In einem renovierten ehemaligen Pfarrhaus. 36 Betten in 2 Schlafsälen, Küche mit wenig oder keinem Geschirr, kleiner Garten. Sie werden hier im Sommer in der Regel nur aufgenommen, wenn Sie mindestens 10 km nach Tui gelaufen sind. **T** @. Keines, ganzjährig 13:00-22:00, im Winter evtl. nach Anruf, € 10

Jacob's Hostel Tui. Sonja (spricht perfekt Deutsch) bietet in ihrer hellen Herberge 19 Plätze in 4 Zimmern, kleine Küche, Kaffee und Kekse gratis. Darunter gibt es ein kleines Restaurant, **P** € 2,50, **T** @. 644 557 194, ca. 15. März bis 15. Dez 13:00 bis 24:00, Karwoche und Mai bis Sep € 16, sonst € 15

Buen Camino. Modern einfache Herberge in einen Raum mit 20 Plätzen, Aufenthaltsraum zur Straße hin, Mikrowelle. Frühstück zum Selbstherrichten. Den **P** Pilgerausweis für € 2,50 gibt es nur für Übernachtungsgäste. **T** @. 986 604 052 oder 626 727 604, ganzjährig 15:00 bis 24:00, Ü mit Frühstück € 15

Convento del Camino. Die schöne, teils rustikale Herberge findet sich gut 500 m von der Kathedrale entfernt am Jakobsweg in einem ehemaligen Dominikanerkloster aus dem 14. Jh. und bietet 43 Plätze in 6 Zimmern, sehr schöner Innenhof, Garten und Küche, Frühstück € 3, **P** € 2, **T** @. 690 328 565, ganzjährig 11:30 bis 24:00, Juni und Aug € 16, sonst € 15

Villa San Clemente. Einfach, etwas abgelegen, 900 m nach der Kathedrale am Weg. Die Unterkunft bietet nach Renovierung und Erweiterung nun 30 Plätze in 3 recht einfachen Schlafsälen, deren Preis-Leistungs-Verhältnis m. E. nicht ganz stimmt (Juli und August € 20, sonst ca. € 16). Schöne EZ ab ca. € 40, DZ ab ca. € 50, Dreibettzimmer ab € 63, Vierbettzimmer ab € 100, Mikrowelle und Kochgelegenheit auf der Terrasse; schöner, weitläufiger Garten, evtl. mit kleinem Pool, **T** @. ☏ 686 342 075, Ostern bis 31. Okt 13:00 bis 24:00, ab ca. € 16

Pallanes. Die Herberge/Pension befindet sich wie in der Karte ersichtlich ruhig gelegen am grünen Ortsausgang in einem gepflegten, umgebauten Wohnhaus mit Terrasse und sehr weitläufigem Garten. 2 helle, gute, schlichte, gepflegte Schlafsäle mit je 10 Plätzen. Gute DZ ab € 47, EZ € 27, Dreibettzimmer € 57, Mikrowelle, Frühstück € 3,50, in der Nähe gibt es Restaurants und einen Supermarkt. **P** € 3, **T** @. ☏ 679 774 753 oder 986 682 446, März bis Okt 13:00 bis 24:00, Ü im Schlafsaal € 15

O Vello Cabalo furado. Tui ist ein teures Pflaster. Wer in einfacher, aber authentisch-gemütlicher Atmosphäre gut und ab € 7,50 einigermaßen günstig essen will, geht am besten in das Restaurant O Vello Cabalo furado, das nahe der Kathedrale in der Calle Seixas (auch Calle Seijas) liegt. Der Bruder des Wirtes besitzt das leicht zu verwechselnde nahe gelegene Restaurant O Novo Cabalo furado neben dem Diözesanmuseum, das allerdings noch gut eine Preisklasse höher liegt.

✝ ⌘ Die **Kathedrale mit Museum** liegt auf dem höchsten Punkt der Stadt und ist ihre Hauptattraktion. Sie wurde 1225 im romanischen Stil errichtet und später mit gotischen Elementen erweitert und ausgestattet. Zum angrenzenden Museum gehört ein schöner Kreuzgang aus der zweiten Hälfte des 13. Jh., von dem man im Juli und August gegen einen Aufschlag auf das Dach steigen kann. Hier werden auch **P** Pilgerausweise für € 2 verkauft.

♦ Sommerzeit Mo bis Sa 10:45 bis 20:00, So 9:00 bis 12:30 und 16:00 bis 20:00, Juli bis Sep So auch durchgehend, Winterzeit Mo bis Sa 10:45 bis 14:00 und 16:00 bis 19:00, So 9:00 bis 12:30 und 16:00 bis 19:00. Letzter Einlass 30 Minuten vor Schließung, Sonderpreis für Pilger € 3, Besichtigung des Dachs der Kathedrale € 9

⌘ Auf dem Weg aus der Stadt durchqueren Sie den **Klarissinnentunnel** (Túnel de las Clarissas). Dieser gehört zu dem angrenzenden Klarissinnenkloster, das seit dem Jahr 1524 in verschiedenen Etappen erbaut wurde, und verbindet den unteren mit dem oberen Teil der Stadt, der von der Mauer umgeben ist.

✝ Die auf den ersten Blick unauffällig wirkende Kirche **San Bartolomé**, an der der Jakobsweg am Ortsausgang vorbeiführt, geht auf das 11. Jh. zurück und gehörte einst zu einem Kloster, das zugleich Sitz des Bischofs war.

Tui – O Porriño 16/17,3 km

⇔ *Knapp 900 m nach der Kathedrale erreichen Sie die letzte private Herberge Villa San Clemente. Die folgenden 8 km der Strecke gestalten sich zum Teil durchaus reizvoll. Danach sollten Sie* ☝ *den Abzweig zu einer neueren Variante* des Jakobsweges nicht verpassen, denn die ältere Variante des Weges 13a von Orbenlle nach O Porriño wird wohl nur für Pilger mit einer besonders masochistischen Einstellung eine echte Bereicherung darstellen. Auch O Porriño selbst hat über die Herbergen hinaus nicht viel zu bieten, weshalb zu empfehlen ist, gleich weiterzulaufen.

Decken Sie sich in Tui besonders zur Nebensaison und an Feiertagen besser mit etwas Wasser und Proviant ein, denn wenn Sie der empfohlenen Variante folgen, werden Sie evtl. erst nach ca. 13 km eine Verpflegungsmöglichkeit finden.

Die Wegführung kann hier gelegentlich etwas verwirrend sein: Folgen Sie dem Jakobsweg noch 40 m zum Diözesanmuseum. Danach geht es 30 m weiter geradeaus, bis Sie an eine Straßenkreuzung kommen. (Nach links geht es hier zu der Herberge Tui Hostel und dem empfohlenen Restaurant.) Auf dem Jakobsweg gehen Sie dagegen nochmals geradeaus weiter. Gleich danach geht es vor dem Café Central aber nach halb rechts.

Der Jakobsweg verläuft nun 100 m den Berg hinab und über einige Treppen (tragen oder weiträumig umfahren) bis zu einem kleinen Tunnel, dem ⌘ Túnel de las Clarissas. Nach weiteren 250 m gehen Sie bereits unten auf der Straße angekommen an dem Brunnen – der ⌘ Quelle Santo Domingo – vorbei. Nur 200 m weiter finden Sie rechts die auf S. 167 beschriebene Herber-

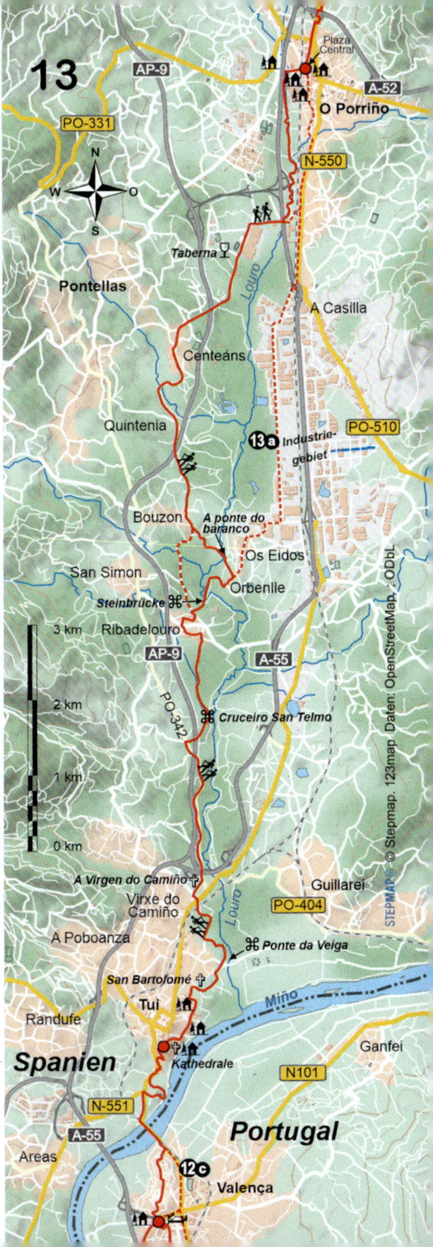

ge Convento del Camino. Kurz bevor die Straße dann 250 m weiter eine Linkskurve macht, finden Sie links die Herberge Villa San Clemente (850 m).

Immer weiter wandern Sie durch den Ort, bis Sie ihn nach 300 m, an der ✞ Kirche San Bartolomé vorbei, auf einem gepflasterten Weg nach unten verlassen. Nach 600 m erreichen Sie eine moderne Brücke, hinter der sich gleich die mittelalterliche ⌘ Brücke Ponte da Veiga befindet. Auf Schotterpiste und über wenig befahrene Straßen geht es weiter, bis Sie nach 1,2 km wieder die zweispurige Landstraße überqueren. Bald verlassen Sie den Ort **A Virxe do Camino** vorbei an der Capela da Virgen do Camiño und überqueren nach 450 m die Autobahn.

Nun geht es 1,8 km immer auf dem Rad- und Fußweg neben der wenig befahrenen Straße durch den Wald, bis Sie die Straße kurz nach dem Unterqueren der Autobahn ☝ nach rechts auf eine Piste verlassen können. Dieser Abzweig wird oft „verschlafen". Bald wird die Autobahn überquert und dann geht es durch den Wald, bis Sie nach 550 m ein Kreuz und einen Gedenkstein erreichen, hinter dem eine kleine Brücke über einen schmalen Bach führt, wo gelegentlich ein Kiosk öffnet (km 5,8).

⌘ Das Kreuz **Cruceiro San Telmo** erinnert an den Tod des Pilgers San Telmo, der hier im Jahre 1251 auf seinem Rückweg von Santiago an der sogenannten **Fieberbrücke** *(Ponte das Febres)* an Fieber erkrankte und starb. Auf dem Gedenkstein heißt es wörtlich: „Der Wanderer San Telmo erkrankte hier im April 1251 tödlich. Er bitte bei Gott für uns."

Nach 1 km erreichen Sie den Ortsanfang von **Ribadelouro**. Immer weiter durchqueren Sie die Ortschaft und erreichen nach 700 m an ihrem Ende fünf steinerne Wegkreuze (km 7,5). (Weiter der Landstraße folgend können Sie bei schlechtem Wetter wie auf der Karte ersichtlich den Weg bis Bouzon um 800 m abkürzen.) Der wesentlich schönere reguläre Weg führt dagegen gleich wieder nach rechts und durch den Wald und nach 300 m überqueren Sie eine schön gelegene historische ⌘ Steinbrücke (S. 164). Immer weiter auf dem schönen Weg entlang des Rio Louro und durch den Wald erreichen Sie nach 600 m den Ortseingang von **Orbenlle**, wo Sie wieder auf eine schmale Straße treffen. Hier hat sich auch ein Künstler mit einem großen Gemälde verwirklicht. **Der Straße folgen Sie nur noch 150 m und dann sollten Sie gut aufpassen** (km 8,6).

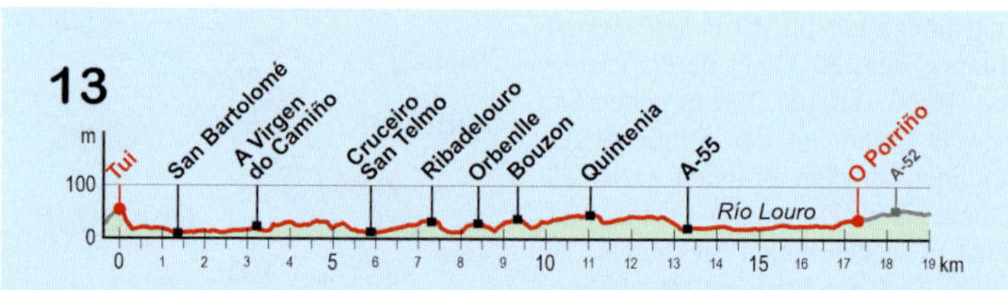

Mögliche Irreführung: Der Weg durch das Industriegebiet ⑬**a** ist nur dann zu empfehlen, wenn Sie mit dem Rad unterwegs sind oder wenn es tagelang sehr viel geregnet hat. Ansonsten ist der neue bzw. der wieder begehbar gemachte alte Weg mit der Kennzeichnung „C. Complimentario" auf jeden Fall vorzuziehen, da er nur ca. 1 km länger, aber unvergleichlich schöner ist. Die Markierung dieser Variante wurde eigentlich recht gut vorgenommen. **Leider sind hier aber in der Vergangenheit schon öfter Wegmarkierungen unkenntlich gemacht oder sogar mit irreführenden Markierungen überschrieben worden**. Zu verdanken waren derartige nächtliche Werke wohl besonders „gastfreundlichen" örtlichen Betrieben, die auch weiterhin nur sehr ungern auf den zahlungskräftigen Besuch der Pilgerscharen verzichten wollen. Bei selbigen gab es auch gelegentlich Überraschungen bei der Rechnungsstellung. Fragen Sie vor Ort also vorsichtshalber genau nach, bevor Sie eine Bestellung aufgeben.

Im Folgenden wird der schöne neue Weg deshalb ausnahmsweise genau beschrieben. Achten Sie besonders auf dem ersten Kilometer und dann wieder zu Ende der Etappe, wo Sie den „C. Complimentario" wieder verlassen müssen, auf die folgende Wegbeschreibung.

Schöner „neuer" Weg (C. Complimentario): Im Grunde handelt es sich hier auf weiten Strecken um einen historischen Jakobsweg, der später wieder durch das Engagement der örtlichen Jakobusgesellschaft gangbar gemacht wurde. Nur 150 m nachdem Sie nach dem Wald die schmale Straße betreten haben, erreichen Sie (Stand 2024) zwei Monolithen, die hier die Wegscheide der beiden Varianten kennzeichnen. Folgen Sie ab hier zunächst bis auf Weiteres der Kennzeichnung **„C. Complimentario"** und verlassen Sie die Straße wieder nach links auf eine Schotterpiste, die bald in einen Weg mündet, der bergab führt. Es schließt sich ein Hohlweg an, der weiter bergab verläuft, und nach 250 m haben Sie unten den Rio Louro erreicht und gehen hier nach halb rechts 50 m bis zur Brücke A Ponte do Baranco. Die Brücke wird überquert und dann verläuft der Weg 150 m entlang bzw. (nach Regen) über einen Steinpfad, bis Sie eine Wegkreuzung erreichen. Hier gehen Sie nach halb links bergauf weiter und folgen immer demselben Feld- und dann Waldweg weiter leicht bergauf, bis er nach 350 m in eine schmale Asphaltstraße mündet. Sie folgen ihr 150 m bergauf, bis Sie oben vor **Bouzon** auf eine Doppelkreuzung treffen (km 9,6).

Hier gehen Sie zunächst geradeaus und dann halb rechts bergab und erreichen nach 150 m eine Pistengablung, wo Sie sich nun nach halb rechts wenden. Aber nur 50 m, denn dann folgt eine weitere Pistengablung und Sie gehen halb links zunächst bergab weiter. Nach 50 m folgt ein Wegabschnitt, der häufig überflutet ist, was aber normalerweise kein größeres Problem darstellt, denn man kann gut nach links und rechts des Weges ausweichen. Nach 200 m erreichen Sie eine Weggablung und gehen geradeaus weiter in den Wald. Immer geradeaus weiter mündet der Waldweg nach 300 m in eine schmale Straße, wo Sie halb rechts gehen. Nach 700 m erreichen Sie über diese Straße und unter der Autobahn hindurch in **Quintenia** 🚌 eine Pistenkreuzung mit einem Bushäuschen, wo Sie bei Regen einen guten Unterstand finden (km 11). Hier gehen Sie nach rechts abwärts und folgen immer der gleichen Straße 800 m bis zum Ortsrand von **Pontellas**, das schon zur Gemeinde von O Porriño zählt.

Entlang zunächst weniger und dann stärker befahrenen Straßen überqueren Sie nach 1,3 km die Autobahn. Sie gehen noch 800 m weiter (↳ und können nach einer Go-Kart-Bahn den Jakobsweg bergauf nach links verlassen (km 13,2) und erreichen so nach 200 m neben einer weiteren Go-Kart-Bahn die 🍷 recht rustikale Bar Furancho Taberna Tía María). Weiter dem Straßenverlauf geradeaus folgend führt der Jakobsweg dagegen vorbei an Industrielagerhallen 500 m bis zu einem Kreisverkehr, wo Sie nun rechts gehen. 400 m weiter wird die Autobahn A-55 erneut unterquert (km 14,8).

✋ Hier wurde die Markierung aus den vorher genannten Gründen schon des Öfteren geändert. Man möchte Sie nun vermutlich weiter geradeaus zur wenig empfehlenswerten alten Wegführung ⑬a bringen. **Folgen Sie aber ab hier nicht mehr weiter der Kennzeichnung „C. Complimentario“**, sondern der sich nun anschließenden Wegbeschreibung und ...

🚶🚶 ... gehen Sie also nun nach **links** am Rio Louro entlang. Folgen Sie dem schönen Fußweg, der im größeren und kleineren Abstand links vom Fluss und rechts der Autobahn verläuft, immer weiter, bis Sie nach 2,2 km die 🏠 öffentliche Herberge von **O Porriño** 🏠 🛏 ✕ 🛒 ⚕ ✚ 🔧 🚌 🚂 sehen (km 17).

Schäferin auf dem Weg nach Pontellas (rj)

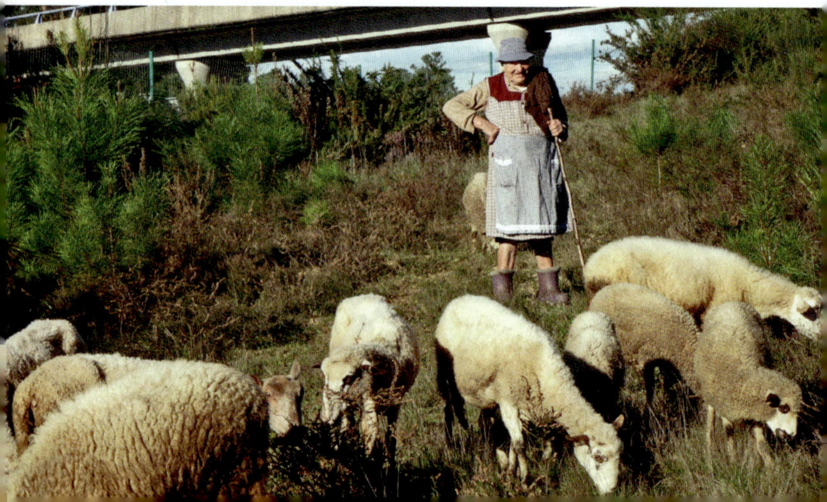

Gleich hinter der öffentlichen Herberge gehen Sie entweder nach links durch die Unterführung der Autobahn zur Herberge Alojamiento Camino Portugués oder weiter dem Jakobsweg folgend nach rechts auf der Brücke über den Fluss. Nach 200 m erreichen Sie die Gleise. Über die Gleise hinweg betreten Sie nach 100 m einen Kreisverkehr, wo sich die Bar A Francachela und Herberge Albergue Camino Santiago Porriño befinden und von rechts die Variante über das Industriegebiet wieder auf die hier empfohlene Variante trifft (km 17,3).

⑬a **Ätzender Hauptweg durch das Industriegebiet**: In **Orbenlle** angekommen der Kennzeichnung des regulären Jakobsweges folgend gehen Sie weiter auf derselben Straße durch die Ortschaft. Eventuell finden sich wie eben beschrieben verschiedene Varianten, aber die kürzeste Wegführung verläuft nun immer weiter geradeaus über dieselbe Straße, bis Sie vorbei an dem Abzweig zur Casa Alternativo nach 600 m eine größere Kreuzung erreichen (km 9,2). (Die nahe gelegene Unterkunft Casa Alternativo wird nicht näher beschrieben, da sie in der Regel nur Gäste im Rahmen einer kostspieligen Halbpension aufnimmt (☞ Preisgrenze S. 41) und zudem abseits der hier empfohlenen Route liegt.)

☹ Gehen Sie 150 m nach rechts und Sie haben den Anfang des Industriegebietes von **O Porriño** betreten. Sie pilgern 400 m kreuz und quer durch dieses und erreichen dann eine lange, schnurgerade Straße, der Sie nach links folgen (km 9,8). Ganze 2,6 km geht es nun auf Fußwegen entlang derselben Straße durch das Industriegebiet. Dann macht die Straße eine Rechtskurve und nochmals 600 m weiter wird die Straße verlassen und die Bahnlinie überquert. (Trampen ist hier übrigens kontraproduktiv, denn diese Straße führt unweigerlich auf die Autobahn.)

500 m weiter erreichen Sie bei **A Casilla** eine strategisch wichtig gelegene Bar, wo Sie, wenn Sie es vertragen, notfalls Ihren Frust über diese Strecke etwas ertränken können.

Nach 1,6 km durch ein Gewerbegebiet können Sie die Straße beim Kilometerstein 103,920 endlich nach links auf eine schmalere Ortsstraße verlassen. Es finden sich hier verschiedene Wegführungen. Am einfachsten folgen Sie m. E. kurzerhand derselben Straße nun immer weiter, bis Sie nach 350 m einen Kreisverkehr erreichen und sich hier leicht links in Richtung einer breiten Fußgängerzone halten. 200 m weiter, genau dort, wo diese endet, befindet sich rechter Hand die auf S. 175 näher beschriebene Bar Celtiña (und wie Sie auf dem Kartenausschnitt erkennen, bald linker Hand die Herberge Rincon de Peregrino). Weiter geradeaus gleich vorbei an der Kirche St. Maria erreichen Sie nach 200 m das ⓘ Rathaus mit seinem auffälligen modernistischen Stil. (Nach rechts geht es hier 200 m zur Herberge Fonte dos Aloques.) Geradeaus weiter dem Jakobsweg folgend sind Sie nach 100 m endlich wie auf dem Kartenausschnitt ersichtlich an der Plaza Central mit einem Kreisverkehr und der Albergue Camino Santiago Porriño/Bar A Francachela angekommen (km 16).

O Porriño

⇧ 34 m, 17.000 Ew.

ⓘ Nach meiner Berechnung haben Sie bereits hier, wo in O Porriño die Etappe startet bzw. endet, den Punkt erreicht, von dem es über die von mir empfohlene neuere Wegführung **noch 100 km bis Santiago** sind. Die offizielle Kilometerzählung ist, wie auf Seite 165 beschrieben, auch hier nach verschiedenen Wegänderungen nicht mehr aktuell. Die Stadt ist das Zentrum einer industriellen Region, die erst in den letzten Jahren aus dem Boden geschossen ist. Abgesehen von der Pilgerherberge und der Fassade des Rathauses, das nur schwer einem Stil zugeordnet werden kann, gibt es hier eigentlich nichts, was einer besonderen Erwähnung bedürfte.

Rincon de Peregrino. Befindet sich am Ende des Hauptweges durch das Industriegebiet, das Sie ebenfalls erreichen, wenn Sie auch am Ortsanfang von O Porriño weiter der Variante C. Complimentario folgen. Im Erdgeschoss eines Wohnblocks 20 Plätze in einem Raum mit etwas wenig Tageslicht. Wenig überzeugendes Preis-Leistungs-Verhältnis. Mikrowelle, Frühstück ab € 4, T @. ☏ 886 319 533, ganzjährig 12:00 bis 24:00, Nov bis Feb € 15, sonst € 16

Öffentliche Herberge. Die Herberge liegt gegen Ende der schöneren neuen Variante gleich neben der Autobahn. Der moderne Glasbau bietet 48 Plätze in zwei Schlafsälen, einfache Küche mit sehr wenig oder gar keinem Geschirr, Getränke- und Snackautomaten. @. ☏ Keines, ganzjährig spätestens ab 15:00 bis 22:00, € 10

Vorbereitung zur nächsten Etappe in O Porriño (sv)

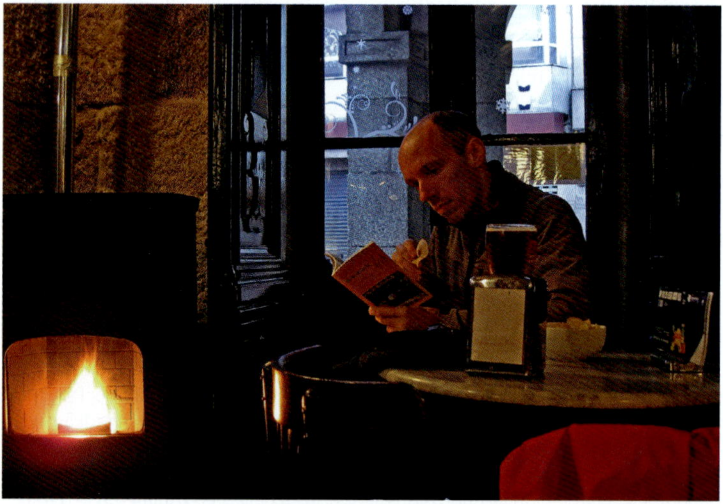

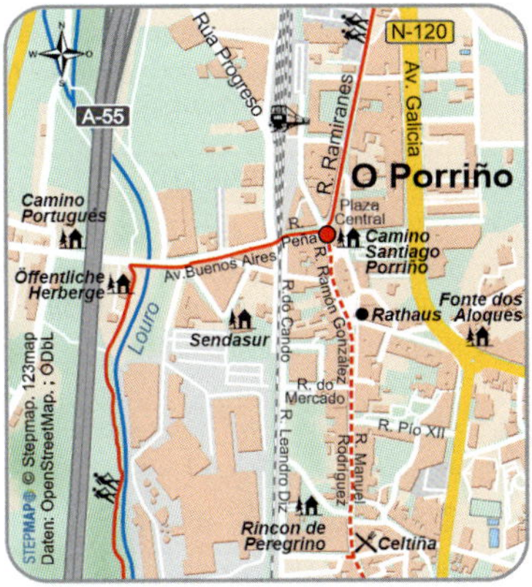

Alojamiento/Albergue Camino Portugués. Die modern gestaltete Herberge befindet sich gleich im ersten Haus rechts nach der Unterführung der Autobahn und bietet 25 Plätze in den Kabinen eines Schlafsaals und weitere Betten in guten, aber teilweise etwas hellhörigen Zimmern im ersten Stock für 4 bis 5 Personen für je nach Saison € 16 bis 17. DZ für € 38 bis 40, Kaffee- und Getränkeautomat, einfache Küche im ersten Stock, etwas laute Terrasse. **T** @. ☏ 604 034 301, ganzjährig, aber von März bis Nov nur nach Anruf, 12:00 bis 24:00, Karwoche und Juli bis Sep € 17, sonst € 16

Sendasur. Weg: Gleich nach der Brücke am Etappenende nach halb rechts 100 m durch die Einbahnstraße. Der Eingang liegt links. Die moderne private Herberge befindet sich im Erdgeschoss eines Wohnblocks. Sie bietet 54 Plätze in den Kabinen von 2 verschieden großen und geräumigen Schlafsälen, etwas wenig Tageslicht, Mikrowelle, im 200 m entfernten gleichnamigen Restaurant gibt es kleine (halbe) Menüs für € 13,50 Frühstück Mo bis Fr ab 6:00, Sa ab 7:00. Dort verwaltet man auch nahe gelegene DZ ab € 40, Dreibettzimmer € 85, **T** @. ☏ 886 129 569, ganzjährig 12:00 bis 24:00, normalerweise € 16 bis 17, Gäste, die dieses Buch vorzeigen, bekommen in der Herberge (hoffentlich) einen kleinen Rabatt und zahlen immer € 15.

☺ **Zu harmonisierten Preisgestaltung vor Ort / Weitere Unterkünfte:** Dass mir die Herbergen vor Ort für 2025 ein sehr homogenes Preisniveau ankündigten, ist kein Zufall! Wie mir ein Hospitalero bei meiner Recherche verriet, hatte man nämlich nach dem Ende der Saison ein kollegiales Treffen der meisten Herbergsbetreiber anberaumt und dort Einheitspreise von mindestens € 16 bis 17 vereinbart, um sich nicht durch zu viel Konkurrenz auch noch gegenseitig das Geschäft zu versauen. Durchaus (k)ein netter findiger Bubenstreich, der als illegale Preisabsprache unter Konkurrenten natürlich *nicht* mit dem Wettbewerbsrecht vereinbar ist. Zumindest zwei der Herbergen wollen es wohl mit ihrer Preiserhöhung zu weit treiben und werden hier deshalb nur noch knapp beschrieben. Die Herberge **Camino Santiago Porriño/Bar** liegt hinter der Bar A Francachela (dort Anmeldung, Frühstück € 4 und einfache Speisen). Gepflegte, schlichte, moderne, geräumige Herberge, 28 Plätze in 2 Schlafsälen für ganzjährig € 17, Mikrowelle, (, **T** gratis, @, ☏ 623 161 267). Ebenfalls über die Stränge schlägt wohl die etwas abseits und nicht gerade verkehrsberuhigt gelegene Herberge **Fonte dos Aloques**. Klein, einfach, gepflegt, 10 Plätze in einem Raum mit etwas wenig Tageslicht, für die man gerne das ganze Jahr über € 17 p. P. hätte, Mikrowelle, (**T** @, ☏ 695 493 838).

✕ **Bar Celtiña**. Für ca. € 11 bis 12 werden in dem beliebten kleinen Restaurant von 13:00 bis 15:30 und 18:30 bis 21:00 gute, reichliche und somit absolut pilgertaugliche Menüs (mit

Wein und Nachtisch) angeboten. Weg: Wie auch im Kartenausschnitt ersichtlich am Kreisverkehr am Ende der letzten Etappe 350 m nach rechts vorbei am Rathaus und weiter zur Kirche St. María. Von dort weitere 50 m geradeaus in die Straße Manuel Rodriguez zur nächsten Straßenkreuzung.

O Porriño – Veigadaña 3,2 km

⇔ *Zunächst geht es 1,6 km ohne große Steigungen durch O Porriño und die Vororte. Dann wird die N-550 überquert und Sie wandern zunehmend ruhiger und steiler nach 1,6 km an der kleinen Herberge von Veigadaña vorbei und von dort weitere 2,6 km nach Mos.*

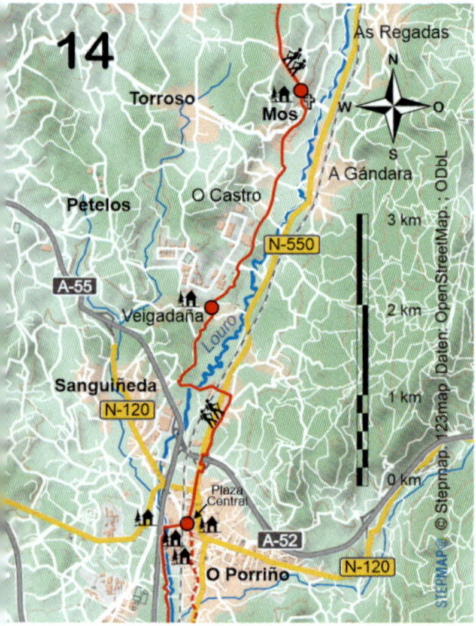

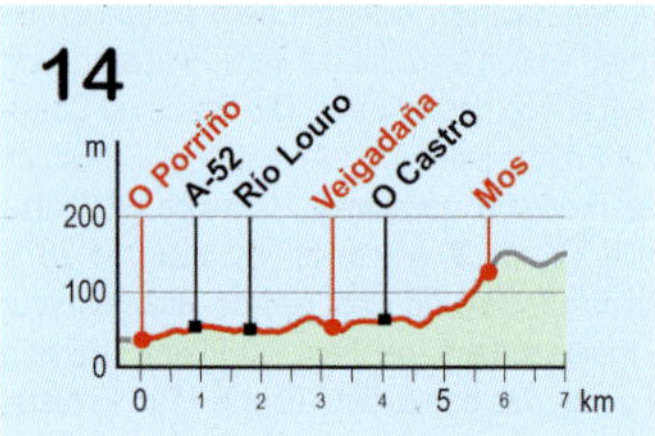

Ausgangpunkt der Etappe ist der Kreisverkehr bei bzw. nahe der Albergue Camino Santiago Porriño/Bar A Francachela, wo sich die Varianten wieder treffen. Von hier führt der Jakobsweg von der empfohlenen Variante kommend nach links in die Rua Ramiranes. Sie gehen 350 m auf dieser Straße und erreichen einen weiteren Kreisverkehr. Sie überqueren ihn auf die gegenüberliegende Seite und folgen der Straße dann 300 m geradeaus bis vor den Zubringer der Autobahn A-52. Der Weg verläuft auf einer Überführung über diese hinweg und dann nach 200 m durch eine kleine Unterführung. Nun betreten Sie bereits die Großgemeinde Mos und pilgern 750 m zunächst entlang der Hauptstraße und dann über Ortsstraßen bis kurz hinter einer Wasserstelle. Dann führt der Weg nach links zunächst bergab und bald über die N-550. Nun wandern Sie erst eben und dann wieder bergauf über Ortsstraßen und erreichen nach 1,6 km oben in **Veigadaña** eine größere Straßenkreuzung mit Bildstock und Platz. Hier befindet sich halb links, 70 m vom Weg entfernt, in einem Haus mit Flachdach die Herberge (km 3,2).

Kleine private Herberge. Die kleine, einfache Herberge Santa Ana de Veigadaña erinnert eher an eine schlichte öffentliche Herberge, bietet 16 Plätze in einem einfachen Schlafsaal.

Terrasse, Mikrowelle, Decken für € 4. In der einfachen Bar darunter werden Frühstück ab € 3, Pizza, kleine Menüs und belegte Brötchen angeboten. T @. ☏ 673 289 491, ganzjährig 12:00 bis 22:00, € 13

Veigadaña – Mos 2,6 km

Gehen Sie vor der Herberge nach rechts. Immer derselben Straße folgend und durch eine Straßenunterführung hindurch treffen Sie nach 1,2 km in **O Castro** auf eine breitere Straße und folgen dieser nochmals 1,3 km durch den lang gezogenen Ort. Dann erreichen Sie die kleine Kirche und gehen noch 100 m hinauf über die Pflasterstraße und vorbei an einem Wegkreuz zu den beiden Herbergen von **Mos**. Die öffentliche Herberge befindet sich links am Ende der Ortschaft im Haus mit der Nr. 19. Gegenüber liegt eine Bar mit der Herberge Casa Flora (nur noch 4 Plätze im einfachen Herbergsteil, T @, ☏ 986 334 269 oder 652 330 271, ca. € 16) (km 2,6).

Mos ⇧ 80 m

Öffentliche Herberge. Insgesamt 37 Plätze in 7 verschieden großen Schlafsälen in drei Stockwerken. 2 Küchen. Anmeldung im großen Haus (eigentlich ein Palast!), wo ein Nachbarschaftsverein auch eine Bar betreibt. Dort werden auch einfache Speisen angeboten. , T € 2, @. ☏ 986 348 001, ganzjährig 13:00 bis 22:00, € 10

Mos – Padrón (km 6,2) – Redondela 9,8 km

⇔ *Der Weg verläuft auf dieser Etappe meist auf wenig befahrenen Straßen und Pisten. Während der folgenden 3 km führt Sie der wieder zunehmend reizvollere Weg dabei zunächst steil und dann ebener bergauf, bis Sie bei Barreiras mit 228 m den höchsten Punkt erreicht haben. Von hier aus geht es bis Padrón, wo Sie bereits eine kleine Herberge finden, ca. 3 km zunächst mäßig und später steil bergab. Der restliche Weg nach Redondela verläuft dann bald völlig eben. Auch in Redondela besteht keine Notwendigkeit, besonders früh anzukommen, da es dort neben einem kleinen Ausflug zu einer Meeresbucht nicht viel zu unternehmen gibt und die zahlreichen Pilgerherbergen vermutlich genug Platz bieten.*

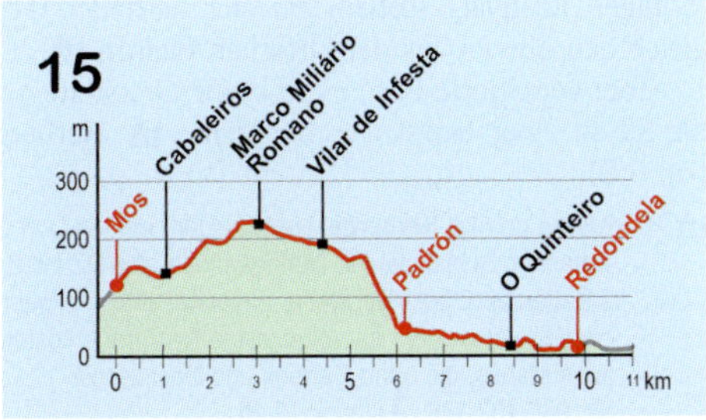

Nach der Herberge geht es 500 m steil den Berg hinauf, bis Sie dort wieder auf eine breitere Ortsstraße treffen. Sie folgen dieser bzw. dem Fußweg daneben 1,1 km ohne größere Höhenunterschiede durch die Ortschaft **Cabaleiros** (⇧ 150 m) an einer Bar vorbei. Dann wird

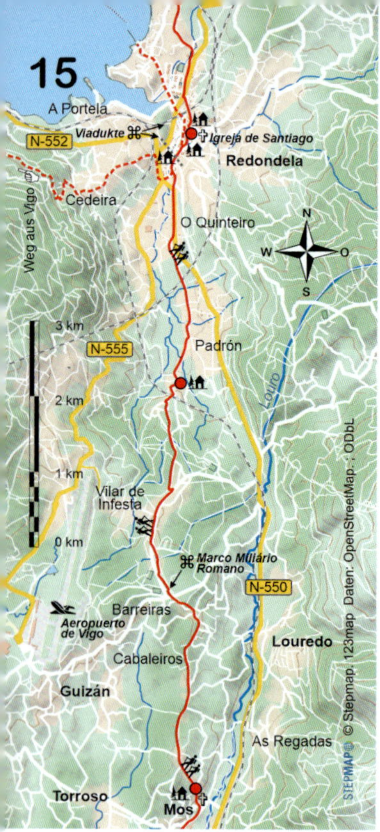

die Straße wieder nach halb links auf eine Piste verlassen. 600 m führt der Weg über diese Piste und dann wieder entlang der Straße meist bergauf und nach weiteren 500 m, dort, wo die Straße in einer Linkskurve wieder steiler ansteigt, verlassen Sie die Straße nach halb rechts auf einen Pfad, der zunächst sehr steil nach oben verläuft (Bleiben Sie hier besser weiter auf der Straße). Nach weiteren 300 m wird in **Barreiras** (⇧ 228 m) eine Kreuzung überquert und nur 100 m weiter treffen Sie auf einen römischen Meilenstein (km 3,1).

⌘ **Marco Miliário Romano**: Der Stein, der hier unauffällig am Wegrand steht, gibt Zeugnis über die lange Tradition des Weges. Es handelt sich um einen römischen Meilenstein, der dem Reisenden einst Orientierung über Wegstrecke und Distanz gab. Der Jakobsweg folgt auch heute noch dem Verlauf dieser historischen Wege, wenngleich sie nur selten sichtbar werden.

Nun geht es über verschiedene Wege und Straßen immer bergab, bis Sie nach 1,1 km das Zentrum von **Vilar de Infesta** erreichen. Nach weiteren 400 m wird die Straße nach links verlassen und vorbei an einem Restaurant führt Sie der Weg über verschiedene wenig befahrene Pisten, Straßen und Waldwege meist leicht bergab, bis Sie nach 1 km nahe dem Waldrand auf einen vernachlässigten, kreisförmigen Rastplatz stoßen. Ab hier führt der Weg steiler bergab und erreicht gleich den oberen Teil der Ortschaft **Padrón** (⇧ 110 bis 60 m) (km 5,6).

Über verwitterte Pisten und kleine Ortsstraßen geht es 600 m immer bergab, bis Sie in einer Linkskurve die kleine Herberge Corisco mit Bar erreichen (km 6,2).

Kleine private Herberge. Nett in einem kleinen Dorf gelegen bietet sie 12 Plätze in einem einfachen Schlafsaal mit Trenngardinen. DZ mit z. T. engen Doppelbetten € 45, DZ mit 2 Betten ab € 50, Mikrowelle. Einfache, selbst mitgebrachte Zutaten (z. B. Eintöpfe, Pasta oder Filets) werden auf rechtzeitige Nachfrage kostenlos in der Bar gekocht. Dort gibt es auch Menüs, die ohne Getränk und Nachtisch € 10 kosten. Frühstück ab € 4, T @. ☏ 986 402 166, ständig, € 16

Gleich nach der Herberge/Bar haben Sie den unteren Ortsrand erreicht. Ab hier folgen Sie der immer eben verlaufenden Ortsstraße geradeaus, bis Sie nach 2,1 km in **O Quinteiro** 🍸 auf die N-550 treffen (km 8,3). Ihr folgen Sie 600 m bis zu einer Kreuzung (↳ Abzweig zur 🏠 Herberge Rotonda). Nun verlassen Sie wieder die Straße und gehen nach 300 m an der 🏠 Albergue Santiago der Vilavella vorbei. Nach weiteren 100 m, direkt hinter der links gelegenen 🏠 Herberge A Conserveira, unterqueren Sie ein ⌘ Viadukt. Nochmals 300 m weiter haben Sie am zentralen Platz der Ortschaft Redondela die 🏠 öffentliche Pilgerherberge erreicht, die sich direkt neben dem Fluss in einem dreistöckigen Turm befindet (km 9,6). (☺ Vor der Herberge befindet sich übrigens eine gute Darstellung der hier bereits mehrfach erwähnten Via Romana XIX.) Sie gehen der etwas versteckten Auszeichnung folgend genau links an der öffentlichen Pilgerherberge vorbei.

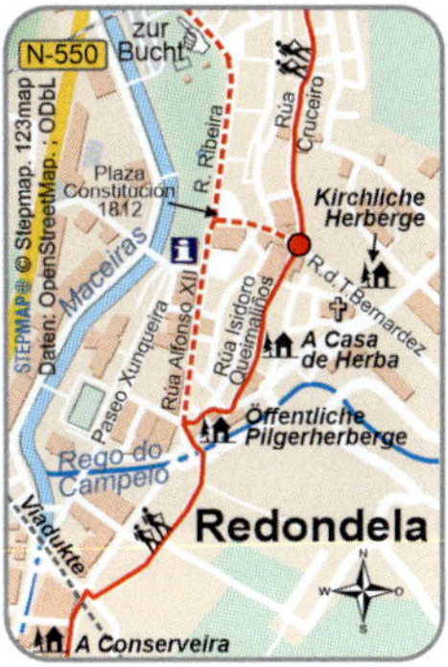

Nach 80 m folgt die 🏠 Herberge Casa de Herba. Nach weiteren 100 m haben Sie den ↳ nach rechts führenden Abzweig zur 🏠 kirchlichen Herberge erreicht (km 9,8).

Redondela

ℹ 🏠 🛏 ✕ 🛒 💊 ✚ 🚌 🚂 ⇧ 17 m, 7.500 Ew.

🏠🛏 **A Conserveira**. Die gute, gepflegte private Herberge bietet 40 Plätze in einem angenehmen, geräumigen Schlafsaal mit originellen Holzkabinen zu 2 bis 4 Plätzen. DZ € 45, Vierbettzimmer € 80. Die Gastfreundlichkeit des jungen Hospitaleropaars wird gelobt. Küche, **P** € 3, 🔒 ▣ **T** @. ☎ 676 667 293, 🚪 ganzjährig 12:00 bis 24:00, € 15

🏠 Die **öffentliche Pilgerherberge** liegt wie eben beschrieben direkt am Jakobsweg in dem sehr schönen, rustikalen Casa da Torre, einem Herrenhaus im Renaissancestil des 16. Jh. Das Gebäude diente in der Vergangenheit verschiedensten Zwecken, z. B. als Zentrale eines Transportunternehmens, wovon noch ein hier ausgestelltes Firmenschild im oberen Stockwerk zeugt. Im Jahr 1999 wurde das Gebäude als erste Pilgerherberge seit Wiederaufleben der Pilgertradition auf dem Caminho Português eingerichtet. In der oftmals betriebsamen Herberge finden Sie 34 Betten, eine kleine Küche mit sehr wenig oder keinem Koch- und Essgeschirr, keine Decken. ▣ **T** @. ☎ 618 338 045, 🚪 ganzjährig von 13:00 bis 22:00, € 10

🏠 **A Casa da Herba**. Folgende Beschreibung ist evtl. überholt, weil ich die Herberge 2024 nicht sehen durfte, da ich (wie die meisten Pilger) unangemeldet kam: Einfache, aber gute private Herberge in einem renovierten Haus mit 24 Plätzen in 3 Zimmern sowie 🛏 2 DZ (€ 52 bis 60). Sie liegt an einem netten, meist ruhigen Stadtplatz, kleine Kochgelegenheit, 🔒 ▣ **T** @. ☎ 644 404 074, 🚪 Feb bis Dez 12:30 bis 24:00, € 16

🏠 **Kirchliche Herberge**. Die angenehme, geräumige, gepflegte, teilweise rustikale Herberge Santiago Apóstol kann 30 Pilgern in 2 Schlafsälen eine Übernachtung bieten. Einfacher Hof, Küche, ▣ gratis, „naturnaher Frischlufttrockner“, 🔒 @. ☎ 986 404 997 oder 627 748 802,

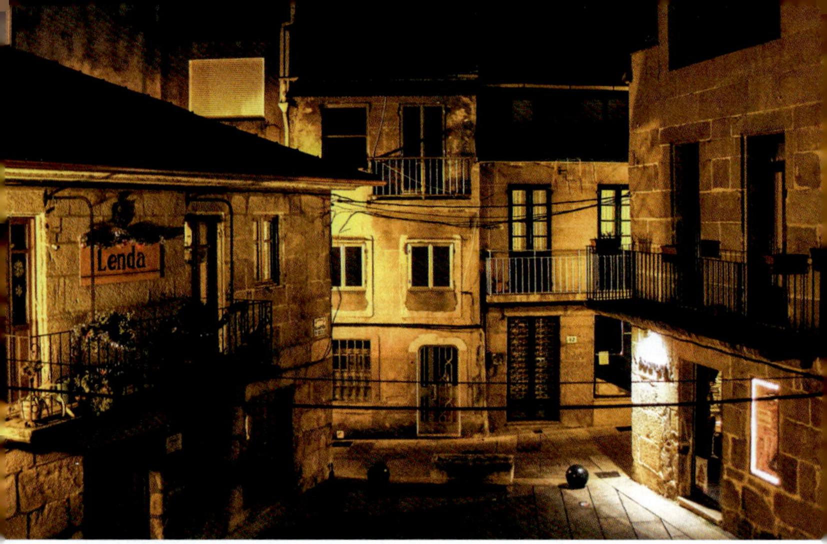

Redondela bei Nacht (sv)

Ostern bis 31. Okt 12:00 bis 24:00, Übernachtungspreis einschließlich Waschmaschinenbenutzung, bei finanziellen Problemen Preisnachlass, sonst ca. € 12 bis 13

Avoa Regina. Am weiteren Jakobsweg 400 m nach Etappenende. Schlichte, moderne Herberge mit 32 Plätzen in Kabinen in 2 Schlafsälen, kleine Kochgelegenheit, **T** @. ☏ 986 125 297 oder 699 418 186, unsicher, da länger nicht erreichbar, ca. € 16

Im Sinne der auf S. 41 beschriebenen Auswahlkriterien und aus anderen Gründen können hier folgende Herbergen nur kurz dargestellt und nachrangig empfohlen werden: **A Rotonda.** Weg: An der beschriebenen Kreuzung am Ortseingang noch weitere 200 m der N-550 zum großen Kreisverkehr folgen. 10 Einzelbetten in einem schlichten, gepflegten Schlafsaal, Mikrowelle, evtl. unsicher geöffnet, da nicht erreichbar (**T** @, ☏ 657 805 988, ca. € 18). **Santiago de Vilavella**. 100 m vor Herberge A Conserveira, eher einfach-modern. 54 Plätze in nur einem (!) Schlafsaal mit Raumtrennungen in Kabinen zu 2 bis 8 Plätzen, daher m. E. schlechtes Preis-Leistungs-Verhältnis, Kochgelegenheit, Handtuch, Frühstück ca. € 3 (**T** @. ☏ 673 414 752, € 17). **Alfonso XII**. In der gleichnamigen Rúa Aflonso XII Nr. 24 nahe der Touristeninfo. 14 Plätze in 3 Zimmern, die aber oft komplett vermietet werden, Küche (**T** @. ☏ 676 167 662, ca. € 17 bis 22 p. P.). **A Dársena do Francés**. Lage: Wie später beschrieben auf halbem Weg nach Cesantes. Schick und gepflegt, 29 Plätze in 4 Zimmern, kleine Küche, DZ € 60 (**T** @. ☏ 663 911 233, Ü mit Frühstück € 20)

⌘ Die schon von Weitem sichtbaren **Viadukte**, die Redondela von Ferne fast schon ein urbanes Flair verleihen, sind die Attraktion dieser kleinen Ortschaft. Das erste Viadukt, das Sie auf dem Jakobsweg unterqueren, wurde 1876 fertiggestellt. Das zweite, unter dem Sie der Abstecher zum Meer und der weitere Jakobsweg hindurchführen, stammt aus dem Jahre 1884.

✞ Die Jakobskirche **Igreja de Santiago** bzw. **Igrexa Parroquial** stammt aus dem 15. Jh. und befindet sich nahe der kirchlichen Herberge (☞ Karte auf S. 179). Sie hat sich nicht zuletzt auch dank ihres schönen Rosettenfensters, in dem die Jakobssymbole sichtbar sind, zu einem Wahrzeichen des Caminho Português entwickelt. Wann die Messe beginnt, erfragen Sie in der Pilgerherberge oder der Touristeninfo.

Redondela liegt direkt neben einer Meeresbucht, die Sie zu Fuß von der Herberge in ca. 20 Minuten erreichen können. Beim Hafen stoßen Sie auf den **Playa a Punta**, sogenannt, weil er zu einem spitzen Punkt zuläuft. Vor dem Strand befindet sich die **Isla San Simón**. Es handelt sich nicht um einen Traumstrand, aber wer zur Abwechslung Meeresluft schnuppern will und das beruhigende Rauschen des Meeres schätzt, für den ist der folgende beschriebene Abstecher sicher ein lohnender Weg.

Zur **Meeresbucht** gelangen Sie, indem Sie, wie anhand der gestrichelten Linie auf dem Kartenausschnitt auf S. 179 ersichtlich, immer weiter geradeaus und vorbei an der Touristeninfo (☏ 986 401 713) gehen, bis Sie nach 300 m das Viadukt unterqueren. Nach weiteren 100 m stoßen Sie auf eine Kreuzung (nach rechts geht es hier übrigens 200 m zurück zum Jakobsweg). Während der nun folgenden 100 m gehen Sie auf dem Weg zur Meeresbucht halb links unter der Unterführung hindurch. An ihrem Ende gehen Sie dann halb rechts und gleich wieder halb links in Richtung Porto-Lonxa. Von hier aus folgen Sie der Straße nun 1 km immer geradeaus, bis Sie auf den Hafen stoßen, an den sich rechter Hand der Strand anschließt (km 1,5).

Redondela – Arcade/Ponte Sampaio 6,2/8 km

⇔ *Nur noch ein Katzensprung von 2,8 km ist es nach Cesantes und zu den dort etwas vom Weg abgelegenen Unterkünften. Weiter geht es dann über schöne, bewaldete Anhöhen von 155 und 168 Höhenmetern und es bietet sich dabei mehrfach eine schöne Sicht auf eine Ría. Der Weg verläuft dabei zunächst auf wenig befahrenen Straßen, dann bis zum Ortsanfang von Arcade über Wege.*

Von der Straßenkreuzung, bei der es rechts zur kirchlichen Herberge abgeht, gehen Sie weiter geradeaus. Nach 400 m führt Sie der Weg an der Herberge Avoa Regina vorbei und 100 m weiter wird die N-550 überquert. Dann wenden Sie sich nach rechts, gehen aber nicht auf der Hauptstraße weiter, sondern verlassen diese sofort nach halb links auf eine Nebenstraße, die die Hauptstraße noch vor der nächsten Leitplanke im spitzen Winkel verlässt. Sie folgen dieser Straße immer weiter und erreichen nach 1 km die Herberge A Dársena do Francés (☞ Beschreibung S. 180) und nach 300 m eine Kreuzung mit Wasserstelle. Der nun wieder guten Markierung folgend treffen Sie nach 1 km auf die

N-550, wo sich gleich linker Hand die Bar Jumboli befindet (ein Zimmer mit 6 Plätzen für ca. € 19 p. P., DZ ab € 50, EZ € 45, optional Frühstück und Menüs). Nach rechts geht es dagegen zur Herberge von Marie (km 2,8).

Maries Herberge (O Refuxio de la Jerezana). Bei der Bar Jumbolie der N-550 nach rechts 250 m zur rechterhand gelegenen Herberge folgen. Die deutsch-spanische Pilgerfreundin Marie hat in der ehemaligen Werkstatt ihres Vaters die freundliche, gepflegte Herberge eingerichtet und die Betten dazu mit ihrem Vater gleich selbst geschreinert. 24 bis (notfalls) 30 Plätze in einem hellen Schlafsaal mit Raumtrennungen. 3 DZ mit F € 50 bis 60 (Ostern und April bis Sep), Vierbettzimmer mit F € 80 bis 100. Nicht immer ganz geräuscharme Terrasse und eine ruhigere Liegewiese mit Orangen- und Feigenbäumen. Zusätzliche Sanitäranlagen im Nebengebäude, Mikrowelle, Toaster, Kaffeemaschine und auf Nachfrage auch Kochplatten. Kleine Speisen (z. B. Pasta oder Linseneintopf mit Brot für € 5), Menüs € 15. T @. 601 165 977, ganztags Feb bis 15. Okt, Ü mit Frühstück € 19

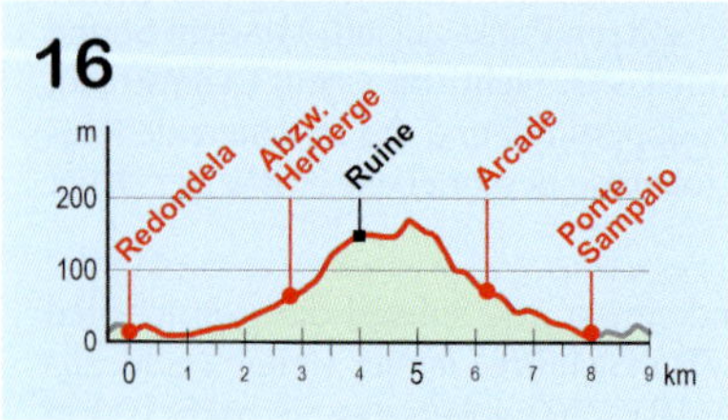

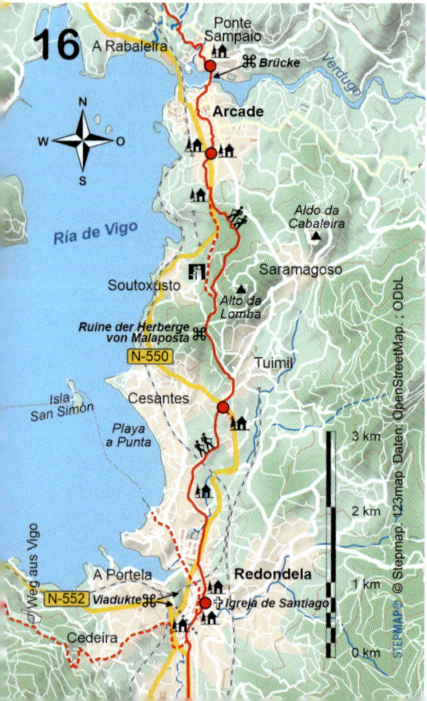

Die Straße wird überquert, dann geht es über Straße und Teerpiste zunehmend steiler bergauf und nach 500 m wird eine Raststelle mit Brunnen erreicht. Nur noch wenige Meter geht es danach steil bergauf und dann führt der Weg wesentlich ebener durch einen schattigen Wald, bis Sie nach 700 m in der Nähe von **Lomba** (155 m) auf eine Teerstraße treffen. Links sehen Sie eine Ruine (km 4). Es handelt sich hierbei um die alte Herberge von Malaposta, in der früher Pilger und Postkuriere untergebracht wurden. Ab hier verläuft der Weg wieder bergab, aber schon nach 350 m wird der Weg nach halb rechts auf einen Anfang 2024 fertiggestellten Weg verlassen.

Der neuere Weg ersetzt den **alten Weg**, der ca. 400 m kürzer und etwas weniger steil verläuft, aber auf den letzten 400 m entlang der Nationalstraße führt.

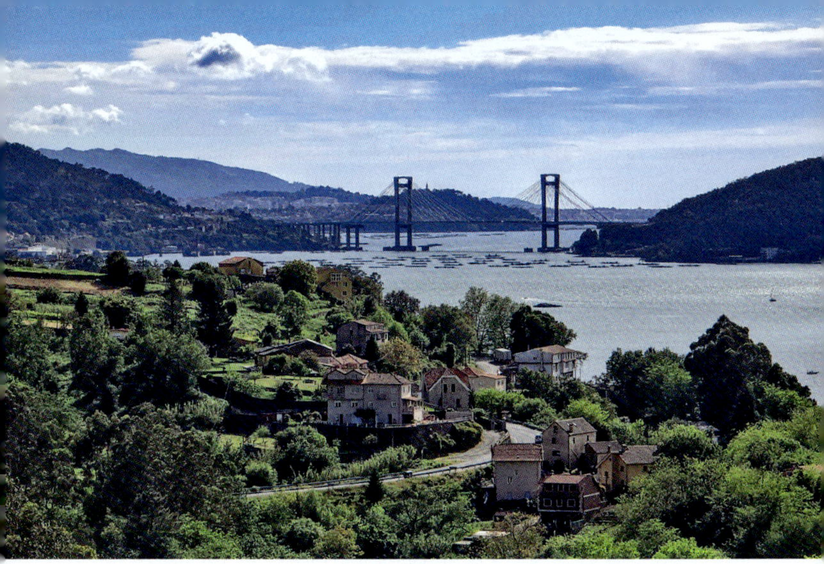

Blick über die Ría in Richtung Vigo (mg)

Auf dem neuen offiziellen Weg geht es leicht bergauf und bald werden Sie mit einer ersten schönen Aussicht auf die Meeresbucht Ría de Vigo belohnt. Ich empfehle Ihnen, zunächst immer geradeaus zu gehen, und nach 400 m sind Sie oben am Waldrand angekommen und es geht nun wieder bergab (⇧ 168 m) (km 4,8). Es bietet sich ein weiter Blick bis nach Ponte Sampaio.

Über betonierte Fußwege und Waldwege geht es in und durch den Wald und nach 1 km öffnet sich der Blick über die Ría auf die Brücke Puente de Rande, hinter der Sie sogar die Stadt Vigo erblicken können. Noch 300 m weiter sind Sie genau am Ortsrand von **Arcade** auf der N-550 angekommen. Linker Hand finden Sie die Albergue A Filla do Mar (Unterbringung weit über dem Preislimit S. 41 und/oder nur noch im Rahmen einer Halbpension, ☏ 680 558 495). Direkt 100 m dahinter wird die N-500 nach links auf eine Nebenstraße verlassen, wo sich gleich die Herberge Albergue Casa Calvar befindet (km 6,2). Nach 400 m wird die N-550 wieder überquert, nach 100 m geht es an der Herberge Lameiriñas vorbei (km 6,7). Nach weiteren 100 m erreichen Sie links durch eine kleine Gasse die Herberge O Lar de Pepa.

Der Weg führt Sie nun vorwiegend bergab vorbei an einigen historischen auf „Stelzen" stehenden Kornspeichern nach Arcade, wo Sie nach 600 m im Zentrum eine zweispurige, breite Einkaufsstraße überqueren. Nach weiteren 450 m erreichen Sie die ⌘ Brücke, die Sie nun 100 m nach **Ponte Sampaio** (⇧ 0 bis 25 m) führt (km 8).

Casa Calvar (km 6,2). Gepflegte, moderne private Herberge mit 26 Plätzen in den Kabinen eines geräumigen Schlafsaals, Terrasse mit Bar und Pool im Garten, Frühstück und Menüs für € 12, **T** @. ☏ 986 401 754, ganzjährig 11:00 bis 23:30, € 15

Lameiriñas in Arcade (km 6,7). Die moderne, gepflegte private Herberge bietet 28 Plätze in einem Schlafsaal mit Aufteilung in Kabinen, Küche und Terrasse. Der Besitzer bietet nebenan DZ ab € 60 und EZ für € 40 an. @. ☏ 616 107 820, April bis Okt 13:00 bis 22:30, € 13

O Lar de Pepa in Arcade (km 6,8). Die dienstälteste, einfache, nette private Herberge dieses Ortes wurde in einem umgebauten Wohnhaus eingerichtet und atmet die Atmosphäre einer einfachen, authentischen Herberge im alten Stil wie vor 20 Jahren. Sie bietet 5 DZ (€ 12 bis 15) und ein Zimmer mit 4 Plätzen. Küchen mit Ausstattung, überdachte Dachterrasse mit Blick auf den Meeresarm, @. ☏ 649 494 905, ganzjährig ca. 14:30 bis 24:00, evtl. nach Anruf, € 12

O Mesón in Ponte Sampaio. Weg: Nach dem Überqueren der Brücke derselben Straße 200 m weiter bergauf folgen (km 8,2). Die gute, gepflegte, modern eingerichtete Herberge bietet 8 Plätze in den Kabinen eines Schlafsaals mit guter Raumtrennung (€ 14 p. P.), Zimmer für 3 Personen € 42, 3 Zimmer für 4 Personen € 54 komplett, Küche und Lebensmittelladen. In der 50 m davon entfernt gelegenen Bar gibt es einfache Speisen und auch Frühstück für € 3,50. **T** @. ☏ 687 462 398 oder 986 670 165, März bis Dez 12:00 bis 23:00, ab € 14

Ponte Sampaio – Pontevedra (Historisches Zentrum) 12,3 km

⇔ *Bald überqueren Sie nochmals eine schöne Anhöhe von 140 Höhenmetern und dann geht es eben weiter. Der Weg verläuft fast ausschließlich auf wenig befahrenen Straßen, Wegen und Pfaden. Bedenken Sie, dass es in Pontevedra einiges zu sehen gibt. Es ist also von Vorteil, dort früh Quartier zu nehmen. Die hier beschriebene Strecke schildert den knapp 1 km längeren Weg am Fluss entlang bis zur ersten, etwas außerhalb gelegenen öffentlichen Pilgerherberge. Das Zentrum der Stadt erreichen Sie erst nach weiteren 1,4 km auf dem Jakobsweg. Wenn Sie direkt in Pontevedra übernachten wollen, um in Ruhe die abendliche Stimmung auszukosten, finden Sie dort einige bezahlbare Pensionen.*

Radfahrer werden auf der folgenden Strecke besonders dann, wenn es über altes Pflaster oder bergauf geht, etwas schieben müssen. Ich empfehle aber trotzdem vorerst den schöneren Originalweg. Ab der Hälfte der Strecke nehmen Sie dann aber bitte auch aus Rücksicht gegenüber denen, die zu Fuß auf dem oft engen Weg

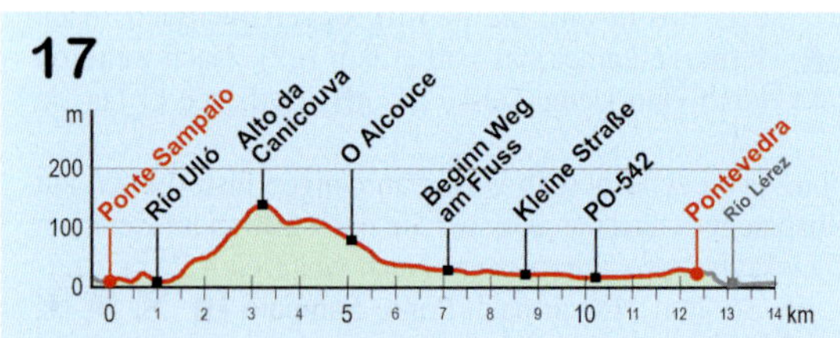

unterwegs sind, den älteren Weg über die Straße.

Immer bergauf und bergab führt Sie der Weg über schmale Gassen und Straßen vorbei an einigen schönen Kornspeichern (📷 Titelbild) durch den Ort, bis Sie nach 900 m wieder die Hauptstraße überqueren. Nach 150 m überqueren Sie eine Stahlbrücke, deren Fundament auf den Steinen einer alten Römerbrücke gründet, die einst über den Fluss Ulló führte. Hier befindet sich auch ein Rastplatz. Meist auf guten Fußwegen führt Sie der Weg nun 400 m weiter, dann steigt er steil und steinig an. ☺ Im Fels können Sie hier noch stellenweise die Fahrspuren der alten Fuhrwerke erkennen.

Allmählich wird der Weg wieder besser und nach ca. 300 m ist er wieder vollkommen problemlos begehbar. Nach weiteren 550 m auf dem Weg, der nun wieder relativ eben verläuft, wird eine kleine Straße überquert. Danach geht es erst auf einem schönen, teilweise steinigen Waldweg, dann über Piste und endlich über Straße immer bergauf, bis Sie nach 900 m nahe der Anhöhe **Alto da Canicouva** (⇧ 140 m) angekommen sind (km 3,2).

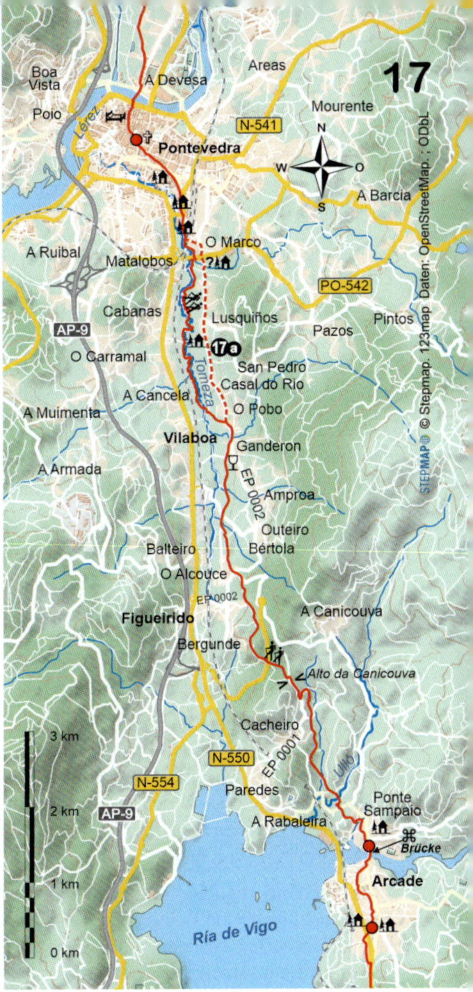

Die Straße wird hier wieder nach links auf einen Waldweg verlassen und bald führt der Weg erneut nach unten. Nach 750 m erreichen Sie die ersten Häuser des Dorfes **Bergunde** (⇧ 100 m). Nun geht es auf der schmalen, wenig befahrenen Straße immer geradeaus, bis nach 1,1 km in **O Alcouce (Figueirido)** eine breitere Landstraße überquert wird (🍷 50 m weiter öffnet im Sommer gelegentlich eine improvisierte Bar) (km 5,1).

Zunächst über Piste und dann auf Waldweg geht es weiter bergab, bis Sie nach 600 m wieder eine Straße erreichen. Sie gehen noch 1 km weiter (und können nach rechts einen ca. 200 m langen Umweg über eine Bar machen). Nach 400 m über den regulären Weg stehen Sie dagegen an einem Scheideweg (km 7,1).

Verpassen Sie nicht den Abzweig zum Weg entlang des Flusses. Zumindest bis Ende 2024 war dieser noch an einem Schaubild zu erkennen.

Zwei Varianten: Seit 2017 führt der Weg am idyllischen Fluss Tomeza entlang. Wenn es nicht gerade sehr viel geregnet hat und dann die Pfade und Wege evtl. etwas unwegsam sein könnten, ist diese nur knapp 1 km längere Strecke auch zu empfehlen. Nehmen Sie besser den älteren Weg **17a** über die Straße.

17a Der ältere Weg über die Straße an der Casa a Grade vorbei führt dagegen eine mäßig befahrene Straße entlang, die über einen ausreichend breiten Seitenstreifen oder Fußweg verfügt. Nach 1,3 km erreichen Sie den Abzweig zur Herberge Casa A Grade (8,4 km).

Casa a Grade. Weg: An der eben genannten Stelle 100 m nach links. Direkter improvisierter Zugang über den Garten zum Weg entlang des Flusses. Nette, persönliche Herberge mit 10 Plätzen in 3 Zimmern zu je 3 bis 4 Betten, Küche, evtl. Pool, großer Garten mit Hängematte, Hühner, Weinreben. Begrüßungswein aus eigenem Weingarten. Gutes Abendesse für € 10 bis 12 mit Zutaten aus dem eigenen Garten, **T** @. ☎ 696 306 129, ganzjährig 13:00 bis 24:00, für Besitzer dieses Pilgerführers Ü mit Frühstück und Begrüßungswein aus eigenem Anbau € 19

Dem älteren Weg weiter folgend gehen Sie weiter über dieselbe Straße, bis Sie nach 1 km in **O Marco** einen Kreisverkehr (hier evtl. **?** nicht zu empfehlende Herberge O Marco) zur gegenüberliegenden Seite umrunden. Nach 550 m erreichen Sie kurz nach dem Unterqueren der Bahnlinie die Auffahrt zur öffentlichen Pilgerherberge und befinden sich wieder auf dem wie folgt beschriebenen regulären Weg (km 9,9).

Der schöne reguläre Weg am Fluss entlang verläuft hier nach links und erreicht bald über eine kleine Brücke einen schönen schmalen Weg bzw. Trampelpfad, der in vielen kleinen Windungen am kleinen Fluss entlang verläuft. Nach 1,6 km wird eine kleine Straße überquert (km 8,7). (Hier Umweg von 500 m nach rechts zur Casa A Grade.) Weiter am Fluss entlang erreichen Sie nach noch einmal 1,6 km die PO-542 (hier Abzweig 100 m nach rechts zur Herberge **?** O Marco). Es gibt hier verschiedene Möglichkeiten, weiterzugehen. Auf der kürzesten und hier empfohlenen Variante gehen Sie weiter unter der PO-542 hindurch und durchqueren bald über einen Steg die bizarre Unterführung der Bahntrasse.

So erreichen Sie die Einfallstraße nach Pontevedra, über die auch die Variante **17a** verläuft und die Sie nach 550 m bis zur Auffahrt zur öffentlichen Pilger-

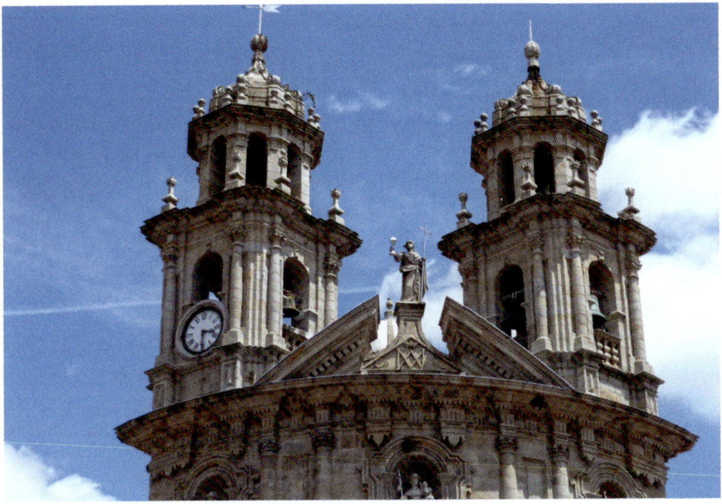

Kirchtürme des Sanktuariums der Virxe Peregrina (rj)

herberge führt (km 10,9). (↳ Wenn Sie dieser nun folgen, stoßen Sie nach 100 m auf die öffentliche Pilgerherberge.) Geradeaus geht es hingegen 250 m bis zu einem Kreisverkehr, wo sich rechts der Bahnhof befindet (dort Cervecería Gambrinus). Noch 50 m weiter erreichen Sie linker Hand die Herberge GBC Hostel und 50 m danach rechter Hand die Herberge Aloxa Hostel (km 11,2). Nach 400 bzw. 500 m führt Sie der Weg an den Hostals Dpaso Urban und Nacama vorbei.

Nur 100 m nach dem Letzteren haben Sie bei einem Kreisverkehr eine breite Straße überquert und gehen noch 400 m in die Innenstadt. Dort erreichen Sie einen kreisrunden Platz mit Brunnen – den Platz Glorieta de Compostela. Geradeaus über diesen hinweg und danach weiter geradeaus finden Sie nach 100 m im historischen Zentrum rechts das Sanktuarium der ✝ **Virxe Peregrina** (km 12,3).

Nach links geht es hier 350 bis 500 m zu den auf S. 188 näher beschriebenen Pensionen und dem Slow City Hostel.

Pontevedra ⇧ 22 m, 80.000 Ew.

ⓘ Der Legende nach wurde die Stadt von Teucro, einem Helden aus dem Trojanischen Krieg, gegründet. Als sicher gilt hingegen, dass sich hier schon zu Zeiten der bereits erwähnten Via Romana XIX, die die Städte Braga und Astorga verband, eine Römerbrücke mit Ansiedlung befand. Bis zum Jahre 1141 finden sich keine schriftlichen Zeugnisse über den Ort Pontus Veteri, was wahrscheinlich so viel wie „alte Brücke" bedeutet. Im Jahre 1169 wurde die Stadt von Fernando II, dem König von Galicien, neu gegründet.

Der florierende Fischfang und der Handel führten dazu, dass Pontevedra im 16. Jh. zur größten Stadt Galiciens heranwuchs und 1833 zur Provinzhauptstadt erklärt wurde. Heute ist sie eines der größten wirtschaftlichen und kulturellen Zentren Galiciens. Die Touristenströme haben Pontevedra – zum Glück – bisher noch nicht zu sehr für sich eingenommen.

☺ Wenngleich es wohl nicht unbedingt notwendig ist, hier einen ganzen Tag zu verbringen, sollten Sie sich auf jeden Fall Zeit nehmen, durch die überraschend reizvolle Altstadt zu bummeln und einen Blick in die wichtigsten Sehenswürdigkeiten zu werfen. Leider befindet sich die öffentliche Herberge etwas außerhalb und die privaten Herbergen liegen auch nicht sehr zentral und bieten m. E. ohnehin in der Regel kein besonders attraktives Preis-Leistungs-Verhältnis, weshalb diese hier wieder nur kurz erwähnt werden können. Wer die abendliche Atmosphäre der Stadt ohne Zeitdruck erleben will, dem ist also zu empfehlen, gemeinsam mit anderen eine Pension direkt im Zentrum zu beziehen, von denen hier zuletzt zwei pilgerbekannte Adressen kurz beschrieben werden.

Die abgelegene **öffentliche Pilgerherberge** wird von der Jakobusgesellschaft Amigos del Camino Portugues a Santiago geführt, die hier auch ihren Sitz hat. ✋ Die Herberge befindet sich wie eben beschrieben bereits am Ortseingang 1,4 km vor Etappenende. Das großzügig angelegte Gebäude bietet bis zu 80 Plätze in 4 Schlafsälen, man kann Decken für € 5 kaufen, Küche mit Geschirr, Informationsbüro, Bibliothek, Souvenirladen, Fernseher, Garten, Kaffee- und Snackautomaten. Die Nähe zu den Bahngleisen muss Sie nicht stören, da nachts kaum Züge unterwegs sind. Ein Nachteil dieser Herberge ist die Entfernung zum Zentrum in Verbindung mit der nicht sehr großzügigen Schließzeit, die auch strikt eingehalten wird. ☞ Tipp. **T**, **P** € 2, @. ☎ 986 844 045, ganzjährig von 13:00 bis 22:00!!, € 10

✋ Vergessen Sie nicht, dass die 1,5 km außerhalb gelegene öffentliche Herberge pünktlich schließt und der eigentlich kurze Weg, je nachdem, was und wie viel Sie am selben Abend konsumiert haben, evtl. nicht in der gewohnten Geschwindigkeit zurückgelegt werden kann.

Von den vielen Lokalen, die oft erst ab 20:00 oder 21:00 öffnen und dann nur selten günstige Menüs servieren, scheinen die in der Region zwischen dem Praza do Teucro und der Basilica de Santa Maria ein angemessenes Preis-Leistungs-Verhältnis vorzuweisen.

Die **Herberge O Marco** befindet sich wie bereits in der Wegbeschreibung erwähnt ca. 600 m vor der öffentlichen Herberge im gleichnamigen Ort. Zahlreiche kritische Erfahrungsberichte lassen keine Empfehlung zu (☎ unbekannt). **Herberge GBC Hostel.** Im Parterre eines Wohn- und Geschäftsgebäudes, schlicht, modern, 72 Plätze in den Kabinen von 5 Schlafsälen, Kochgelegenheit, Frühstück € 4 (€ 5, **T** € 5, @. ☎ 676 188 664, je nach Saison € 18 bis 23). In der **Herberge Aloxa Hostel** bringt man bis zu 60 Personen ebenfalls im Parterre in 2 eher einfachen Schlafsälen unter, auf Gruppen spezialisiert, stellenweise wenig Tageslicht, Mikrowelle (T @. ☎ 663 438 770, je nach Saison € 19 bis 22). **Dpaso Urban Hostel**. Die Herberge bietet 20 Plätze in den futuristischen Kabinen eines Schlafsaals, Mikrowelle, DZ ab € 50, T @. (☎ 653 548 059, € 18 bis 22). **Nacama Hostel.** (Betrieb unsicher, da selten erreichbar) 42 Plätze in den Kabinen eines Schlafsaals, Kochgelegenheit (☎ 986 050 888, ab ca. € 20). Das zentral in der Rúa da Amargura 5 gelegene **Slow City Hostel** bietet 6 Plätze in einem Raum und 2 DZ für € 45 bis 55 (T @. ☎ 631 062 896, p. P. im Schlafsaal mit Tee und Kaffee € 20 bis 23). Wie vorher unter „☺" beschrieben stellen vor Ort wohl oft geteilte Zimmer in Pensionen eine bessere Lösung dar. So z. B. die **Pension Casa Alicia.** Sie befindet sich am südlichen Eingang des Platzes Santa Maria, der 100 m südlich der Basilika Santa Maria la Mayor ❺ liegt (☞ Stadtplan). Sie ist recht einfach, aber auch genauso persönlicher irgendwie im kultig-kitschigen Stil von „Omis alter Wohnung" gestaltet, Hauskater Prinz Philippe und Mikrowelle. Platz im DZ für € 22 p. P. (☎ 986 857 079). Die **Pension Casa Sara** liegt dagegen nur 50 m östlich der Basilika Santa Maria la Mayor ❺ in der Rua Alta Nr. 17. Sie finden hier DZ nette, gepflegte Zimmer € 40 bis 55, EZ € 30 bis 35, kleine Kochgelegenheit, Frühstück zum Selbstherrichten € 2 (☎ 686 970 265).

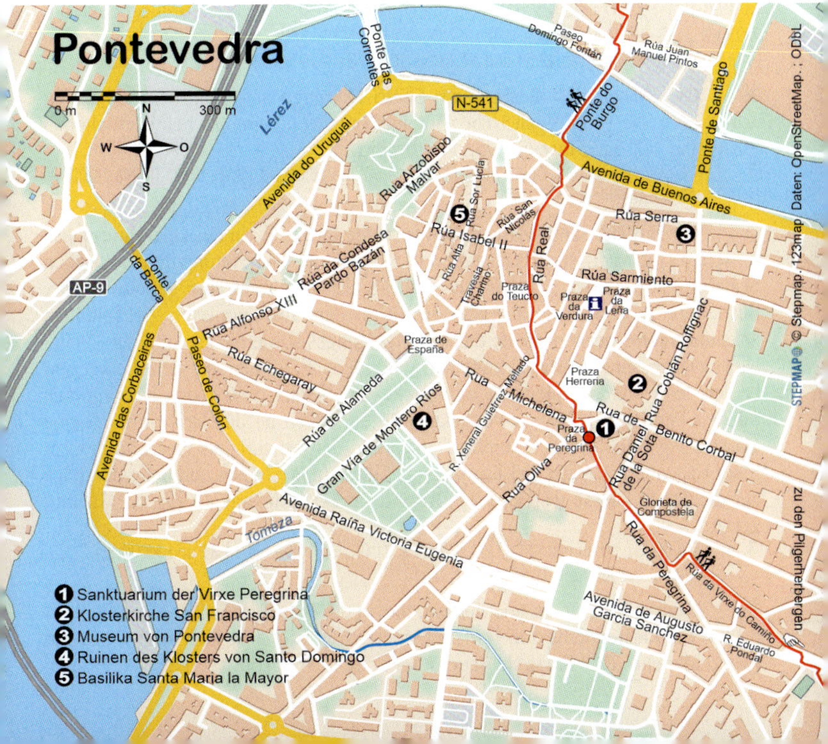

✞ Das **Sanktuarium der Virxe Peregrina**, Heiligtum der jungfräulichen Pilgerin, stellt zweifellos eine der Hauptattraktionen auf dem Caminho Português dar. Die Barockkirche aus dem 18. Jh. wurde in einem Grundriss errichtet, der einer Jakobsmuschel gleicht. Das majestätische Altarbild stellt die Jungfrau im Pilgergewand dar. Sie gilt als mystische Pilgerführerin und Schutzpatronin der Region. In der Stadt, die sich stolz als die Hauptstadt des galicischen Teils des Caminho Português betrachtet, ist vor dem Hintergrund der Verehrung der jungfräulichen Pilgerin noch der Taufname Peregrina (Pilgerin) oder dessen Kurzform Pere gebräuchlich.

Die Kirche öffnet täglich 8:00 bis 22:00. Heilige Messe Mo bis Sa 19:30 und So 13:00, Eintritt zum Kirchenraum frei, Zugang zur Galerie bzw. Innenkuppel der Kirche € 1

✞ Die **Klosterkirche San Francisco** aus dem 14. Jh. bietet in der betriebsamen Stadt einen idealen Platz für Ruhe und innere Einkehr. Der schlichte, geräumige Bau beeindruckt besonders durch seine schönen Glasfenster. Beim Verlassen der Kirche bietet sich eine eindrucksvolle Aussicht auf den Hauptplatz. Messe z. B. täglich um 12:00 und 19:30, Mo bis Fr auch um 9:00 und Sa und So auch um 10:00

Mo bis Sa 8:20 bis 12:55 und 17:15 bis 20:15, So 9:15 bis 13:45 und 17:15 bis 20:15

⌘ Die **Ruinen des Klosters von Santo Domingo** aus dem 14. bis 15. Jh. waren einst die größte galicische Dominikanerkirche. Ihre bis heute erhaltenen Reste sind Teil des Museums von Pontevedra.

15. März bis 31. Okt Di bis Sa 10:00 bis 14:00 und 16:00 bis 19:30, So 11:00 bis 14:00, im Winter geschlossen

✞ Die **Basilika Santa Maria la Mayor** wurde im 16. Jh. in der Übergangsphase zwischen Gotik und Renaissance erbaut. Sie geht auf eine Stiftung der städtischen Seefahrergilde zurück, von der sie auch als Versammlungsraum genutzt wurde. Besondere Aufmerksamkeit verdienen die in den Stein geritzten Zeichnungen links und rechts der Innenseite des Haupteinganges sowie die Fassade der Kirche. Hier wurden, einem Altarbild ähnlich, verschiedene Szenen aus dem Leben und Leiden Jesu und der Heiligen dargestellt. Zu beiden Seiten des Hauptportals wachen Petrus und Paulus. Regionalpatrioten wollen an der Fassade auch eine Darstellung Christopher Kolumbus' erkennen, den sie stolz als einen Sohn ihrer Stadt reklamieren. Auch hier kann man auf die Kuppel steigen und hat einen Blick auf die Stadt. Messe werktags 11:00 und 20:00, sonntags 11:00, 12:30 und 20:00.

Mo bis Sa 10:00 bis 13:30 und 17:00 bis 21:00, So 10:00 bis 14:00 und 18:00 bis 21:00, Kuppel der Kirche € 1

⌘ Neben den Plätzen und Gärten, die an das Sanktuarium der Virxe Peregrina und die Klosterkirche San Francisco angrenzen, ist der Besuch zweier weiterer Plätze lohnend. Der **Praza do Teucro** liegt direkt am Jakobsweg (☞ Weg durch die Stadt). Hier wachsen Apfelsinenbäume, was in Galicien eher selten ist und einen Hinweis auf das besonders warme Mikroklima der Stadt gibt. Der Platz ist nach dem legendären Begründer der Stadt benannt (☞ Einführung zur Stadt). Die den Platz umgebenden Häuser wurden im 17. und 18. Jh. vom Adel der Stadt errichtet, von deren Reichtum sie heute noch Zeugnis ablegen.

Auf dem idyllisch gelegenen **Praza da Leña** wurde einst Brennholz gehandelt, wonach er auch seinen Namen erhielt. Das Kreuz in der Mitte stammt aus dem 15. Jh. und wurde erst in neuerer Zeit aus Caldas de Reis, wohin der weitere Weg Sie noch führen wird, hierhergebracht. Neben exklusiven ✕ Restaurants finden Sie hier auch das Museum von Pontevedra.

⌘ Wenn noch etwas Zeit bleibt, kann das kleine, aber feine **Museum von Pontevedra** besucht werden, das direkt am Praza da Leña liegt. Es ist in zwei miteinander verbundenen Gebäuden untergebracht und bietet neben archäologischen Funden, die bis auf die vorrömische Zeit zurückgehen, Ausstellungsstücke aus dem Kunsthandwerk und zur Geschichte des Jakobsweges. Des Weiteren finden sich Gemälde aus verschiedenen Epochen, religiöse Kunst und der Nachbau des Innenraums eines Schiffes.

♦ Rúa Padre Amoedo Carballo, 3, Di bis Sa 10:00 bis 21:00, So 11:00 bis 14:00, letzter Einlass 20 Min. vor Schließung, Eintritt frei

Pontevedra – Portela (Abzweig zur Herberge) 9,6 km

⇔ *Haben Sie am Vortag in einer der Herbergen am Eingang der Stadt übernachtet und noch keine Möglichkeit, Pontevedra zu besichtigen, können Sie dies nun nachholen. Sie finden genug Zeit, da Sie nach weniger als 10 km in Portela die nächste Herberge antreffen. Anstrengende Steigungen haben Sie auf dem zum Teil reizvollen Weg nicht zu erwarten. Lediglich vor San Mauro (⇧ 130 m) geht es einige Hundert Meter etwas steiler bergauf.*

Hinter dem ✞ **Sanktuarium Virxe Peregrina,** welches den Anfang der Etappe markiert, sehen Sie die ✞ **Klosterkirche von San Francisco**. Der guten Markierung folgend geht es nach 250 m am ⌘ **Praza do Teucro** vorbei. ☺ Schauen Sie auf

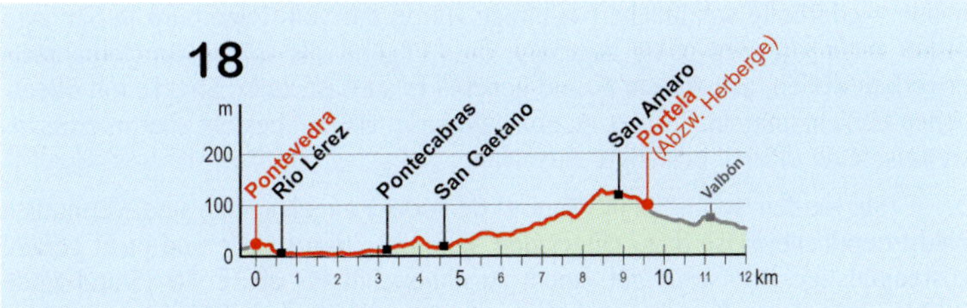

das Pflaster und Sie sehen, dass hier ein Weg gekennzeichnet ist, in den sehr kleine Lampen eingelassen sind. Diese leuchten in der Nacht – wenn sie denn tatsächlich funktionieren – und sollen den Jakobsweg andeuten. Noch 350 m geht es auf diesem „Leuchtpfad" weiter bergab durch die Stadt. Dann überqueren Sie die 180 m lange Brücke über den Rio Lérez und gehen in gleicher Richtung weiter über eine Kreuzung in eine Einbahnstraße, die Sie aber nach wenigen Metern schon wieder nach links auf eine Nebenstraße verlassen. Der Ort gewinnt mit jedem Schritt mehr den Charakter eines Dorfes und nach 1,6 km verlassen Sie ihn bei einem unter Naturschutz stehenden Sumpfgebiet endgültig. Entlang des Sumpfgebiets, an dessen Rand sich auch ein Rastplatz befindet, geht es 800 m weiter, bis Sie vor Pontecabras die Unterführung einer Bahnlinie erreichen (km 3,2).

Zum Camino „Espiritual"

(Umweg von ca. 35 km und/oder Bootstransfer für € 25)

Der sogenannte „Camino Espiritual" konnte aus verschiedenen, wie folgt beschriebenen guten Gründen bisher nur wenige deutschsprachige Pilgerbegeisterte ansprechen und wird deshalb in diesem Pilgerführer vorerst nicht näher beschrieben. Im Gegensatz zu anderen neueren Varianten wie z. B. dem Küstenweg in Portugal, die entweder über eine gewachsene Tradition verfügen oder durch das Interesse der Pilgerinnen und Pilger in jüngster Zeit langsam wuchsen und sich so etablierten, wurde der Camino Espiritual (dt.: spiritueller Weg), wie es scheint, von Anfang an von der ortsansässigen Tourismuslobby propagiert. Er weist infolgedessen m. E. auch ein entsprechendes touristisches Gesamtkonzept auf:

1. Der Weg führt zunächst – sehr untypisch für einen Jakobsweg – ca. 8 km nach Südwesten (also wieder von Santiago weg), um sich dann – mit einem entsprechenden Umweg – wieder Richtung Norden nach Vilanova de Arousa zu wenden.

2. Die letzten ca. 30 km des Weges von Vilanova de Arousa bis Padron sind halbherzig oder gar nicht markiert oder verlaufen über Straßen, wobei sich auf diesem letzten Streckenabschnitt auch keine Pilgerherberge findet. Dieser Abschnitt ist also derzeit nach allgemeiner Einschätzung kaum zu empfehlen. Auf meine wiederholte schriftliche Nachfrage wurde mir vom Pilgerbüro in Santiago bisher *nicht allgemeingültig zugesagt*, dass Pilgern, die später die Compostela erwerben wollen, aus diesem Grund generell erlaubt ist, diese Strecke mit öffentlichen Verkehrsmitteln, Taxis o. Ä. abzukürzen ... Hierbei besteht aber interessanterweise eine offiziell bestätigte Ausnahme:

3. Sie werden, wenn Sie in Vilanova de Arousa angekommen sind, vermutlich bald freundlicherweise dazu eingeladen, eine eher touristische und nicht gerade kostengünstige Bootstour auf einem Ausflugsschiff für ab. € 30 (Stand Ende 2024) zu buchen, die das erwähnte letzte Stück abkürzt und Sie bis nach Pon-

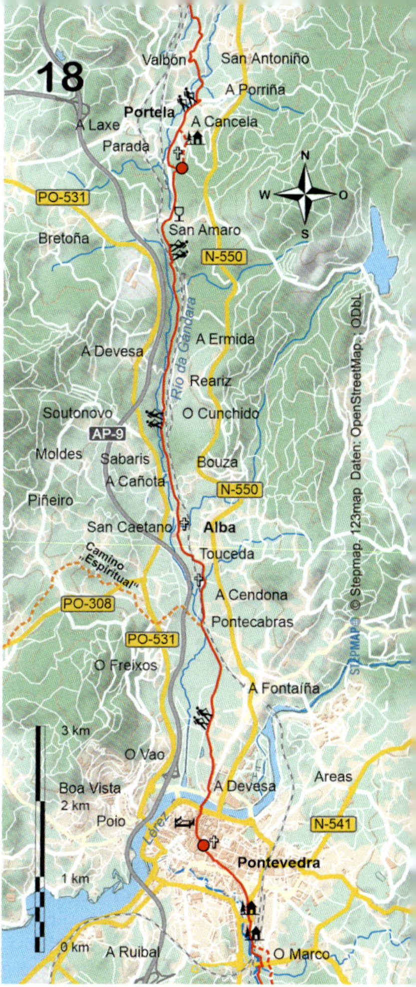

tecesures bringt. Die verschiedenen Touristenboote verkehren dabei aber nur an solchen Tagen, an denen sich genügend interessierte zahlungskräftige Touristen für den Transfer finden und es die Gezeiten und Wetterbedingungen zulassen. Gelegentlich muss man dabei auch bis zum Nachmittag warten, bis die Flut wieder ein Passieren möglich macht. Oder man tut sich eben mit anderen Gästen der Herberge zusammen und nutzt die Dienste eines Sammeltaxis.

Fazit: Es entsteht bei mir der Eindruck, dass die Pilger mittels dieses als besonders „spirituell" beworbenen Weges im wahrsten Sinne des Wortes „zwangsläufig" gezielt in das Tourismusunternehmen einer keineswegs billigen Ausflugsschifffahrt von Vilanova de Arousa nach Pontecesures gelotst werden. Das Konzept dieses offensichtlich touristischen Strukturprojekts erschiene evtl. dann als regulärer Jakobsweg halbwegs glaubwürdig, wenn durch alternative, günstige, offiziell anerkannte, organisierte Transfermöglichkeiten auch Menschen aus niedrigeren Einkommensschichten und ärmeren Ländern die Wahl dieses „spirituellen Weges" finanziell möglich würde. Da aber eine große Zahl der Pilgerinnen und Pilger lediglich über ein Tagesbudget von € 20 bis 30 verfügt, werden viele durch dieses (evtl. eher etwas schein-heilige „spirituelle") Konzept von vorneherein von diesem Weg praktisch ausgeschlossen. Da sich also wohl auch weiterhin nur ein kleinerer Teil der Leser dieses Buches dieses teure, (warum auch immer) besonders „spirituelle" Vergnügen leisten wird, erspare ich mir hier nicht nur aus praktischen Platzgründen, wie übrigens auch die meisten Autoren von Pilgerführern, vorerst nähere Ausführungen zu diesem m. E. bisher eher etwas zweifelhaften „Jakobsweg"-Tourismusprojekt.

Dem hier empfohlenen traditionellen Hauptweg folgend wird die Unterführung der Bahnlinie durchquert und **Pontecabras** bald wieder verlassen. Nach 550 m entlang einer wenig befahrenen Teerpiste erreichen Sie die ✞ Kirche von **Alba** und 50 m weiter ein Kreuz, auf dem auch ein Pilger dargestellt ist. Es geht bergauf und bergab und ein letztes Stück an einer breiteren Hauptstraße entlang, dann sehen Sie nach 800 m im Zentrum von **San Caetano** eine ✞ kleine Kapelle. Bald kann die Hauptstraße wieder verlassen werden und Sie wandern immer weiter auf einer schmalen Straße 800 m bis zu einem Wald. Wenig später endet die Straße und Sie gehen auf einem schönen und auf wenigen Abschnitten auch gelegentlich morastigen Weg 2,4 km meist durch schattigen Wald, bis Sie eine kleine, alte Steinbrücke erreichen, die über einen Bach führt. Der Weg steigt bald steiler an und quert nach 450 m die Bahngleise. Sie pilgern zunächst noch weiter bergauf, dann wird es ebener. Nach 700 m finden Sie in **San Amaro** (⇧ 130 m) zwei Bars, die auch Speisen servieren. Sie folgen dem Weg wieder bergab und nach 700 m erreichen Sie den Abzweig zur Herberge von **Portela** der Gemeinde Barro (km 9,6).

In Alba (sv)

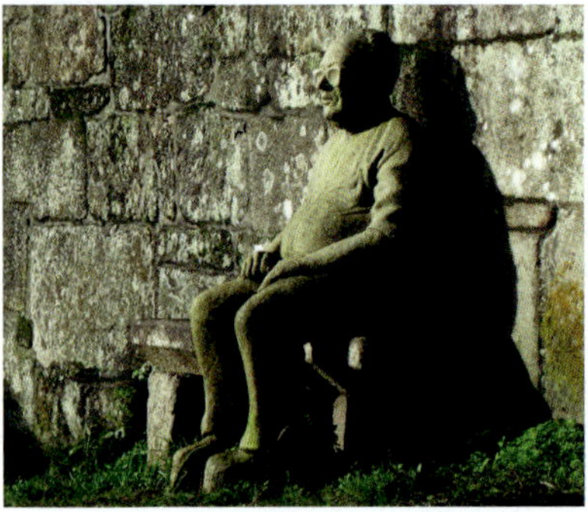

Freundliche, einfache öffentliche Herberge. Weg: Folgen Sie an dieser Stelle immer derselben Straße; so führt Sie der Weg an der ✞ Kirche vorbei 400 m zur Herberge (km 11,1). Weg zurück: Gleich nach der Herberge nach links 200 m hinab zur Hauptstraße. Die Herberge, in der nach zahlreichen Berichten dank des Engagements des Hospitaleros Jorge („Horche") eine gute Pilgerstimmung herrscht, bietet 16 Plätze in einem einfachen, aber gepflegten Raum, Holzofen, kleine Küche mit etwas Geschirr, in der die Pilger sich an der Wand mit ihrem Namen verewigen können, netter Hof im Grünen ... Hängematten. Wenn das Hauptgebäude voll ist, wird ein Nebengebäude mit 2 einfachen, gepflegten Räumen mit je 10 bezogenen Matratzen auf dem Boden gegen Spende belegt. Jorge kocht gegen Spende ein einfaches Abendessen und ebenso auch Frühstück. In einer ca. 1 km von der Herberge entfernten Pension bietet er übrigens auch DZ für € 25 p. P. an, @. Ca. 1,7 km von der Herberge entfernt finden sich in San Antoniño ✕ und . ☏ 655 952 805, ständig, € 12

Portela – Briallos 6,9 km

⇔ *Wie gewohnt geht es ohne große Höhenunterschiede weiter. Eine kleine Sehenswürdigkeit bieten die natürlichen Kaskaden kurz vor Briallos im kleinen Naturpark Parque Natural Ria Barosa.*

Auf dem Jakobsweg geht es dagegen nach links hinab zur Hauptstraße und an dieser entlang weiter und nach 600 m trifft von rechts wieder der Weg über die Herberge auf die Straße. Nach 1,2 km, die zunächst weiter über Straße und dann allmählich etwas ansteigend über Schotterpiste verlaufen, betreten Sie den Ortseingang von **Valbón.** Noch 150 m weiter erreichen Sie dann die etwas versteckt in einer Linkskurve liegende Bar A Eira. Nach 150 m stoßen Sie wieder auf ein Steinkreuz, auf dem wiederum ein Pilger dargestellt ist.

Auf wenig befahrenen Asphaltpisten geht es nun zunächst bergab und dann folgen Sie dem Verlauf der Bahnlinie, bis Sie nach 1,4 km wieder eine Schotterpiste betreten. Nach 450 m wird noch einmal eine Landstraße überquert. 800 m geht es nun über verschiedene Pisten immer leicht bergauf und bergab durch ein bewaldetes Gebiet, dann treffen Sie an dessen Ende wieder auf eine Pistenkreuzung, wo ca. Mai bis Sep öfters ein Kiosk öffnet. Sie gehen hier nach halb rechts und erreichen nach 1 km die N-550, wo Sie auch eine Bar antreffen (km 5,7).

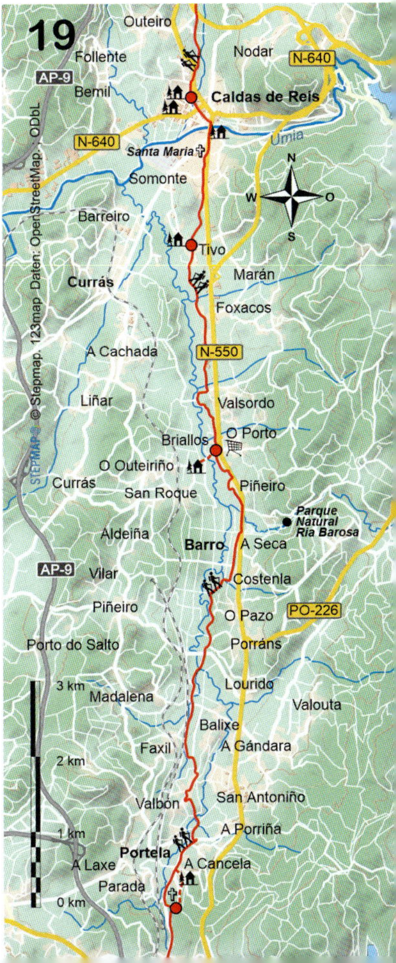

☺ **Parque Natural Ria Barosa**. Dort, wo Sie auf die Straße treffen, geht rechts eine Straße ab. Wenn Sie dieser 500 m folgen, erreichen Sie eine Anlage mit natürlichen Kaskaden. Sollten Sie etwas Zeit haben und/oder einen geeigneten Platz für ein Picknick suchen, lohnt sich der Abstecher. Auch eine Bar/Kiosk finden Sie dort.

Sie folgen der Nationalstraße und verschiedenen, in größerem und kleinerem Abstand im Prinzip parallel dazu verlaufenden Pisten, Pfaden und Wegen immer weiter, bis Sie nach 1,2 km in **Briallos** wieder auf eine breite Ortsstraße stoßen. Hier müssen Sie sich entscheiden, ob Sie zur Herberge oder weiter auf dem Jakobsweg gehen wollen (km 6,9).

Briallos

⇧ 50 m

Öffentliche Herberge. Sie gehen am Ende der eben beschriebenen Etappe vom Jakobsweg aus gesehen nach links in die Teerstraße und folgen ihr 350 m zur Herberge. Die ansprechende, moderne, helle, geräumige Herberge verfügt über 27 Betten in 2 Schlafsälen, eine Küche mit etwas Geschirr und einen großen Garten. Die Duschen der Herberge müssen Sie im unteren Stock suchen. Direkt daneben befindet sich eine einfache, nette Bar mit Menüs für € 12 oder zumindest einfachen Speisen. , und T gratis, @. 986 536 194, ganzjährig 13:00 bis 22:00, € 10

Um zum einzigen, kleinen, gut versteckten Lebensmittelladen des Dorfes zu gelangen, gehen Sie an derselben Stelle, wo es zur Herberge abgeht, nach rechts, überqueren nach 50 m die N-550 und gehen dann in die Gasse gegenüber. Nach 30 m treffen Sie auf eine große, aber meist menschenleere Kreuzung, in deren linker vorderen Ecke ein weißes Haus mit Dachgaube steht. Auch wenn es hier kein Schild gibt und Sie es auch vielleicht nicht gleich glauben wollen – hier befindet sich der einzige Laden dieses Dorfs. Sollte er nicht geöffnet sein, klingeln Sie.

Briallos – Tivo (3 km) – Caldas de Reis 4,9 km

⇔ *Die Herberge von Briallos hat einige Vorteile. Nach Tivo und Caldas de Reis ist es aber dank des ebenen Wegverlaufes nur noch ein Katzensprung.*

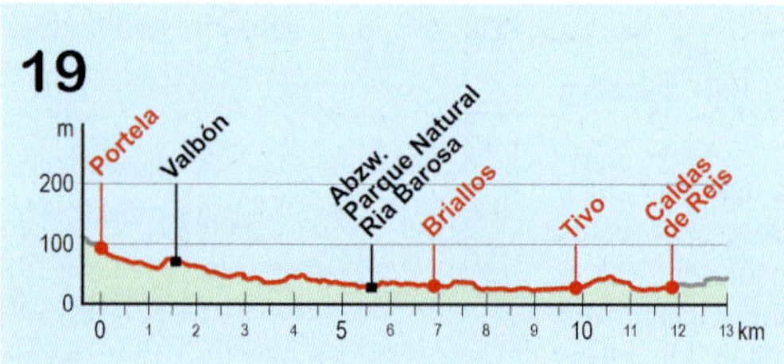

Auf dem Jakobsweg gehen Sie an der Kreuzung, wo Sie auf eine breite Dorfstraße getroffen sind, geradeaus auf dieser 150 m weiter bis in die Nähe eines Kreisverkehrs, wo Sie die Dorfstraße dann wieder auf einen Feldweg verlassen. Nach 500 m gehen Sie erst entlang und dann durch einen kleinen Wald. Vorbei an einer saisonal geöffneten Pilgerbar erreichen Sie über verschiedene Pisten und Straßen nach 2 km den Ortsrand von **Tivo**. Der Ort wird 300 m durchquert, bis an seinem Ende ein Steinkreuz und ein Brunnen erreicht sind. Nur wenige letzte müde Schritte von hier finden Sie in Sichtweite die private Herberge (km 3).

Private Herberge. Die schöne Herberge Vintecatro bietet 19 Plätze in 4 freundlichen, hellen, geräumigen Zimmern. Großer Garten mit zahlreichen Tischen und Stühlen und kleinem Pool, Mikrowelle. In der kleinen Bar darunter werden einfache Abendessen für € 9 und Menüs für € 12 angeboten, einfaches Frühstück (Kaffee und Tost) angeblich im Preis inbegriffen (Leserrückmeldungen dazu willkommen), gutes Frühstück gegen Aufpreis. T @. 659 061 792 oder 986 539 028, März bis Okt 13:00 bis 24:00, Ü mit einfachem Frühstück im Juni bis Sep € 19, übriges Jahr Ü mit einfachem Frühstück € 17

Auf wenig befahrenen Pisten geht es nun über einige Kreuzungen hinweg immer weiter geradeaus durch die Vororte von Caldas de Reis, bis Sie nach 1,2 km bei der Pension/Herberge A Senda kurz vor der Kirche aus dem 13. Jh. wieder auf die N-550 treffen. (Bisher war hier die Markierung schlecht, weshalb nun eine genaue Beschreibung folgt.) Sie folgen der N-550 nur 50 m an der Kirche vorbei und betreten dann hinter dieser nach links wieder eine gepflasterte Nebenstraße bzw. Gasse, an deren Ende Sie nach 100 m die Herberge Alecer finden. Nach 50 m betreten Sie eine Kreuzung, wo sich bereits rechts die Herberge A Oueimada befindet (km 4,4). Wieder weiter über die N-550 erreichen Sie nach 100 m rechts genau vor der Polizei die Pension und Herberge der Bar Timonel. Gleich danach wird die Brücke überquert und sofort nach ihr, also insgesamt 100 m nach der Bar, biegen Sie in die erste Straße nach links, die Rua Laureano Salgado, ab.

Nach 50 m treffen Sie auf einen Platz, an dessen Anfang sich gleich links die ⌘ Therme befindet, wo Sie Ihre Trinkflasche mit Thermalwasser füllen können. Rechts sehen Sie die Kirche Sto. Tomás. (Verlassen Sie hier den Jakobsweg nach halb links und so erreichen Sie nach 50 m einen ☺ überdachten **Waschplatz mit Thermalwasser**, wo Sie ein (Fuß-) Bad nehmen können.) Folgen Sie dagegen weiter dem Jakobsweg, so überqueren Sie die Plaza Martín Herrera geradeaus und treffen nach 50 m auf die Calle (Rúa) Real und gehen auf ihr weiter. Nach 100 m stoßen Sie auf eine breite Straße, die N-640. (Hier geht es wie im Kartenausschnitt sichtbar nach links zur Touristeninfo und zur Herberge As Pozas Termais.)

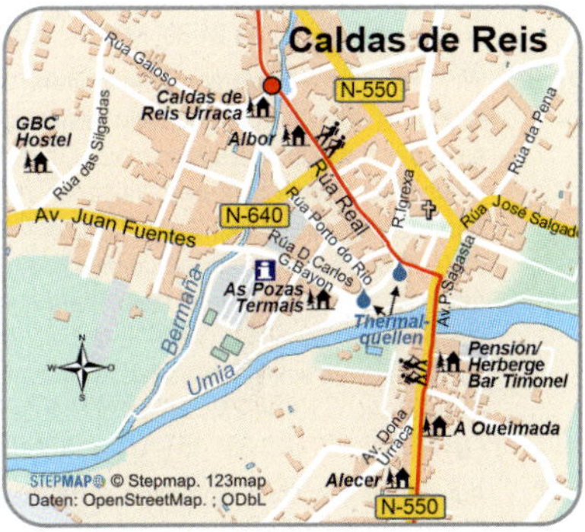

Um zur öffentlichen Herberge zu gelangen, gehen Sie dagegen bei der N-640 weiter geradeaus auf dem Jakobsweg. Der Weg führt Sie vorbei an der Herberge Albor und nach 100 m haben Sie die alte Römerbrücke überquert, wo sich die Herberge Albergue de Caldas de Reis befindet (km 4,9).

Caldas de Reis

⇧ 20 m, 9.600 Ew.

ⓘ Der Ort war wegen seiner Thermalquellen vermutlich schon zu Zeiten des ersten rheumatischen Neandertalers (bzw. der ersten rheumatischen Neandertalerin) als eine Art prähistorisches Thermalplanschbecken geschätzt. Später wurde er von den Kelten genutzt und schließlich von den Römern zu einer üppigen

Badeanstalt ausgebaut, in der es sich auch die gestressten Legionäre, die auf der hier mehrfach genannten Via Romana XIX unterwegs waren, wohlergehen ließen. Caldas de Reis führte zunächst den Namen Aquis Celenis oder Acquae Celenae, was so viel wie „heiße Wasser" bedeutet. Noch heute sind seine Thermalquellen sehr beliebt.

A Oueimada. Schlicht, modern, mit etwas wenig Tageslicht, an einer Straßenkreuzung gelegen. 110 Plätze in 5 Schlafsälen zu je 8 bis 38! Plätzen, Mikrowelle, T @. 986 189 194, 1. April bis 25. Okt 13:00 bis 24:00, Aug € 16 bis 18, sonst € 13 bis 15

Alecer. Nett und gepflegt, 16 Plätze in den Kabinen eines teils rustikalen Schlafsaals, Frühstück € 4, Mikrowelle. T @. 630 105 582, ganzjährig 12:00 bis 24:00, Nov bis Feb € 15, März und Okt € 16, April bis Sep ca. € 16 bis 17

Pension und Herberge der Bar Timonel. Neben bzw. hinter der Bar. Die dienstälteste private Herberge des Ortes ist immer noch gut und günstig und bietet einige einfache, gepflegte EZ für € 25, DZ für € 34 bis 46, Dreibettzimmer 51 €, 2 Schlafsaal mit 6 Einzelbetten für € 16 p. P., ein einfacher, aber netter und gepflegter Schlafsaal mit 20 Plätzen für € 14 p. P. Die Küche für alle finden Sie im ersten Stock. T @. 696 805 305 oder 986 540 840, ganzjährig 12:00 bis 23:00 (Winter bis 21:30), sonntags ist die Bar geschlossen und man muss anrufen, ab € 14

Albergue de Caldas de Reis Urraca. Weg: Gleich nach der Römerbrücke scharf links 30 m an dem kleinen Kinderspielplatz vorbeigehen. Einfache und gepflegte, vormals öffentliche Herberge, 70 Plätze in 11 Zimmern zu 2 bis 12 Plätzen, alle und insbesondere die DZ bieten hier ein gutes Preis-Leistungs-Verhältnis. 3 Küchen, T @. 683 605 335, ganzjährig 13:00 bis 24:00, Nov bis März € 12, sonst € 15

Weitere Übernachtungsmöglichkeiten. Wenn der Platz in den oben genannten Unterkünften knapp wird und Sie nicht alleine unterwegs sind, wird evtl. eine Unterbringung in einer der zahlreichen Pensionen vor Ort ein besseres Preis-Leistungs-Verhältnis bieten als in einer der gleich kurz beschriebenen Herbergen der höheren Preisklasse. **Pension A Senda.** Am Ortseingang, Vierbettzimmer € 62, DZ € 35, Frühstück € 5 (T @, 659 081 672). **GBC Hostel**. 102 Holzkabinen in 3 großen und 4 kleineren Schlafsälen, Küche, Liegewiese, Warmwasser-Pool (kein Thermalwasser!) für zusätzlich € 5, Frühstück € 4 (@, € 5, T € 5, 604 053 729, € 18 bis 25). **As Pozas Termais.** 26 Plätze in den futuristischen Kabinen eines Schlafsaals, Mikrowelle, Frühstücksbuffet ab € 5 (T @, 986 070 731 ca. € 20 bis 25). **Albor**. 35 Plätze in 5 unterschiedlichen teils rustikalen Räumen (T @, 600 351 157, Ü mit Frühstücksbuffet € 22).

Auf dem in die Stadt führenden Jakobsweg treffen Sie wie vorher beschrieben auf eine **Thermalquelle**, die sich vor der im Jahre 1780 errichteten Therme und dem Hotel Dávila befindet. Hier kann man, wenn es die Urlaubskasse hergibt, auch übernachten (EZ ab € 65, DZ ab € 90 einschließlich Frühstück, 986 540 012) und/oder bei einem Bad (€ 10 für 30 Min.) oder Einzelanwendungen (ab € 25) entspannen. Natürlich können Sie es auch der ortsansässigen Bevölkerung gleichtun und an der frischen Luft ein kostenloses, aber ebenso wohltuendes Fußbad nehmen (☞ Ortskarte und Weg zum nahen Waschplatz S. 197).

Caldas de Reis – O Pino (Valga) 9,4 km

⇔ *Etwas hinter Caldas de Reis und ebenso vor Valga präsentiert sich der Weg recht reizvoll. Bei Carracedo (⇧ 150 m) und O Pino (⇧ 140 m) warten zwei Steigungen auf Sie.*

Nachdem Sie die Römerbrücke überquert haben, führt Sie der Weg weiter geradeaus, bis Sie nach 200 m wieder die Hauptstraße erreichen und dieser weitere 200 m nach oben bis zum Ortsrand folgen. Dann verlassen Sie die Straße halb rechts auf eine Piste. Nach 800 m wird eine lange Straßenüberführung unterquert.

1,2 km führt Sie der Weg nun immer weiter auf Schotterpiste durch ein schönes, großteils schattiges Tal. Für 400 m betreten Sie eine schmale, wenig befahrene Straße, bevor Sie erneut auf einer Schotterpiste 1,3 km immer dem schönen Tal folgend leicht aufwärts wandern. Später steigt die Piste steiler an und nach 1 km, zunächst steil durch den Wald und dann wieder eben nach **O Cruceiro** (⇧ 150 m), einem Ortsteil von **Carracedo**, treffen Sie wieder auf die N-550, die Sie nach halb links überqueren (km 5,1).

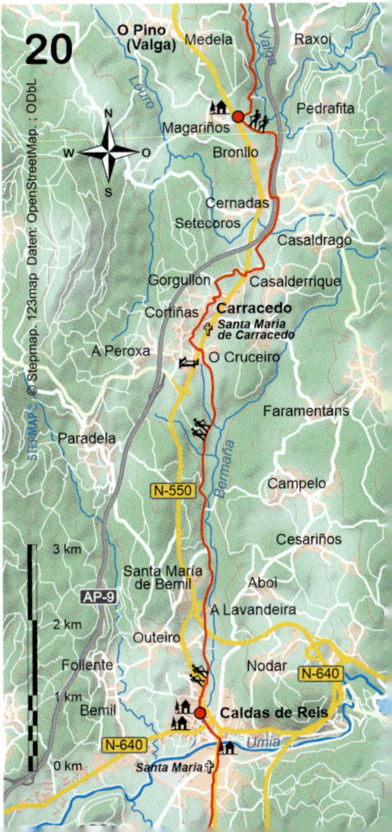

Die **Pilgerpension Sevi** bietet gepflegte Zimmer mit eigenem Bad zu einem guten Preis-Leistungs-Verhältnis. Da die Pension direkt an der Straße liegt, lassen Sie sich aber besser Zimmer nach hinten raus (span.: *atrás*) geben. Sie erreichen die Pension, wenn Sie der N-550 nach dem Überqueren 150 m nach links folgen, auf der rechten Straßenseite. In der gleich links davon liegenden Bar Parrillada Antonio, in der man sich anmeldet, kann man abends auch etwas zu essen bekommen (z. B. Menü mit einfacher Hausmannskost ohne Getränk für € 13). EZ € 20, DZ € 30, **T** @. ☏ 986 534 260

Nach dem Überqueren der Nationalstraße erreichen Sie nach 400 m die schön gelegene ✝ Kirche Santa Maria de Carracedo und betreten gleich **Cortiñas**. Es geht 450 m durch den Ort, dann stößt die Piste in der Nähe eines traditionellen großen Kornspeichers auf eine andere

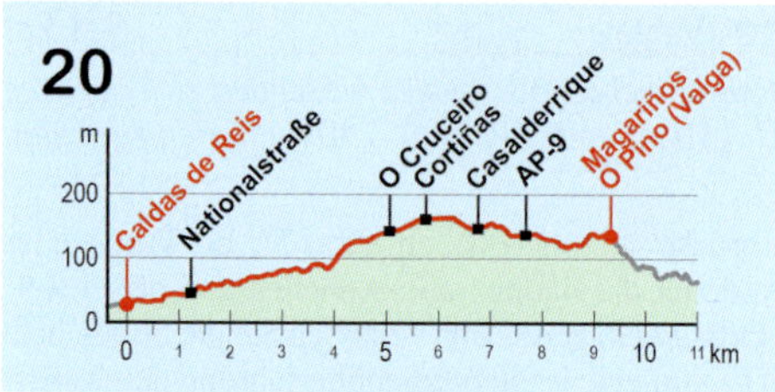

Piste. Hier geht es nach halb links, rechts am Spielplatz vorbei 💧 (schlechte Wegmarkierung). Sie verlassen bald die Ortschaft und erreichen nach 800 m am Ortsrand von **Casalderrique** die N-550, die Sie nach halb links überqueren. Nach dem Durchqueren der Ortschaft wird die Straße nach 250 m wieder nach links auf eine Piste verlassen und nach 200 m ein (🍷) kleines Häuschen mit verschiedenen Getränke-, Kaffee- und Snackautomaten erreicht. Sie folgen der Piste und dabei bald dem Verlauf der Autobahn noch 800 m bis zu einer Überführung über die Autobahn AP-9 (↳ hier 100 m links des Weges 🍷). Weiter bergab über die Piste entlang der Autobahn und dann wieder leicht bergauf über eine wenig befahrene Teerstraße erreichen Sie nach 1,4 km am Ortsrand von **O Pino (Valga)** 🏠 ✕ 🏁 🚌 bei **Magariños** (🍷 ⇧ 140 m) die erste große Pistenkreuzung des Dorfes. Nach rechts geht es hier auf der Schotterpiste auf dem Jakobsweg weiter. Geradeaus geht es dagegen zur Herberge (km 9,4).

🏠 **Öffentliche Herberge.** Weg: Am eben genannten Punkt 100 m hinauf bis zur Hauptstraße und dann dieser halb rechts 100 m folgen. Die Herberge befindet sich auf der linken Straßenseite hinter einem Rast- und Spielplatz. In der modernen Herberge finden Sie 78 Betten in einem großen und 3 kleineren Schlafsälen, einen Aufenthaltsraum, Küche mit wenig oder keinem Geschirr, 🔒 ▣ **T** @. ☎ Keines, 🚪 ganzjährig 13:00 bis 22:00, € 10

✕🏁 100 m an der Herberge vorbei erreichen Sie die **Parrillada el Criollo**. Abends gibt es hier von Di bis Fr Menüs für € 12. Mo ist geschlossen. Die Bar **Los Camioneros** erreichen Sie entweder, wenn Sie direkt am Ende der letzten Etappe 50 m nach links zur Hauptstraße und dann nochmals links gehen, oder, wenn Sie von der Herberge aus der Nationalstraße 250 m zurück folgen, auf der linken Straßenseite. Hier bekommen Sie auch einfache Speisen und finden eine kleine Einkaufsmöglichkeit.

O Pino (Valga) – Pontecesures (Ortsausgang) 6,5 km

⇔ *Zunächst geht es bergab durch den Wald und dann durch einige zersiedelte Ortschaften. Nach 6,1 km erreichen Sie bereits die Pilgerherberge und nach 6,5 km endet diese Etappe und es bieten sich zwei Alternativen an.*

🚶 Auf der Schotterpiste geht es 650 m bergab, dann wird diese schmaler und mündet in einen Fußweg, der bergauf und bergab an einem Tal entlangführt. Nach 1,1 km durch die schöne Landschaft erreichen Sie bei einer kleinen Brücke und einem Rastplatz wieder eine Straße. Nach 550 m sehen Sie in **Valga** 🍷 🏁 links die kleine ✝ Kirche San Miguel de Valga (km 2,3). Nur 150 m weiter führt Sie der Weg dann an einer Bar mit Lebensmittelladen vorbei.

Über verschiedene Wege und Dorfstraßen geht es immer weiter, bis Sie nach 1 km am Ortsende wieder auf eine Pistenkreuzung stoßen. Rechts befindet sich hier neben einer kleinen Bushaltestelle eine Wasserstelle mit Trinkwasser. Es geht bald über Pflaster bergab durch den Wald und nach 800 m erreichen Sie nahe der ersten Häuser der zersiedelten Ortschaft **Condide** wieder eine Straße. Sie gehen 1,5 km immer geradeaus und durchqueren die Ortschaft, dann überqueren Sie in **Pontecesures** eine zweispurige Hauptstraße. Nur ca. 100 m weiter gehen Sie an der rechts liegenden „Mesa de Pedra“ vorbei. (Wenn Sie Gefallen an diesem etwas eigenwilligen Lokal finden, sollten Sie vor Ihrer Bestellung vorsichtshalber besser nach dem Preis und den Zutaten der Speisen fragen, denn hier gab es gelegentlich auch schon Überraschungen. Sowohl der Service als auch der rechtliche Status dieser Einrichtung erscheinen etwas ungewöhnlich.) Nach weiteren 200 m erreichen Sie eine Kreuzung. Geradeaus bzw. halb links folgen Sie dem Jakobsweg weiter. Nach rechts gehen Sie zur Pilgerherberge (km 6,1).

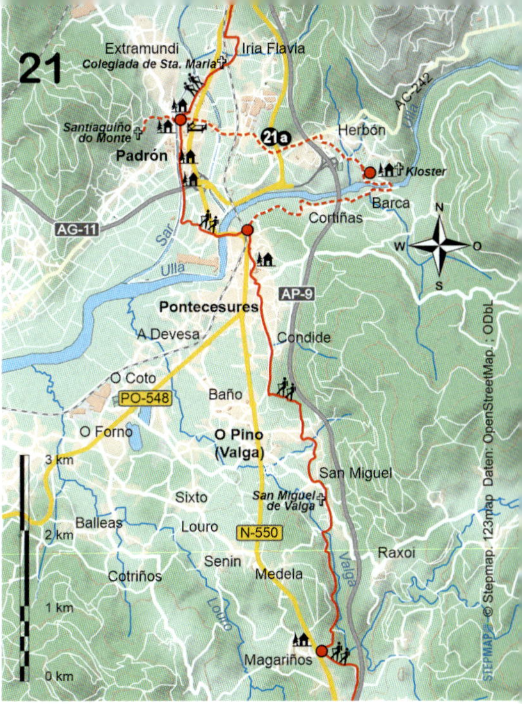

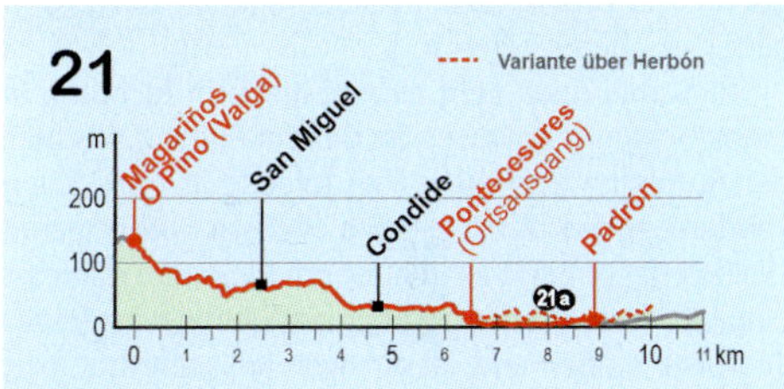

Weiter dem Jakobsweg folgend wird der Ort noch 400 m über verschiedene Straßen durchquert, dann sind Sie unten nahe den Gleisen angekommen und befinden sich wieder an einer Wegscheide (km 6,5).

Wenig besuchte öffentliche Herberge. Weg: An der eben genannten Kreuzung 400 m vor Ende der Etappe 50 m nach rechts in das zweite linke Haus (ohne Hausnummer). Die moderne, gepflegte Herberge bietet 54 Betten in 2 Schlafsälen mit Raumtrennung sowie eine Küche ohne Geschirr. Ihr größter Vorteil ist, dass sie meist nur wenig besucht ist. **T** @. ☏ 699 831 731, ganzjährig 13:00 bis 22:00, € 10

Pontecesures (– Herbón) – Padrón 2,4/5,9 km

⇔ *Nun bieten sich zwei Alternativen an: entweder weitere 2,4 km direkt nach Padrón oder zunächst 3 km nach Herbón, wo Sie eine Pilgerherberge der besonderen Art vorfinden. Am darauffolgenden Morgen haben Sie dann nach weiteren 2,9 km immer noch die Möglichkeit, Padrón zu besichtigen. Nach insgesamt 5,9 km bedeutet das aber nur einen Umweg von 3,5 km. Danach können Sie noch sehr gemächlich 10,5 km nach Teo weiterlaufen.*

21a Umweg über das schöne Kloster von Herbón

5,9 km (3,5 km Umweg)

Da die Ausschilderung des Weges bisher noch etwas provisorisch war, hier eine genaue Wegbeschreibung: Sie folgen der wenig befahrenen Straße immer entlang oder durch den Wald, bis Sie, gleich nachdem Sie einen Bach überquert haben, nach 900 m die ersten Häuser von **Cortiñas** erreichen. 150 m weiter müssen Sie gut aufpassen, denn hier verlassen Sie die Straße bei einem Schuppen nach links bergab auf einen zunächst fast nicht sichtbaren Pfad. (Bei nassem Wetter gehen Sie besser weiter geradeaus und bei der Kreuzung nach dem Unterqueren der Brücke halb links und finden nach 550 m wieder rote Pfeile. Radfahrer machen es ebenso.)

In Serpentinen geht es nun hinab in Richtung Fluss und dann auf einem nun etwas besseren Waldweg an diesem entlang, bis Sie nach 550 m die Überführung der Autobahn erreichen. Hier folgen Sie dem Weg nicht weiter nach rechts hoch, sondern gehen direkt an den Pfeilern vorbei geradeaus weiter. Gleich wird der Wald verlassen und es geht querfeldein und dann auf einem Feldweg, der bald auf eine alte Piste mündet, weiter bis Sie nach insgesamt 150 m wieder auf eine gute Teerpiste stoßen und dieser nach links abwärts folgen (km 1,7).

Auf derselben Piste gehen Sie nun immer geradeaus durch die Ortschaft **Barca,** bis Sie nach 600 m die Brücke erreichen, die über den Fluss Ulla führt. Gleich nach der Brücke betreten Sie eine Straßenkreuzung und laufen hier nach links unten. Die Piste verläuft zunächst wieder zurück am Fluss entlang, steigt dann ein letztes Stück steil an und erreicht nach 550 m den Eingang der schönen Klosteranlage. 100 m geht es hier noch an der Mauer entlang hinab bis zu einer Holztür, hinter der sich die Pilgerherberge von **Herbón** befindet (km 3).

Authentische Pilgerherberge im Franziskanerkloster. Diese einfach-bescheidene Herberge, die vom Franziskanerkloster in Kooperation mit freiwilligen galicischen Hospitaleros

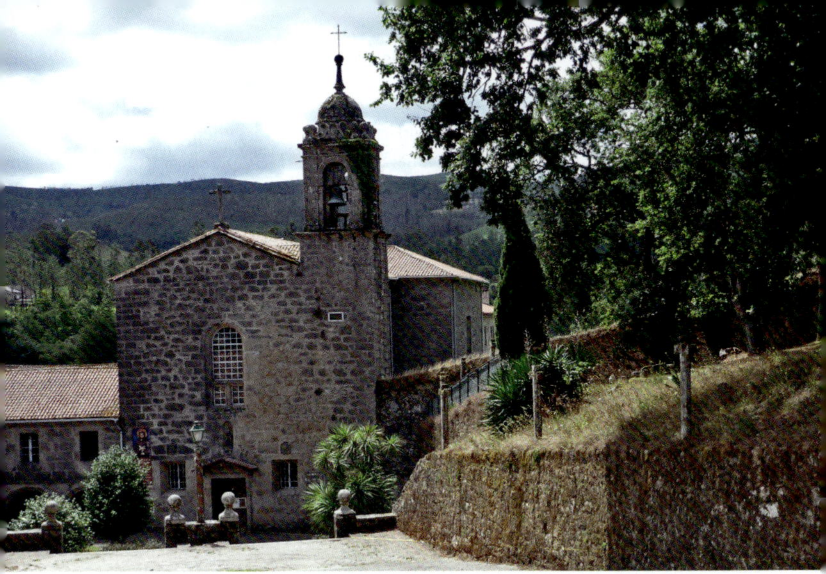

Kloster in Herbón (rj)

betrieben wird, ist eine kleine Oase des Friedens und gehört sicher zu den wenigen „Kultherbergen" dieses Weges. In dieser abgelegenen Herberge erwarten Sie 30 Plätze in 15 kleinen Zimmern mit je 2 Betten. In dem schönen, weitläufigen Klostergarten findet sich u. a. auch die „Fuente de San Francisco", ein einfaches, kniehohes Steinbecken, das für müde Pilgerfüße prädestiniert ist. Täglich findet für Interessierte ca. um 20:00 eine Messe und/oder Pilgersegen statt. Um ca. 18:00 wird oft eine kleine Führung durch das Kloster und um ca. 20:30 gegen Spende ein von den Hospitaleros zubereitetes Abendessen angeboten. Um ca. 7:30 gibt es Frühstück. 🚲 Radfahrer werden hier gewöhnlich nur dann aufgenommen, wenn zu erwarten ist, dass alle Fußpilger unterkommen. ☎ 881 098 102, 🚪 April bis Okt ca. 15:30 bis 22:00, alles Spende

🚶🚶 Der Weg vom Kloster zurück zum Hauptweg ist streckenweise mit gelben Pfeilen markiert: Vom Eingang der Herberge geht es wieder hinauf an der Mauer entlang und dann immer geradeaus weiter an einem Steinkreuz und einem Gewächshaus vorbei. Immer der wenig befahrenen, schmalen Straße folgend erreichen Sie nach 750 m eine zweispurige Hauptstraße und folgen ihr, auch wenn Sie keine gelben Pfeile sehen, 1,3 km nach links bergab. Unten überqueren Sie die Gleise und befinden sich gleich danach am Ortsanfang von **Padrón**. Immer weiter der gleichen Straße folgend erreichen Sie nach 600 m die erste zentrale Kreuzung.

Geradeaus über die Kreuzung und 200 m weiter durch die breite Gasse erreichen Sie die nun etwas links liegende ✝ Jakobuskirche, wo die Variante wieder auf den markierten Jakobsweg trifft. Hier gehen Sie nach rechts (km 5,9 ab Pontecesures/km 2,9 ab Herbón).

Der direkte Weg nach Padrón führt dagegen unten an der Straße nahe den Gleisen nach links. Sie überqueren bald die Gleise und gehen dann unter der Straße hindurch, bis Sie nach insgesamt 250 m die Hauptstraße erreichen. Sie folgen deren Verlauf 250 m über die Brücke und dann noch etwas weiter bis zu einem großen, alten, weißen Trafohäuschen, wo Sie die Straße nach links verlassen und nach dem Zebrastreifen gleich wieder rechts gehen. Immer der engen Asphaltpiste folgend erreichen Sie nach 550 m den kanalähnlichen Fluss Sar (rechtzeitig bremsen, sonst ...!). Nach rechts folgen Sie dessen Verlauf und erreichen nach 500 m gleich nach dem Unterqueren der Autobahn die Herberge Camiño do Sar (km 1,5). Nun wandern Sie wie auf der Karte auf S. 205 genauer ersichtlich vorbei an verschiedenen Herbergen bis zu einer schönen Allee, die durchquert wird, und nach insgesamt 900 m erreichen Sie so die Jakobuskirche (km 2,4).

Padrón

35 m, 9.500 Ew.

Padrón ist zweifellos einer der bekanntesten und geschichtsträchtigsten Orte der Pilgerreise nach Santiago (S. 206). Viele, die Santiago auf anderen Wegen als dem Caminho Português erreicht haben, machen deshalb später einen Ausflug hierher und auch zahlreiche spanische Wochenendpilger (span: *dominginos*) starten hier ihren Weg. ☺ Und weil man sich in diesem in besonderer Weise von der göttlichen Gnade gesegneten Ort zu gewissen Zeiten kaum noch vor Übernachtungsgästen retten kann, fühlen sich manche Herbergen dieser quasi „Schlossallee“ des Caminho Português dann dazu genötigt, die Notbremse zu ziehen und ihre **Übernachtungspreise** kurzfristig zu erhöhen, „damit die Plätze dann länger reichen“. Studieren Sie also die Angebote genau und prüfen Sie bei Reservierung oder Ankunft evtl. nochmals die aktuellen Preise. Die ersten und deshalb meist schnell belegten Herbergen des Ortes bieten nicht immer das beste Preis-Leistungs-Verhältnis. Auch ist es eine Überlegung wert, auf die Herberge in Herbón auszuweichen, bereits in Pontecesures zu übernachten oder Ausschau nach einem Zimmer in einer einfachen Pension zu halten, von denen ich hier aus Platzgründen nur eine pilgererprobte Adresse beschreiben kann.

Camiño do Sar. Abgelegen bereits am Ortsanfang ca. 700 m vor dem Zentrum. Poppig-moderner Stil 20 Kabinen in einem Raum, Küche und Garten, Klimaanlage. **C** gratis, **T** @. ☏ 618 734 373, März bis Okt 13:00 bis 24:00, Juli bis Sep ca. € 21, sonst ca. € 19

O Pedròn. Am Ortsanfang. Schlichte Herberge im modernen Stil mit 44 Kabinen in 3 Zimmern, kleine Küche, DZ € 40 bis 50 und Vierbettzimmer € 90 bis 100, **T** @. ☏ 881 121 266, ganzjährig 13:00 bis 24:00, Mai bis Sep € 20, sonst € 17

Da Meiga. Am Ortsanfang im Parterre eines Wohnblocks. 34 Plätze in einem schlichten Zimmer mit Trenngardienen, im Stil einer sehr einfachen öffentlichen Herberge. Sie bietet m. E. kein überzeugendes Preis-Leistungs-Verhältnis. einige DZ für € 50 bis 80. Mikrowelle, Aircondition, **T** @. ☏ 639 994 048, ganzjährig 13:00 bis 24:00, je nach Saison ca. € 18 bis 25

Flavia. Einfache, gepflegte Herberge am Ortseingang oberhalb des gleichnamigen Restaurants (Frühstück ab € 4). 38 Plätze in 9 einfachen Zimmern, verglaster Balkon mit etwas Aussicht, einfache DZ ab € 55, Mikrowelle, T @. 981 810 455, ständig, ca. € 20 bis 22

A Barca de Pedra. Die gepflegte, hell und freundlich eingerichtete Herberge bietet je ein Zimmer mit 6 und 8 Plätzen für € 19 bis 20 und ein Zimmer mit 4 Plätzen für € 23 bis 26, schicker Aufenthaltsraum, Terrassen, ein kleines Frühstück zum Selbstherrichten ist im Preis inbegriffen, , T € 5, @. 679 199 770, März bis Okt 13:00 bis 24:00, Ü mit Frühstück ab € 19

D'Camiño. Die kleine, nette, gepflegte Herberge über einer Bar, wo es auch einfache Speisen gibt, bietet 12 Plätze in 3 Räumen, Mikrowelle. Im Parterre einfaches Apartment mit 4 Plätzen. Kleines Frühstück zum Selbstherrichten im Preis inbegriffen. T @. 626 752 040, ganzjährig 13:00 bis 24:00, Ü mit Frühstück € 20

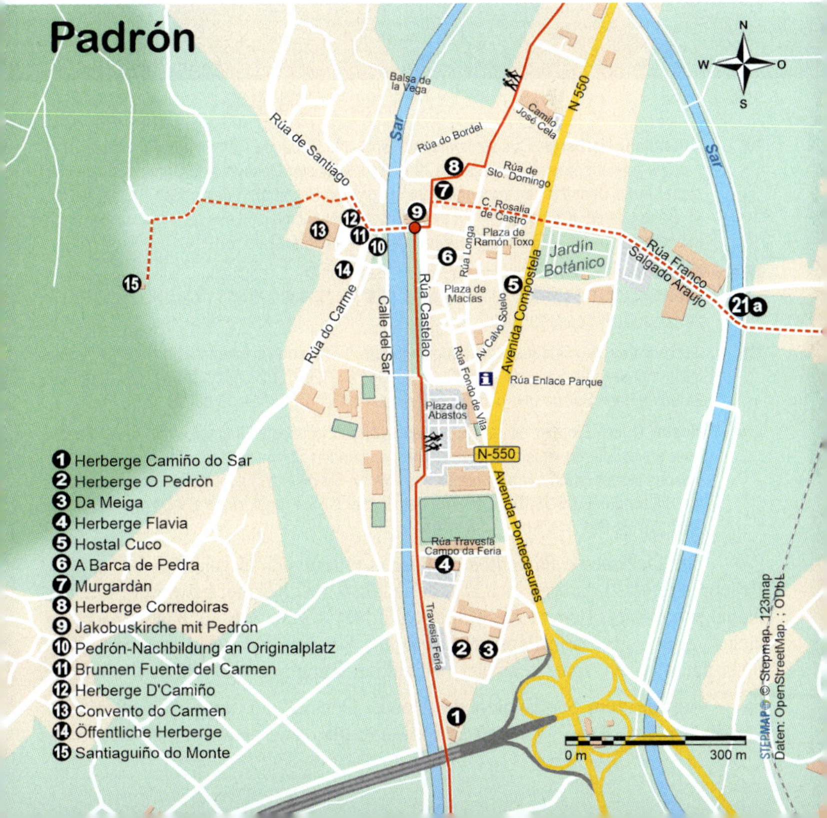

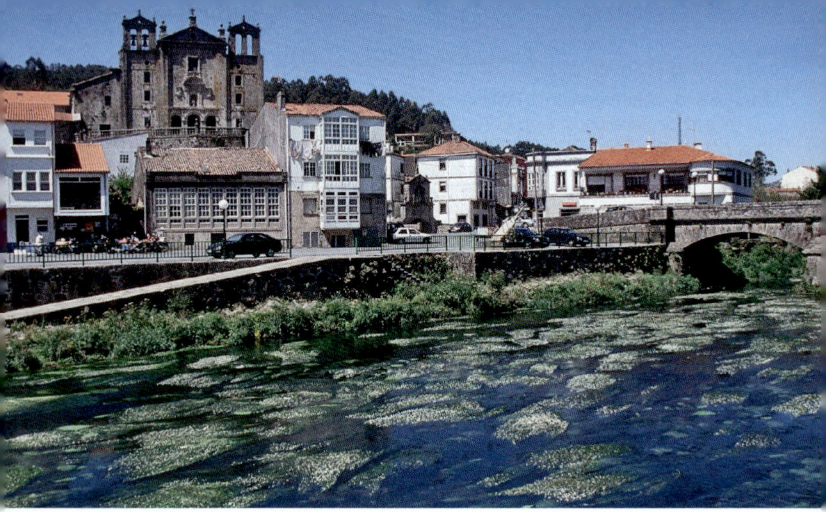

Padrón (rk)

Öffentliche Herberge. Das stimmungsvoll schlichte Gebäude stammt aus dem 18. Jh. und gehörte zu dem oberhalb gelegenen ⌘ Karmeliterkloster Convento do Carmen, das leider nicht für die Öffentlichkeit zugänglich ist. Im großen Schlafraum des ersten Stocks stehen 45 Betten bereit. Kochgelegenheit ohne Geschirr. Natürlich ist diese günstige Herberge oft schnell voll. @. ☏ 673 656 173, ganzjährig 13:00 bis 22:00, € 10

Murgardàn. 32 Plätze in den Kabinen eines einfachen, gepflegten, schlicht-modernen Schlafsaals, 3 DZ für € 55, Mikrowelle, **T** @. ☏ 638 298 437, ganzjährig 13:00 bis 24:00, Juli bis Sep € 19 bis 20, sonst € 18

Corredoiras. Am Ortsausgang, poppig modern, 17 Kabinen in einem Schlafsaal mit Raumtrennung, kleine Küche, **T C** @. ☏ 981 817 266, 23. März bis 31. Okt 13:00 bis 24:00, je nach Saison und gelegentlich einschließlich **T** für € 18 bis 28

Hostal Cuco. Einfach eingerichtete, ausreichend gepflegte Zimmer eines ordentlichen, aber etwas älteren Hotels. Wegen der angrenzenden Straße sind die Zimmer im hinteren Teil des Hotels (span.: *atrás*) vorzuziehen. Wenn Sie diesen Outdoorführer vorzeigen, zahlen Sie für das EZ € 28, DZ € 45, Dreibettzimmer € 57, Frühstück für € 4,50 gibt es erst ab 9:00. @. ☏ 981 810 511

☺ Die **Delikatesse Pimientos de Padrón** erfreut sich in ganz Spanien großer Beliebtheit und ist darüber hinaus in der ganzen Welt bekannt geworden. Wie der Name schon sagt, stammt diese Spezialität hier aus Padrón. Es handelt sich um kleine, grüne, geröstete Paprikaschoten, die Sie sich, wenn Sie es bisher noch nicht getan haben, spätestens hier mal auf der Zunge zergehen lassen sollten.

Ausflug zum Santiaguiño do Monte. Der 500 m lange Abstecher zum „Jaköbchen vom Berge" (☞ S. 1), wie es übersetzt heißt, ist ein netter Spaziergang zum Tagesausklang: Vor dem Brunnen Fuente del Carmen folgen Sie der Teerstraße, die von der Brücke aus gesehen nach rechts verläuft. Nach 50 m treffen Sie auf eine Treppe, die links nach oben führt. An den Säulen am Fuße der Treppen wurden die Pilgersymbole in Stein gehauen. Hier gehen Sie dann 260 m über genau 114 Stufen hinauf, die Sie gemäß der Legende ohne Pause bewältigen sollten, um später in den vollen Genuss der Gnade zu kommen. Am Ende der Treppen steigen Sie nochmals 70 m hoch bis zu einem Parkplatz, wo Sie der Weg nun 100 m nach links und an einer Kirche vorbeiführt. Hinter dieser sehen Sie gleich den Santiaguiño do Monte. Die kleine Jakobsstatue mit Steinkreuz ist zu einem bekannten Symbol des Caminho Português geworden. Der Legende nach hat der Apostel Jakobus hier seine erste Predigt auf spanischem Boden gehalten.

✞ Die **Jakobuskirche** geht auf das 15. Jh. zurück. Ihre bekannteste Attraktion ist der **Pedrón,** der ursprünglich am nahen Flussufer stand, woran heute noch eine Nachbildung erinnert. Der Stein war zur Zeit der Römer zunächst als ein dem Neptun geweihter Altar im Gebrauch, auf dem wohl auch Menschen- und Tieropfer gebracht wurden.

Der Legende nach machte an diesem Stein später das Boot fest, das den Leichnam des heiligen Jakobus über das Meer gebracht hatte, bevor dieser dann in einem Ochsenkarren seinen letzten Weg zum heutigen Santiago zurücklegte. Hier schloss sich also wieder der Kreis, der bei seiner ersten Verkündigung am eben genannten Ort des Santiaguiño do Monte begann.

Der Stein wurde dann später angeblich im frühen Mittelalter als Altarfuß der ersten, bereits im 9. Jh. begründeten Jakobskirche verwendet und befindet sich in der heutigen Kirche unter dem Hauptaltar. Wenn er nicht sichtbar ist, fragen Sie, ob man Ihnen die kleine Türe unter dem Altar öffnet. Der Sinn der Inschrift wird sehr verschieden gedeutet, erinnert aber wahrscheinlich an den Beginn der Evangelisierung Spaniens durch den Apostel Jakobus.

♦ Ganzjährig 10:00 bis 13:30 und 14:30 bis 20:00, heilige Messe Mo bis Sa 20:00, So 12:30

⌘ Auf dem Weg zur öffentlichen Herberge treffen Sie nach der Brücke auf den **Brunnen Fuente del Carmen**. Auf dessen Stirnseite ist die eben genannte Überführung des Apostels Jakobus dargestellt. In der Nische erkennt man die Taufe der Königin Lupa durch den Apostel, die symbolisch für die Evangelisierung Spaniens steht.

Padrón – A Escravitude/Cruces 6,4/6,9 km

⇔ *Die folgende Strecke ist relativ eben und verläuft meist auf wenig befahrenen Orts- und Landstraßen.*

An der Jakobuskirche vorbei gehen Sie zunächst durch eine Gasse und nach 150 m vorbei an den Herbergen Corredoiras und Murgardàn. Dann verlassen Sie den Ort weiter über Gassen und Pisten, überqueren den Kanal

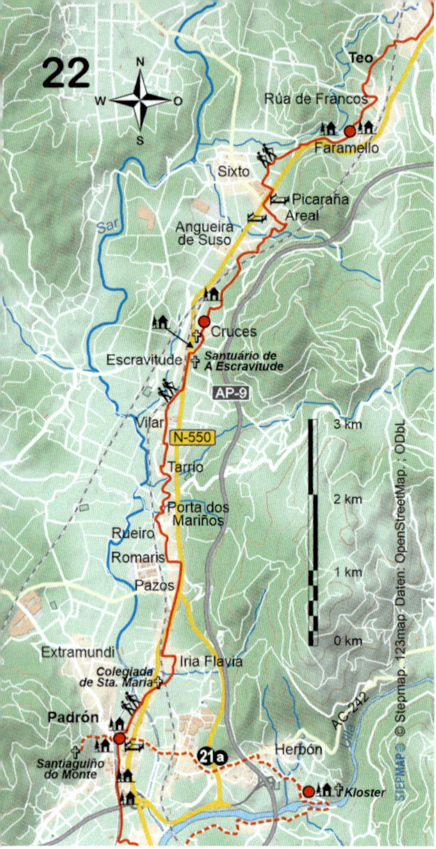

und erreichen nach 650 m in **Iria Flavia** die Nationalstraße und überqueren diese (☞ hier 50 m nach links zur ? Cruces de Iria, die allerdings leider seit 2024 bis auf Weiteres geschlossen bleibt). Weiter dem Jakobsweg folgend erreichen Sie nach 200 m die ✝ Kirche von Iria Flavia (km 0,8).

✝ **Kirche Colegiada de Sta. Maria de Iria Flavia.** Die Stiftskirche geht auf das frühe Mittelalter zurück. Besondere Aufmerksamkeit verdienen ihre pyramidenförmigen Türme. Sie ist Maria geweiht – ein weiterer Hinweis für die Marienverehrung auf dem Jakobsweg.

Immer der Markierung folgend unterqueren Sie gleich die Zugtrasse und erreichen nach 1 km über verschiedene Ortsstraßen wieder die N-550. An dieser entlang durchqueren Sie **Pazos** ✕ 🍷 und nach 1 km geht es dann bei **Romaris** wieder links ab auf eine schmale Piste. Weiter der etwas kargen und umständlichen, aber doch ausreichend angebrachten Markierung des Weges folgend werden während der nächsten 1,1 km die Ortschaften **Rueiro** und **Porta dos Marinos** (bzw. Cambelas) durchquert. Bei drei neueren, baugleichen Granitsteinhäusern sind Sie am Orts-

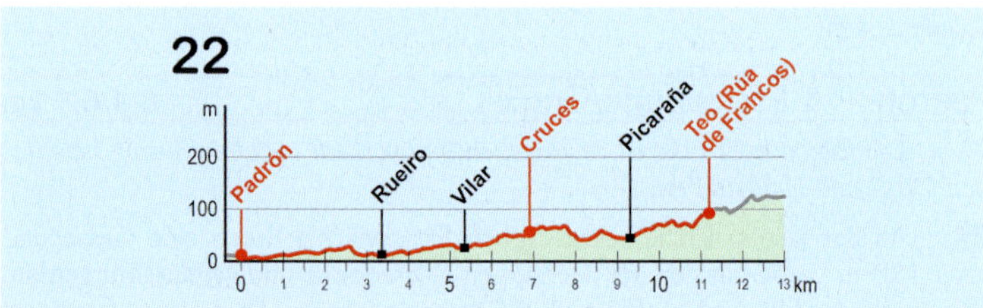

rand angekommen (km 4,1). 400 m weiter überqueren Sie einen Bach, neben dem sich eine Waschstelle befindet. Nach wenigen weiteren Metern treffen Sie in **Tarrio** auf zwei schöne Kornspeicher.

Kornspeicher in Tarrio (rj)

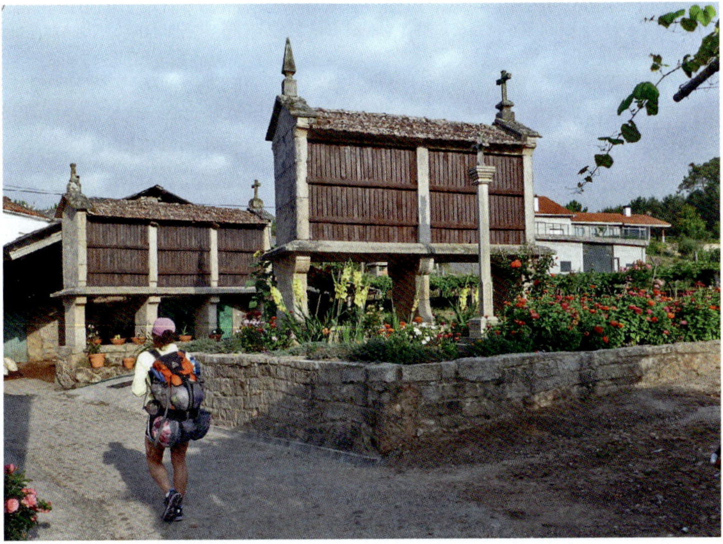

Bald verlassen Sie das Dorf wieder und es geht immer weiter auf schmalen, wenig befahrenen Pisten, bis Sie nach 800 m **Vilar** erreichen (km 5,3). Nach dem Ort gehen Sie ein Stück weit an den Gleisen vorbei, bis Sie nach 600 m wieder auf die N-550 stoßen. Sie folgen dieser geradeaus 500 m, an der ✞ **Kirche Santuário de A Escravitude** vorbei und verlassen die N-550 dann genau dort, wo sich auch die Herberge des Ortes befindet, auf die erste Piste, die nach der Kirche nach rechts bergauf führt (km 6,4).

Sie steigen die Straße 250 m bergauf und erreichen in **Cruces** bei einer romanischen ✞ Kirche eine Straßenkreuzung. Sie gehen hier nach links weiter an der Kirche vorbei und folgen dem Weg noch weitere 250 m. Dort beginnt der erste gekennzeichnete Abzweig zur Herberge von Cruces (km 6,9).

Albergue do Capellania. Sie finden die einfache Herberge bereits 500 m vor Etappenende nahe der Kirche Santuário de A Escravitude. Sie bietet 18 Plätze in den Kabinen von 2 Zimmern, direkt neben der Hauptstraße, Mikrowelle, Handtuch € 3, **T** @. ☏ 651 132 591, Ostern bis Okt 13:30 bis 23:00, € 15

🏠✕ **Cruces Inn**. Am genannten Abzweig in Cruces links halten und der Beschilderung ca. 450 m folgen. Die Herberge verfügt über insgesamt 66 Plätze in verschiedenen kleinen Hütten und den teils rustikalen Räumen einer interessant improvisiert umgebauten Landwirtschaftshalle im Stil einer einfachen Festhalle. Die Schlafräume haben zwischen 3 und 29 Plätze und vermitteln durch ihren einfachen, teils in Holz gehaltenen Stil eine Art Campatmosphäre. Terrasse, kleiner Pool und Bar, in der Frühstück für € 4 und Menüs ohne Wein für € 11 angeboten werden, 🔒 ⊡ **T** @. ☏ 646 596 573, 🚪 10. März bis 6. Nov 14:00 bis 24:00, € 18

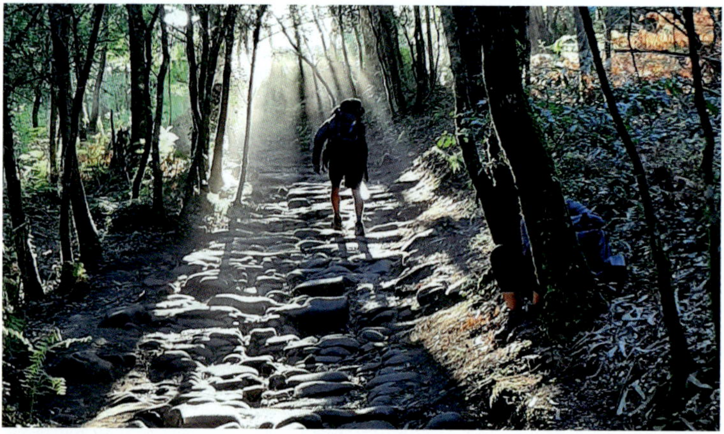

Über das historische Pflaster vor Faramello (sg)

Cruces – Teo (Rúa de Francos) 4,3 km

⇔ *Bis zu den folgenden Pilgerpensionen und den beiden abgelegenen Herbergen in Teo ist es nur noch ein Katzensprung ... und wie gewohnt geht es weiter.*

Auf verschiedenen Pisten führt Sie der Weg nun bergauf und bergab und nach 1 km unterqueren Sie die Bahntrasse und haben den Ortsanfang von **Angueira de Suso** 🛏 erreicht. Es geht weiter, teilweise unter Weinlauben hindurch, auf einen Fußweg, der dann aber wieder nach links auf die Teerpiste verlassen wird. Sie durchqueren das Dorf **Areal** und erreichen nach 1,4 km in **Picaraña** 🛏 ✕ (⇧ 50 m) wieder die N-550 (km 2,4).

🛏 **Unterkünfte vor Ort**. Da die Betten in Teo oft knapp werden und die dortige private Herberge nicht immer Anklang findet, hier einige weitere bezahlbare Unterkünfte: An der Kreuzung treffen Sie auf die **Pension Pividal.** Leider kann ich nicht viel zu dieser berichten, da man mich 2024 weder persönlich einließ, noch telefonisch zu erreichen war. Es finden sich wohl, wie Sie dann eben am besten selber vor Ort genauer erkunden und mir dann später gerne berichten können, Zimmer unterschiedlicher Qualität und Preislage. DZ ca. ab € 50,

Dreibettzimmer ab € 70, ✕ Menü im Restaurant daneben für ca. € 15 bis 20 (☏ 981 803 119). Nur 50 m nach der Kreuzung folgt am Weg auf der rechten Seite der N-550 die einfache **Pension Casa de Amigos,** die neben EZ für € 28 auch DZ ab € 36 und in der Bar abends Menüs für € 15 sowie einfaches Frühstück für € 2,50 anbietet (☏ 607 322 980). Nur 100 m weiter entlang der N-550 finden Sie die **Pension Glorioso II** mit guten, einfachen DZ für € 56, Dreibettzimmer € 72, Vierbettzimmer € 84 (☏ 981 803 181).

Sie verlassen die N-550 bald und dann verläuft der Weg zunächst eben über Piste und Waldweg und zuletzt über ein historisches Pflaster bergauf. Nach 1,3 km sind Sie am Ortsrand von **Faramello** bei zwei Pilgerbars wieder auf einer Nebenstraße angekommen. Noch 250 m weiter befindet sich links die private Herberge. Gleich nachdem Sie den Ort wieder verlassen haben, überqueren Sie am Ortsanfang von **Rúa de Francos** die Grenze zur Gemeinde **Teo**. Nach 300 m, wo die Straße wieder bergauf führt, befindet sich 100 m abseits des Weges die öffentlichen Herberge (km 4,3).

Steinkreuz in Rúa de Francos (rj)

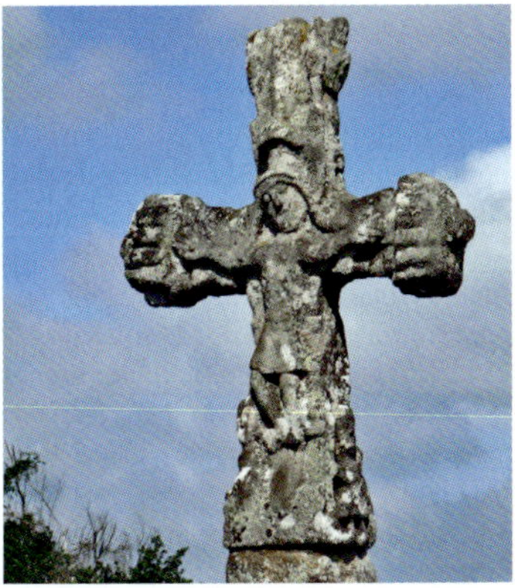

Teo (Rúa de Francos)

✕ ⇧ 100 m, 17.000 Ew.

Private Herberge in Faramello. Die Herberge La Calabaza del Peregrino bietet 36 Betten in 5 Zimmern eines renovierten Hauses. Hof und Garten. Der Pächter der Unterkunft wechselte bisher öfters. Das Preis-Leistungs-Verhältnis der Herberge und auch der ✕ Bar des Hauses, die Menüs für ca. € 16 bietet, wurde bisher sehr unterschiedlich bewertet. T @. ☏ 981 194 244, April bis Okt 13:00 bis 22:00, ca. € 21

Öffentliche Herberge in Teo. Weg: Am Etappenende 100 m weiter der Straße bergauf folgen. Es handelt sich um einen modernen, gut gepflegten Bau direkt an der wenig befahrenen Landstraße. Sie finden hier 20 Betten in 2 Schlafräumen, Küche. Da sich die Herberge kurz vor Santiago befindet, sollte man zur Hochsaison hier nicht zu sehr trödeln, denn ab 16:00 werden gelegentlich die Betten knapp. T @. ☏ 699 832 730, ganzjährig 13:00 bis 22:00, € 10

Teo – O Milladoiro 6,7 km

⇔ *Die Strecke führt Sie größtenteils über Wege und wenig befahrene Straßen und verläuft die ersten Kilometer von Teo (⇧ 100 m) bis Oseve relativ eben. Bis O Milladoiro steigt er der Weg dann auf ⇧ 250 m an.*

Der Jakobsweg führt 100 m unterhalb der öffentlichen Herberge links abwärts auf die vorher beschriebene Straße. Sie folgen dieser und weiteren Pisten

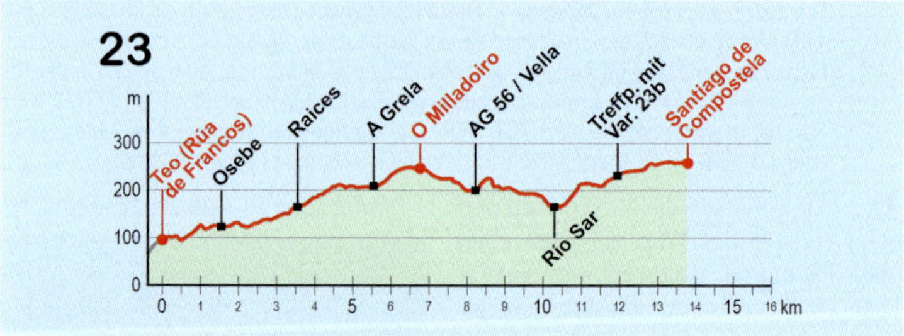

bergauf durch das Dorf **Rúa de Francos** 🛏 ✕ und erreichen dann nach 600 m eine größere Kreuzung, wo sich auch ein altes, verwittertes Wegkreuz befindet. Der Weg führt Sie weiter bergab durch den Ort, den Sie nach 300 m verlassen. Immer verschiedenen Pisten folgend erreichen Sie bald die ersten Häuser der nächsten Siedlung und überqueren nach 800 m die Bahngleise. Sie durchqueren **Osebe** (auch **Oseve**) und überqueren nach 600 m nahe **Casalonga** 🍷 🛒 eine breitere Ortsstraße (km 2,3). Nach 400 m gehen Sie an der 🏠 Herberge Casa Aldea da Pedreira vorbei (Übernachtung im Schlafsaal ab € 20 und daher hier nicht näher beschrieben, ☏ 619 544 966). Mal über schmale Ortsstraße, mal über Asphalt- oder Schotterpiste geht es noch 1,2 km weiter bis nach **Raices**. Bald führt Sie der Weg auf einer Schotterpiste bergauf durch den Wald und nach 1,3 km überqueren Sie nach einigen Richtungswechseln auf einer Überführung eine größere Straße und betreten gleich **A Grela.** Weiter entlang einer Hauptstraße erreichen Sie nach 1,1 km den Ortsrand von **O Milladoiro** 🏠 ✕ 🛒 ⚕ 🚌 (⇧ 250 m), ☺ nach dem sich übrigens auch eine bekannte (m. E. recht gute) galicische Musikgruppe benannt hat. Hier verlassen Sie die Straße halb links auf eine andere breite Straße. Dieser folgen Sie noch 400 m zu einer Ampelkreuzung (km 6,7).

🏠 **Milladoiro**. Weg: Bei der Ampelkreuzung 300 m nach links bis zur Mitte des zweiten der lang gezogenen Wohnblocks, in dem sich im Parterre die moderne Herberge befindet. Nicht gerade idyllisch vor einem Parkplatz gelegen, aber schick-modern und geräumig mit 62 Plätzen in 3 Schlafsälen, kleine Kochgelegenheit, Kaffee und Tee kostenlos, 🔒 ▣ **T** @. ☏ 698 108 824, 🚪 15. März bis 10. Dez 12:00 bis 24:00, Ü mit Kaffee und Tee, ca. € 17 bis 18

O Milladoiro – Santiago 6,4/7,1 km

⇔ *Nach O Milladoiro geht es wieder bis zum Fluss Sar (⇧ 140 m) hinab. Dort bieten sich zwei Wegalternativen durch die Stadt. Nach einem ca. 3 bzw. 4,5 km langen Marsch durch Santiago erreichen Sie die Kathedrale (⇧ 260 m). Ausgerechnet auf dieser Etappe lässt die Wegmarkierung gelegentlich etwas zu wünschen übrig.*

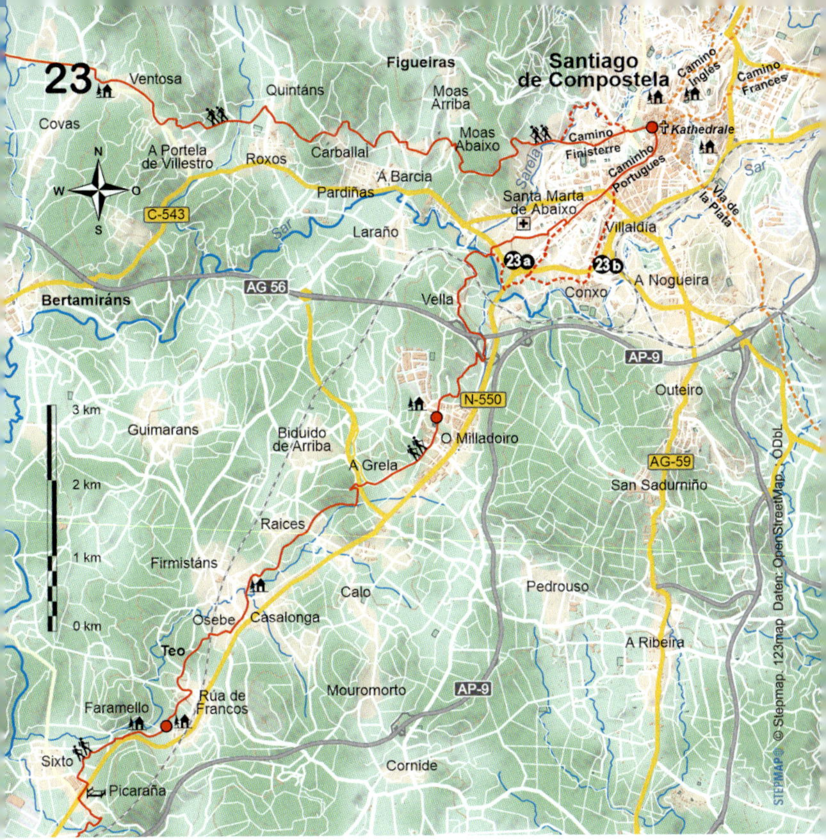

Wo der Ort nach weiteren 200 m endet, führt Sie der Weg zunächst bergab durch den Wald und dann weiter bergab durch **O Porto de Conxo** und zweimal unter (den Zubringern) der Autobahn hindurch. Nach 1,4 km geht es dann wieder bergauf und dann wieder bergab durch **Vella**, wo Sie nach 1,2 km die Bahntrasse über eine Überführung überqueren. Dann führt Sie der Weg über verschiedene Sträßlein immer bergab 700 m bis zu einer alten Steinbrücke über den Fluss Sar (⇧ 140 m). Gleich nach dem Überqueren haben Sie wieder die Wahl zwischen zwei bzw. drei Wegalternativen (km 3,5).

☺ Der hier beschriebene neue markierte mittlere Weg **23a** ist zwar anfangs schöner, dafür aber auch 700 m länger. Der östlichste Weg **23b** ist insgesamt ganze 1,5 km länger, lohnt sich kaum und wird deshalb hier nicht näher beschrieben. Im Regelfall ist also m. E. die kurze alte westliche Wegführung zu empfehlen, bei der Sie allerdings besser der Wegbeschreibung im Buch folgen, da sie nicht immer eindeutig markiert ist.

🚶 ㉓a Auf dem **markierten neuen, längeren Weg** biegen Sie nach der Brücke nach halb rechts in einen Waldweg ab, der sich bald zu einem Pfad verjüngt, auf dem Sie nach 600 m den Anfang einer langen Straßenbrücke unterqueren. Danach führt der Weg gleich nach oben und erreicht zwischen einigen Häusern hindurch nach 200 m eine zweispurige Straße, die nach halb rechts auf eine Piste überquert wird. Nur 200 m weiter erreichen Sie wieder einen Scheideweg. (↳ Nach rechts führt die nochmals 800 m längere Variante ㉓b über **Conxo**, die aus den vorher genannten Gründen erst gar nicht näher beschrieben wird.)

Die eher zu empfehlende Variante ㉓a führt weiter geradeaus und verläuft gleich über die Straße. Nach 400 m führt der Weg nach einigen Wohnblocks dann nach halb links in einen Fußweg, der in eine Straße mündet. Nach 200 m haben Sie den Punkt erreicht, wo von links die gleich beschriebene alte, empfohlene Route in die gleiche Straße mündet, und folgen weiter dem später beschriebenen gemeinsamen Weg (km 5,1).

🚶 Auf dem **empfehlenswerten kurzen alten Weg** gehen Sie links steil die Straße nach oben, bis Sie nach 100 m auf einen großen Kreisverkehr unter einer Straßenbrücke treffen. Auf der gegenüberliegenden Seite geht es auf dem Fußweg entlang einer Straße weiter steil bergauf. Vorbei an der Einfahrt eines Krankenhauses sind Sie nach 500 m endlich oben angekommen. 200 m weiter erreichen Sie eine Kreuzung. Auch wenn hier evtl. gelbe Pfeile weiter geradeaus zeigen, empfehle ich Ihnen, ab hier nach rechts 100 m zur nächsten Hauptstraße zu gehen. Sie befinden sich nun wieder auf dem gut markierten Jakobsweg der Variante ㉓a und folgen der Straße immer nach links oben (km 4,4).

🚶 **Gemeinsamer Weg:** Nach 700 m erreichen Sie bei einem weithin sichtbaren Hotel einen Kreisverkehr und gehen weiter geradeaus. Nach 350 m kommen Sie an einem rechts unten liegenden Platz vorbei. Hier stößt die nicht näher beschriebene östliche Variante ㉓b wieder auf unseren Weg (km 5,4).

Noch 600 m weiter immer derselben Straße folgend erreichen Sie eine große Kreuzung. Links von Ihnen befindet sich der Eingang des großen ⌘ Parks Alameda, von wo aus Sie in der Nacht eine schöne Aussicht auf die Kathedrale genießen können. Sie gehen hier weiter am Park entlang noch ca. 50 m in einem Linksbogen bis zu einem breiten Zebrastreifen mit Ampel am Eingang des Parks. Der Zebrastreifen wird nach rechts überquert und dann geht es noch weitere 30 m geradeaus über den kleinen Platz Porta Faxeira, wo sich viele Restaurants und Bars befinden. An dessen Ende gehen Sie halb links in die Rua do Francos ✕ und immer weiter geradeaus, bis Sie nach 300 m auf die ✝ Kathedrale stoßen. Halb links erreichen Sie sofort den Praza do Obradoiro 🛈 vor der Kathedrale (km 6,4/7,1).

☺ **Gratuliere Ihnen!!**

Santiago de Compostela

⇧ 260 m, 94.000 Ew.

ⓘ Santiago ist nicht zuletzt dank der seit Jahrhunderten andauernden Pilgertradition der bekannteste Wallfahrtsort Spaniens. Nach Rom, Jerusalem und Guadalupe stellt Santiago wohl den weltweit viertbekanntesten katholischen Wallfahrtsort dar. Die Innenstadt, die sicher eine der schönsten Spaniens ist, wurde überwiegend im barocken und klassizistischen Baustil errichtet und bietet trotz des nicht selten schlechten Wetters eine beeindruckende Atmosphäre. Unübersehbar ist hier jedoch auch der über die Jahre genauso gewachsene und gepflegte Pilgerkommerz, dessen Auswüchse in den letzten Jahren gewisse Schamgrenzen überschreiten und so bei einigen Pilgerinnen und Pilgern auch einen schlechten Beigeschmack hinterlassen (☞ S. 20 bis 22 und 222 bis 224).

Santiago ist die Hauptstadt der autonomen Gemeinschaft Galicien und mit 30.000 Studierenden eine der beliebtesten Universitätsstädte Spaniens. Im Jahr 2000 wurde sie zu einer Kulturhauptstadt Europas ernannt. In ihren Straßen finden Sie unzählige Kneipen und Restaurants. Tag und Nacht wird die Altstadt durch das Spiel verschiedenster Musikanten belebt, die auf den Straßen und in Kneipen oft traditionelle Musik präsentieren. Santiago ist neben Madrid und Barcelona eine der teuersten spanischen Städte überhaupt.

i In Santiago gibt es gleich drei Touristeninfos und Pilgerbüros, die sich alle in der Rúa do Vilar befinden.

♦ **Pilgerbüro** (*Oficina de Peregrinos*). Gegen Vorlage des Pilgerpasses und ✋ bei Erfüllung der ab S. 22 erläuterten (und kritisch hinterfragten) Vorgaben können Sie sich hier verschiedenartige Pilgerurkunden ausstellen lassen. Hier besteht auch die Möglichkeit, für € 2 pro Tag und Rucksack Gepäck aufzubewahren. Im Oktober 2015 eröffnete das wesentlich größere, anonymere neue Pilgerbüro in der Rúa das Carretas. In den folgenden Jahren wurde das **Antragsverfahren zum Erwerb der Compostela** dann Schritt für Schritt digitalisiert und so technisch effizienter organisiert.
Seit Ende 2021 gestaltete sich der technische Stand wie folgt: Vor oder bei Ankunft im Pilgerbüro müssen Sie sich am Computer in Ihrer Unterkunft oder mittels eins Smartphones auf der Webseite des Pilgerbüros, 💻 oficinadelperegrino.com, unter „REGISTRO" registrieren. Abschließend erhalten Sie einen QR-Code, den Sie sich ausdrucken oder auf dem Smartphone abspeichern können. Sollten Sie weder auf ein Smartphone noch auf einen Computer Zugriff haben, so hilft Ihnen einer der Sicherheitsbeamten vor dem Pilgerbüro weiter. Im Pilgerbüro bekommen Sie nach dessen Vorlage einen Zettel mit Ihrer Wartenummer. Die geschätzte Wartezeit, bis Ihre Nummer dann am Schalter aufgerufen wird, kann bei einem bereitstehenden Sicherheitsbeamten ungefähr erfragt oder unter 💻 catedral.df-server.info live verfolgt werden ... Oder Sie schauen zwischen zwei Gläsern Wein ins Pilgerbüro, um zu sehen, wie weit man dort gerade ist. Leider hat sich das aufwendige System aber nur teilweise bewährt, denn zu Stoßzeiten sind die Wartenummern

für den laufenden Tag nicht selten schon eine Stunde nach Öffnung des Pilgerbüros vergeben und dann können Sie sich am folgenden Tag erneut – und evtl. noch etwas früher – anstellen ... wenn Sie dann noch Lust dazu haben und Sie dann überhaupt noch in Santiago sind ... ☏ 981 568 846, Nov bis Ostern tägl. ca. 10:00 bis 19:00, Ostern bis Okt tägl. ca. 9:00 bis 20:00

- **Touristeninfo der Region Galicien** (*Oficina de Información Turística Galicia*). Eine der Hauptfilialen ist im gleichen Gebäude wie das Pilgerbüro untergebracht. Hier wird Werbematerial über die verschiedenen örtlichen Jakobswege und Ausflugsziele in der näheren Umgebung verteilt. ☏ 881 866 390, 16. März bis 15. Okt 9:00 bis 19:00, Sa 10:00 bis 16:00, So 10:00 bis 14:30, 16. Okt bis 15. März Mo bis Sa 10:00 bis 17:00, So geschlossen.
- **Touristeninfo der Stadt** (*Oficina de Información Turística Municipal*). Rúa do Vilar 63 (linke Straßenseite), ☏ 981 555 129, Mai bis Okt täglich 9:00 bis 19:00, Nov bis April täglich 10:00 bis 18:00

ⓘ **Herbergen und Pensionen in Santiago**. In den Herbergen von Santiago und Monte do Gozo dürfen Sie gewöhnlich auch mehrere Nächte bleiben. Die Wahl der richtigen Unterbringung ist dabei keine leichte Entscheidung. Grundsätzlich gilt: Je weiter die Unterkunft vom Zentrum entfernt ist, desto günstiger ist sie. Einige der zentral in der Altstadt gelegenen Herbergen sind nachts entsprechend lebhaft.

Es finden sich hier besonders viele Unterkünfte, die mit dem Label einer „Pilgerherberge" werben. Diese „Herbergen" werden, wie auf S. 41 und 48 bereits anklang, ihrem Namen m. E. evtl. in Bezug auf die Ausstattung, aber nicht hinsichtlich des Preises gerecht. Besonders krass erscheint die Preisgestaltung dann, wenn man bedenkt, dass in diesen die Übernachtung in einem Schlafsaal pro Person oft nicht wesentlich günstiger zu Buche schlägt als ein Platz in dem geteilten DZ oder Mehrbettzimmer in einer einfachen Pension. Auch favorisieren viele, die sich auf dem Weg stets in Pilgerherbergen recht wohlgefühlt haben, in Santiago eine andere Unterbringung. Erstens, weil hier in der Regel die Küche einer Herberge ohnehin selten benutzt wird, da man meist doch in der Altstadt ausgehen möchte, und zweitens suchen viele im Rummel der Stadt Santiago dann doch gerne einen persönlichen Rückzugsort, den sie dann eher in einer Pension finden.

Aus eben diesen und auch rein praktischen Platzgründen beschreibe ich in Santiago deshalb nur einige der wirklich günstigen Pilgerherbergen ausführlicher und liste dann die Herbergen, die in der Regel deutlich mehr als € 15 für die Übernachtung p. P. verlangen, nur kurz auf.

Öffentliche Herberge **San Lázaro.** Lage: Gut 3 km vor der Kathedrale am Stadtrand am C. Francés. Moderne, schlichte, helle, gepflegte und geräumige Herberge mit 80 Betten in 6 Schlafsälen, meist ruhig und selten voll belegt. Vom Zentrum mit dem Bus der Linie 6 oder 6a für ca. € 1 bis 1,20 (der letzte fährt um ca. 22:30) erreichbar. Große Küche ohne Geschirr, Reservierung möglich, **T** @. ☏ 981 571 488, ganzjährig ca. 13:00 bis 22:00, € 10

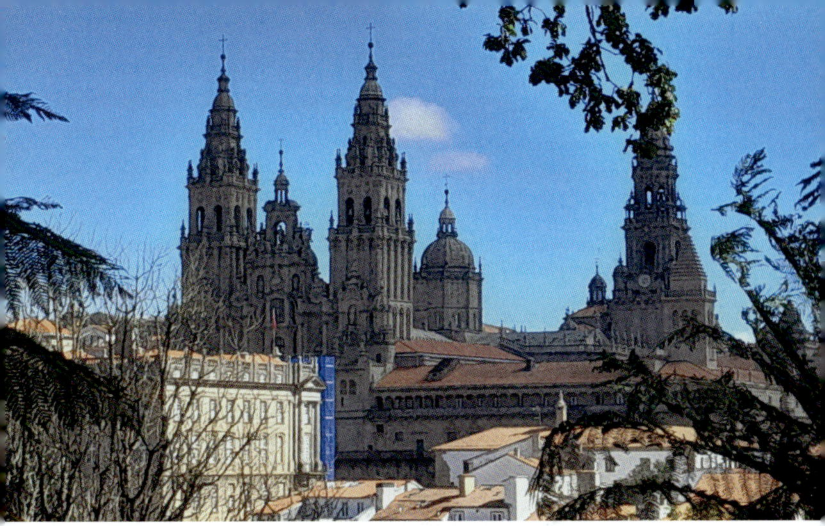

Blick vom Parque da Alameda auf die Kathedrale (rj)

Öffentliche Herberge **Fin del Camino** (auch Jaime de Garcia). Einfache, moderne, geräumige Herberge, ca. 2,4 km von der Kathedrale entfernt nahe dem C. Francés (an der Ampelkreuzung ca. 2,4 km vor der Kathedrale nahe der kleinen Kirche San Lazaro, der Kennzeichnung 150 m bergab in die doppelspurige Straße folgen). 120 Betten in 8 gepflegten, relativ geräumigen Schlafsälen mit etwas wenig Tageslicht, Kochgelegenheit, Hof und große Wiese. Wenn wenig los ist, kann man hier beliebig viele Nächte bleiben. Man kann die Herberge sehr gut mit den Buslinien 6 oder 6a (bis Haltestelle „San Lazaro") erreichen, für € 1. Lassen Sie sich von den freundlichen freiwilligen Hospitaleros Näheres zum Weg zur und aus der Stadt erklären. **T** @. ☏ 981 587 324, 1. Mai bis 15. Okt 13:00 bis 24:00, € 16

Weitere private „Pilgerherbergen" der höheren Preisklasse.

♦ **Seminario Menor de Belvis.** Lage: ☞ Stadtplan Nr. 1, das historische Knabeninternat bietet 173 Einzelbetten in 10 überwiegend großen Schnarchsälen mit Raumtrennung. Diese weitläufige Traditionsherberge ist einfach und gepflegt und erlaubt zum Teil eine nette Aussicht auf die Stadt, Küche und kleiner Laden im Keller. Besonders in der Nebensaison bieten schlichte EZ (ab € 25) und DZ (ab € 50) eine günstige Alternative abseits des Rummels. Zur kalten Jahreszeit wird die Heizung jedoch leider oft nur nach größeren Pilgertumulten angeschaltet. **T C** @. ☏ 881 031 768, je nach Saison ca. € 17 bis 22

♦ **Herberge (im Hotel) Loop INN.** Lage: ☞ Stadtplan Nr. 3. Die moderne, gepflegte Herberge ist eine der ersten privaten Herbergen Santiagos. Überraschend originell und angenehm ist der Teil im Dach, der 2024 in eine große Küche umgewandelt wurde. Seit dem Umbau hat das (ehemalige) Hotel nun ausschließlich Plätze im Stil einer Herberge in Zimmern mit 1 bis 5 Plätzen und jeweils eigenem Bad zu bieten, Frühstück geplant, **T** @. ☏ 981 585 667, ab ca. € 24 p. P.

- **Dream in Santiago.** 2,7 km von der Kathedrale entfernt am C. Francés gelegen, 68 Plätze in den Kabinen von 5 modernen, schlichten Schlafsälen, kleine Küche, Hof, **T** @. ☎ 981 943 208, je nach Saison € 15 bis 26
- **Santo Santiago**. gut 2 km von der Kathedrale am. C. Francés. Modern gestaltet, 40 Betten in 3 Zimmern mit guter Raumtrennung, **T** @. ☎ 657 402 403, je nach Saison € 13 bis (meist) 17
- **A Fonte de Compostela.** Gut 2 km vor der Kathedrale im Keller eines modernen Wohnblocks am C. Francés. 30 Plätze in einem schlichten Schlafsaal, **T** @. ☎ 604 019 115, € 14 bis 18
- **Monterrey**. Ca. 1,7 km vor der Kathedrale am C. Francés. Einfach, 36 Plätze in einem Schlafsaal, Raumtrennungen, wenig Tageslicht. Mikrowelle, **T** @. ☎ 655 484 299, € 15 bis 25
- **La Credencial**. Hell, modern, im Parterre eines Wohnblocks ca. 1,5 km von der Kathedrale entfernt am Camino Francés. 36 Plätze in 3 Zimmern mit guter Raumtrennung, Küche, Klimaanlage, **T** @. ☎ 981 068 083 (spricht Schweizerdeutsch), € 18 bis 22
- **Sixtos.** 1,3 km von der Kathedrale entfernt am Camino Francés. Angenehm schick, modern, 40 Plätze in Einzelkabinen eines geräumigen, freundlich-modernen Schlafsaals, Aussicht auf Garten, Mikrowelle, @, gleich nebenan **T**. ☎ 881 067 936, je nach Saison ca. € 16 bis 21
- **SCQ**.1,3 km vor der Kathedrale am C. Francés. 24 Plätze in 4 Zimmern, angenehm schlicht, kleine Küche, Frühstück im Preis inbegriffen, **T** @. ☎ 622 037 300, Ü mit Frühstück je nach Saison € 20 bis 25
- **Santos**.1,1 km von der Kathedrale entfernt am C. Francés. 21 Plätze in 3 Zimmern, einfach, freundlich, kleiner Hof, Mikrowelle, **T** @. ☎ 881 169 386, € 18 bis (an Feiertagen) € 35
- **Estrella de Santiago.** Gut 1 km vor der Kathedrale am C. Francés. 24 Plätze in einem Schlafsaal mit guter Raumtrennung, Mikrowelle, **T** @. ☎ 617 882 529, je nach Saison € 13 bis 27
- **Porta Real**. 1 km vor der Kathedrale am C. Francés. 20 Plätze in den 4er-Kabinen eines gepflegten Schlafsaals mit etwas wenig Tageslicht. Mikrowelle, **T** @. ☎ 633 610 114, ca. € 18 bis 25
- **El ultimo sello/The last stamp.** Im Zentrum 20 m südlich der Praza de Cervantes am C. Francés. 62 Plätze in den Kabinen von 8 Schlafsälen, eine Mischung von Alt und Modern. Kleine Küche, Aufzug, Balkon, **T C** @. ☎ 981 563 525, € 19 bis 25
- **Mundoalbergue**. Ca. 400 m von der Kathedrale entfernt, freundlich, schön eingerichtet. 36 Plätze in den Kabinen eines Schlafsaals. Gartenhaus mit 4 Plätzen, Küche, Kaminfeuer, Garten. Lage: Rúa de San Clemente 26, östlich des großen Parque de Alameda. Frühstück € 4, **T C** @. ☎ 981 588 625, € 19 bis 24
- **Meiga Backpackers**. Knallbunt und etwas freakig. 30 Betten in 5 Zimmern, gute Küche, kleiner, ruhiger Garten. Lage: Nahe (nord-westlich) dem Kompasssymbol des Stadtplans in der Rúa dos Basquiños Nr. 67. **T** @. ☎ 981 570 846, € 16 bis 25
- **Blanco**. 200 m westlich des Pilgerbüros in der Rúa de Galeras Nr. 30. 2 Schlafsäle mit 20 Kabinen, eher modern gestaltet, im Parterre eines Wohnblocks, Mikrowelle, stellenweise etwas wenig Tageslicht, aber sonst o. k., **T**, **C** gratis, @. ☎ 699 591 238 oder 881 976 850, ab € 22

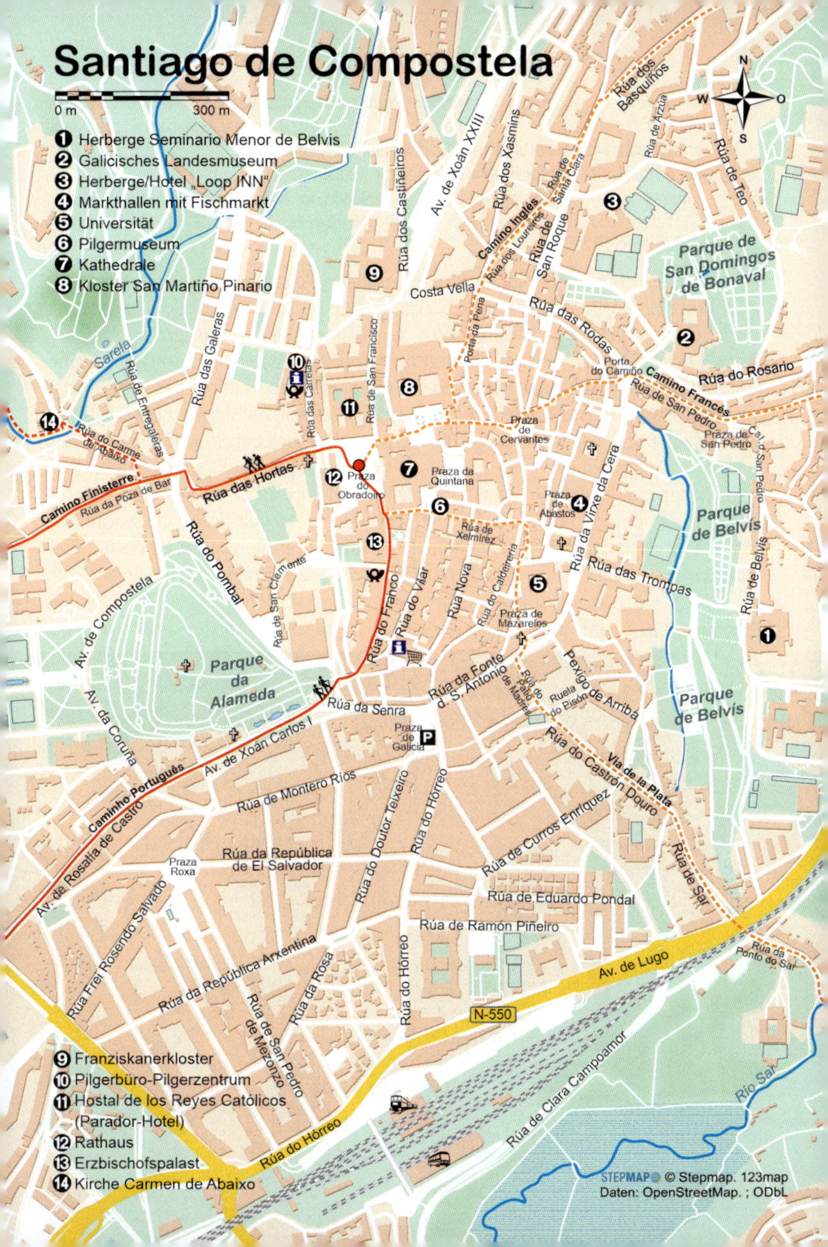

Santiago de Compostela
0 m
300 m
❶ Herberge Seminario Menor de Belvis
❷ Galicisches Landesmuseum
❸ Herberge/Hotel „Loop INN"
❹ Markthallen mit Fischmarkt
❺ Universität
❻ Pilgermuseum
❼ Kathedrale
❽ Kloster San Martiño Pinario
⑨ Franziskanerkloster
⑩ Pilgerbüro-Pilgerzentrum
⑪ Hostal de los Reyes Católicos (Parador-Hotel)
⑫ Rathaus
⑬ Erzbischofspalast
⑭ Kirche Carmen de Abaixo
Camino Inglés
Camino Francés
Camino Finisterre
Caminho Português
Vía de la Plata
Parque de San Domingos de Bonaval
Parque de Belvís
Parque da Alameda
Praza do Obradoiro
Praza da Quintana
Praza de Cervantes
Praza de Abastos
Praza de Mazarelos
Praza de Galicia
Praza Roxa
Praza de San Pedro
Porta do Camiño
Costa Vella
Rúa das Hortas
Rúa da Senra
Rúa do Franco
Rúa do Vilar
Rúa Nova
Rúa das Rodas
Rúa do Rosario
Rúa de San Pedro
Rúa das Trompas
Rúa de Montero Ríos
Rúa da República de El Salvador
Rúa de Eduardo Pondal
Rúa de Ramón Piñeiro
Rúa do Hórreo
Av. de Lugo
N-550
Av. de Xoán XXIII
Av. de Xoán Carlos I
Av. de Rosalía de Castro
Av. de Compostela
Av. da Coruña
Rúa de Clara Campoamor
Río Sar
Sarela
STEPMAP © Stepmap. 123map
Daten: OpenStreetMap. ; ODbL

- **O Fogar de Teodomiro**. 200 m nördlich der Praza de Cervantes, 400 m von der Kathedrale entfernt. Kein Update vor Ort möglich, da mir zuletzt kein uneingeschränkter Zugang ermöglicht wurde. Beim letzten Besuch vernachlässigt und kaum zu empfehlen. 🔒 ▣ **T** @. ☏ 881 092 981 (nur für Reservierung), ca. € 18 bis 30
- **Linares.** 200 m nördlich der Praza de Cervantes in der Rúa da Algalia de Abaixo 34. Nur 14 Plätze in 2 einfachen, gepflegten Zimmern, Mikrowelle, 🔒, ▣ € 5, **T** € 5, @. ☏ 981 943 253, € 18 bis 22

✕ **Artgerechte Pilgermast und/oder festliches Abschiedsessen.** Santiago bietet schon seit Jahrhunderten eine überwältigende Vielzahl an Lokalen, welche der ausgezehrten und ebenso feierlustigen angekommenen Pilgerschar ihre kulinarischen Dienste anbietet. Sündhaft sind hier aber gelegentlich nicht nur die Zutaten, sondern auch die Preise. Zuvorderst gilt dies für die zahlreichen Restaurants und Tapasbars der **Fressmeile Rúa do Franco** gleich südlich der Kathedrale. Diese bietet sicher für den, der deren touristische Betriebsamkeit nicht scheut, ein beeindruckendes kulinarisches Erlebnis in einem oft spektakulären Ambiente. Wer an diesem prominenten Ort **günstige reichliche Menüs** sucht, ist hier aber vermutlich eher auf dem Holzweg, denn sämtliche vermeintlichen Sonderangebote, die ich dort im Rahmen meiner redaktionellen Tätigkeit für Sie verzehren durfte, entpuppten sich letztlich als eine Preisfalle oder eine kulinarische Bauchlandung.

Santiago bei Nacht (ss)

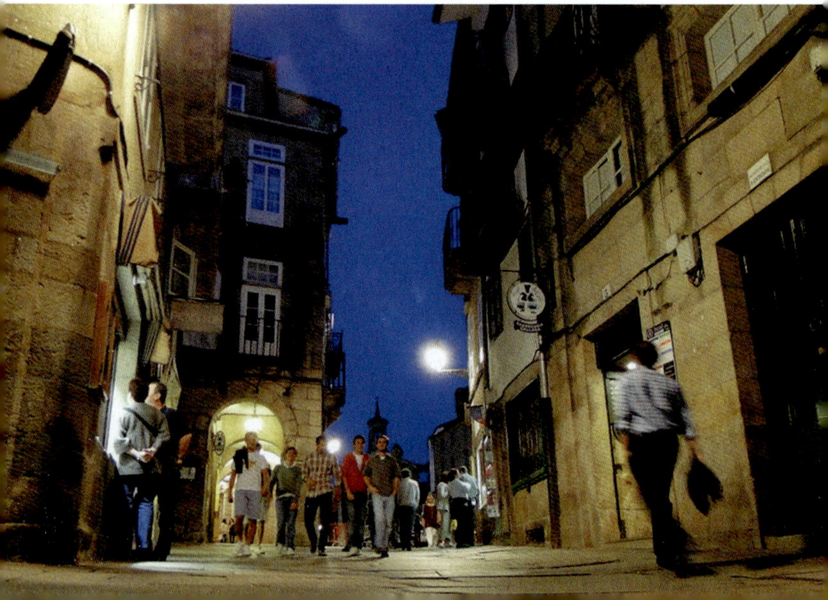

Wenn Sie Ihren evtl. über die Wochen entstandenen Kalorienverlust zunächst einigermaßen günstig auskurieren möchten, suchen Sie also besser etwas abseits davon. Seit Jahren pilgerbekannt ist hier unter derart darbenden Leidensgenossen z. B. das Restaurant Casa Manolo, das sich gleich an der Praza de Cervantes östlich der Kathedrale auf den letzten Metern des Camino Francés befindet. Nach dem Tod des bisherigen Wirtes hat die Qualität des Essens und die Organisation der Pilgerströme m. E. jedoch deutlich nachgelassen und die Laustärke im Speisesaal legt beizeiten evtl. den Gebrauch von Oropax nahe. Die Auswahl der Speisen innerhalb der Menüs ist hier allerdings weiter sehr groß, wenngleich der Wein leider extra abgerechnet wird. In den Bars und Restaurants der umliegenden Straßen finden Sie weitere Angebote von Menüs in einer ähnlichen Preislage von ca. € 13 bis 15 in etwas ruhigerer Atmosphäre.

In den Genuss eines der täglich 10 **kostenlosen Mittag- und Abendessens im Hostal de los Reyes Católicos** (☞ Punkt 11 im Stadtplan) kommen Sie vermutlich aber bestenfalls nur dann, wenn Sie im Winter unterwegs sind oder hart darum kämpfen. Die Aktion dient wohl vor allem der Eigenwerbung dieses teuren, traditionsreichen Hotels (☞ S. 226) und folglich wird das erwählte gemeine Fußvolk der Pilger auch nicht in dessen teurem Restaurant bedient, sondern quasi in der Kantine der Angestellten. Gutscheine für die kostenlosen Essen werden im Pilgerbüro morgens gleich bei Öffnung vergeben.

ⓘ **Der richtige Reiseführer für die Stadt**. Es gibt so viele Sehenswürdigkeiten in Santiago, dass es unmöglich ist, diese hier erschöpfend zu beschreiben. Wer mehr über Santiago erfahren will, kann in der Touristeninfo der Stadt nach Kontakten zu Fremdenführern fragen und/oder an einer der regemäßigen touristischen Stadtführungen teilnehmen. Beides wird aber einen derart hohen Preis haben, dass man dafür auch bei einem Buchhändler oder Kiosk einen umfangreichen deutschsprachigen Stadtführer bekommen kann. Dieser hat dann zudem den Vorteil, dass man ihn im Anschluss weiterverschenken oder als Andenken mit nach Hause nehmen kann.

Es werden aber auch Stadtführungen auf Englisch und Spanisch gegen eine freiwillige Spende angeboten. Diese beginnen das ganze Jahr über täglich jeweils um 10:00 (auf Englisch) und 11:00 (auf Spanisch) vor dem Hostal los Reyes Católicos und dauern dann ca. zwei Stunden. Die aktuellsten Informationen erhalten Sie unter ☏ 693 729 854 oder 💻 www.freetourcompostela.com.

✞ Die **Kathedrale** bedeutet heute für fast alle Pilgerinnen und Pilger das Ziel ihrer Pilgerreise. Von 2019 bis 2020 wurde sie sehr aufwendig komplett renoviert. Sicher schien diese Maßnahme an vielen Stellen dringend notwendig. Es darf aber angemerkt werden, dass hier wohl auch ein Stück der alten Authentizität des im übertragenen Sinne mit Pilgerschweiß getränkten Baues als Bauschutt auf den Müllhalden verschwand. Der Vorläufer der Kathedrale geht auf das Jahr 830 zurück, wo nach der vermeintlichen Wiederentdeckung des Jakobusgrabes an dieser Stelle ein schlichtes Gebäude erbaut wurde. Im Jahr 1075 begann schließlich der Bau der heutigen Kathedrale, die im Laufe der Jahrhunderte mehrfach in den verschiedensten Stilen erweitert und ausgeschmückt wurde. Die Kathedrale gilt als eine der schönsten und größten, inzwischen aber leider auch als eine der touristischsten und nicht selten geräuschintensivsten Spaniens.

Die **Fassade** (*Obradoiro*) stammt aus der Barockzeit und dominiert die vor ihr liegende Praza do Obradoiro. Die Harmonie ihres „Orgelwerks aus Stein", wie es ein alter Pilgerführer einmal umschrieb, beeindruckt nicht nur am Tage und bei sonnigem Wetter, sondern auch dann, wenn Wolkenfetzen über die Türme hinwegziehen oder sie bei Sonnenuntergang erstrahlt und dann manchmal in ein hypnotisches goldenes Licht getaucht wird (☞ Tipps für Nachtschwärmer ab S. 225).

Das **Platerías-Tor** (*Pórtico de las Platerías*) finden Sie im südlichen Teil der Kathedrale. Es ist der älteste, ursprüngliche Eingang, stammt aus dem Jahr 1103 und ist im romanischen Stil errichtet.

Die **Heilige Pforte** (*Puerta Santa*) befindet sich auf der Rückseite der Kathedrale und wird nur in sogenannten heiligen Jahren, in denen der Jakobustag (27. Juli) auf einen Sonntag fällt, geöffnet. Ihr heutiges Erscheinungsbild im Renaissancestil geht auf das Jahr 1611 zurück.

Das **Glorientor** (*Porta de la Gloria*). ☹ Die Pforte des Haupteinganges hinter der Fassade der Kathedrale wurde einst von den gerade ankommenden Pilgern (oft sehr tief bewegt) schweigend, staunend durchschritten und deren Mittelsäule andächtig berührt. Seit 2019 ist dieser traditionelle Zugang ganz im Sinne der touristischen Vermarktung des Jakobsweges in der Regel nur noch nach Anmeldung im Rahmen einer wortreichen Führung für einige meist gut zahlende Kulturinteressierte geöffnet. Da das Glorientor somit von einem einstmals authentisch-lebendigen Ort des Pilgerlebens zu einer profanen Touristenattraktion mutierte, erspare ich mir weitere Ausführungen zu diesem sehr fragwürdigen Anhängsel des Kathedralsmuseums und rufe gerne ein bekanntes Jesuswort in Erinnerung: „Heißt es nicht in der Schrift: Mein Haus soll ein Haus des Gebetes für alle Völker genannt werden? Ihr aber habt daraus eine Räuberhöhle gemacht" (Mk 11,17).

Der Weg durch die Kathedrale führt durch das Querschiff, wo ein 54 kg schwerer Weihrauchkessel, der **Botafumeiro**, in einem Bogen von 65 m Länge geschwenkt werden kann. Die Tradition geht angeblich auf das Mittelalter zurück, wo der markante Geruch der „frisch eingetroffenen" Pilgermassen derart drastische Maßnahmen notwendig machte, um einen halbwegs festlichen Rahmen der Pilgermesse zu ermöglichen. Traditionell kam der Botafumeiro eigentlich nur zu besonderen feierlichen Anlässen zum Einsatz ... Da es sich bei der Kathedrale von Santiago aber, wie eben schon gezeigt, um ein kommerzielles Unternehmen handelt, vermag heute auch eine „Spende" ab € 300 die Verantwortlichen der Kathedrale in eine entsprechende „Feierlaune" zu versetzen, die das Weihrauchfass dann letztlich auch in Schwingung bringt. Während der Saison geschieht dies zur Freude von Arm und Reich und unter dem Einsatz Hunderter weit ausgestreckter, videotauglicher Smartphones fast täglich nach der allgemeinen Pilgermesse, also ab ca. 12:30.

Die **Krypta**, in der angeblich die Gebeine des Apostels Jakobus liegen, befindet sich unter dem Hauptaltar. Man erreicht sie über eine Treppe, die hinter diesem hinab führt. Ob der heilige Jakobus hier tatsächlich begraben liegt und welche Bedeutung dies für Ihr persönliches Lebensglück hat, kann letztlich nur Ihre persönliche Glaubensfrage bleiben. Auch kritische Historiker räumen jedoch ein, dass die Existenz eines solchen Grabes durchaus im Rahmen des Möglichen liegt. Die fromme Pilgertradition führt die eben angekommenen Pilgerinnen und Pilger über eine weitere Treppe hinter dem Hauptaltar hinauf, direkt hinter eine große **Santiago-Figur**. Viele folgen hier dem Brauch, ihre Arme von hinten über die Schultern des Apostels zu legen und angelehnt einen kurzen Moment der Andacht oder des Gebetes zu suchen. Auch die umstrittene Darstellung des **Maurentöters**, die den Apostel Jakobus quasi als Köpfe abschlagenden Gotteskrieger im robusten Einsatz gegen Muslime zeigt, ist an verschiedenen Stellen der Kathedrale zu finden. So z. B. hoch über dem Altar. Eine besonders markante, Muslime entwürdigende Darstellung im nördlichen (linken) Seitenschiff wurde 2021 bereits nach zahlreichen Protesten endlich entfernt.

Freudiges Wiedersehen vor der Kathedrale in Santiago (cs)

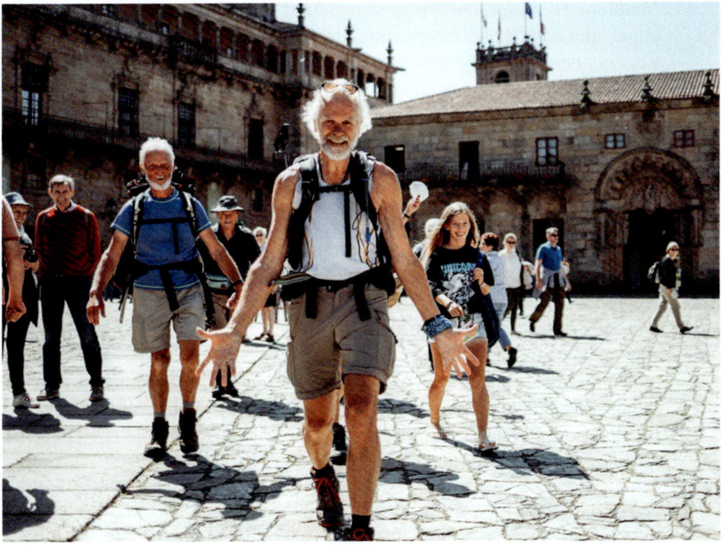

Der Zugang zur Kathedrale. Seit 2019 kann die Kathedrale nicht mehr im Sinne des Erfinders über das Portal mit dem Glorientor (☞ S. 222), sondern nur noch quasi durch den Hinterausgang des Südtors betreten werden. Offensichtlich aufgrund einer erhöhten Terrorgefahr, die wohl kaum durch die Darstellungen des Maurentöters (S. 10) an diesem Ort gemindert wird, finden dort seither Sicherheitskontrollen statt. Der Zugang ist als Folge des eher löchrigen Sicherheitskonzeptes grundsätzlich nur noch ohne größere (Pilger-)Rucksäcke, Pilgerstäbe u. Ä. erlaubt.

Die typischen Pilgerutensilien können daher an verschiedenen Stellen, z. B. auch neben dem Pilgerbüro, für € 2 verwahrt werden.

täglich von 7:00 bis 21:00

☺ **Tipps zum persönlichen Abschluss Ihres Jakobsweges**:

Für immer mehr Pilgerbegeisterte (und auch für mich) stellt heute eher Finisterre das Ende des Pilgerweges dar und ein (ritueller) Abschied von Ihrem Weg und Ihren Pilgerfreundinnen und Pilgerfreunden verschiebt sich somit noch um einige Tage und Kilometer. Nichtsdestotrotz können Sie aber auch schon jetzt Ihren mehr oder weniger langen Aufenthalt in Santiago dazu nutzen, langsam Abschied zu nehmen.

▷ Die **katholische Pilgermessen** beginnen täglich um 7:30, 9:23, 12:00 und 19:30, werden in der Regel in Spanisch abgehalten und dauern etwa 40 Minuten. Hier werden alle gesegnet und eine Statistik über die aktuell angekommenen Pilgerinnen und Pilger verlesen. Die Messe, die in der Regel eher „archaisch" gestaltet wird, stellt für dementsprechend Interessierte sicher einen passenden Abschluss ihrer (auch) religiös motivierten Pilgerreise dar. Für andere erscheint diese Veranstaltung kein würdiges Ende ihres Weges mehr zu sein, denn... ☹ besonders dann, wenn nach der 12-Uhr-Messe zu erwarten ist, dass der Botafumeiro geschwenkt wird, kommt es regelmäßig zu einem nicht gerade christlichen Gedränge um die besten Sitzplätze, was dann stark an den Run auf die besten Plätze am Strand erinnert. Auch sind alle, die nicht der katholischen Kirche angehören oder geschieden sind, hier in der Regel als „nicht in Würde und Gnade stehend" bei der Verteilung der Kommunion ausdrücklich unerwünscht.

▷ Der **deutschsprachige Gottesdienst** ist zwar im Grunde auch katholisch, wird aber ganz im Sinne der Vielfalt innerhalb dieser Kirche eher zeitgemäß-modern gestaltet und folglich sind so im Prinzip auch alle zur Kommunion eingeladen. Sie finden vom 15. Mai bis 31. Oktober täglich um 8:00 in der Kirche San Fiz, die zwischen der Markthalle und der Universität (Punkt 4 und 5 auf dem Stadtplan) liegt, statt.

▷ Sie sind Ihren (inneren) Weg bis hierhin vermutlich in Eigenverantwortung gegangen und können ihn nun auch alleine oder gemeinsam mit Ihren

Freundinnen und Freunden in **Eigenverantwortung beschließen**, ohne dass man Ihnen hierfür eine (weltanschaulich) vorgeprägte Schablone reicht. Die Möglichkeiten hierfür sind sehr vielfältig: eine abschließende kurze Zeit des Schweigens, das Verfassen eines Reiseberichtes oder eines Briefes an einen verstorbenen oder nahestehenden Menschen (den Sie dann in Finisterre evtl. abschicken oder verbrennen), das Betrachten und Sortieren Ihrer Urlaubsfotos, Vorsätze für Ihren Lebensweg „danach" ... oder einfach der andächtige Genuss eines letzten Glases Wein oder Ihrer spanischen Lieblingsspeise ... Nehmen Sie sich vor Ihrem vermutlich auch etwas hektischen Weg zurück in Ihren Alltag bitte noch etwas Zeit und Raum, um den Wert der Erfahrung Ihres Weges noch einmal zu ermessen und so vielleicht ein wenig länger für sich zu bewahren.

☺ **Tipps für Nachtschwärmer:**

▷ Legen Sie sich auf den Rücken mit dem Kopf zur **Fassade der Kathedrale** auf den Kathedralsplatz. Dann legen Sie den Kopf etwas in den Nacken und schauen sich die Fassade über Kopf an. Besonders beeindruckend, wenn die Kathedrale nachts angestrahlt ist. Kult!

Die Tuna (rj)

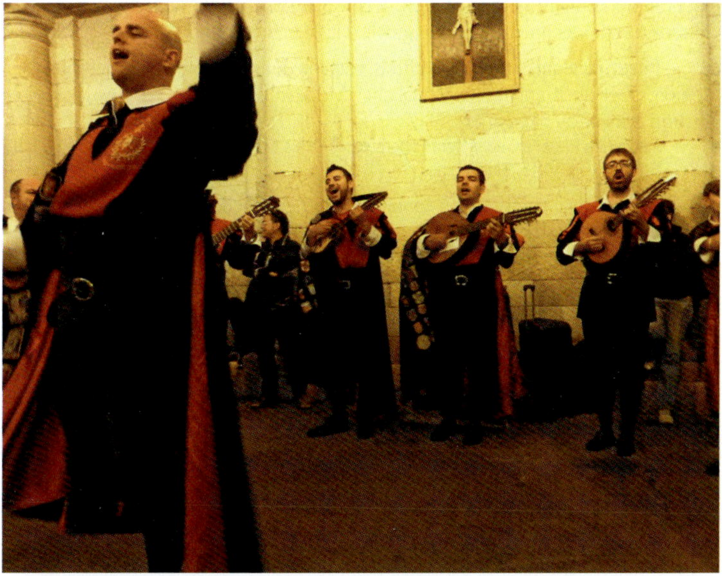

▷ Wenn Sie nach den üblichen abendlichen Pilgerfeierlichkeiten einen kleinen Ausnüchterungs- oder **Abendspaziergang** machen wollen, bietet sich ein Ausflug in den Parque da Alameda an. Von dort haben Sie eine herrliche Aussicht auf die angestrahlte Kathedrale.

▷ Ebenfalls sehr zu empfehlen sind die **Straßenkonzerte der Tuna**, einer recht bekannten „Straßenband", die eigentlich auf die Tradition einer Studentenband zurückgeht. Insbesondere von April bis Oktober werden von ca. 22:00 bis 24:00 sehr oft unter den Arkaden der Praza do Obradoiro vor der Kathedrale gegen Spende stimmungsvolle Konzerte gegeben.

⌘ **Kathedralmuseum**. Besonders kunsthistorisch Interessierte bestaunen hier eine Bibliothek, eine Sammlung von Weihrauchkesseln, ein Teppichmuseum usw. und können an diversen Führungen teilnehmen.

♦ Eingang rechts neben dem Haupteingang der Kathedrale, ganzjährig 10:00 bis 20:00, mit Pilgerausweis ab € 4, sonst ab € 6

⌘ **Hostal de los Reyes Católicos**. Die ehemalige Pilgerherberge wurde 1492 von dem bekannten Königspaar Reyes Católicos als Dank für die Eroberung Granadas als Pilgerhospiz gegründet. In neuerer Zeit wurde sie als Parador zu einem Luxushotel ausgebaut (€ 250 für ein DZ pro Nacht). Täglich dürfen hier zehn Pilger kostenlos speisen (☞ S. 221). Sehenswert ist die Fassade. Die Innenräume können Sie besichtigen, wenn Sie z. B. in der hauseigenen Bar ein Getränk zu sich nehmen, das dort noch relativ erschwinglich ist.

⌘ **Pilgermuseum**. Hier wird mittels verschiedener beeindruckender virtueller Medien, aber auch anhand anschaulicher Modelle die Geschichte des Jakobsweges und Santiagos präsentiert.

♦ Praza das Praterias, nahe dem Pilgerbüro, Di bis Fr 9:30 bis 20:30, Sa 11:00 bis 19:30, So 10:15 bis 14:45, Eintritt gratis

⌘ Einen sehr sehenswerten Einblick in die galicische Geschichte und Kultur gibt das **Galicische Landesmuseum** (*Museo do Pobo Galego*) in den Räumen des Klosters San Domingos de Bonaval an der westlichen Grenze der Innenstadt.

♦ Di bis Sa 11:00 bis 18:00, So 11:00 bis 14:00, Mo geschlossen, Studierende und Rentner € 1,50, So Eintritt frei, sonst € 4

☺ Am 25. Juli ist der Feiertag des heiligen Jakobus, der in Spanien und besonders in Santiago intensiv gefeiert wird. Am Vorabend findet daher am Platz vor der Kathedrale ein gigantisches festliches Spektakel mit Musik und Feuerwerk statt.

Rückreise (klimaschonend)

Vermutlich wird wohl nicht jeder bereit sein, den gesamten Heimweg klimafreundlich mit Bus und Bahn anzutreten. Dies muss aber nicht bedeuten, dass Sie gleich das Handtuch werfen müssen, was eine halbwegs nachhaltige Rückreise angeht.

Wählen Sie also Direktflüge und ersetzen Sie zumindest die Inlandsflüge (Zubringerflüge) durch Bus- und Bahnreisen.

Zur Abhilfe Ihrer so begangenen CO_2-Flugsünden können Sie z. B. beim mehrmaligen CO_2-Kompensationsanbieter-Testsieger 💻 www.atmosfair.de einen halbwegs tauglichen Ablass erwerben. Für die Nonstop-Flugstecke Santiago – Frankfurt kostet das z. B. € 11, für den Nonstop-Flug O Porto – Berlin z. B. € 14.

Die Linie 6a des Stadtbusses verkehrt ca. alle 25 Minuten z. B. ab der Rúa do Horrero nördlich des Zugbahnhofes oder der Rúa de San Roque nordwestlich der Herberge/des Hotels Loop INN (Punkt 3 im Stadtplan) **zum Flughafen**. Die Fahrt kostet ca. € 1 bis 1,20 und dauert je nach Zustiegsort und Verkehrslage ca. 20 bis 50 Minuten. Vom Flughafen verkehren verschiedene Fluglinien nach Deutschland. Oftmals bietet sich auch eine Fahrt mit dem Bus vom Busbahnhof Santiagos zum Flughafen **von Porto in Portugal** an, da von dort aus zahlreiche günstige Direktflüge nach Deutschland starten und die dortigen Pilgerherbergen auch rückreisende Pilgerinnen und Pilger aufnehmen. Die Anreise dauert ca. 4 Stunden (Zeitverschiebung bedenken) und schlägt mit ab € 30 zu Buche. Eine Reservierung am Vortag durch den Kauf einer Fahrkarte am Busbahnhof von Santiago ist empfehlenswert. Auch internationale Firmen wie Flixbus (💻 www.flixbus.de) bietet Busverbindungen für diese Strecke an. Die Preise sind hier je nach Buchungszeit sehr unterschiedlich und können bei frühzeitiger Buchung oder in der Nebensaison auch deutlich unter € 20 liegen. Der kleine Regionalflughafen von La Coruña bietet gelegentlich eine weitere Option, da er nur 50 km Luftlinie von Santiago entfernt liegt und häufig Schnellzüge in Richtung La Coruña verkehren. Ebenfalls recht günstig sind oft die Direktverbindungen **ab Madrid** und besonders bei früher Buchung auch die Schnellzüge von Santiago nach Madrid. Wer hier am gleichen Tage zu Hause ankommen möchte, muss aber früh aufstehen. Für den, der ausschlafen will, bietet sich auf dem Weg nach Madrid ein Zwischenstopp mit einer Übernachtung in einer der Herbergen der Vía de la Plata in A Gudiña oder Zamora an.

Klimafreundlicher wäre es natürlich, wenn Sie mit dem Bus zurück in die Heimat fahren. Das komplette Martyrium dauert allerdings ca. 33 bis 38 Stunden. Mehr dazu lesen Sie auf Seite 24.

Ebenfalls sehr langwierig und bei kurzfristiger Buchung noch kostspieliger als die Fahrt mit dem Bus ist die Rückreise mit dem Zug, u. a. mit dem spanisches Bahnunternehmen Renfe (💻 www.renfe.com). Es gibt zudem nur wenige Verbindungen, bei denen von Santiago bis zur Ostgrenze Frankreichs selten umgestiegen werden muss. Auch ist auf manchen Strecken eine Reservierung notwendig oder zumindest ratsam. Manche betrachten aber gerade eine langsame Rückreise als eine besonders gut geeignete Art und Weise, auch Schritt für Schritt bewusst in den Alltag zurückzukehren.

Der Weg nach Finisterre

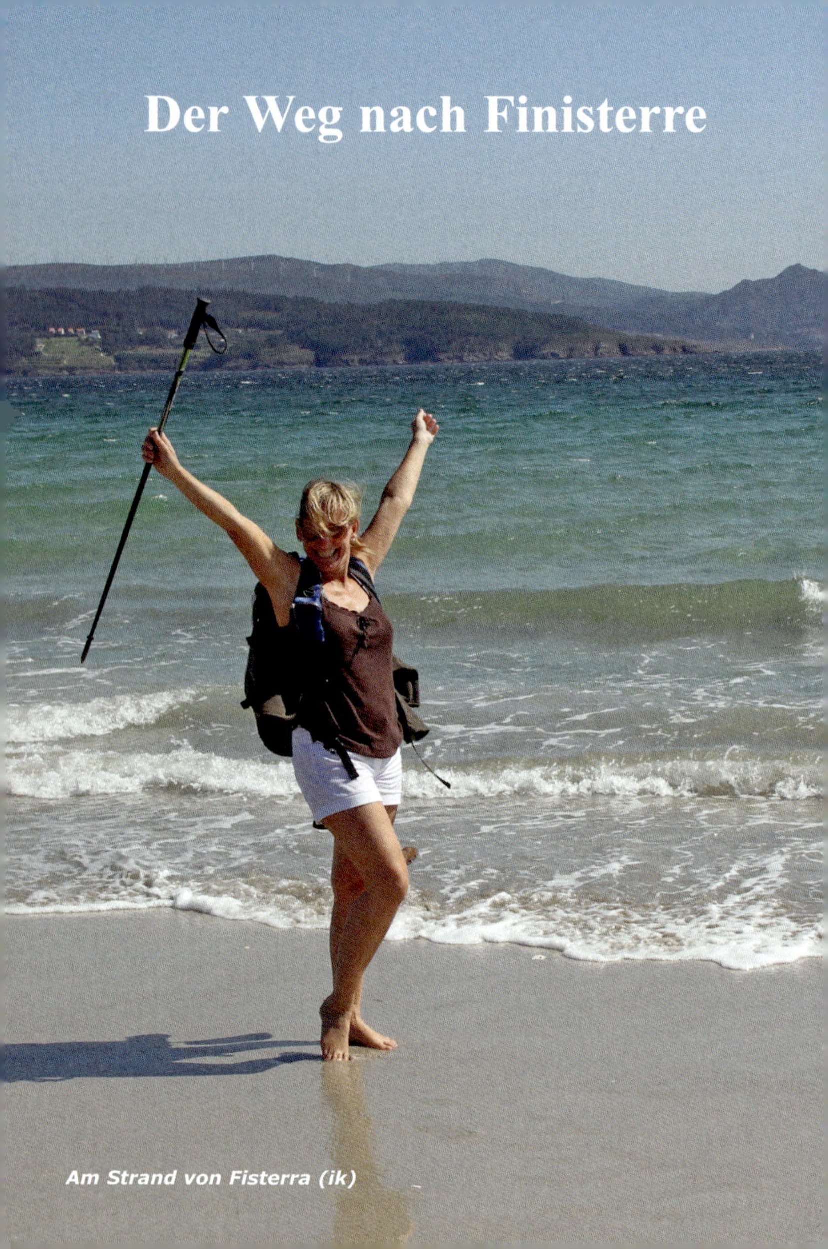

Am Strand von Fisterra (ik)

In vorchristlicher Zeit wurde das westlichste Kap Galiciens fälschlicherweise als der westlichste Punkt des europäischen Festlandes und somit ebenso irrtümlich als das Ende der Welt betrachtet, worauf auch der Name hinweist. Verschiedene Quellen vermuten, dass der Ort daher schon zur Zeit der Kelten einen bekannten Pilgerort darstellte, dem auch im Zuge der Pilgerreise nach Santiago später eine mehr oder weniger große Bedeutung zukam.

Während unter Esoterikern, Theologen, Historikern, Lokalpolitikern und Tourismusexperten ein teils ideologisch, teils wirtschaftlich-pragmatisch geprägter Streit darüber entbrannt ist, welche Bedeutung dem Ort zu den verschiedensten Zeiten zukam und heute zukommen sollte, hat sich der Weg in den letzten Jahren zu einem beliebten Ziel für Jakobswegbegeisterte entwickelt, die in ihrem Bemühen gescheitert sind, in dem vom Pilgertourismus geplagten Santiago Ruhe für den Abschluss ihres persönlichen Weges zu finden. Der Weg, der übrigens wie alle Wege in Galicien recht gut mit Monolithen, gelben Pfeilen und/oder Muscheln markiert ist, bietet inzwischen eine stattliche Zahl an Herbergen. Auch wenn inzwischen in Finisterre und auf dem Weg dorthin keine paradiesischen Verhältnisse mehr herrschen und der Ort keinen Ersatz für Santiago de Compostela bieten kann, lohnt der Weg durchaus. Wer seinen Pilgerweg dann dort immer noch nicht abschließen will, geht noch weiter bis Muxía. Insbesondere bei deutschsprachigen Pilgern ist der Weg nach Finisterre und/oder Muxía sehr beliebt und Schätzungen gehen sogar davon aus, dass der größte Teil von ihnen den Jakobsweg dort beendet.

Der Pilgerweg von Fisterra nach Muxía

Eine ausführliche Beschreibung dieses bei Insidern immer beliebteren, ca. 30 km langen Weges können Sie samt Karte und Höhenprofil kostenlos als PDF von der Seite www.conrad-stein-verlag.de → Camino Francés → Downloads herunterladen.

Ab dem Busbahnhof von Santiago verkehren regelmäßig Busse nach Fisterra ab € 7 für die einfache Strecke. Die Fahrt dauert ca. 2,5 bis 3 Stunden. ☺ Ich empfehle Ihnen, die etwas längere Strecke, z. B. mit dem Busunternehmen Monbus, über Noja und Muros zu wählen. So sehen Sie im letzten Teil die schönen **Rías**, wie man in Galicien die Meeresarme nennt. Nehmen Sie bei der Fahrt nach Fisterra auf einem Fensterplatz auf der linken Seite des Busses und bei der Rückreise auf der rechten Seite Platz, dann haben Sie eine optimale Aussicht.

☺ Wenn Sie sich entschließen, die 89,4 km nach **Finisterre zu Fuß** zurückzulegen, ist zu empfehlen, einen Teil Ihres Gepäcks in Santiago zu lassen und nur so viel mitzunehmen, wie Sie wirklich für 3 bis 4 Tage brauchen. (Der ca. 30 km lange Weg nach Muxía nimmt noch weitere 1 bis 2 Tage in Anspruch.) Unter anderem können Sie Ihr Gepäck eventuell in Ihrer bisherigen Unterkunft

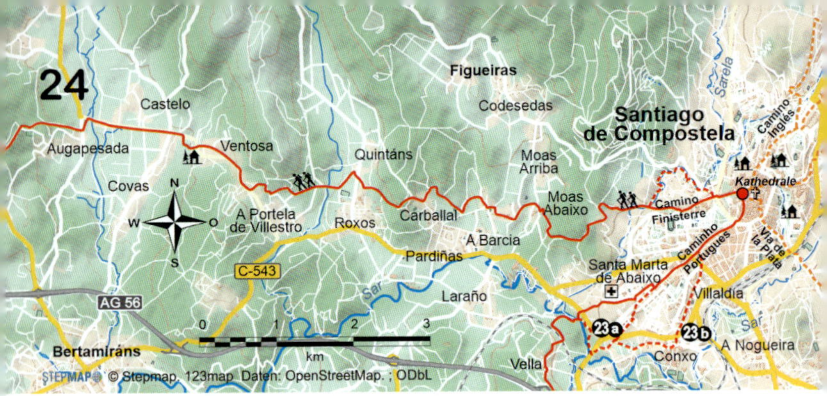

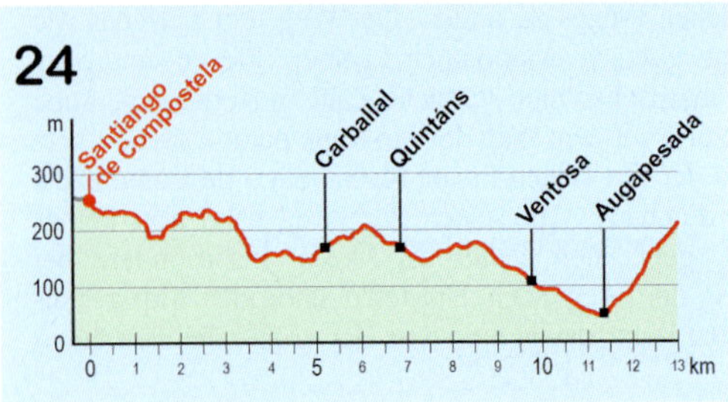

oder im Pilgerbüro aufbewahren lassen. Bedenken Sie, dass es unterwegs nicht mehr ganz so viele Einkehr- und Einkaufsmöglichkeiten wie gewohnt gibt. Geldautomaten finden Sie nur in Negreira, Cée und Fisterra. Planen Sie daher sorgfältig voraus.

Auf dem Weg nach Finisterre finden Sie nicht selten evtl. etwas verwirrende Pfeile, die in die Gegenrichtung zeigen, da hier auch einige Pilger mit Ziel Santiago unterwegs sind.

☺ In der Touristeninfo von Fisterra wird Ihnen die Fisterrana, eine eigene farbenfrohe Urkunde für die Bewältigung dieses Weges, ausgehändigt.

Santiago de Compostela – Negreira 22 km

⇔ *Es geht weiter durch die galicische Hügellandschaft. Die Gegend ist aber nun langsam dünner besiedelt und auch der Jakobsweg ist meist wohltuend wenig frequentiert, sodass Sie hier wieder ein wenig Ruhe finden können.*

☺ Nur 400 m nach der Kathedrale bietet sich Ihnen, wie Sie im Stadtplan auf Seite 219 sehen können, die Möglichkeit, die nur 600 m längere, **sehr idyllische, schattige** Variante entlang des kleinen Flusses Sarela zu erleben. Nehmen Sie in der Rúa de San Lorenzo den Weg zu der Kirche Carmen de Abaixo und folgen Sie ab hier im Prinzip immer weiter den Wegen und Gassen entlang und nahe dem Fluss, bis Sie nach 1,5 km wieder auf den gekennzeichneten Jakobsweg treffen (🚲 nehmen Sie den regulären Weg).

Regulärer Weg: Vom Kathedralsvorplatz Praza do Obradoiro gehen Sie vor dem Hostal de los Reyes Católicos links hinunter, bis Sie nach 300 m eine Kreuzung über den Zebrastreifen passieren und von dort weiter in die Rúa do Cruzeiro do Gaio und anschließend in die Rúa de San Lorenzo gehen. Nach 100 m beginnt dort der Abzweig zur eben beschriebenen Variante entlang des Flusses Sarela und 500 m weiter stoßen Sie auf einen Park und pilgern durch ihn hindurch.

Sie lassen das Stadtgebiet bald hinter sich und folgen immer dem nun gut markierten Weg, der bald durch einen Eukalyptuswald führt. Nach weiteren 1,1 km erreichen Sie auf einer Anhöhe eine Teerstraße. Ab hier haben Sie einen schönen Blick zurück auf die Kathedrale. Sie folgen der Straße 200 m bergab, dann geht es gleich wieder bergauf. Bald wird ein Waldweg betreten, über den Sie nach 1,3 km zu einer Teerstraße gelangen. Sie gehen kreuz und quer durch verschiedene Straßen und erreichen nach 1 km einen ersten Ortsteil von **Carballal**. Dieser wird wieder verlassen. Tendenziell bergauf betreten Sie nach 1,5 km wieder den Eukalyptuswald.

Wieder bergab überqueren Sie nach 900 m bei **Quintáns** eine Asphaltstraße (rechts gelangen Sie zur Bar) (km 6,9). Der weitere Weg verläuft 1,4 km auf wenig befahrenen Straßen und Teerpisten, dann geht es wieder auf einen Waldweg. Nach 400 m

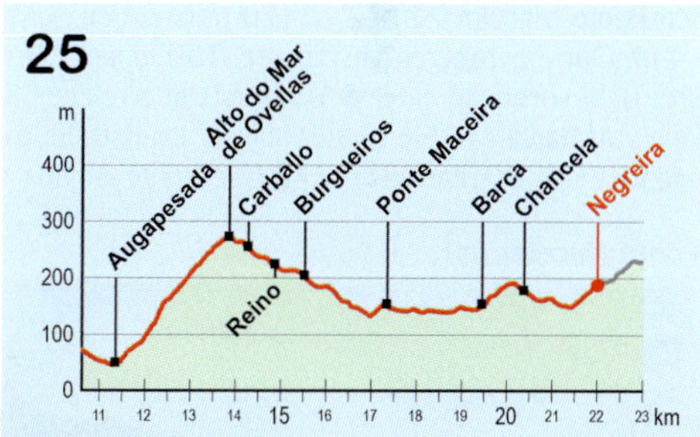

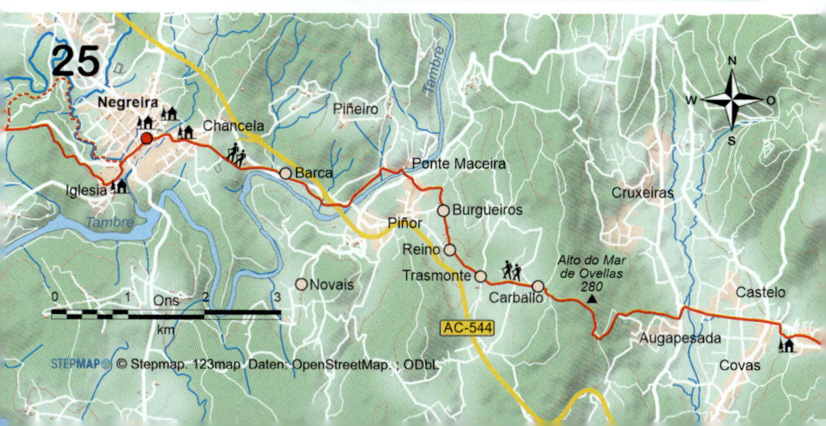

stoßen Sie erneut auf die Landstraße. Sie folgen ihr nach rechts in das Dorf **Ventosa**. Nach 1 km überqueren Sie am Ortsende die Hauptstraße, welche Sie kurz vorher verlassen hatten, und finden dann gleich linker Hand die Herberge (seit 2024 wesentlich über der auf Seite 41 näher beschriebenen Preisgrenze) (km 9,7).

Der Jakobsweg führt Sie bald wieder aus dem Ort hinaus und auf die Landstraße, entlang der Sie weiter geradeaus gehen. An einer Bar vorbei erreichen Sie den Ortseingang von **Augapesada** ⇧ 80 m. Sie durchqueren die Ortschaft und verlassen die Asphaltpiste nach 1,8 km wieder auf einem Schotterweg. Sie pilgern auf diesem meist steil bergauf, bis Sie nach 1,5 km auf der Höhe einer Funkanlage wieder die Teerstraße betreten. 800 m führt Sie der Weg nun immer weniger steil bergauf an einem Brunnen vorbei auf die Anhöhe **Alto do Mar de Ovellas** ⇧ 280 m (km 13,8).

Danach geht es wieder leicht bergab und vorbei an **Carballo** erreichen Sie nach 1,2 km **Trasmonte**. Weitere 2 km wandern Sie noch durch **Reino** und **Burgueiros**, bis Sie ☺ einen der offiziell schönsten Orte Spaniens betreten, nämlich **Ponte Maceira** ⇧ 170 m (km 17).

Im Dorf überqueren Sie die alte, 150 m lange Brücke über den Fluss **Tambre**. Bald vorbei an einer Wasserstelle erreichen Sie nach 1,8 km den Ortsanfang von **Barca**, wo Sie wieder auf die Landstraße treffen. Nach weiteren 1,5 km befindet sich in **Chancela** die Herberge Anjana. Noch 100 m weiter beginnt

Ponte Maceira (rj)

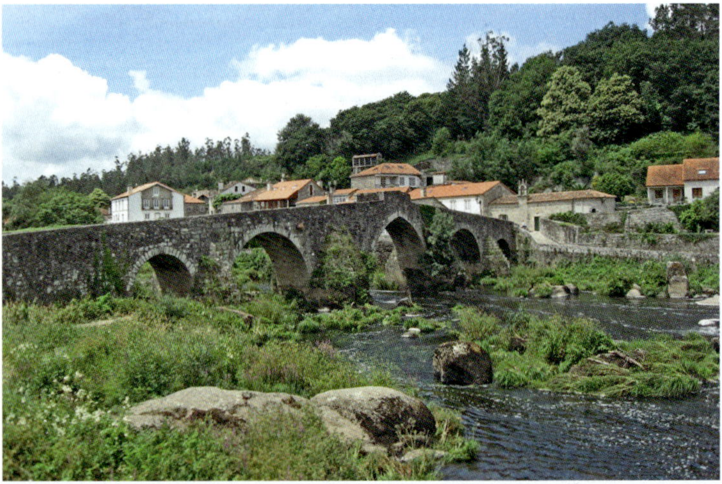

am Ortsanfang von Negreira ↳ der kleine Umweg zur Herberge San José. 250 m weiter dem Jakobsweg folgend treffen Sie auf die Hauptstraße, wo sich auch die Herberge Alecrin befindet, und Sie folgen dieser halb links für 200 m, bis Sie nahe der Skulptur einer galicischen Bäuerin die Herberge Cotón vorfinden. Noch 150 m weiter, dort, wo die Straße nach links auf eine andere verlassen wird, finden Sie im rechten Eckhaus die private Herberge Albergue del Carmen (21,2 km).

Negreira

183 m, 7.000 Ew.

Sie durchqueren den Ort, verlassen ihn durch das ⓘ historische Stadttor und überqueren nach einer letzten Bar den Fluss, ↳ an dem entlang die gleich erwähnte Flussvariante verläuft. Noch 400 m weiter erreichen Sie eine Straßengabelung (km 22). Nach rechts geht es hier hinauf in Richtung des Ortsteils **Iglesia** von Negreira. (↳ Geradeaus verlässt man den Jakobsweg der Straße folgend 150 m in Richtung der öffentlichen Herberge.)

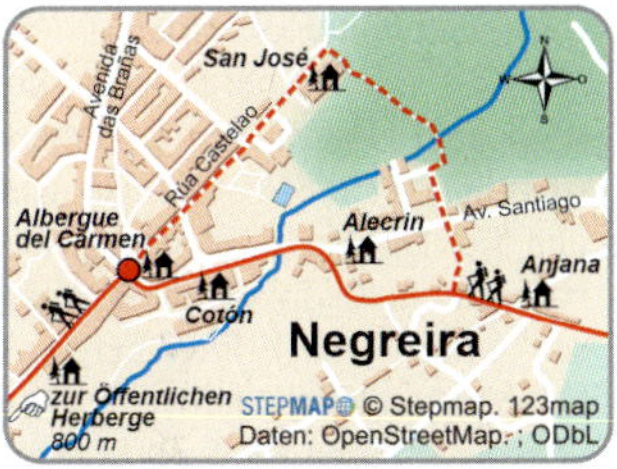

Anjana. Die kleine, freundlich-hell gestaltete private Herberge bietet in einem gepflegten umgebauten Wohnhaus 3 Zimmer mit insgesamt 20 Plätzen. Kamin, Mikrowelle, Bar mit einfachen Speisen und „wenn wir eine Köchin finden" Menüs für ca. € 15, Terrasse, Garten mit Platz für Yoga, Planschbecken. **T** @. ☏ 607 387 229 Ostern bis Okt 12:00 bis 22:00, € 16

San José. Weg über die Herberge (nur 350 m Umweg): Am Ortsanfang gut auf die Ausschilderung achten und dieser nach rechts 500 m bis zur Herberge folgen. Die schöne und geräumige, modern gestaltete Herberge, in der man unter anderem auch gut Deutsch spricht, ist ruhig am schönen Waldrand gelegen und bietet 50 Betten in 3 Schlafräumen einer Parterrewohnung (zum Teil mit Raumtrennung). DZ ab € 45 und EZ ab € 26, Küche, schöner Waldgarten, **T C** @. ☏ 881 976 934, März bis Okt 12:30 bis 23:00, € 15

Alecrin. Die kleine private Herberge befindet sich 30 m rechts der vorher erwähnten Einmündung des Weges in die Hauptstraße in einem modernen Gebäude und bietet 28 Betten in einem gepflegten Schlafsaal mit Raumtrennung und weitere 14 Betten in einem einfachen Nebengebäude, Klimaanlage, Kochgelegenheit und ein einfacher Hinterhof, **T** @. ☏ 616 628 768, ca. 22. März bis 15. Nov 12:00 bis 22:30, € 15

Cotón. Einfache private Herberge. 40 Betten in 2 Schlafsälen mit Raumtrennungen, Klimaanlage, Handtücher, einfache Decken, Automaten für Kaffee und Snacks, große Küche, **T** @. ☏ 698 128 883, Mai bis Okt 12:00 bis 22:30, € 15

Albergue del Carmen. Die schöne, helle, geräumige, zentral im Ort gelegene private Herberge bietet 30 Betten in 2 Schlafsälen, kleines Frühstück € 3,50, Frühstücksbuffet € 10, gediegene DZ ca. € 70, EZ € 45, Dreibettzimmer € 85, **T** @. ☏ 981 881 652, 15. März bis 31. Okt 12:00 bis 22:30, € 15

Etwas abgelegene öffentliche Herberge. Schöne, einfache Herberge mit 19 Einzelbetten, Küche wie auch in allen folgenden öffentlichen Herbergen ohne Geschirr. ☺ Wenn Sie hier übernachten wollen, sollten Sie evtl. rechtzeitig vorher einkaufen. T @. ☏ 660 789 189, ganzjährig 13:00 bis 22:00, € 10

Negreira – Vilaserío 12,7 km

⇔ *Auf dem folgenden Weg bis Vilaserío geht es zunächst weiter wie gewohnt durch Wald. Dann verlassen Sie ihn, es eröffnet sich die Aussicht über die grünen Mittelgebirge Galiciens und so erreichen Sie Olveiroa.*

☺ **Schöne Flussvariante.** Am Ortsausgang von Negreira, 400 m vor dem Abzweig zur Herberge (nahe dem Ende der vorherigen Etappe), beginnt gleich nach dem Überqueren des oben erwähnten Flusses eine schöne Variante. Diese ist lediglich ca. 800 m länger, war aber 2024 leider nur sehr dürftig markiert: Folgen Sie dem Fluss auf seiner linken Seite nach rechts. Nach 1,8 km erreichen Sie nach einem Rastplatz mit Wasserstelle eine kleine Asphaltstraße und folgen dieser zunächst nach links bergauf. Diese wird aber schon nach 200 m bei einer Straßengabelung nach rechts auf einen leicht zu übersehenden Weg bzw. Pfad verlassen. Wenn Sie nach 800 m fast oben unweit einer langen Blechbaracke sind, führt der einfachste Weg Sie 250 m immer geradeaus weiter bergauf bis zum regulären Weg. Sie können aber auch (falls auffindbar) der Markierung zunächst wieder nach rechts bergab folgen und erreichen dann nach weiteren 500 m bei **Zas** wieder den markierten Jakobsweg (km 3,3).

Regulärer Weg: Der Weg führt Sie durch den Ortsteil **Iglesia** und bald auf einen schönen Waldweg. Nach 1,6 km mündet er wieder in die Landstraße, die Sie jedoch nach 700 m auf der Höhe eines kleinen Ladens wieder verlassen. Sie durchqueren die Ortschaft **Zas**. Wieder wandern Sie auf einem schönen Waldweg und streifen nach 1,6 km **Camiño Real** (Gemeinde **Aro**) (km 3,9). Von hier aus verläuft der Weg weiter über einen teils steilen Waldweg. Nach 2,5 km finden Sie in **Rapote** am Ortsanfang einen Rastplatz mit Wasserstelle. Auf einem geschotterten Waldweg geht es weiter bergauf, bis Sie nach 1,2 km **Piaxe**, einen Ortsteil von **A Pena**, erreichen, wo sich nahe der Straße bzw. der Kirche die beiden Teile der privaten Herberge befinden (wesentlich über der auf Seite 41 beschriebenen Preisgrenze und in einigen Schlafsälen m. E. zudem mit schlechtem Preis-Leistungs-Verhältnis, ☏ 609 853 486) (km 7,6).

Ab hier führt Sie der Jakobsweg weitere 1,1 km über eine wenig befahrene Landstraße, bis Sie wieder nach rechts auf einen Waldweg abbiegen. Sie treffen aber nach nur 1 km wieder auf dieselbe Landstraße und gehen auf einem Fußweg entlang dieser 2,1 km weiter. Dann wird sie wieder verlassen und nach 300 m stoßen Sie auf die erste Dorfstraße von **Vilaserío** ✕ ⇧ 325 m (km 12,1). Nach links geht es zur Herberge Casa Vella. (Nach rechts geht es 50 m zum ✕

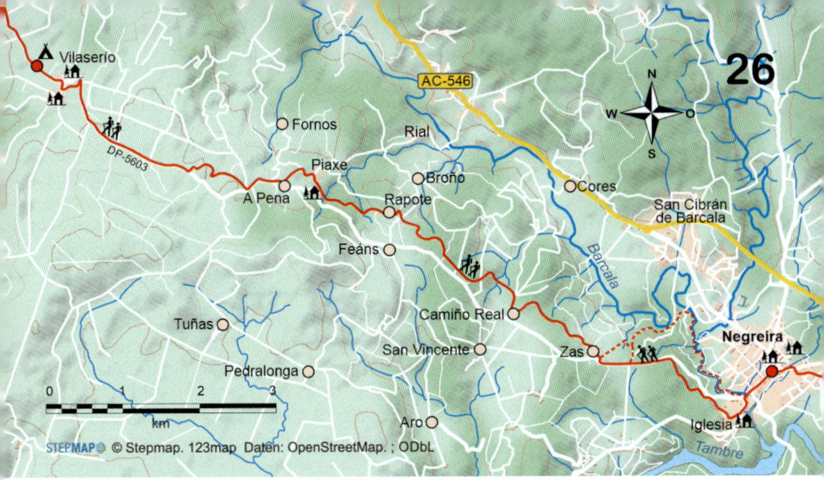

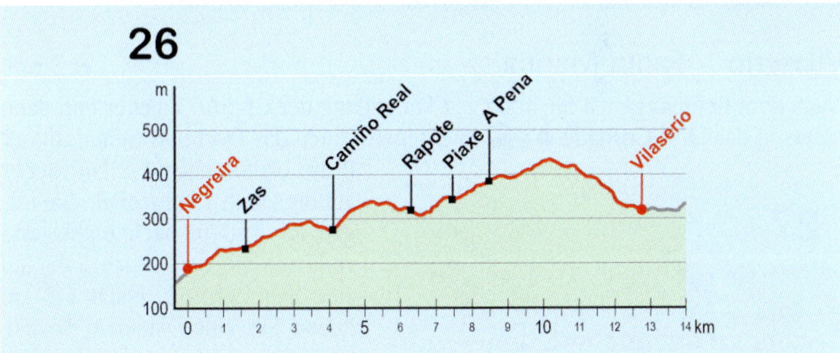

Restaurant, wo es einfache Speisen, Menüs für € 10 und Frühstück gibt.) Halb rechts über die Straße folgen Sie dem Jakobsweg und erreichen nach 50 m die Herberge O Rueiro. Geradeaus weiter erreichen Sie gleich wieder die Landstraße, der Sie 500 m folgen, bis Sie rechts auf das „Refugio" treffen (12,7 km).

Casa Vella. Weg: Bei der ersten Ortsstraße nach links 100 m bis zur ersten Straßengabelung, im ersten Haus rechts. Die private Herberge befindet sich in einem sehr schönen, renovierten Bauernhaus und bietet 18 Plätze in 2 rustikalen Zimmern sowie 3 prächtige DZ ab € 40, Stube mit Kamin, schöner Garten mit Liegewiese, Hängematten und kleinem Fußbad, Mikrowelle oder Wasserkocher auf Nachfrage. Menü € 12, Frühstück für ca. € 4, **T** @. 690 888 249, April bis Okt ganztags, € 14

O Rueiro. Die schöne, gepflegte private Herberge bietet 30 Betten in 3 geräumigen, ansprechenden Schlafzimmern eines renovierten Granitsteinhauses, DZ für € 55, schöner, schlichter Aufenthaltsraum, Mikrowelle, Anmeldung in der Bar oberhalb mit Menüs für € 13. **T C** @. 659 568 139, März bis Jan 12:00 bis 23:00, Dez und Jan Mo geschlossen, € 15

☺⛺ **Offizielles „Refugio“.** Bei dieser Behausung handelt es sich um ein **schützenswertes Musterexemplar** der bereits fast verschwundenen, letzten permanent geöffneten offiziellen Notunterkünfte (sp: *refugios*) der spanischen Jakobswege. Das Herbergsnetz der Jakobswege war noch bis in die 90er-Jahre an einigen Stellen nur sehr weitmaschig ausgebaut. Wer aus welchen Gründen auch immer etwas mehr oder weniger Kilometer als die Etappen zwischen den Herbergen zurücklegte, übernachtete dann nicht selten in Unterkünften wie der Notunterkunft von Vilaserío. Wenn es dort kein Wasser gab, suchten die Pilger zum Zähneputzen usw. die Sanitäranlagen der nächstgelegenen Bar auf, in deren Gaststube sie sich bei Bedarf auch etwas aufwärmten und nach Sonnenuntergang lesen konnten ... und – Sie werden es vielleicht kaum glauben – diese bescheidenen Pilgerbegeisterten (zu denen auch ich zählte) waren meist sehr glücklich über ein derartig kostengünstiges Abenteuer fern der gewohnten, alltäglichen Komfortzonen! Sie sehen, die Pilgerkultur hat sich seither wesentlich (zum Besseren??) geändert.
Beschreibung der Herberge: In der einfachen alten Schule mit kleinen Wasserschäden finden sich 2 Stockbetten und ca. 12 Sportmatten, die bei Bedarf auf den Boden gelegt werden. Ferner Toiletten sowie Waschbecken und Duschen, aus denen nach Reparatur sogar wieder warmes! Wasser strömt. ☎ 981 893 506, 🚪 ständig, Spende

Vilaserío – Santa Mariña 8,2 km

Nach dem Refugio gehen Sie noch 1,4 km entlang der CP-5603 weiter und dann rechts in das Dorf **Cornado** 💧 🚌. Sie pilgern durch das Dorf und weiter auf der Piste, bis Sie nach 1,2 km wieder auf die Landstraße stoßen. Sie folgen ihr 350 m nach rechts und verlassen sie dann nach links auf eine Schotterpiste. Nach 1,3 km haben Sie einen kleinen Anstieg bewältigt und bald führt der Weg dann wieder tendenziell bergab. Später betreten Sie wieder eine schmale Asphaltstraße und nach 1,9 km ⓘ zeigt ein Kilometerstein an, dass es noch 50,084 km bis zum Kap Finisterre sind (über den von mir empfohlenen Weg sind es 48,45 km). Gleich wird **As Maroñas** durchquert und über schmale Asphaltpisten geht es

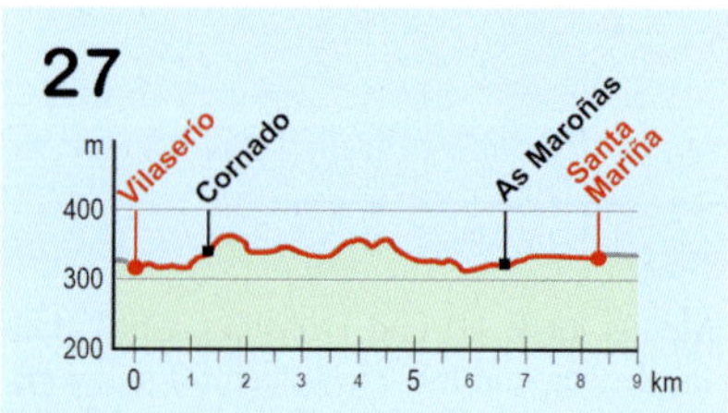

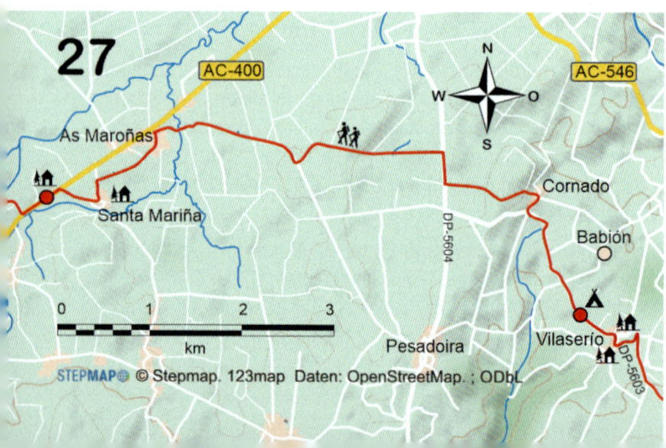

1,4 km nach **Santa Mariña** 🏠 ✕ ⇧ 345 m weiter (km 7,6). Dort, wo der Weg bei einem Steinkreuz nach rechts führt, ↳ verlassen Sie ihn nach links für 50 m zur 🏠 Herberge Casa Pepa. Noch 400 m dem Jakobsweg folgend erreichen Sie die AC-400 und nach 150 m die 🏠 ✕ Herberge Santa Mariña (km 8,2).

🏠✕ **Casa Pepa**. Die nette private Herberge befindet sich in einem alten, modern renovierten Granitsteinhaus. 38 Plätze in einem großteils rustikalen Schlafsaal mit Raumtrennung und 4 kleineren Schlafsälen, 5 DZ (€ 50) und ein EZ (€ 45). Dorfbar im ersten Stock, Menüs € 12, Frühstück € 3,80 bis 6. **T** @. ☏ 981 852 881, April bis Nov 12:00 bis 24:00, € 15

🏠✕ **Santa Mariña.** Die private Herberge, in der man auch etwas Deutsch spricht, befindet sich zum Teil in einem kleinen, gut renovierten und nett eingerichteten Haus. Dieser Teil verfügt über 10 Einzelbetten in 2 Zimmern. Im Keller des angrenzenden Restaurants finden sich weitere 24 Plätze in einem schmucklosen Schlafsaal mit wenig Tageslicht. Menüs ca. € 13, Frühstück, **T** @. ☏ 981 852 897 oder 655 806 800, ca. 15. März bis 15. Nov 11:00 bis 22:00, ca. € 14 bis 15

Santa Mariña – Lago 5,2 km

Sie gehen noch weitere 300 m entlang der Landstraße, dann biegen Sie nach rechts in eine schmalere Landstraße ab, die Sie nach 1,9 km in das Dorf **Gueima** führt.

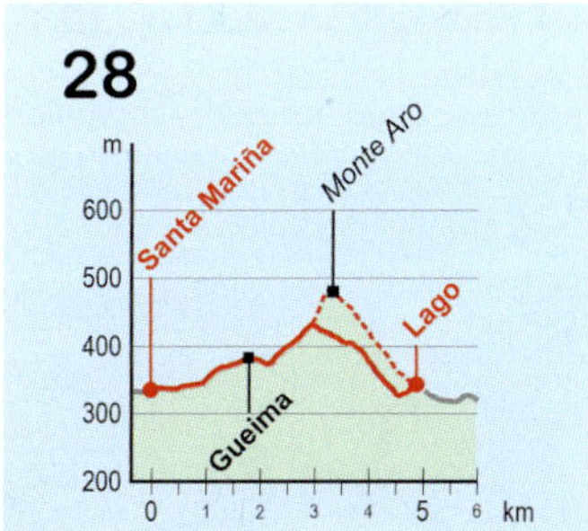

Wegwirrwarr und sinnvolle Varianten. Schauen Sie mal auf die Landkarte im Buch und Sie werden erkennen, ab hier ist ein ziemliches Wegwirrwarr und zukünftige Wegänderungen sind deshalb wahrscheinlich. Um es möglichst kurz zu machen:

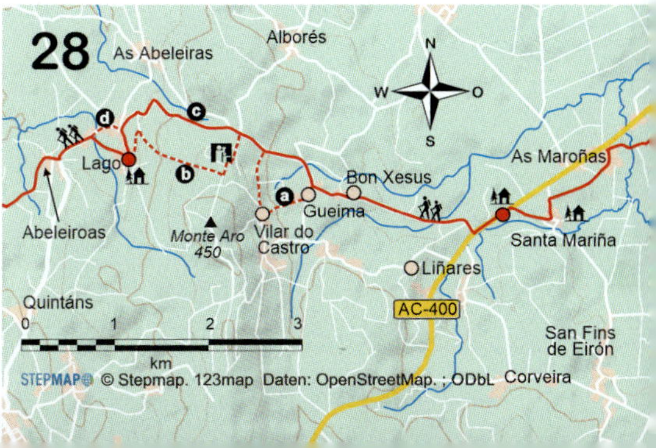

Der gekennzeichnete Weg über Vilar do Castro a ist so sinnfrei, dass er hier nicht näher erwähnt wird. **Kürzen Sie diesen also einfach wie folgt ab**: Halten Sie sich am Ortsanfang von Gueima bei dem ziegelroten Haus mit der Hausnummer 3 geradeaus bzw.

halb rechts und verlassen Sie das Dorf so gleich wieder. Immer geradeaus über eine schmale Landstraße erreichen Sie nach 300 m eine Straßengabelung und gehen hier halb links wieder bergauf. Nach 800 m sind Sie auf einer Anhöhe ⇧ 430 m bei einer Kreuzung (km 3,4).

Der regulär gekennzeichnete Weg b führt weiter nach links **über den Monte Aro** ⇧ 450 m. Er verläuft im ersten Teil ohne jeden Schatten und Wetterschutz steil bergauf bis zu einem Aussichtspunkt, dann aber mit schöner Aussicht und bald schattiger wieder bergab nach Lago, direkt vorbei an der Herberge mit Bar. Von dem Weg ist nicht generell abzuraten, aber vermutlich wird die Mehrheit weiter mit dem folgenden direkten Weg besser bedient sein, weshalb dieser hier auch weiter als empfohlener Weg beschrieben wird.

Der empfohlene direkte Weg c ist je nach Variante gleich lang oder 500 m kürzer als der reguläre Weg und verläuft nach der Anhöhe (km 3,4) stetig bergab. Sie sparen so ca. je 50 m Auf- und Abstieg und der Weg bietet dabei ebenfalls eine schöne Aussicht. Gehen Sie also bei der Kreuzung auf der Anhöhe auf der gleichen Straße weiter geradeaus. Gleich erreichen Sie eine Pistengabelung. Hier gehen Sie nach halb links der schmalen Straße folgend weiter und wandern 1,5 km bergab bis nach **Lago** (km 4,9).

Kurz vor Lago auf dem empfohlenen direkten Weg (ss)

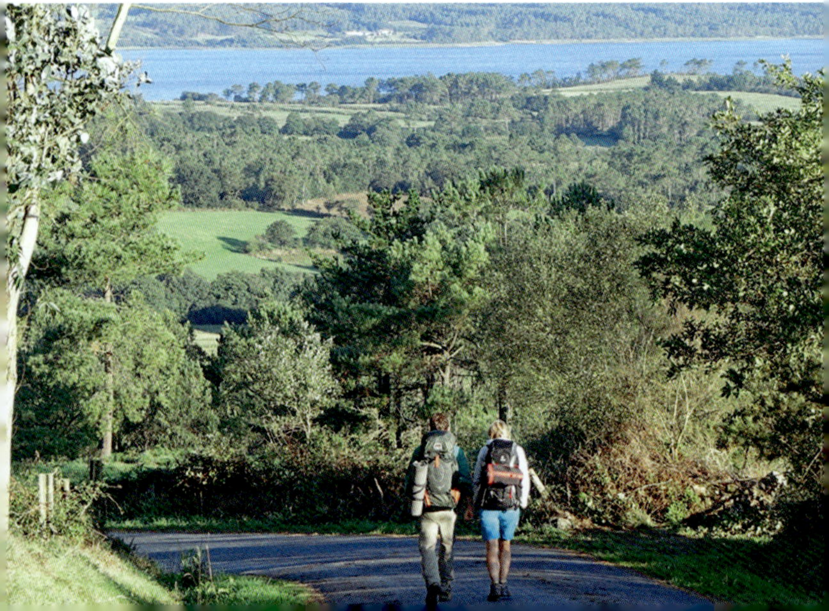

Wollen Sie den **Weg ca. 500 m abkürzen d**, so gehen Sie jetzt von dem empfohlenen direkten Weg kommend am Ortseingang über die Kreuzung hinweg halb rechts und halten sich dann nach 100 m halb links.

Ansonsten halten Sie sich am Ortseingang von Lago (wie auch in der Karte und im Profil als Standardstrecke eingezeichnet) gleich links bergauf und erreichen nach 300 m den Ortskern (km 5,2), wo sich 100 m nach halb links bergauf die Herberge mit Bar befindet.

Monte Aro. Die schöne, gepflegte Herberge in einem vorwiegend modern restaurierten Granitsteinhaus bietet 28 Plätze in nur einem Schlafsaal mit einer einfachen Raumtrennung. Ein Zimmer mit 4 Plätzen für € 65. Mikrowelle. In der schicken Bar gibt es abends Menüs für € 12 (ohne den ersten Gang € 9) und Frühstück. Im Hof steht eine Plastikkuh, an der man das Melken üben kann. T @. 682 586 157, März bis Nov 12:00 bis 22:00, € 15

Lago – Olveiroa 6,3 km

Hinter Lago führt Sie der Weg nun wieder über wenig befahrene Landstraßen nach 1 km durch den Weiler **Abeleiroas**. 1 km wandern Sie noch durch die gewohnte galicische Landschaft. Dann führt Sie der Weg weiter durch eine Heidelandschaft und verläuft bergab über eine schmale, wenig befahrene Landstraße, wobei sich eine schöne Aussicht auf die Bergzüge linker Hand bietet. Nach 1,1 km sind Sie in **Corzón** (Busto) und es geht 1 km eben weiter bis nach **Ponte Olveira**, wo Sie wieder auf die CP-3404 treffen. Hier befindet sich die gleichnamige private Herberge Ponte Olveira (seit 2024 über der Preisgrenze S. 41, T @, 666 950 223, Ü ab ca. € 17) (km 4,1).

Sie folgen der CP-3404 gleich über den Fluss **Xallas**. Nach 1,4 km finden Sie links die etwas abgelegene **?** private Herberge O Peregrino (Legalität umstritten, unregelmäßig geöffnet, 12 Plätze, ca. € 12). Nur 300 m weiter geht es bei den ersten verstreuten Häusern von **Olveiroa** 260 m nach halb links und 250 m bis zu der Herberge Casa Manola. Nur 50 m weiter folgt die Herberge Hórreo und 50 m von dort beginnt der Abzweig zur öffentlichen Herberge und der **?** Herberge Santa Lucía (km 6,3).

Casa Manola. Private Herberge in schlichtem, modernem Stil mit Bar. 18 Plätze in 3 Zimmern, DZ ab € 50, EZ ab € 40, Mirowelle, Menüs € 13, Frühstück, T @. 981 741 745, ganzjährig 12:00 bis 24:00, € 15

Hórreo. Gute private Herberge mit 51 Betten in 6 schönen, geräumigen Schlafräumen, Küche, DZ ab € 45. In der angrenzenden, modernen Bar gibt es Frühstück und Abendessen. T @. 981 741 673 oder 617 026 005, März bis Nov 12:00 bis 24:00, € 15

Schöne öffentliche Herberge. Lage: am Etappenende 80 m rechts des Weges. Diese einfache Herberge mit 40 Betten in 5 gepflegten Granitgebäuden eines traditionellen Bauernhofs gilt, wenngleich sie inzwischen etwas in die Jahre gekommen ist, als eine der schönsten öffentlichen Herbergen Spaniens, einfache Küche, schöner Aufenthaltsraum mit Kamin, Garten und Hof, T @. 658 045 242, 13:00 bis 22:00, € 10

?🏠 Santa Lucía. Lage: am Etappenende nach rechts und gleich wieder halb links. 10 Plätze in 2 Räumen eines bisher wohl nicht immer optimal gepflegten, teils rustikalen, renovierten Natursteinhauses, je ein DZ und EZ. 🔒 🖥 @. ☏ 602 613 393 (kaum erreichbar), 🚪 unsicher, ca. € 14

Olveiroa – Logoso/Hospital de Logoso 3,7/5,1 km

⇔ *Auf den folgenden 22 km öffnet sich die Aussicht noch weiter und Sie pilgern über die menschenleeren, teils unbewaldeten Hügel, bis Sie kurz vor Cée endlich das Meer erblicken.*

Das Dorf wird gleich verlassen und dann gehen Sie vorbei an einem Waschhaus und über einen Bach. Nach 800 m beginnt ein wunderschöner Höhenweg, der Sie durch Heide und Kiefernwald entlang eines Tals 1,9 km bis zu einer Steinbrücke über einen Bach führt – ein friedlicher Platz, der zu einer Rast einlädt. Danach führt der Weg in einem Rechtsbogen 400 m steil bergauf (⇘ danach scharf links zum gleich beschriebenen Aussichtspunkt). Geradeaus 600 m weiter, bald eben, erreichen Sie **Logoso** 🏠 🛏 (km 3,7), wo Sie bereits eine 🏠 Herberge finden. Nach 1,1 km stoßen Sie bei **Hospital de Logoso** ⇧ 360 m bei einem ℹ Informationszentrum für Pilger wieder auf die CP-3404, wo die Etappe endet und der Abzweig zur 🏠 örtlichen Herberge beginnt (km 5,1).

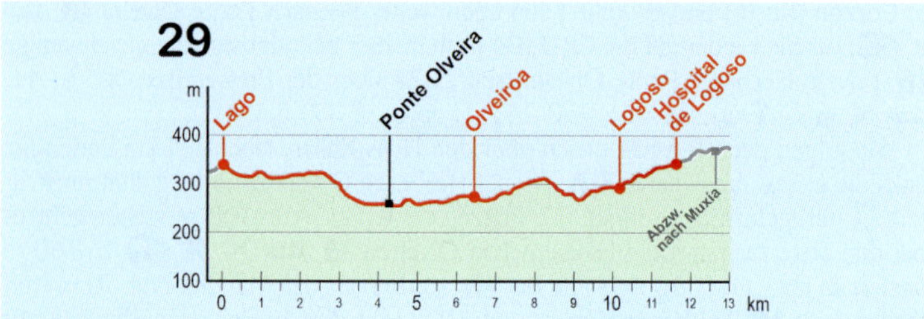

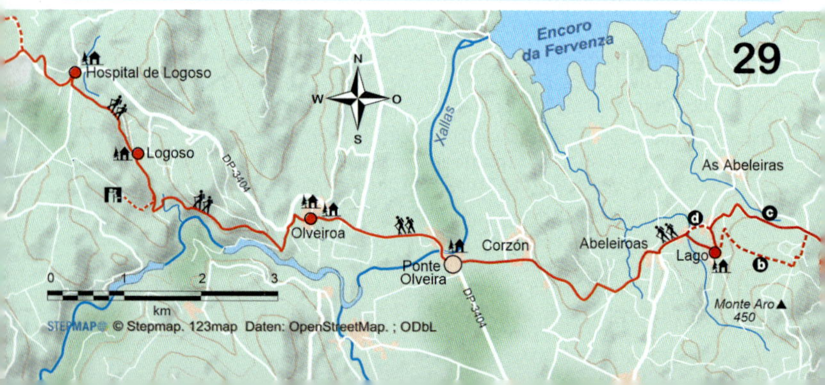

☺ Wenn Sie vom Weg kommend noch 600 m vor der ersten Herberge nach scharf links (bzw. von der Herberge kommend halb rechts) zunächst steil bergauf gehen, erreichen Sie nach 600 m am Ende der Steigung gleich links neben dem Weg vor einem Waldrand eine **bizarre pilzähnliche Felsformation**. Von hier aus bietet sich auch eine wunderbare Aussicht über die Landschaft. Ein irgendwie mystischer Ort (... wenn nicht zufällig zur gleichen Zeit eine große Zahl anderer Pilger dieser Empfehlung folgt).

Private Herberge in Logoso. Bereits 1,4 km vor Etappenende. Die angenehme Herberge O Logoso bietet 27 Plätze in 4 schönen Zimmern und einen eher einfachen Schlafsaal mit 11 Plätzen. Sie befindet sich in 2 zum Teil modern renovierten Granitsteinhäusern und bietet neben einer schönen, modernen Bar auch eine Küche. Gute DZ € 55. Menüs für € 12 und Frühstück, T @. ☎ 659 505 399, März bis Okt 13:00 bis 24:00, € 15

Private Herberge in Hospital de Logoso. Weg: Auf der CP-3404 angekommen verlassen Sie den Jakobsweg nach rechts und folgen der CP-3404 200 m zum Ortsende. Hier gehen Sie 50 m nach links zur Herberge O Casteliño. Nettes, eher modern renovierten altes Bauernhaus. 18 Plätze in 3 Schlafsälen, Mikrowelle, DZ für € 50, Hof. ✕ In dem 600 m entfernten Restaurant O Casteliño am Jakobsweg, von dem man sich auch mit dem Auto abholen lassen kann, aber mit dessen Preisgestaltung bis 2024 längst nicht alle Gäste einverstanden waren, gibt es Menüs für € 12 und Frühstück. T @. ☎ 981 747 387, März bis Nov 12:30 bis 22:00, evtl. anrufen oder zum Restaurant gehen, € 15

Hospital de Logoso – Cée 14,4 km

Der Jakobsweg führt Sie 400 m neben der CP-3404 bergauf, dann erreichen Sie das ✕ Restaurant O Casteliño, ☹ mit dessen Preis-Leistungs-Verhältnis bis 2024 durchaus nicht alle Gäste einverstanden waren (Besitzer der Herberge in Hospital de Logoso). Danach führt der Weg in eine schmale Teerstraße und nach 600 m erreichen Sie wieder auf der CP-3404 eine Straßenkreuzung, wo der Pilgerweg sich gabelt (km 1).

Rechts führt ein Pilgerweg zum **Heiligtum von Muxía**. Wollen Sie dieses besuchen, folgen Sie ab hier dem ausreichend markierten, ca. 26 km langen Weg dorthin. Es gibt aber auch von Fisterra einen Pilgerweg nach Muxía (☞ S. 246).

Ihr **Weg nach Finisterre** verläuft dagegen nach links über Cée: Nachdem Sie 500 m entlang der Straße an der Hochofenfabrik vorbeigegangen sind, verlassen Sie diese auf eine Schotterpiste. Nach 1,9 km erreichen Sie eine Teerstraße, wo sich auch ein ⓘ altes Steinkreuz befindet. Nach 1,1 km, dort wo es nach einem kurzen Aufstieg wieder bergab geht, können Sie rechter Hand („auf zwei Uhr") Cée, bei Flut einen kleinen Teil der Bucht und dahinter das Kap Finisterre sehen (km 4,5). Sie laufen noch 1 km bis zur Kirche Capilla da nosa Señora das Neves (km 5,5), wo Sie auch einen schönen Rastplatz finden.

Nach 3,4 km über einen Waldweg bergauf erreichen Sie die Capilla de **San Pedro Mártin** mit Pilgerbrunnen und einem netten Rastplatz. Der Weg führt Sie

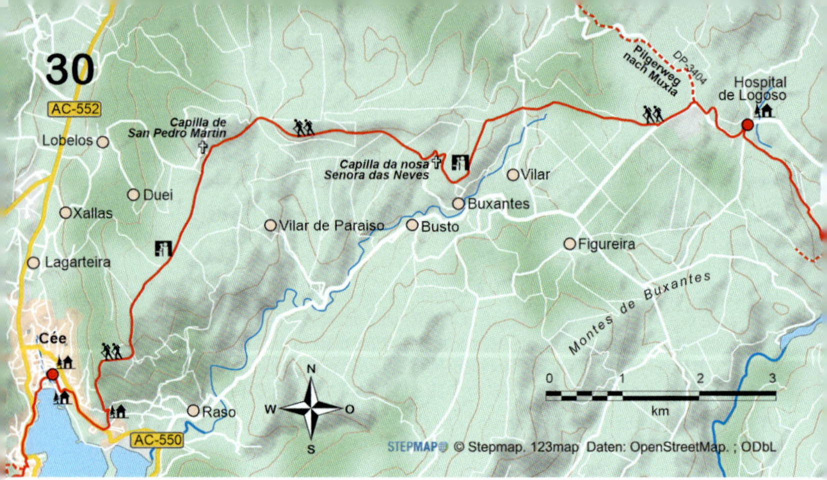

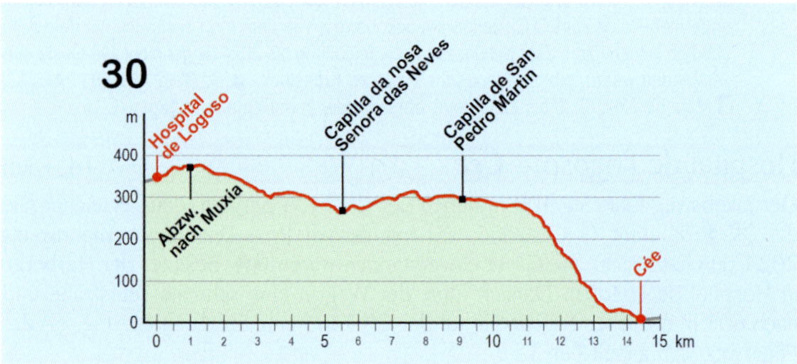

noch 2,3 km weiter durch eine schöne Heidelandschaft, dann geht es unvermittelt bergab. Noch 500 m weiter und der Wald lichtet sich und vor einem noch steileren Stück können Sie das Meer nun nicht mehr übersehen (km 11,7). Es geht noch 1,3 km bergab (Achtung!) bis zu den ersten Häusern der Industriestadt Cée. Sie folgen den Pfeilen 200 m zu einer Kreuzung, wo es wie gekennzeichnet 50 m zur Herberge O Bordón geht. Der Jakobsweg führt dagegen bei derselben Kreuzung 100 m zur AC-550. Nach weiteren 700 m vorbei an einigen Bars und einer Wasserstelle biegt der Jakobsweg nach halb links bergab ab (km 14).

Im Jahr 2024 war der Jakobsweg ab hier etwas umständlich markiert, denn man will Sie offensichtlich auf eine Shoppingtour schicken. Die Wegführung bedeutet dabei einen Umweg von ca. 500 m und ist lückenhaft.

Folgen Sie also ab hier besser dem früheren Wegverlauf: 100 m nachdem Sie halb links abgebogen sind, zeigt am Anfang einer Linkskurve ein Wegweiser nach rechts. Ich empfehle Ihnen nun, diesen Abzweig zu **ignorieren** und der Straße noch 50 m in die Linkskurve bis 20 m vor der Herberge Moreira zu folgen. Verlassen Sie die Kurve zu deren Ende dann nach halb rechts 20 m hinab über die Treppen und das Pflaster in die Rúa Rosaliea de Castro. Sie folgen dieser 250 m nach rechts bis kurz vor einen Park mit Bäumen (hier erreichen Sie den Punkt, an dem Sie die Straße gegebenenfalls nach rechts 50 m hinauf über die Treppe in Richtung eines Steinkreuzes mit Brunnen zur Herberge A Casa da Fonte verlassen, nahe der sich auch die Herberge Tequeron findet) (km 14,4).

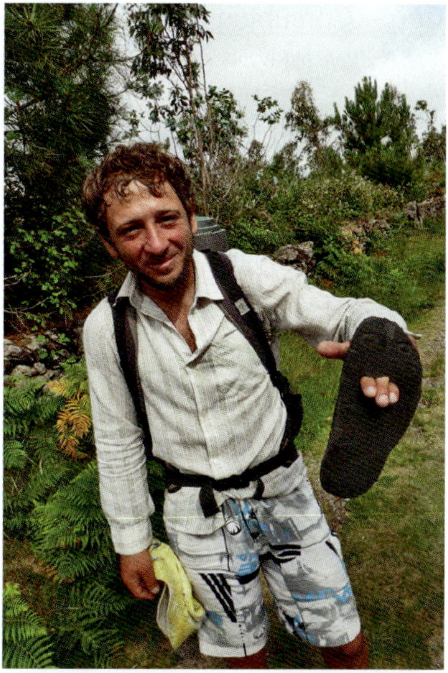

Russischer Pilger nach 4.500 km kurz vor seinem Ziel bei Finisterre (rj)

Cée

Meereshöhe, 7.000 Ew.

O Bordón. Am Ortseingang. Die einfache, gute, gepflegte Herberge in ruhiger Lage bietet 24 Betten in einem Schlafsaal mit Raumtrennungen, gute Küche, es werden einige einfache Lebensmittel zum Verkauf angeboten, **T** @. 655 903 932, ganzjährig 12:00 bis 22:30, € 15

Moreira. Lage: 20 m nach der vorher erwähnten Linkskurve rechts. Die Herberge befindet sich in einem alten, zum Teil modern renovierten Natursteinhaus mit 14 Betten in 2 Schlafsälen mit schöner Aussicht auf die Bucht und Küche im unteren Stock, DZ € 40, , € 5, **T** € 5, @. 981 746 282 oder 620 891 547, 24. März bis 31. Okt 13:00 bis 24:00, € 15

A Casa da Fonte. Die sympathische private Herberge des freundlichen russisch-spanischen Pilgerpaars Maria und Guzman bietet 40 Betten in einem einfachen, gepflegten, geräumigen Schlafsaal, netter, heller Aufenthaltsraum, Küche, € 5, **T** € 5, @. 699 242 711, 1. April bis 15. Nov 13:00 bis 24:00, Ü für m. E. etwas grenzwertige € 16

Tequeron. Einfach-moderne private Herberge. 25 Plätze in 5 Zimmern, Kochgelegenheit. DZ € 45 (als EZ € 35), , € 5, **T** € 5, @. 666 119 594, 1. Feb bis 15. Dez 11:00 bis 23:00, € 15

Cée – Corcubión (Herberge) (2,7 km) – Fisterra 12,1 km

⇔ *Zunächst wandern Sie durch den langgezogenen Ort Corcubión und dann steil bergauf über einen Bergrücken. Mit gelegentlicher Aussicht aufs Meer geht es noch mäßig bergig weiter durch Fischerdörfer und dann an Buchten und Stränden entlang bis Fisterra.*

Noch 30 m weiter geradeaus der Rúa Rosaliea de Castro folgend treffen Sie auf den netten Hauptplatz Praza da Constitución. Sie gehen an dessen Anfang gleich links in Richtung Strand bzw. Bucht. Im Prinzip gehen Sie nun immer geradeaus und vorbei am Strand, bis Sie nach 350 m neben bzw. nach einem Kreisverkehr an der aus der Stadt herausführenden Hauptstraße wieder die ersten Markierungen erblicken. Sie folgen der Straße, die entlang des Ufers verläuft, noch 200 m bis zum Ortsende von Cée, an das sich gleich der Ort **Corcubión** anschließt.

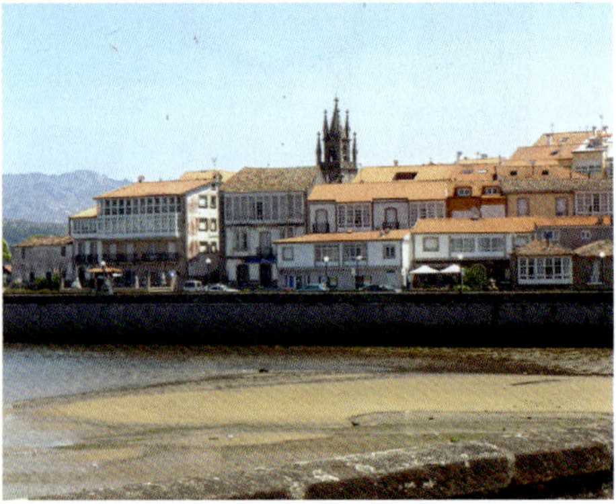

Corcubión (rj)

Sie verlassen die Hauptstraße dann bergauf und wandern bald geradeaus durch die Straßen und Gassen des Ortes, bis Sie nach 650 m in dessen Zentrum den Hauptplatz betreten. Hier gehen Sie nach halb links weiter bergauf 100 m bis zur ✝ Kirche San Marcos. Nach weiteren 200 m erreichen Sie nahe dem Ortsrand wieder eine Wegscheide. (Folgen Sie der Kennzeichnung nach halb rechts, so machen Sie einen Umweg von knapp 200 m. Der Weg verläuft dafür aber stellenweise etwas weniger steil.) Der Hauptweg führt hier dagegen halb links und verläuft zunächst durch einen ⓘ Hohlweg, bei dem es sich um den authentischen Jakobsweg handelt, zunehmend steil bergauf. Nach 500 m verläuft er wieder etwas weniger steil und nochmals 500 m weiter überqueren Sie die Landstraße. 150 m weiter erreichen Sie links die öffentliche Herberge (km 2,7).

Kleine, abgelegene öffentliche Herberge. Einfach, gepflegt in ruhiger Lage. 14 Plätze in einem Schlafsaal, ohne Bar oder Einkaufsmöglichkeit, aber freiwillige Hospitaleros kochen während der Saison meist gegen Spende. @. ☏ 679 460 942, ganzjährig ca. 16:00! bis 22:00, Spende

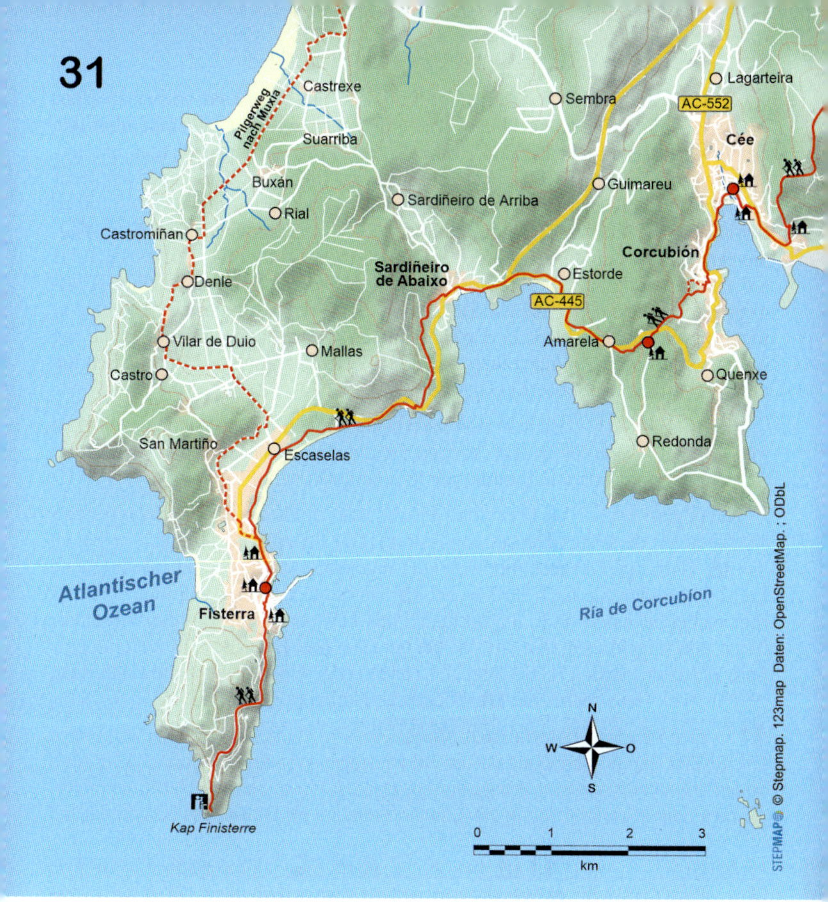
31
Castrexe
Pilgerweg nach Muxia
Suarriba
Buxán
Rial
Castromiñan
Denle
Vilar de Duio
Castro
Mallas
San Martiño
Escaselas
Sardiñeiro de Arriba
Sardiñeiro de Abaixo
Sembra
Lagarteira
AC-552
Cée
Guimareu
Corcubión
Estorde
AC-445
Amarela
Quenxe
Redonda
Atlantischer Ozean
Fisterra
Ría de Corcubíon
Kap Finisterre
N
W
O
S
0
1
2
3
km
STEPMAP © Stepmap. 123map Daten: OpenStreetMap.; ODbL

31

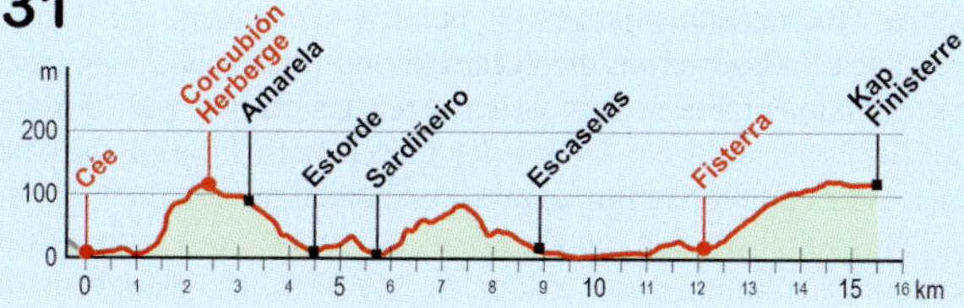
m
200
100
0
Cée
Corcubión Herberge
Amarela
Estorde
Sardiñeiro
Escaselas
Fisterra
Kap Finisterre
0
1
2
3
4
5
6
7
8
9
10
11
12
13
14
15
16 km

Von der öffentlichen Herberge führt Sie der Weg bald vorbei an einer Wasserstelle 1,7 km über Wege, Pisten und auch auf der Landstraße über den Ort **Amarela** (hier Pension/Herberge San Pedro mit nur 4 Plätzen im Herbergsteil, ☏ 670 395 045) nach **Estorde**, wo Sie wieder auf Meereshöhe sind und wo sich auch ein schöner Badestrand befindet. Sie folgen der Landstraße im Prinzip weiter und in den Fischerort **Sardiñeiro**. Sie verlassen diesen dann nach 1,6 km auf eine Ortsstraße. Der Jakobsweg führt Sie zunächst bergauf aus dem Ort heraus und Sie erreichen meist über Waldwege nach 2 km wieder die Landstraße (km 8). Über diese hinweg gehen Sie in Richtung einer Bucht und gleich wieder in Richtung Landstraße, die Sie wenig später endgültig nach links verlassen. Nach insgesamt 1,1 km haben Sie den Strand von Fisterra erreicht.

☺ Es ist Brauch, dass man sich nach seiner langen Pilgerreise bei Fisterra im Meer reinigt. Wenn Sie wollen, können Sie dies gleich hier tun, denn in Fisterra ist es etwas betriebsam und direkt am Kap zu gefährlich.

Sie pilgern noch 2 km über den Uferweg oder direkt am Strand entlang, dann erreichen Sie die ersten Häuser von Fisterra. Der Strand wird verlassen vorbei an der Herberge Oceanus (überschreitet regelmäßig das auf S. 41 beschriebene Preislimit) finden Sie nach 800 m die Herberge Cabo da Vila (überschreitet regelmäßig bei einem m. E. ungünstigen Preis-Leistungs-Verhältnis das Preislimit). Noch 200 m geht es in den Ort, bis Sie bei einer Bushaltestelle auf eine größere Kreuzung treffen. Links liegt der Hafen, gegenüber beginnt die Calle Real, deren erstes Haus rechts die öffentliche Herberge ist (km 12,1).

Der Weg von Fisterra nach Muxía

Die ausführliche Beschreibung des ca. 30 km langen Weges von Fisterra nach Muxía finden Sie samt Karte und Profil zum kostenlosen Download und Ausdruck unter: www.conrad-stein-verlag.de → Camino Primitivo → Downloads herunterladen.

Fisterra

⇧ Meereshöhe, 5.000 Ew.

Plaza Constitución 31. Hier wird Ihnen auch die Urkunde „**Fisterrana**" (☞ S. 249) ausgestellt, ☏ 627 239 731, unregelmäßig, in der Nebensaison oft geschlossen, die Fisterrana und Auskünfte bekommen Sie dann hoffentlich in der öffentlichen Herberge.

ⓘ **Flexible Übernachtungspreise**. Da sich in Fisterra nicht nur Pilger, sondern im Sommer auch Badegäste um die Betten vor Ort reißen und man hier offenbar den Verkauf durch Auktionen sehr zu schätzen gelernt hat (☞ Fischauktionshalle S. 248), ist es wohl ein Gebot der Geschäftstüchtigkeit, hier besonders im Sommer mit den Übernachtungspreisen ähnlich zu verfahren wie mit einem Fischfang. Und somit werden die Preise oft ungeachtet der vorher (hier) veröffentlichten Informationen ganz zwanglos spontan der aktuellen Nachfrage angepasst. Ein genauer aktueller Vergleich der Angebote vor Ort lohnt sich daher oft umso mehr.

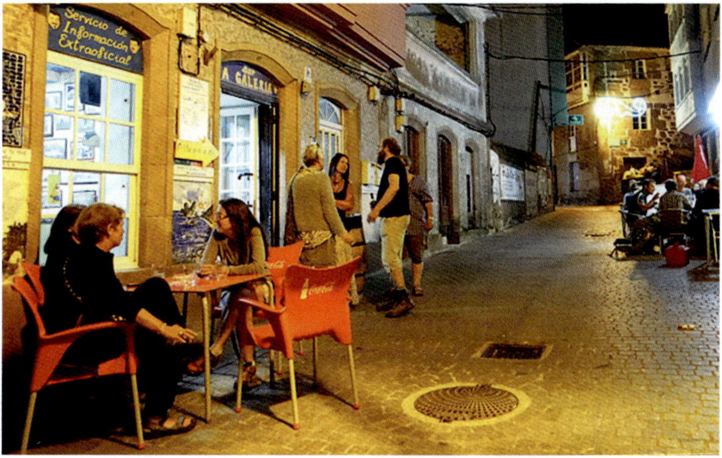

In Fisterra (ss)

Öffentliche Herberge. 26 Liegen in 2 Räumen, einfach, aber o. k., Küche mit Ausstattung, @. ☏ 981 740 781, ganzjährig ca. 12:30 bis 24:00, € 10

Por Fin. Eine Pilgerfreundin aus Ungarn, die etwas Deutsch spricht, hat hier eine Art kleiner Pension mit 18 Plätzen in 3 Zimmern eingerichtet. ein DZ für € 38, Kochgelegenheit und einen schönen Garten, und **T** in Wäscherei gegenüber, @. ☏ 636 764 726, April bis Nov ganztags, Juli bis Sep € 17, sonst € 16

La Espiral. Die gute, gepflegte Herberge bietet einen Schlafsaal mit 9 Plätzen und ein Zimmer mit 5 Betten. 2 DZ ab € 45, Küche, Frühstück und ✕ gelegentlich auch gemeinsames Abendessen gegen Spende, , **T** € 5, @. ☏ 607 684 248 oder 678 390 928, ganzjährig, 12:00 bis 24:00, „je nach Nachfrage" € 15 bis 17

Mar de Fora. Die am Ortsrand gelegene, einfache Herberge bietet einen Schlafsaal mit 14 Plätzen, 2 Zimmer mit je 8 Plätzen und eines mit 4 Plätzen. DZ € 40 bis 60, Küche, kleiner Hof, Garten, **T** @. ☏ 648 263 639, ständig 11:00 bis 24:00, 1. Juli bis 15. Sep € 18, sonst 12 bis € 15

Albergue de Sonia. Schöne, geräumige Herberge am ruhigen Ortsrand mit 60 Plätzen in 2 großen und 5 kleinen, guten, hellen Schlafsälen teils mit Aussicht, Küche, Balkon, Aussichtsterrasse. Gemeinsame Abendessen auf Spendenbasis für mindestens € 10 und Frühstück für € 6! Benutzung einer kleinen Sauna € 10 für 2 Personen. **T** @. ☏ 981 740 771, März bis Nov 12:30 bis 22:30, Juni bis Aug grenzwertige € 17 bis 20!, sonst € 14 bis 16

Mar de Rostro. Die freundliche, eher moderne Herberge bietet 27 Plätze in 2 einfachen Schlafsälen, guter Aufenthaltsbereich, kleine Küche, **T** @. ☏ 637 107 765 oder 981 740 362, unsicher, da zu Redaktionsschluss nicht erreichbar, ca. 16

Arasolis. In einer gepflegten Parterrewohnung mit wenig Tageslicht. 16 Betten in 2 Schlafsälen und Küche. @. ☏ 638 326 869, April bis Okt ganztags, € 15

Mar del Plata. Die freundliche, gepflegte, helle, moderne Herberge bietet 22 Plätze in 3 geräumigen Zimmern, ein einfaches EZ € 35, kleine Küche, **T** € 6!, @. ☏ 604 042 687, ganzjährig 15:00 bis 24:00, € 16

Finistellae. Schöne private Herberge mit 20 Betten in 2 Schlafsälen. Recht gutes Preis-Leistungs-Verhältnis, DZ € 32 bis 37, Dreibettzimmer € 56, Vierbettzimmer € 74, Mikrowelle. **T** € 5, @. ☏ 637 821 296, Mai bis Okt ganztags, € 13

Pilgerpension Fin da Terra e do Camiño. Sehr gepflegt und freundlich-hell. Bis zu 24 Plätze großteils in EZ und DZ, 2 gut ausgestattete Küchen, großer Aufenthaltsraum, € 5, **T** € 5, @. ☏ 675 361 890, Ostern bis Okt ganztags (evtl. nach Anruf), im EZ € 20, sonst € 15

Die Preise der **Restaurants** mit Blick aufs Meer sind hier so gesalzen wie das Meer selbst und unter einem Budget von € 15 bis 20 werden Sie dort kaum satt werden. Zur Hauptsaison bieten verschiedene **Bars** in den Gassen hinter der Uferpromenade und im Zentrum Menüs für ca. € 15 an. Wesentlich günstiger ist der **Ali-Döner-Kebab** gegenüber der Fischauktionshalle (Ortskarte Nr. 10) mit einfachen Speisen, Pizzen und kleinen Menüs. Gegen einen Aufschlag von € 1 kann hier das im Menü inbegriffene Erfrischungsgetränk gegen Wein oder Bier getauscht werden und so sind Sie mit € 9 bis 10 gut bedient.

☺ Die **Fischauktionshalle** ist eine kleine, nicht zu verachtende Attraktion, die montags bis freitags 16:30 bis 20:00 die Türen öffnet. Ausgenommen sind lediglich Tage mit sehr schlechtem Wetter, an denen sich keine Fischer auf das offene Meer trauen. Gleich nach der Öffnung beginnt die rasante, lautstarke Versteigerung der frisch eingetroffenen Ware, an der sich jedoch nur Händler und Restaurantbesitzer beteiligen können. Sie können das ganze Szenario aber recht gut von der Galerie aus verfolgen. Eintritt gratis

Die hiesige Tradition des „Pilgerfangs". In Fisterra wird Ihnen, besonders dann, wenn Sie den Ort zur Nebensaison mit dem Bus erreichen, evtl. gleich nach Verlassen desselben eine Schar geschäftstüchtiger Herbergsbetreiber entschlossen entgegentreten und Sie mit bunten Werbezetteln eindecken.

Bei meinem Treffen mit dem Bürgermeister von Fisterra begegnete dieser meiner Bemerkung, einen derart aktiven Andrang an Touristenfängern habe ich das letzte Mal in Indien erlebt, zunächst mit peinlichem Schweigen. Zum Abschied bemerkte er mir gegenüber dann jedoch, es handele sich bei dem von mir beobachteten Phänomen letztlich um eine genetisch bedingte Erscheinung: Das Fischervolk dieses Dorfes sei mit dem tief in dem Fischer-Gen verwurzelten Reflex ausgestattet, sich immer sofort dort zu versammeln, wo ein Schwarm auftaucht, um hier seine Netze auszuwerfen. Da die ausschwärmende Ladung eines Busses voller Pilger nun mal sehr an einen Fischschwarm erinnere, müsse man die

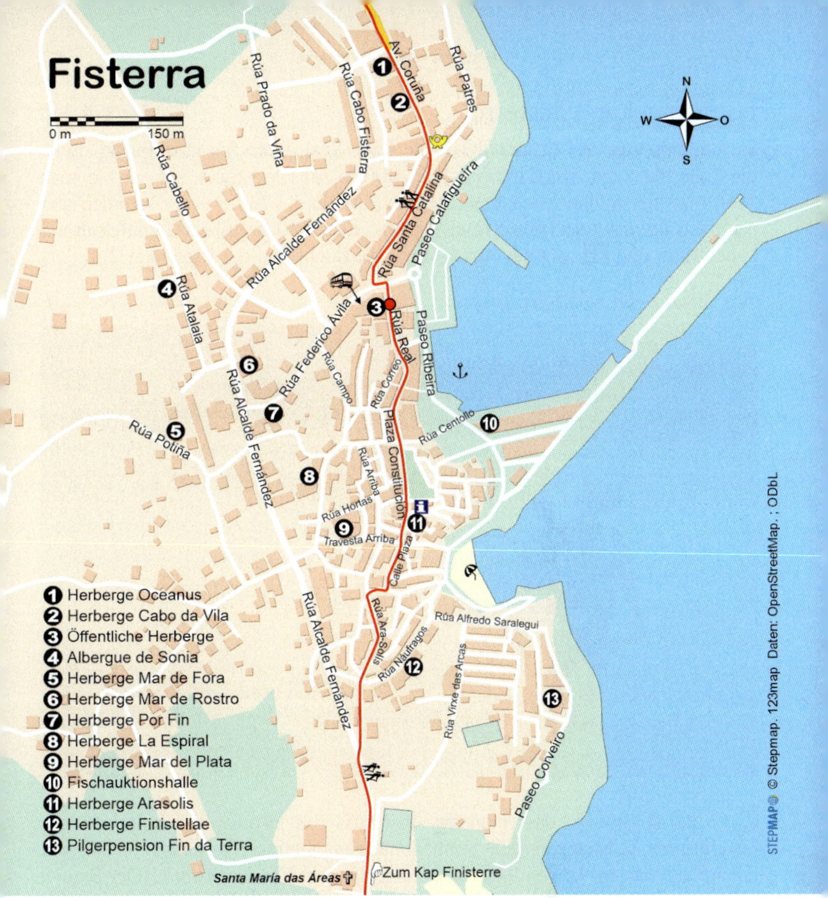

dementsprechende Reaktion der hiesigen Bevölkerung also letztlich als gottgegeben und unausweichlich anerkennen.

Die Urkunde „**Fisterrana**" wird übrigens erst seit 1997 ausgestellt – es handelt sich also um eine neuere Erfindung der örtlichen Pilgertourismusindustrie.

✞ **Internationale Pilgermessen in der Kirche Santa María das Áreas.** In der kleinen romanischen Kirche, die sich am Weg zum Kap Finisterre gleich am Ortsausgang rechts befindet, werden abends Pilgergottesdienste auf Englisch und/oder Spanisch angeboten. Die Zeiten wechseln gelegentlich. In der Regel finden diese um 18:00 statt. (Aktuelle Zeiten erfragen Sie evtl. nochmals in den Herbergen oder der Touristeninfo.)

Fisterra – Kap Finisterre 3,4 km

Sie durchqueren die Altstadt durch die Calle Real, über den Hauptplatz, durch die Calle Plaza und die Calle Aro-Solís 600 m zur Landstraße, auf der Sie nach 100 m an der romanischen ✞ Kirche Santa María das Áreas vorbeikommen und nach 2,6 km das **Kap Finisterre** erreichen, einen 140 m hohen Granitfelsen mit Leuchtturm und schöner Aussicht auf die Bucht und das Meer (km 3,4).

Am Strand von Finisterre (sv)

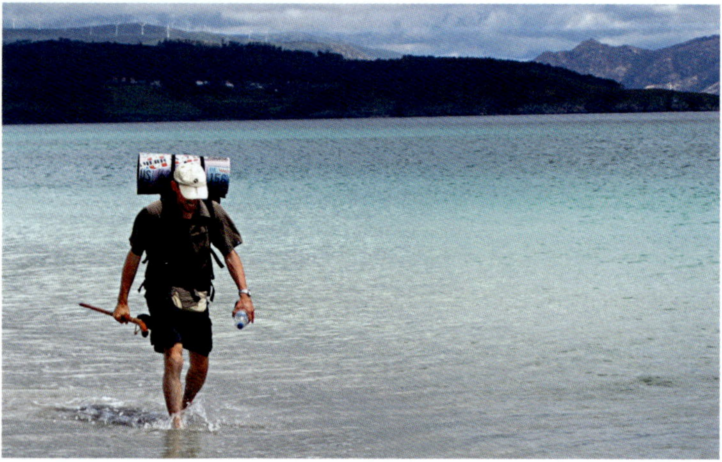

☺ Es ist Brauch, dass man als Abschluss des Jakobsweges unterhalb des Leuchtturms schweigend den Sonnenuntergang betrachtet. Einige verbrennen danach ein von der langen Pilgerfahrt zerschlissenes Kleidungsstück. (Der Brauch ist wegen der Brandgefahr offiziell verboten, wird aber, wie so vieles andere in Spanien auch, offensichtlich trotzdem weitgehend geduldet. Nehmen Sie aber bitte zumindest Rücksicht auf die Umwelt und verbrennen Sie keine Kunststoffe wie z. B. Funktionskleidung oder gar Schuhe.)

Nach dem Erlöschen des Feuers wenden Sie sich das erste Mal seit vielen Kilometern wieder zurück nach Osten und beginnen nach einer kurzen Zeit der Pause, Ihren nächsten Jakobsweg zu planen.

Rückreise nach Santiago. Von der Haltestelle neben der öffentlichen Herberge fahren mehrmals täglich Busse zurück nach Santiago und auch einige nach Muxía. Nähere Informationen finden Sie am Schwarzen Brett der öffentlichen Herberge. ☺ Lesen Sie dazu auf jeden Fall auch meinen Tipp auf S. 229.

Wanderführer aus dem Conrad Stein Verlag

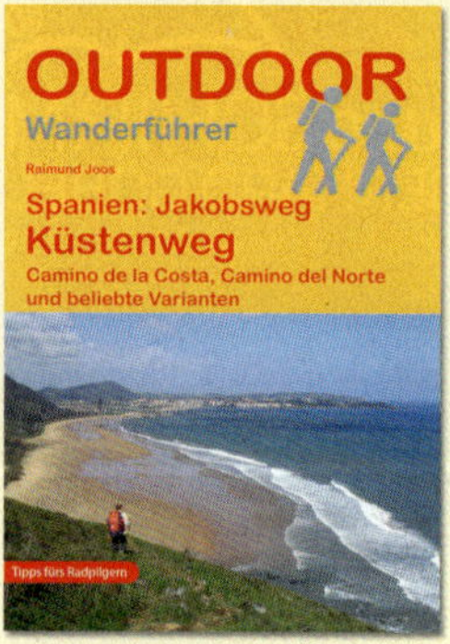

Spanien: Jakobsweg Küstenweg

Raimund Joos
OutdoorHandbuch Band 71
320 Seiten ▸ 66 farbige Abbildungen
100 farbige Karten und 99 Höhenprofile

ISBN 978-3-86686-405-4

>> **GEO Saison:** *„Mit viel Faktenwissen beschreibt der Autor Raimund Joos den Weg bis nach Kap Finisterre."*

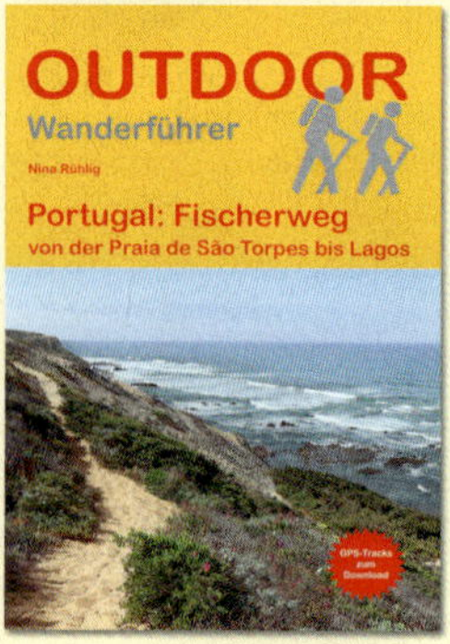

Portugal: Fischerweg

Nina Rühlig
OutdoorHandbuch Band 498
128 Seiten ▸ 42 farbige Abbildungen
18 farbige Karten und 12 Höhenprofile

ISBN 978-3-86686-823-6

>> **lehrerbibliothek.de:** *„Klare Streckenbeschreibungen, sinnvolle Kartenskizzen, gelungenes Bildmaterial und eine inhaltliche Einführung zeichnen einmal mehr diesen kompakten Wanderführer aus, der auf alles Unwesentliche verzichtet."*

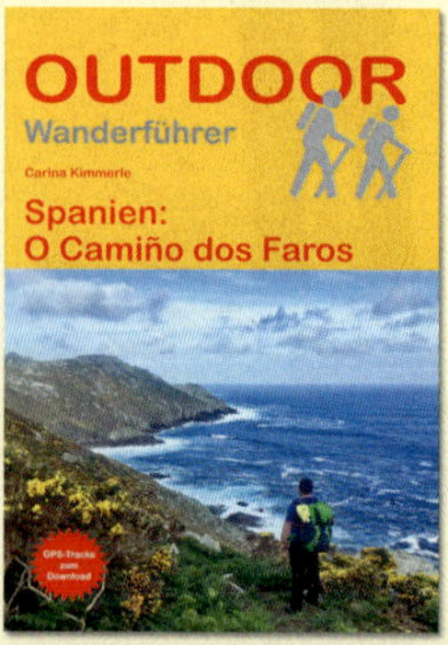

Spanien: O Camiño dos Faros

Carina Kimmerle
OutdoorHandbuch Band 427
128 Seiten ▸ 48 farbige Abbildungen
11 farbige Karten ▸ 10 Höhenprofile

ISBN 978-3-86686-851-9

>> **Besprechungsdienst für öffentliche Bibliotheken:** *„mit guter Tourenbeschreibung, Streckenkarte, Höhenprofil, Infos und Adressen"*

Index

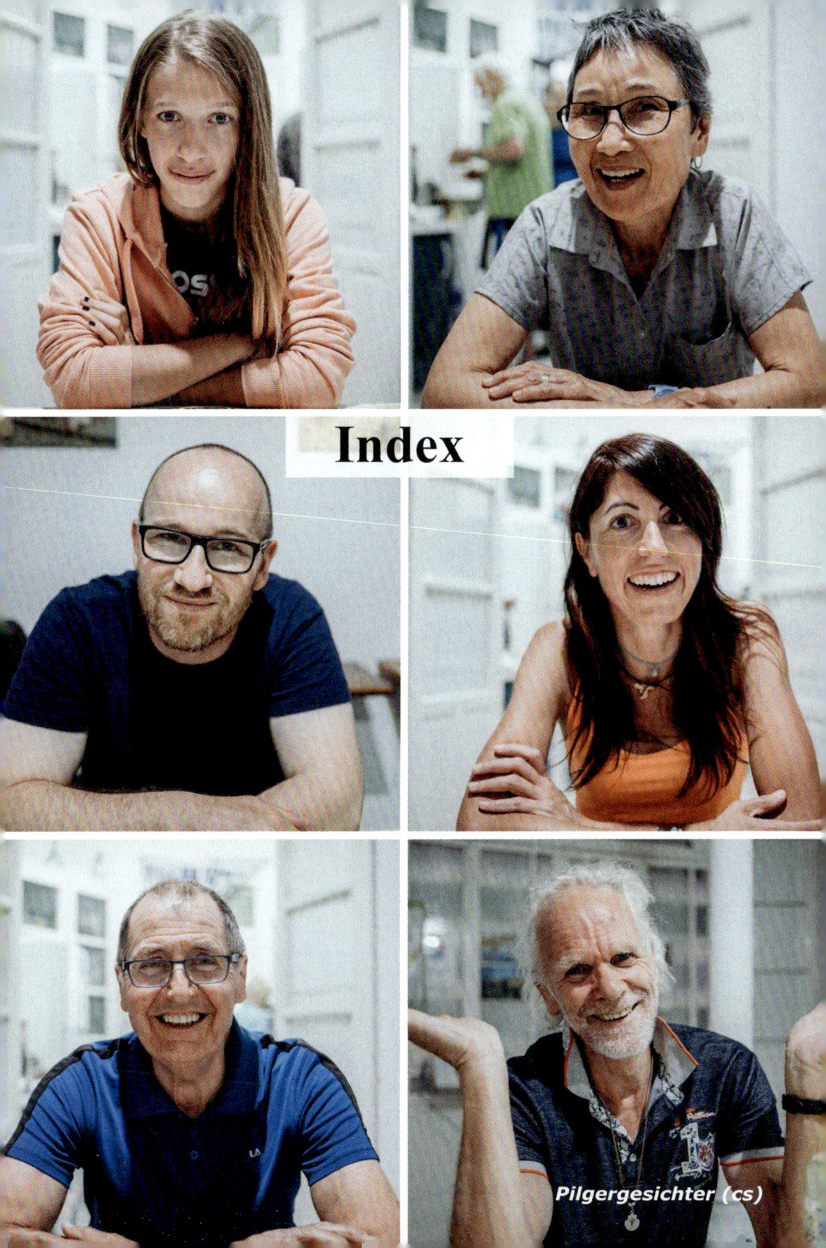

Pilgergesichter (cs)